Hermann Eckerdt

Geschichte des Kreises Marienburg

Hermann Eckerdt
Geschichte des Kreises Marienburg
ISBN/EAN: 9783743651654
Hergestellt in Europa, USA, Kanada, Australien, Japan
Cover: Foto ©ninafisch / pixelio.de

Weitere Bücher finden Sie auf **www.hansebooks.com**

Geschichte

des

Kreises Marienburg

von

Dr. Hermann Eckerdt,
Gymnasiallehrer in Marienburg.

Marienburg,
Verlag von A. Bretschneider.
1868.

Inhalt.

	Seite
Einleitung	1
Vorgeschichte	3

I. Abschnitt. Die Ordenszeit.

	Seite
1. Bis zur Verlegung des Hochmeistersitzes nach Marienburg	9
Die inneren Verhältnisse des Kreisgebietes	19
1. Die Colonisation	19
2. Die Bevölkerung	20
Die alten Eingeborenen	21
3. Landvertheilung, Hofmarke	22
Abgaben	24
1. Zins	24
2. Naturalabgaben	26
Dienste (Burgenbau, Dämme)	28
Kriegsdienst	31
Die Regalien des Ordens.	
Das Regal der Gewässer	32
Mühlen	33
Holzung	33
Krugwirthschaft	35
2. Blüthezeit des Ordens	37
I. Aeußere Verhältnisse	37
II. Innere Verhältnisse	42
Landesverwaltung	42
Das kulmische Recht	44
Bestimmungen über schwere Vergehen	49
Familien- und Erbrecht	50
Kirchenwesen	51
Schulwesen	55
Armenwesen	56
Maaß, Gewicht, Münze	59
3. Des Ordens Verfall	62
I. Der gänzliche Verfall des Ordens	69
Rückblick	82

II. Abschnitt. Die Zeit der polnischen Herrschaft.

	Seite
Von 1466 bis 1772	87
1. Allgemeine Geschichte von 1466 bis 1625	88
Innere Geschichte	91
Kirche und Schule	96
Verfassung und Verwaltung	105
Die Dörfer	108
Abgaben und Dienste	111
Vorwerke und Zinsdörfer	112
Kriegsdienst	114
Rechtsverhältnisse	117
Der neue Kulm	119
Brücken und Fähren	124
Rückblick	127
2. Die Zeit der Schwedenkriege von 1625 bis 1721	130
Aeußere Geschichte	130
Kriegssteuern	146
Wasser- und Feuerschäden	149

	Seite
Brücken und Fähren	154
Feuerordnung	155
Innere Zustände (1625—1721)	158
Gerichtswesen	158
Kirche und Schule	160
Mennoniten	169
Quäker	174
Juden	174
Die bäuerlichen Verhältnisse	175
Gewerbe	178
Krüge	180
Wohlstand und Sitte	181
Die letzten Jahrzehnte der Polenherrschaft	185
Die kleinen Städte	188
Das Land	197

	Seite
Zins, Steuern, Gericht	197
Gewerbe	201
III. Abschnitt. Die Zeit der preußischen Herrschaft.	
Von 1772 bis 1815	204
Kirche und Schule	214
Mennoniten	216
Die Franzosenzeit	219
Die letzten funfzig Jahre seit dem Abschluß des zweiten Pariser Friedens	233
Kirchliche Verhältnisse	240
Schule	243
Das Seminar	243
Das Taubstummen-Institut	248
Das Gymnasium	251

Vorwort.

Im Jahre 1860 war von Seiten des Oberpräsidiums die Aufforderung an sämmtliche Landrathsämter der Provinz Preußen ergangen, eine Statistik und Geschichte der betreffenden Kreisgebiete herstellen zu lassen. Die Stände des Marienburger Kreises bewilligten bereitwillig die zur Beschaffung des Materials erforderlichen Geldmittel, und Herr Landrath Parey fertigte den statistischen Theil an, in welchem besonders die Dammverhältnisse nach den hinterlassenen Papieren des Regierungs-Rath Schliep sehr eingehend erörtert sind. Anderweitige Berufsgeschäfte verhinderten ihn, auch den geschichtlichen Theil zu liefern, und ich wurde daher von ihm aufgefordert, die Geschichte des Kreises zu schreiben, wobei mir das im Kreise vorhandene und zugängliche Material von Urkunden und Handschriften, so wie der zur Herstellung der Kreisgeschichte von den Ständen bewilligte Geldfond zur Disposition gestellt wurde. Es galt vor allen Dingen eine Geschichte des Kreisgebietes, nicht der Stadt Marienburg zu schreiben, es galt die ländlichen Verhältnisse geschichtlich zu entwickeln, die Rechte und Pflichten der Bewohner dieses Gebietes zu erörtern und die Kulturgeschichte, so wie die Geschichte der Kirche, des Schulwesens ꝛc. eingehend zu behandeln. Für die Ordenszeit waren allerdings Vorarbeiten vorhanden. Nicht bloß lagen die großen Geschichtswerke von Voigt und Chronisten vor, sondern auch eine Anzahl von Specialkarten konnten benutzt werden, so die gediegenen Aufsätze von Max Töppen in der Preußischen Monatsschrift, und desselben Gelehrten Forschungen über Gerichtswesen und über die Zinsverhältnisse während der Ordenszeit, Bender's Untersuchungen über Zantir in der Zeitschrift für Ermländische Geschichtskunde 2c., die ich freilich sämmtlich, um Raum zu ersparen, nur selten citirt habe. Hauptquelle aber für diese, wie für die übrigen Perioden waren die Fundationsurkunden, Pacht- und Kaufcontracte, Schenkungsurkunden 2c.

Für die polnische Zeit war aber bisher noch wenig geschehen, und diese habe ich daher auch specieller berücksichtigt. Quelle fand ich in den Acten des weiland Oeconomischen Gerichtes, welche auf dem hiesigen Kreisgerichte bewahrt werden. Leider konnte ich sie nicht mehr mit der erforderlichen Muße und Sorgfalt benutzen, da viele Jahre nöthig sein würden, um den chaotischen Stoff dieser hunderte von Folianten zu bewältigen und aus dem Wuste prozessualischer und anderer Actenstücke das für die Geschichte Nutzbare herauszusuchen. Was ich selbst noch im Laufe der Zeit in denselben oder in anderen Actenstücken Erwähnenswerthes auffinden sollte, das werde ich in den Heften der Altpreußischen Monatsschrift publiciren, um es so für einen künftigen Bearbeiter der Kreisgeschichte leichter zugänglich zu machen. Ich sehe somit meine Arbeit nur als einen ersten Versuch einer Geschichte des hiesigen Kreises an, als einen Versuch, der noch bedeutender Erweiterung und Verbesserung bedarf; immerhin ist es aber nicht unwichtig, auf manches noch unbenutzte Material hingewiesen zu haben, das vielleicht dereinst sehr brauchbar sein dürfte für eine übersichtliche und verständliche Geschichte der Provinz Preußen unter polnischer Herrschaft, eine Arbeit, die uns bis jetzt noch ganz fehlt.

Schließlich spreche ich den Behörden so wie den Privaten, welche mich bei meiner Arbeit durch Beschaffung von handschriftlichen Materialen oder anderweitigen Hülfsquellen unterstützten, meinen wärmsten Dank aus.

Marienburg, den 3. October 1868.

Dr. Hermann Eckerdt.

Einleitung.

Nicht glänzende Heldenthaten, nicht große Eroberungen haben wir in vorliegender Schrift zu schildern, sondern versuchen es, ein Bild von schlichtem, deutschen bäuerlichen Leben zu entwerfen und die Entwickelung der hiesigen ländlichen Verhältnisse durch sechs Jahrhunderte hindurch, von der Ankunft der ersten deutschen Ansiedler bis auf die Neuzeit, historisch zu verfolgen. Allerdings werden wir jene unverdrossenen Pioniere deutscher Sprache und Gesittung, die fern von ihrem Vaterlande auf einem Boden, den sie erst dem Wasser abringen mußten, eine neue Heimat gründen, in stetem Kampf begriffen sehen; aber dieser Kampf gilt dem furchtbaren Element, ihre Eroberungen sind die Schollen Landes, die sie dem Wasser, dem Sumpfe abgewinnen; ihre Waffen sind die Pflugschaar, das Grabscheit und die Holzaxt. Auch sie stehen gewissenhaft auf Wache, wenn Gefahr naht; ängstlich beobachten sie das feindliche Element von den Wällen, die ihre Habe schützen, von den bedrohten Dämmen, und mit Aufopferung eilen sie herbei, wenn es gilt, zu retten. Selbst des Ordens kriegerische Gebietiger lernen wir nur als Leute des Friedens kennen, die innerhalb ihres Amtsbezirks eine segensreiche Thätigkeit entwickeln, den Unterthanen Recht sprechen und die materiellen Interessen derselben bei dem Landesfürsten vertreten.

Es kann daher kaum von einer innerlich zusammenhängenden Geschichte dieser Territorien die Rede sein, da sie nur wenig von dem äußeren Kriegsgetümmel berührt werden; es werden vielmehr Schilderungen von Sittenzuständen und Rechtsverhältnissen verschiedener Zeitperioden zusammengestellt werden, die nur lose durch den Faden der äußeren Geschichte verbunden werden können.

Dr. Eckerdt, Kreis Marienburg.

Wenn diese Gegend auch unberührt blieb von äußeren Kriegswirren, so theilt sie doch im Ganzen die Schicksale des westlichen Theiles des ehemaligen Ordensgebietes, und von selbst ergiebt sich daher die Gliederung der Geschichte des Kreisgebietes in drei Hauptperioden: in die Zeit der Ordensherrschaft, in die Zeit der polnischen und der preußischen Herrschaft.

Das Resultat der ersten Periode ist der Sieg des Christenthums in diesen Gegenden und der Sieg deutscher Sprache und deutscher Sitte über Slaventhum und Altpreußenthum. Die polnische Periode ist charakterisirt durch das Ringen deutschen Geistes und deutschen Lebens gegen das mächtig vordringende Slaventhum, auf kirchlichem Gebiete aber durch den Widerstand der protestantischen Deutschen gegen die von Polens Königen beschützte katholische Kirche. In der preußischen Periode endlich gewinnt das Germanenthum wieder das Uebergewicht, und der offene Streit der religiösen Parteien wird beseitigt.

Selbst in agrarischer Beziehung ist diese Dreitheilung wichtig; in die erste Periode fällt die Gründung der Dörfer mit kulmischen Rechten, in die zweite fällt die Gründung neuer Dörfer zu emphytentischem Besitzrecht und in die dritte Periode die Umwandlung der genannten Besitzverhältnisse in die heutige Form des Besitzes.

Als Unterabtheilungen der ersten Periode haben wir die Zeit von der Einwanderung der Ritter in's Kulmerland bis zur Verlegung des Hochmeistersitzes nach Marienburg angenommen; die zweite Abtheilung umfaßt die Blüthezeit des Ordens bis zum Tode des Hochmeisters Winrich von Kniprode; die dritte endlich die Zeit des Verfalles bis zu seinem völligen Sturze.

Ehe wir aber an die Geschichte der Ordenszeit herantreten, müssen wir noch einen Blick auf die Zustände dieser Gegend vor der Ankunft der Deutschritter werfen, wenngleich wir, bei dem Mangel jeder authentischen Nachricht über jene Zeit, führerlos im Dunkeln uns zurecht fühlen müssen, nur geleitet von den schwachen Lichtstreifen, die die Sprache etwa aus Ortsnamen hervorlockt.

Vorgeschichte.

Die zwei Gebiete, in welche die Nogat den Marienburger Kreis zertheilt, sind nicht nur in landschaftlicher Beziehung mannichfach von einander verschieden, sondern haben auch in historischer und ethnographischer Beziehung eine verschiedenartige Entwickelung gehabt.

Die Weichsel war seit alten Zeiten eine wichtige Völkerscheide; das linke Ufer des unteren Weichselstromes war von Slaven besetzt, das rechte dagegen von Preußen bewohnt. Sicher wenigstens waren Preußen die Bewohner des ganzen Territoriums zwischen Nogat, Haff und Drausen.*) Das beweisen, abgesehen von beglaubigten historischen Nachrichten, die zahlreichen Gräber und Todtenäcker, die innerhalb dieses Gebietes gefunden werden, und die den Preußengräbern im Samland und in Natangen ganz ähnlich sind. Besonders häufig kommen sie in der Nähe der Nogat vor, wo der hohe Uferrand sich in steilem Abfalle zur Nogat herabsenkt, an abgelegenen Orten, die einst von Wald bedeckt waren. Die Grabhügel bergen künstlich zusammengestellte Steingräber, in denen Urnen stehen, die theils nur mit Asche gefüllt sind, theils auch metallene Schmucksachen enthalten. Solche Urnen und Aschenkrüge finden sich in großer Menge auf dem heidnischen Begräbnißplatze bei Willenberg, wo einst eine wichtige Wehrburg der Preußen stand, und man könnte daraus schließen, daß die Umgegend ziemlich dicht bevölkert war.

---
*) Neuerdings hat Oberlehrer Maronski im Festprogramme des Neustädter Gymnasiums zu beweisen versucht, daß die Urbewohner des genannten Territoriums ebenfalls Polen, oder doch Slaven gewesen seien. Aber seine Namenherleitung ist doch sehr gewagt, und außerdem hatte ja das Slavische mit dem Preußischen eine ziemlich nahe Verwandtschaft.

Das Gebiet zwischen der Nogat und dem Drausensee gehörte zur Zeit der heidnischen Preußen zu Pomesanien, einer der zwölf Landschaften des alten Preußens. Pomesanien war in eine Anzahl von Gauen eingetheilt, die unter eigenen Herren standen und durch Burgen gegen feindliche Angriffe geschützt waren. Die bedeutendsten dieser Gaue waren Resen und Alyem,*) jenes die Umgegend von Riesenburg, dieses die Gegend des heutigen Marienburg umfassend, und beide hatten sehr feste Wehrburgen, die zugleich Sammelplätze für die Gaubewohner waren und in deren Nähe gewöhnlich das Heiligthum des Gaues sich befand. Für den Bezirk von Alyem scheint die Burg bei Willenberg der Mittelpunkt gewesen zu sein, daher auch dort gerade ein so umfangreicher Todtenacker angelegt worden ist.

Lange vor der Ankunft der deutschen Ritter haben in diesem einst mit Wäldern und zum Theil mit Sümpfen bedeckten Landstrich große Kämpfe stattgefunden und viele Schlachten sind gegen Polens und Masoviens Fürsten geschlagen worden, welche den Besitz Pomesaniens beanspruchten. Diese Kämpfe waren um so erbitterter, als die Polen, von religiösem Eifer getrieben, zugleich für den Sieg des Christenthums kämpften, die Preußen dagegen für ihre Götter rangen. Leider fehlen uns alle genaueren Nachrichten über jene Zeit, und die uns erhaltenen sind so sagenhaft, daß sie nur wenig Anhalt für die Geschichtsschreibung bieten.

Anders dagegen waren die Verhältnisse des Weichseldeltas, das damals aus einer weit größeren Anzahl von Inseln bestand, als jetzt vorhanden sind. Wer die ältesten Bewohner dieses Delta gewesen seien, ist nicht mit Sicherheit festzustellen. Um das fünfte Jahrhundert werden Vidivarier oder Viridarier als Anwohner der Inseln an der Weichselmündung genannt, als deren Nachkommen man die Werderer angesehen hat, verleitet durch den Gleichklang der Namen. Das Wort „Werder" ist aber deutschen Ursprunges und bezeichnet eine Flußinsel, daher haben viele solche Inseln in Deutschland diesen Namen, oder den abgekürzten „Werth" z. B. Kaisersworth.

Wenn die Viridarier ein Mischvolk genannt werden, so liegt in dieser Bezeichnung etwas Wahres. Die Weichsel war zu allen Zeiten eine Völkerscheide, aber das sumpfige Inselgebiet des Delta bildete gewissermaßen ein neutrales Territorium, auf dem sich Individuen beider angrenzenden Völkerschaften frei herumtummelten, die wohl auch zuweilen zu einem Mischvolk verschmolzen. Und wie im fünften, so war es noch in

---

*) Beide Namen deutet Maronski aus dem Slavischen als Bezeichnungen für „fetten Lehmboden."

späteren Jahrhunderten; Slaven und Preußen ließen sich auf den Inseln zwischen beiden Flüssen nieder, oder wählten wenigstens vorübergehend ihren Aufenthalt auf den sumpf- und waldbedeckten Flußinseln, und ihre Nachkommen mochten im Laufe der Jahrhunderte mannichfach sich durch Ehen mit einander verbinden. Sowohl Slaven als auch Preußen werden noch im vierzehnten Jahrhundert und später in den Urkunden als Untersassen oder als Gäste (Fremde) im Werder erwähnt. Die dem Weichselufer zunächst gelegenen Striche des Werders sind sicherlich von Slaven bewohnt worden, die Gegend um das Haff hatten vielleicht Preußen inne.

Nur fünf Dörfer sollen vor der Erbauung der Dämme im Werder vorhanden gewesen sein, doch diese Nachricht entbehrt jeder Zuverlässigkeit, die Zahl der Dörfer ist gewiß größer gewesen. Als eines der ältesten Dörfer wird in einer Urkunde aus dem Jahre 1255 Ladekopp genannt, das in jener Zeit gewiß noch von Fremden bewohnt war, da die eigentliche deutsche Fundirung dieses Dorfes erst 70 Jahre später fällt. Um dieselbe Zeit werden die Orte Lichtenau und Miloradesdorf erwähnt, die auf der Insel Zantir lagen. Beide letztgenannten Orte hielt man gewöhnlich für das heutige Lichtenau und Milenz, aber es ist jetzt wohl sicher festgestellt, daß Zantir nicht das große Werder bezeichnete, sondern eine weiter südlich gelegene Insel war.*)

Ueber die Sitten und die Lebensweise jener alten Werderbewohner sind gar keine Nachrichten auf uns gekommen. Der Beschaffenheit des Terrains nach zu urtheilen, haben sie vorzugsweise von Jagd, Viehzucht und Fischfang gelebt. Die Dörfer oder Weiler müssen in der Nähe der Hauptflüsse, ihrer Nebenarme und der zahlreichen Rinnen und Lachen gelegen haben, einzelne wohl auch auf dem Dünenstrich, der in das Werder hinab von der Montauerspitze her sich erstreckt, und Schutz gegen die Gefahren der Ueberschwemmung bot.

Daß in der Nähe des rechten Weichselufers Slaven wohnten, ist unzweifelhaft, denn gerade hier finden wir nördlich von der alten pomerellischen Stadt Dirschau viele Dörfer, deren Namen slavischen Ursprung verrathen, die also jedenfalls schon vor der Besetzung des Landes durch Deutsche daselbst existirten, z. B. Liessau, Mirau ꝛc. Die Endung au ist in diesen Namen nicht etwa das deutsche „Aue" wie in dem echtdeutschen Namen Lichtenau, sondern ist die verdeutschte Endung ow, owo, wie dies bei vielen anderen Städtenamen (Spandau, Krakau, Breslau) und bei

---

*) Bender in der Zeitschrift für die Geschichte des Ermlandes.

Ländernamen (Cojau, Masau) der Fall ist. Einzelne dieser Namen lassen sich leicht aus dem Slavischen herleiten und haben Namensvettern in Polen und den angrenzenden Ländern. So ist Damerau aus Dombrowo entstanden und bezeichnet ein unbebautes nur mit schwachem Eichenwuchs bestandenes Stück Land; Orloff heißt Adlerhorst und hat wie Dombrowo Namensvettern in Polen und Posen (Orlowo); Gnojau, bei Henneberger (Gnoyna genannt, hängt mit dem polnischen gnoj zusammen, das Dünger und fetten Boden bezeichnet, und kommt als Ortsname mehrmals in der Provinz Posen vor. Montau ist das polnische mutwa, das aufgeweichten Lehmboden bezeichnet. Der Oberlauf der Netze heißt wegen der gleichen Beschaffenheit ebenfalls Montwa. Bei Neuenburg fließt auch ein Flüßchen Montau in die Weichsel. Die Namen Liessau, Lesewitz, Leske deuten alle auf Wald und bezeichnen also Orte, die einst von Wald umgeben waren: dasselbe bezeichnen Kniebau (von knieja Forstrevier) Bröske (Birkendorf). Die meisten dieser Namen sind, wie man sieht, der Beschaffenheit des Terrains entnommen; eben dies ist der Fall bei dem Namen Gurken, der einen Hügel, oder eine Hügelreihe bezeichnet. Alle diese Orte liegen auf dem rechten Weichselufer, sie beginnen mit Montau und schließen mit Scharpau: weiter nach der Mitte des Werders zu werden die nichtdeutschen Namen fremdartiger, hier hat wohl schon die preußische, oder später die deutsche Sprache Einfluß gehabt und die ursprünglichen Formen zersetzt, wie bei Parschau, Maalau, Dieban, Traalau, Prangenau, und jenseit der Nogat Schlablau und Baalau, so daß es schwer sein dürfte, eine richtige Deutung des Namens zu geben. Die Endung an bezeichnet in vielen Namen ein fließendes Wasser, so in den Namen Fischau, die Scharpau, Linau ꝛc. Für Parschau und Palschau sind ähnliche Ortsnamen (Parchan, Polchow) in Pommern und Mecklenburg. Ebenso findet man Orte die mit Mirau (Friedensdorf) verwandte Namen haben. Daß gerade in Pommern viele den werderschen Localnamen verwandte Benennungen vorkommen, beweist, daß Kassuben die Urbewohner das größten Theils des Werders gewesen sind, und in der That waren auch vor der Ankunft der Ritter die Pommerellischen Herzöge Herren des Werders. Selbst der Name Nogat ist als slavischer nachgewiesen worden und bedeutet „nacktes, oder glänzendes," also ein fließendes, klares Wasser, wie der Name Swente den „heiligen Fluß" bezeichnet. Den Namen Ladekopp hat man aus dem Deutschen herzuleiten versucht und ihn gedeutet als „Anlegeplatz zum Verladen." Diese Deutung paßt zunächst nicht auf die Oertlichkeit, außerdem ist die Endung entweder slavifch oder preußifch, kopp bedeutet in beiden Sprachen Anhöhe, Berge. Ebensowenig ist Brodfack ein deutscher Name.

Aus dem bisher Angeführten wird als gewiß hervorgehen, daß vor der Schüttung der Dämme mehr als 5 Dörfer auf dem Werder waren, wenn auch einzelne dieser Dörfer vielleicht nur aus wenigen Gehöften bestanden.

———————

Das Gebiet des großen Werders gehörte, als die Ritter ankamen, den Herzögen von Pommerellen, und nur die östlichen, am Haff gelegenen Gegenden desselben kamen für einige Zeit durch Erbschaft an Masovien. Die Hauptbesitzung der pommerschen Herzöge bildete im Süden die Insel Zantir, auf welcher außer mehreren Dörfern auch Stadt und Burg Zantir sich befand, deren Name, mehrfach in Pommern vertreten, slavisch ist.

Ueber Insel und Stadt Zantir ist viel gestritten worden; von Vielen wurde Zantir für gleichbedeutend mit dem großen Werder, oder wie es in pomerellischen Urkunden heißt, Solowo (poln. zulawa) erklärt, und die Stadt Zantir an die Montauer Spitze verlegt. Andere machen Zantir zu einer besonderen Insel, südlich von der Spitze.

Es kann nicht die Aufgabe vorliegender Schrift sein, in das Detail der Streitfrage einzugehen, oder gar zu den vorhandenen Hypothesen eine neue hinzuzufügen, da die Frage für den Zweck der vorliegenden Arbeit ohne jede tiefgreifende Bedeutung ist. Gewiß ist, daß Zantir eine Insel war die am „Zusammenfluß" der Nogat und Weichsel, gegenüber der Insel Bern (heut die Küche) lag, und sie scheint eine der zahlreichen Inseln zwischen der alten Nogat und Weichsel gewesen zu sein, die das Werder bildeten, die aber im Laufe der Zeit dem Anstürmen der Fluthen nicht widerstand, sondern ebenso wie Quidin (Alt-Marienwerder) allmälich unterging, oder vielmehr mit dem festen Lande vereinigt wurde. Die Stadt selbst wurde im sogenannten dreizehnjährigen Kriege zerstört.

Insel und Stadt gehörten vor Ankunft der Deutschritter zu Pommern und waren nach Herzog Mestwins Tode 1220 an dessen jüngeren Sohn Sambor gefallen, der aber diesen Besitz nie angetreten zu haben scheint, denn noch in demselben Jahre überließ er Zantir an den Cisterziensermönch Christian, den ersten Bischof Preußens, der das so oft gescheiterte Bekehrungswerk unter den Preußen wieder aufgenommen hatte. Auch Christians Missionsthätigkeit hatte nur vorübergehenden Erfolg, aber sie erbitterte die heidnischen Preußen so sehr, daß sie sich dafür an dem Protector des Bischofs Christian, Konrad von Masovien, durch verheerende

Einfälle in Masovien rächten. Auf den Rath Christians stiftete Herzog Konrad, nach dem Muster der Ritterorden des gelobten Landes, den Orden Christi zu Dobrin, der aber zu schwach war, der Macht der Preußen zu widerstehen. Da trat der Herzog auf Christians Rath mit dem Hochmeister der Deutschritter in Verbindung, der damals in Venedig weilte, und gewann die Hälfte des Ordens für sein bedrohtes Land, nachdem er den Rittern urkundlich das Kulmerland verschrieben und ihnen alle künftigen Eroberungen in Preußen als Eigenthum zugesagt hatte.

I. Abschnitt.

Die Ordenszeit.

1. Bis zur Verlegung des Hochmeistersitzes nach Marienburg.*)

So kam der Orden nach dem Kulmerland, nahm von demselben Besitz und suchte diese neue Erwerbung durch Anlage von Wehrburgen zu sichern. So entstanden die Burgen an der Weichsel bis Marienwerder, das ursprünglich auf dem Werder Quidin angelegt war. An der Spitze der Ordensbrüder in Preußen stand, als Vertreter des Hochmeisters, ein Landmeister. Der erste Landmeister von Preußen war Hermann Balk.

Natürlich konnte es nicht an Kämpfen gegen die benachbarten Pomesanen fehlen, die das Christenthum gewaltsam von ihrem Lande zurückhalten wollten und den Bischof Christian, der predigend wieder in ihr Land vorgedrungen war, gefangen nahmen. Christians Abwesenheit benutzten die Ritter sich in den Besitz von Zantir zu setzen, das für sie eine sehr wichtige Position war; und nie wieder kam es in den Besitz des Bischofs zurück.

---

*) Wenn ich hier etwas weitläufig die Kämpfe der Ritter in Pomesanien erzähle, die anscheinend wenig mit der Geschichte des Kreisgebietes zu thun haben, so geschieht es, um die in der Einleitung ausgesprochene Behauptung näher zu erläutern, daß der östliche Theil des Kreisgebietes eine geschichtliche Entwickelung gehabt hat, die von der des westlichen Theiles oft wesentlich verschieden war. Der Oestliche, als zu Pomesanien gehörig, mußte im heißen Kampfe gewonnen und unter Noth und Drangsal gegen die sich mehrfach empörenden Preußen behauptet werden. Der westliche Theil, die Werdergegend kam auf friedlichem Wege durch Vertrag und Kauf an den Orden.

Den Einfällen der Pomesanen wurde für einige Zeit ein Ende gemacht durch die blutige Schlacht an der Sorge (1233), die besonders durch des Pommernherzogs Suantepolk Hülfe entschieden wurde. Neue Hülfstruppen rückten aus Deutschland nach, und bald waren die letzten preußischen Wehrburgen Pomesaniens gefallen, Pestlin, Willenberg, sowie die Burgen am Drausensee. Und immer weiter ostwärts dehnte sich die Herrschaft des Ordens aus; vom Drausensee aus gewannen die Ritter die Verbindung mit dem Haff; 1237 wurde bereits Elbing gegründet, und von deutschen Colonisten, die in Folge der Fortschritte des deutschen Ordens zahlreich aus Deutschland herbeiströmten, die Umgegend colonisirt und das Christenthum verbreitet. Aber die reichliche Ausstattung der Neuankömmlinge mit Land erbitterte die Preußen, und die Ungeschicktheit der Nachfolger Hermann Balks, des ersten Landmeisters, sowie einzelne Bedrückungen sogar gegen Neubekehrte, steigerten den Haß. Auch Suantepolk von Pommern sah die Erweiterung des Ordensgebietes gegen Osten und die steigende Macht des Ordensstaates nicht gern und verband sich daher mit den Preußen, die über des Ordens Bedrückungen klagend sich an ihn gewandt hatten.

Von zwei Seiten war der Orden gefährdet. Da fand er 1243 einen Bundesgenossen in Suantepolk's eigenem Bruder, Sambor. Der Krieg gegen Suantepolk und die Preußen dauerte mit geringen Unterbrechungen bis zum Jahre 1249 fort, begleitet von ungeheuren Greuelscenen und furchtbaren Verheerungen. Die Ritter waren auf wenige Burgen beschränkt, die sie mit Aufwand aller Kräfte vertheidigen mußten; die deutschen Colonisten waren gezwungen ihre Hufen zu verlassen und in den Burgen ihre Zuflucht zu suchen.

Der Hauptplan der Verbündeten (Suantepolks und der Preußen) war, die im Osten erbauten Burgen, Elbing und Balga auszuhungern und zur Uebergabe zu zwingen. Um dies zu bewerkstelligen, mußte den Rittern der Wasserweg abgeschnitten werden, da zu Lande alle Zufuhr von Lebensmitteln unmöglich war. Suantepolk baute daher, wie der Chronist berichtet, da, wo Weichsel und Nogat zusammenfließen, die Burg Zantir, oder wie es wahrscheinlicher ist, er befestigte die ehemalige bischöfliche Stadt, die er dem Orden, der in Besitz derselben war, entrissen hatte. Dennoch gelang es dem wackern Landmeister Poppo von Osterna, die bedrohten Burgen zu verproviantiren. Er sandte 1245 drei Lastschiffe unter Führung eines tapferen Ritters, Bremer, aus, dem es gelang bei Zantir sich glücklich durchzuschlagen, nachdem er einen harten Kampf gegen zwanzig feindliche Schiffe bestanden hatte; ebenso glücklich schlug er sich auf dem

Rückwege durch. Um den Ausfällen und Streifzügen der Ritter von Elbing ein Ende zu machen, bemächtigte sich Suantepolk der Veste Alt-Christburg, der gegenüber die Ritter Neu-Christburg erbauten 1248. Hier wurde das Heer der heidnischen Preußen, die die Burg zu stürmen versuchten, vollständig in die Flucht geschlagen und ebenso das zur Hülfe von Zantir herbeieilende Pommernheer. Letzteres wurde bis Zantir verfolgt, mußte das Lager im Stich lassen und floh über die Weichsel, wobei Viele in den Fluthen den Tod fanden. Suantepolk rettete sich mit wenigen Gefährten zu Schiffe.

Dieser Unfall stimmte den Herzog friedlicher; die staunenswerthe Tapferkeit und Ausdauer der Ritter, die Umsicht des Landmeisters Poppo von Osterna hatten die Herrschaft des Ordens gerettet, die nun durch bedeutende Zuzüge von Kriegsmannschaften aus Deutschland mehr und mehr gesichert wurde. Der Friede mit Suantepolk wurde 1248 unter Vermittelung des päpstlichen Legaten Jacob von Lüttich auf der Schmiede-Insel (dem Kabal) im östlichen nach dem Haff fließenden Weichselarme geschlossen. Der Herzog versprach, sich nicht wieder mit den Preußen zu verbinden und gelobte für die Zukunft dem Orden gegenüber ein freundschaftliches Verhältniß zu wahren; im Uebrigen wollte man den von den Friedensvermittlern schon im Jahre 1247 vorgeschlagenen Vertrag beobachten. Nach diesem sollte das Tief der Weichsel die Grenze beider Staaten bis hinab nach Zantir sein; die in diese Linie fallenden Inseln sollten zwischen beiden Contrahenten getheilt werden; Zantir, das am rechten Weichselufer lag, ist in dem Vertrage nicht weiter erwähnt, fiel also wohl selbstverständlich dem Orden zu. Dagegen fiel an den Herzog, dem Vertrage von 1247 gemäß, die Nehrung bis zum Orte Canczicini und die Gegend am östlichen Arm der Weichsel zum Haff hin, vom Einfluß der Tiege ab, also das Kampengebiet (arenae, Sandflächen genannt) am Haff, etwa von Bodenwinkel abwärts bis zur Grenze des jetzigen Kreisgebietes, beim Stobbendorfer Bruch und Haffkrug. Die Ritter mußten also damals offenbar bereits im Besitz dieser Gegend sein. Wie sie dazu gekommen sein mögen, ist nicht berichtet, jedenfalls wohl durch gewaltsame Besetzung.

Der Abfall Suantepolks vom Bunde und die Ankunft neuer Kreuzfahrer entmuthigte die Preußen so, daß sie zum Frieden sich geneigt zeigten, der auch im Jahre 1249 abgeschlossen wurde. In diesem Friedensvertrage wurde den Neubekehrten, sowie denjenigen Preußen, die sich taufen lassen würden, volles Erb-, Eigenthums- und Schenkungsrecht in Bezug auf ihre Güter gewährt, ferner das polnische Recht, das den alten Preußen bekannter war, als die deutschen Rechte, gestattet. Die Pomesanen ver-

sprachen dagegen acht Kirchen zu erbauen, unter anderen zu Postelin (Pest=
lin) Posolve (Posilge) und Resen (Riesenkirch), so wie den Dezem zu
zahlen und den Heerfahrten der Ritter zu folgen.

So war vorläufig der Friede mit den Preußen hergestellt, wenn=
gleich nur Noth sie dazu gezwungen hatte; das Christenthum hatten sie
anscheinend angenommen, aber im Geheimen hingen sie den alten Göt=
tern an.

Im folgenden Jahre fand die definitive Regelung der kirchlichen
Verhältnisse Preußens statt. Schon 1242 hatte der Legat des Papstes
das Land in vier Diöcesen getheilt, unter denen die pomesanische auch
das Gebiet des heutigen Kreises Marienburg umfaßte. Die Insel Zantir
gehörte ebenfalls zu dieser Diöcese. Es wurde bestimmt, daß der Bischof
in einem Drittheil der Diöcese die landesherrlichen Rechte ausüben
sollte, in dem übrigen Theil sollte der Orden vollständig herrschen. Der
Bischof erwählte Marienwerder zu seinem Sitze.

Der Friede war nur vorübergehend gewesen; 1251 brachen von
Neuem Streitigkeiten mit Suantepolk aus.

Den Vorwand zum Kampfe gab der Umstand, daß des Herzogs
Bruder Sambor, der stets ein Freund des Ordens gewesen war, diesem
wegen vielfacher Wohlthaten die zu seinem Erbtheil gehörige Insel Zantir
für 150 Mark abgetreten hatte, ohne daß irgend Jemand ferner darauf
Ansprüche haben sollte. Er selbst erklärt, die Ritter seien lange schon in
dem Besitz derselben, er selbst sei nie im faktischen Besitz derselben gewesen.
Nur eine Strecke von 2 Meilen Länge an der Weichsel entlang reser=
virte er sich; die Fischerei in der Weichsel und andere Nutzungen sollten
bis zur Zahlung des Geldes beiden Contrahenten gemeinsam sein, nach
stattgehabter Auszahlung sollte Sambor nur am jenseitigen Weichselufer
frei fischen dürfen. Trotzdem Suantepolk über diese Cession ergrimmt
war, mußte er sich doch nach einem vergeblichen Kriegszuge wieder zum
Frieden verstehen.

Wichtig für die Geschichte des Kreises ist außer jener Abtretungs=
urkunde Sambors noch ein Vertrag, welchen derselbe Sambor 1254 mit
dem Orden abschloß, und durch den er seine bis dahin als freies Eigen=
genthum anerkannte Besitzung auf Zantir, zwischen Lichtenau und Milo=
radesdorp als Lehen vom Orden annahm. Das Gebiet sollte sich in einer
Breite von 135 Ruthen von der Weichsel ab landeinwärts nach der Nogat
(d. h. alte Nogat) zu erstrecken. An der Weichsel sollte eine Ruthe breit
ins Land hinein kein Gebäude zu eigenem Nutzen errichtet werden; wer
dagegen verstoßen würde, sollte gestraft werden, der Deutsche nach deut=

schem, der Pole nach polnischem Recht. Auf Sambors Gebiete sollte
ohne Bewilligung des Ordens keine Befestigung angelegt werden. — Der
Herzog erhielt ferner den großen und kleinen Kabal (Weichselarme die ins
Haff sich ergossen) und die durch sie gebildete Schmiedeinsel. Besagte
Ländereien waren vorher vom Orden als Lehne an Privatpersonen ausgegeben worden, Sambor sollte nun der Lehnsherr dieser Leute sein, sie
aber nicht bedrücken; er dagegen sollte des Ordens Oberlehnsherrlichkeit
anerkennen und als Zeichen der Anerkennung zwei weiße mit Kreuzen
bezeichnete Schilde jährlich abliefern.

Seitdem gehörte die Schmiedeinsel am Haff zu dem Amtsbezirke
des Comthurs von Zantir, denn 1273 verleiht der Vicecomthur Peter
von Zantir mehrere Dörfer des Kabal auf Zins. Die Insel Zantir kann
nicht ganz unbedeutend gewesen sein, denn es werden mehrere Ordenshöfe, Privatgehöfte und sogar zwei Dörfer, Miloradesdorp und Lichtenau
auf Zantir erwähnt. Als Bewohner der Insel werden Deutsche und
Polen genannt.

Mittlerweile dehnte der Orden, unterstützt durch neue Kriegsschaaren,
seine Herrschaft weiter über die östlichen Gaue aus; und den Kriegern
folgten Ansiedler, die in den neugewonnenen Gebieten Städte und Dörfer anlegten. Der furchtbare Druck der gegen die Besiegten geübt wurde,
trieb die östlichen Preußen noch einmal zu einem sehr gefährlichen Auf-
stande, der im Jahre 1261 in allen Ostgauen zugleich ausbrach und unter
entsetzlichen Greuelthaten bis 1283 fortdauerte. Die Deltagegend wurde
nicht davon berührt, nur die Gegend von Christburg, Alyem, Elbing,
Marienwerder wurde fast jährlich von den erbitterten Preußen verheert,
die den Rittern mehrere bedeutende Niederlagen beibrachten. Heimlich be-
günstigte die Empörung Mistwin von Pommern, Sohn des 1266 verstorbenen Swantepolk. Mistwin wollte durchaus Zantir zurückgewinnen, das
sein Onkel an den Orden abgetreten hatte, was ihm indeß nicht gelang,
da ihn bald anderweitige Kriege beschäftigten. — Auch im Osten siegte
wieder die überlegene Kriegführung der eisengepanzerten Ritter, deren Be-
drängniß jährlich große Streiterschaaren aus Deutschland herbeizog.

In diese Zeit fällt die Gründung der Marienburg. An den Ufern
der Nogat entlang zog dichter Wald bis in die Gegend, wo der Fluß
die nördliche Richtung verläßt und scharf nach Osten zu sich wendet. Hier
soll der Sage nach an der Stelle, wo einst die heilige Eiche der heidnischen Preußen stand, ein wunderthätiges Marienbild die Wallfahrer von
fern und nah herbeigezogen haben; Masovische Fürsten erbauten im Anfang des dreizehnten Jahrhunderts eine kleine Kirche und um dieselbe

entstand das Dorf Algen, der Mittelpunkt des ganzen Gaues. Die Sage hat wenig historisch Zuverlässiges; es ist aber kaum zu bezweifeln, daß hier, an dem von Natur so geschützten Orte, schon lange vor Ankunft der Ritter ein Sammelpunkt für die Bewohner Poniesaniens, vielleicht ein Landesheiligthum gewesen ist. Daß die Ritter erst so spät hier eine Befestigung anlegten, ist daraus erklärlich, daß sie durch den Drausensee die Wasserverbindung mit dem Haff bereits hatten, und daß von dem Delta aus wenig feindliche Angriffe zu befürchten waren, da das Sumpfterrain desselben für feindliche Heere sehr schwer passirbar war.

Unter dem Schutze dieser Burg erwuchs bald aus dem ehemaligen Dorfe eine neue Stadt, die sicher im Jahre 1276 schon vorhanden war, denn in ihrer Handveste, welche aus jenem Jahre datirt, werden bereits Marienburger Bürger so wie der Stadtpfarrer Gerhardt als Zeugen angeführt. Die Handveste ist von Konrad von Thierberg am 27. April 1276 ausgefertigt. Die Stadt erhielt 8 Hufen Land vom Schloßwalle ab an der Nogat hinauf bis gegen Willenberg, wovon sich der Orden 4 Hufen reservirte, um sie mit Leuten zu besetzen, die für des Schlosses Bedürfnisse arbeiten sollten. Diese Leute sollten frei sein von der Gerichtsbarkeit der Bürger, daher der Raum die Schloßfreiheit hieß. Auch sollten ihnen von Seiten der Stadt keine Lasten aufgebürdet werden. Holzungsrecht und Weiderecht sollten sie gleich den Bürgern haben. Streitigkeiten zwischen ihnen und den Bürgern sollten aber vor den Stadtschultheißen kommen. In ihren Grenzen sollten die Bürger Jagdrecht haben und die Fischerei in der Nogat, sollten aber nie in derselben ein Wehr anlegen dürfen. Die Bestimmungen über die Gerichtsbarkeit des Schultheißen folgen weiter unten. — Die Stadt sollte ferner eine Badestube und Gewandschneider- und Fleischbänke besitzen. Die Fleischbänke sollten jährlich vier Stein Talg Abgabe an das Schloß liefern.

Im Jahre 1304 wurde diese Urkunde von Konrad Sack, dem Landmeister bestätigt und erweitert. Es sollte fortan der Ertrag der Badestube zwischen Stadt und Schloß getheilt werden. Der Raum zwischen Schloß und Stadt sollte nur dem Gebrauche der Ordensbrüder reservirt bleiben. Ebenso sollte der Gewinn von Tuch- und Fleischbänken fortan zwischen Stadt und Schloß getheilt sein; ebenso sollte es mit dem Fährgeld bei der Nogatfähre gehalten sein. Dieselbe Theilung des Gewinnes sollte bei den Revenüen von Häusern stattfinden, und zu diesem Zwecke bei Neubauten sowie auch bei Reparaturen sollte der Orden die Hälfte der Kosten tragen, aber unter der Bedingung, daß kein Neubau und keine Reparatur unternommen würde ohne Bewilligung der Brüder.

Nicht lange darauf 1280 wurde die neue Burg noch bedeutend verstärkt, und zu diesem Zwecke ließ der neue Landmeister Mangold von Sternberg die Burg Zantir, welche bis dahin einen eigenen Komthur hatte, abbrechen, um das Material zur Befestigung der Marienburg zu verwenden. Ungefähr zu derselben Zeit wurde auch, um die Burg mit Wasser zu versehen, der Mühlengraben angelegt, der das Wasser aus dem Balauer See, in der Nähe des Sorgensees, sechs Meilen weit, über Berg und Thal, durch Seen und über Flüsse bis nach Marienburg leitet, wo er die Stadt- und Burggräben so wie die Stadtbrunnen mit Wasser speisen sollte (Vogt Urb. p. 30). Konrad von Thierberg, der Meister des Landes Preußen unterwarf die rebellischen Sudauer, und nun war im Westen Raum gewonnen für friedliche Entwickelung des Gewonnenen. Neue Städte wurden gegründet und mit bedeutenden Privilegien beschenkt; und an Massen von Einwanderern wurde Landbesitz verliehen. Um Elbing und andere wässerige Orte ließen sich, wie Lucas David erzählt, Leute aus Sachsen, Jülich, Holland nieder; nach dem Ermländischen zogen reisige Knechte aus dem Jülichschen und Geldernschen, in's Kulmerland und nach Pomesanien viele Leute aus dem Meißenschen und andern Ländern oberdeutscher Zunge, so daß aus Meißen auf einmal über 3000 Bauern kamen.

Im Jahre 1288 wurde Meinhardt von Querfurt Landmeister von Preußen. Ihm war es vorbehalten, ein für die Gegend der niederen Weichsel unendlich segensreiches Werk durchzuführen, die Eindämmung der Weichsel und Nogat.

Um diesen bedeutenden Mann hat sich, wie dies so oft bei Helden und Wohlthätern der Menschheit geschieht, die Sage krystallisch abgelagert, und Wundererzählungen knüpfen sich bereits an seine Geburt; sie sind redende Zeugen der Dankbarkeit, Zeugen der Anerkennung, die die Zeitgenossen und spätere Generationen seinem gewaltigen Werke zollten.

Die Gegend zwischen Weichsel und Nogat, die bis dahin ein öder, mit Gestrüpp bewachsener Morast gewesen war, beständig den Ueberfluthungen beider Flüsse ausgesetzt, wurde durch seine Bemühungen in einen blühenden Landstrich verwandelt. Gleich im ersten Jahre seiner Amtsverwaltung begann, der Sage nach, wie sie Simon Grunau berichtet, Meinhardt die Anlegung der Dämme. Zunächst wurden die Nogatufer, von Elbing aus bis Marienburg durch zwei bedeutende Dämme gesichert, die durch Wälder und über Sümpfe mit gewaltigen Schwierigkeiten geschüttet wurden. So wurde zu beiden Seiten der Nogat eine bedeutende Strecke Landes für den Ackerbau gewonnen, die vorher Sumpf gewesen war. Aehnlich wurde das Weichselwasser durch starke Dämme eingeengt.

Sechs Jahre soll von Tausenden von Menschen an dem gewaltigen Werke unaufhörlich gearbeitet worden sein, bis es 1294 vollendet war. Ob das Werk wirklich 1288 begann, ist nicht nachweislich, der Mönch Simon Grunau, der dies berichtet, lebte viel später und hat durch nachgewiesene Lügen seine Glaubwürdigkeit verscherzt; aber Niemand wagt das Werk dem wackeren Mainhardt abzusprechen, so sehr man an den Einzelnheiten des Berichtes über dasselbe auch kritisirt. Das Werk hatte nebenbei auch eine wichtige strategische Bedeutung. Wie Lucas David erzählt, hätten die Mannschaften des Ordens bei Kriegszügen gegen die Ostlandschaften der vielen Sümpfe wegen oft bedeutende Umwege machen müssen, was durch die Schüttung der Dämme aufhörte.

Um das begonnene Werk zu vollenden und die neu gewonnenen Strecken vollständig trocken zu legen und zu cultiviren, wurden Einwanderer aus Deutschland durch Bewilligung großer Vergünstigungen herbeigezogen. Sie erhielten für fünf Jahre Abgaben- und Dienstfreiheit, mußten aber dafür das Land durch Anlegung von Schleusen und Gräben von dem überflüssigen Wasser befreien und es culturfähig machen.

Hier erst bei der Anlage der Dämme kann die Geschichte der Werder beginnen, die fortan unberührt bleiben von dem Kriegsgetümmel, das sich weiter und immer weiter nach Preußens Ostgrenzen zieht. In stillem Frieden entwickelt sich auf dem einst wüsten Weichseldelta eine herrliche Agricultur, ein reiches Bauernthum, das seine Bodenprodukte nicht bloß nach den umliegenden Städten, sondern durch deren Vermittelung in ferne Länder absetzen kann.

Zwei für das Emporkommen dieser gesegneten Landschaft wichtige Faktoren dürfen aber nicht unerwähnt bleiben: die Erwerbung Pommerellens durch den Orden und die Verlegung des Hochmeistersitzes nach Marienburg.

Palästina, die Wiege des deutschen Ritterordens, war nach zweihundertjährigem Kampfe den Christen wieder entrissen worden, die Ritter des deutschen Ordens waren nach Cypern gegangen und endlich 1291 in Venedig aufgenommen worden. Der Orient hatte zunächst für den Orden keinen Werth mehr, die reichen Ordensbesitzungen waren verloren gegangen und in Preußen suchte er fortan wieder zu gewinnen, was er in Palästina verloren hatte. Die Hauptthätigkeit des Ordens war auf Erweiterung des Ordenslandes gegen Litthauen gerichtet, aber auch auf dem linken Ufer der Weichsel suchte er sich weiter auszudehnen durch Kauf einzelner Ortschaften. Das Ableben des kinderlosen Herzog Mistwin von

Pommerellen (1295) gab dem Orden Veranlassung sich in die Angelegenheiten des Landes zu mischen, um dessen Besitz mehrere Prätendenten stritten, unter denen der Herzog von Großpolen die meisten Aussichten hatte. Die Vereinigung des Landes Hinterpommern mit Polen wäre für das Ordensland gefährlich gewesen, daher verband sich der Orden mit dem Markgrafen von Brandenburg, der ebenfalls Ansprüche auf Pommerellen erhob. Es würde zu weit führen der Entwickelung der Ereignisse in Pommerellen zu folgen; es genüge hier das Resultat anzuführen: durch List, Gewalt und diplomatische Unterhandlungen kam der Orden 1308 selbst in Besitz der Städte Danzig, Dirschau, Schwetz, und die Weichsel war auf dieser Strecke fortan nicht mehr Grenzfluß, sondern von Ordensgebiet auf beiden Ufern umgeben. Noch waren aber die Ansprüche zu beseitigen, die polnischerseits auf einzelne Strecken der Niederung erhoben werden konnten, und auch dies gelang durch Unterhandlungen und Kauf. Herzog Przemislaus von Cujavien hatte an seinen Oheim Wladislaus eine Forderung von 4000 Mark; da er aber auf Wiedererstattung der Summe nicht rechnen durfte, so verkaufte er dem Orden das sogenannte Fischwerder, welches durch seine Mutter Salome, Suantepolks Tochter, als Erbtheil an Cujavien gekommen war. Dieß Fischwerder umfaßte das Gebiet zwischen dem Haff und der Nogat, die Fischereien im großen und kleinen Kabal und den Nebenarmen der alten Weichsel, so wie die Gebiete zwischen der alten Weichsel, der Nogat und dem Haff. 1309 wurde der Kauf bestätigt. Die Kaufsumme betrug 1000 Mark. Den östlichen Theil des großen Werders trat der Hochmeister an die Stadt Elbing ab. So war endlich der Orden im vollen rechtlichen Besitz der Werder.

Diese wichtigen Vorgänge, abgesehen von anderen politischen Beweggründen, hatten endlich den Hochmeister Siegfried von Feuchtwangen bestimmt, den Hochmeistersitz nicht, wie es Anfangs beschlossen war, für immer nach Deutschland zu verlegen, sondern nach Preußen, wo ja der Schwerpunkt der Ordensmacht war. Nachdem die nöthigen Vorbereitungen getroffen waren, zog der Hochmeister im September 1309 in das mittlerweile erbaute Fürstenschloß in Marienburg ein.*) Dieses Schloß wurde nun der Centralpunkt der Verwaltung für sämmtliche weit über Europa zerstreuten Landmeistereien und Comthureien des deutschen Ordens. Der Convent des Schlosses, an dessen Spitze fortan der Groß-Comthur

---

*) Wann der Bau begonnen hatte, wer ihn geleitet, und wer den Plan zu demselben entworfen, ist nicht mehr zu ermitteln. Wahrscheinlich ist er von italienischen Baumeistern ausgeführt worden.

von Marienburg stand,*) wurde bedeutend vermehrt, die Haushaltung des Fürsten glänzend eingerichtet, und das Schloß wurde der Sammelpunkt fremder Fürsten und Herren, die häufig ins Land kamen, um Theil an den Kämpfen gegen die Heiden zu nehmen, Sammelpunkt der fremden Gesandten und Städteabgeordneten, die zu Unterhandlungen mit dem Hochmeister nach Marienburg kamen. Gewann durch dieses reich sich entfaltende Leben die neu gegründete Stadt an Bedeutung, so konnte andererseits die benachbarte Landschaft und speziell das neu gewonnene und zum Theil noch spärlich bebaute Werderland von diesem Wechsel der Dinge nur einen äußerst günstigen Einfluß erfahren. Der große Hofstand der Fürstenburg, die Vergrößerung Marienburgs selbst, erforderten einen bedeutend vermehrten Zufluß von Lebensmitteln, der natürlich gerade aus dem Werder am leichtesten ermöglicht werden konnte. Dieses Land war ferner eigentlich eine Schöpfung des Ordens und wurde auch fortan von den Hochmeistern mit Vorliebe gepflegt, deren Anwesenheit für die Entwickelung des gesegneten Landstrichs und der deutschen Kultur in demselben von höchster Wichtigkeit war. Fortwährend zogen neue Colonen aus Deutschland nach, sich hier niederzulassen, und deutscher Geist und deutsche Sitte verdrängten mehr und mehr das Slaventhum und Preußenthum. Dies letztere ganz auszurotten, schien ein Hauptaugenmerk der Ritter zu sein, wie aus einzelnen Gesetzen der Hochmeister hervorgeht.

Auch die Erwerbung des Pommerellenlandes war für die Werder wichtig, besonders der Besitz von Dirschau und Danzig. Welche neue Quelle für den Absatz der Landesproducte war hiermit gewonnen. Zwei mächtige Wasseradern führten die Produkte der Werder nach den vier Hauptabsatzpunkten: Danzig und Dirschau, Elbing und Marienburg; die kleineren Gewässer zwischen beiden Flüssen erleichterten den Verkehr mit dem Haff und der Weichsel noch in hohem Grade. So entwickelt sich denn hier, unberührt von dem Kriegsgetümmel im Osten, ein reges ländliches Leben. Bald nach der Verlegung des Hochmeistersitzes nach Marienburg datiren die ersten Ortsverschreibungen, deren Urkunden, in den Archiven aufbewahrt, ein Zeugniß für die Thätigkeit des Ordens auf dem Gebiete der Landescultur sind.

*) Bis dahin hatte die Burg nur einen Comthuren, denn der Landmeister wohnte nicht in Marienburg. Als Hauptstadt des Landes hatte bisher Culm gegolten. Der erste Comthur der Marienburg war Heinrich von Wilnowe (1276—1298); ihm folgte Eberhard von Wirneburg (bis 1303), dann folgte Johann Sachse (bis 1309), an dessen Stelle der Großcomthur trat. Der erste, der diese Würde bekleidete, war der bisherige letzte Landmeister von Preußen, Heinrich Plotzke; ihm folgte als Großcomthur 1313 Heinrich von Gera und 1315 Werner von Orselen.

Die inneren Verhältnisse des Kreisgebietes.

1. Colonisation.

In die Regierungszeit Carl Beffardts von Trier, der auf Siegfried von Feuchtwangen 1312 folgte und bis 1324 regierte, fallen allein 13 Fundationen oder Gründungen von Dörfern, so weit die Grundbücher hierüber Auskunft geben. Die älteste vorliegende Fundationsurkunde ist die von Neuteichsdorf aus dem Jahre 1316; es folgen Liessau 1317; Mirau und Tannsee 1318. In das Jahr 1321 fällt die Fundation von Barent, Groß- und Klein-Lichtenau, Lindenau, Milenz, Schönau, Marjenau, Rückenau. Die Privilegien dieser genannten Dörfer sind sämmtlich von Werner von Orseln, damals Groß-Comthur von Marienburg, verliehen und sind ein schönes Denkmal der Thätigkeit dieses trefflichen Mannes.

Verfolgen wir der Uebersicht wegen die Fundationen chronologisch.

Während der kurzen Regierung Hochmeister Werners von Orseln (1325—1330) wurden besetzt: Petershagen (28) Altfelde (30);

unter Luther von Braunschweig (1331—35): Schöneberg (33) Schönsee (34);

unter Dietrich von Altenburg (1335—41): Kunzendorf, Gnojau und Altweichsel (1338), Wernersdorf und Schönwiese (1340);

unter Ludwig König (1341—46): Ladekopp (41), Reichfelde und Bärwalde (42), Palschau und Biesterfelde (44), Tiege (45);

unter Dußner von Arfberg (1346—51): Schönhorst und Orloff (49); Thiergart, Prangenau, Lesewitz (50); Neukirch, Halbstadt, Eichwalde (51);

unter Winrich von Kniprode (1351—82): Schadwalde (52), ebenso Neumünsterberg und Fürstenwerder; Parschau und Rosengart (53); Niedan (56); Kaynase (67); Brodsack (81).

Aus der Zeit Konrad Zöllners (1882—90) stammt die letzte urkundliche Fundation des Ordens in dieser Gegend, Montau. Die Glanzperiode des Ordens war vorüber, schon drohten von Außen her die Stürme, die den Untergang des Ordensstaates herbeiführen sollten. Wie eine dunkle Mahnung daran erscheint der Umstand, daß die Inhaber der angeführten Dorfprivilegien diese sämmtlich im Jahre 1405 von Konrad von Jungingen bestätigen und in deutscher Sprache erneuern ließen.

Die Urkunden sind entweder von den Hochmeistern selbst mit Beirath ihrer Gebietiger ausgefertigt, oder aber von den Comthuren zu Marienburg, Christburg, Elbing, wobei dann oft der Hochmeister als Zeuge figurirt.

Betrachten wir die Lage der neu angelegten Dörfer, so finden wir, daß die ersten Anlagen bis 1323 nördlich nicht weit über Neuteich hinausgehen; die nördlichste ist Mirau, die südlichste Schönau und Milenz. Sie befinden sich sämmtlich in dem engen Theile des Werders zwischen Marienburg und Dirschau, meistens nach der Grenze des neugewonnenen Pommerellengebietes zu. Auch hier sind vor allem die höher gelegenen Orte berücksichtigt worden, die tieferen Orte weiter nördlich waren noch sumpfig.

Im Jahre 1340 aber wurde die Querdurchschnittslinie des eben angegebenen Landstriches, die directe Straße von Marienburg nach Dirschau mit Dörfern besetzt: Kunzendorf, Gnojau, Altweichsel wurden angelegt.

In den folgenden zwei Dezennien wurden die Lücken, welche bisher geblieben waren ausgefüllt, der Kreis der Colonien nach dem Haff zu und nach der alten Weichsel, sowie längs der Nogat hin erweitert, einzelne Dörfer auch nach dem Drausen zu angelegt. Dieser letztere Landstrich aber, zwischen dem Drausen und der Marienburger Niederung, ist am wenigsten in der Ordenszeit berücksichtigt worden und blieb lange Zeit Bruch und Kampe, Drausenkampe genannt, bedeckt mit Lachen und von Fließen durchzogen. Erst unter den polnischen Königen wurden protestantische und mennonitische Familien in diese Gegend gezogen, die das Land trocken legten.

2. Die Bevölkerung.

Aus welchen Gegenden Deutschlands die Ansiedler waren, die die Werder colonisirten, ist schwer zu bestimmen. Aus allen Gegenden Deutschlands und der Niederlande strömten Colonisten herbei und ließen sich an Orten nieder, die ihren Gewohnheiten am besten entsprachen. Wie Holland von Holländern, Elbing von Niedersachsen gegründet wurde, so suchten Schlesier und Thüringer besonders die höher gelegenen Ortschaften, Leute aus Geldern und dem Jüllchschen ließen sich im Ermland nieder. Aus den heutigen Dialecten eine Folgerung zu ziehen, ist sehr mißlich, weil verschiedene Schichten von Nachzüglern kamen; ja noch in polnischen Zeiten wurden Deutsche und Niederländer in das Land gerufen. Außerdem leidet jede Sprache, die an einen andern Ort versetzt wird, durch die sie umgebenden Sprachen sehr wesentlich, was hier um so mehr der Fall sein mußte, da die dreihundertjährige Polenherrschaft dazu beitrug, manches Originelle des ursprünglichen Dialekts zu verwischen, Verschiedenartiges zu verschmelzen, fremde Ausdrücke aufzupfropfen. Niedersachsen und Schlesier scheinen es besonders gewesen zu sein, die die Werder anbauten, darauf deutet auch die Geschichte des Kulmischen Rechtes hin, welches von Magdeburg über Breslau und Glogau nach diesen Gegenden kam.

Unter den drei Hauptdialekten, dem groß-, dem kleinwerderschen und niederungschen, hat der kleinwerdersche, weil in altpreußische Gebiete verpflanzt, am meisten den Einfluß der alten preußischen Sprache erfahren. Dies geht nicht etwa aus einzelnen aufgenommenen Worten (z. B. Marjelle, litthauisch Mergallo d. i. Mädchen; ferner Kaddik d. i. Wachholder ꝛc.) hervor, sondern besonders aus der breit gedehnten Aussprache, die von der Elbinger Gegend an bis an die russische Grenze sich mehr und mehr disharmonisch steigernd, dem fremden Ohre so auffallend und unangenehm entgegenklingt.

Im großen Werder müssen vorwiegend Niedersachsen sich angesiedelt haben und das slavische Element hat hier nur in vereinzelten Ausdrücken, die aber auch der Zeit der polnischen Herrschaft entstammen mögen, sich geltend machen können.

Die Niederung dagegen, das zeigt Tracht, Sitte, Häuserbau ꝛc., ist besonders von Holländern colonisirt worden, und noch heute wird der Reisende beim Anblicke der niederungischen Dörfer unwillkürlich an Landschaftsbilder der niederländischen Maler erinnert. Hier haben auch die fremdartigen Sprachelemente sich am wenigsten geltend gemacht.

Die alten Eingeborenen.

Was wurde aber aus jenen Preußen, Pommern oder Wenden, die vor der Einwanderung hier saßen, und die in den Urkunden noch oft als Gäste ꝛc. genannt werden? — Sie sind germanisirt worden, und ihre Nachkommen leben in den heutigen werderschen Dienstleuten fort. Herabgedrückt von freien Besitzern zu Instleuten, Käthnern, ihres Eigenthums beraubt, sahen sie sich genöthigt bei deutschen Herren Dienste zu thun. Ganze Dörfer die einst Slaven oder Preußen gehört hatten, wurden vom Orden, der sich als Herr des eroberten Landes ansah, an Deutsche verliehen. Daher finden wir fast in allen Urkunden die Formel „Wir verleihen „unser Dorf" N. N."

Am schlimmsten aber wurden die Preußen behandelt. Strenge Gesetze, von denen einzelne dem Hochmeister Siegfried von Feuchtwangen zugeschrieben werden, verboten den Herren mit ihren Knechten und Mägden preußisch zu sprechen, befahlen ihnen, sie zum Deutschreden anzuhalten. Die Preußen und Slaven waren vor Gericht dem Deutschen nicht gleich; kein Tribunal ebenbürtiger Männer sprach über sie Recht, sondern des Ordens Vogt; sie waren vom Schulzenamt und von Bewirthschaftung der Krüge in den deutschen Dörfern bei Strafe ausgeschlossen, die Preußen sogar zum Kirchgange gezwungen; ihre Sprache zu reden war ihnen bei 3 Mark Strafe untersagt — mußte da nicht Ingrimm das Herz der Geknechteten erfüllen? — Und herum zogen im Lande die herabgekommenen Priester des Heidenthums, oder ihre Nachkommen, die dem Christenthum grollten, weil es ihre Macht gestürzt, herum zogen sie als Waidler oder Zauberer und fesselten durch ihre Künste das Volk, das noch im Stillen am alten Götterglauben hing; rege hielten sie den Haß gegen den Orden und die deutschen Eindringlinge, aufrecht hielten sie im Geheimen den alten Aberglauben und die heidnischen Gebräuche, die trotz vielfacher Gesetze des Ordens und der Synoden bis in die Reformation sich erhielten. Und neue Zuzöglinge kamen Arbeit suchend von der Höhe herab in's niedere Land, Preußen, Polen, Wenden und erhielten den Geist der Renitenz wach, und als längst die Masse der Insitenten und Knechte germanisirt, als die preußische Sprache schon verklungen war, da blieb noch der Haß der Leute, die in den Herren ihre Unterdrücker sahen und erbte traditionär bis auf die Neuzeit fort. Die Herren aber fühlten sich ihren eigenen Leuten gegenüber als Fremde, Argwohn erfüllte sie, das Gesetz schrieb ihnen vor, sie zu bewachen, ihre Sprache auszurotten, sie sahen in ihnen natürliche Feinde; und so konnte sich hier nie ein patriarchalisches Verhältniß zwischen dem Bauern und seinem Knechte entwickeln. So rächte sich die gewaltsam unterdrückte Nationalität noch an den spätesten Enkeln. Hierzu kam noch seit der Reformation der religiöse Zwiespalt, da die arbeitenden Klassen überwiegend katholisch blieben, wogegen die Besitzer zum Protestantismus übertraten.

Die deutsche Sprache der arbeitenden Klassen der Werder trägt sehr deutliche Spuren fremdartigen Einflusses, wobei freilich der zahlreiche Nachschub von fremden Arbeitsleuten in der polnischen Zeit nicht zu vergessen ist.

Betrachten wir kurz die Art der Vertheilung der Ländereien.

3. Landvertheilung. Hofmarke.

Die Landverleihung war hier wie in Schlesien und der Mark folgende: Einem zuverlässigen Manne, der sich um den Orden verdient gemacht hatte, oder einem Einwanderer, der an der Spitze einer kleinen Gemeinde in's Land kam, um hier sich anzusiedeln, wurde eine bestimmte Anzahl von wüsten Hufen gegeben, die er zu „besetzen" hatte; die zehnte Hufe erhielt er selbst zinsfrei für sich. Nicht immer waren es wüste Hufen, die der Orden so vergab, sondern oft Dorfmarken, die von Polen oder Preußen besetzt gewesen waren, wie dies besonders bei Simonsdorf, Klein-Lesewitz, Lichtenau erwähnt wird. Die neuen Dörfer behielten häufig ihre alten undeutschen Namen, andere (wie Simonsdorf) bekamen deutsche Namen, die zum Theil von der Localität entlehnt wurden, so z. B. Lichtenau, Lindenau, Neuteich, noch andere erhielten Namen, die an die Heimath erinnerten, z. B. Halbstadt, das ursprünglich Halberstadt hieß. Doch könnte der letztere Ort seinen Namen auch dem Umstande verdanken, daß er auf der Grenze der 3 Comthureien Marienburg, Christburg, Elbing lag. In welcher Weise die Fundatoren oder Besetzer die Hufen vertheilten, wird nicht näher berichtet, vielleicht dürften aber die eigenthümlichen Zeichen der einzelnen Gehöfte, die sogenannten Hofzeichen uns als Führer dienen.

Das einfachste Mittel eine bestimmte Anzahl von Hufen unter eine Zahl von Ansiedlern gleichmäßig zu vertheilen, war das Loosen.

Das Loosen war eine echt altgermanische Sitte, die bei andern Völkern nur vereinzelt vorkommt, so z. B. bei den Juden bei Vertheilung von Ackerland, wobei geschnitzte Gerten angewandt wurden. Bei den alten Germanen hatte das Loosen eine tiefe Bedeutung; Loos bezeichnete ursprünglich ein geschnittenes Stückchen Holz, in welches Zeichen eingeschnitten waren, und welches zum Erforschen des Willens der Götter und zum Wahrsagen gebraucht wurde. Bei wichtigen Angelegenheiten der Gemeinde fragte der Priester derselben vermittelst solcher mit Zauberzeichen (Runen), versehenen Stäbchen, die er durcheinanderschüttelt und auf die Erde fallen ließ, die Götter um Rath.

Am häufigsten kam diese Art, das Schicksal zu befragen, bei Vertheilung von Erben und Gemeindeländereien vor und hat sich in einzelnen Gegenden Deutschlands, besonders aber in Schweden und Norwegen bis heute erhalten. Auch in diesem Falle wurden von dem Schulzen oder dem Geistlichen die Loose geschüttelt und die Participienten zogen ihr Loos.

Da das Loos mit einem bestimmten Zeichen versehen war, so wurde dies letztere bald zum bleibenden Zeichen einer Person oder Familie und wurde am Gehöft und an allem Inventar angebracht. Auf der Insel Rügen diente es sogar bei Urkunden als Ersatz der Unterschrift.

Es ist mir nicht zweifelhaft, daß auch hier bei der Vertheilung der Hufen an einzelne Bauern von den Fundatoren ein ähnlicher Vertheilungsmodus beobachtet wurde. Dies setzt allerdings möglichst gleiche Größe der Ackerparzellen voraus. Die einzelnen Parzellen scheinen nicht über drei Hufen groß gewesen zu sein, bei einzelnen Ortschaften sollten sie nach Ordensbestimmungen nicht zwei Hufen übersteigen. Es ist aber nicht gleich immer die ganze Anzahl der Hufen vertheilt worden, dazu mangelten die Arbeitskräfte. Viele Hufen blieben noch lange wüst liegen und wurden erst später vertheilt; vielleicht erklärt dies den Umstand, daß in einzelnen Dörfern neben Gehöften, die mit Hofzeichen versehen sind, mehrere andere vorkommen, die der Hofzeichen entbehren. Daß übrigens der Zusammenhang zwischen der Hofmarke und dem Eigenthum, wie er oben dargestellt worden ist, nicht bloße Vermuthung ist, sondern daß die Hofmarke wirklich das Loos vertrat, geht aus dem Umstand hervor, daß auch der Antheil, den die einzelne Dorfschaft an der Erhaltung der Dämme hat, das „Loos" genannt wird.

In einzelnen der hier am häufigsten vorkommenden Hofzeichen ist die alte Rune (Zauberzeichen, Buchstabe) noch leicht erkennbar, viele aber bestehen in willkührlichen Zeichen und Schnörkeln, oft von sehr abenteuerlicher Form. Die häufigsten Zeichen sind: gekreuzte Dreschflegel, Forken, Anker, Hufeisen, Kammrad, Weltkugel, Harke, Doppelkreuz. Alle diese Zeichen sind z. B. in Schöneberg vertreten. Die Hofzeichen finden sich aber meist nur bei älteren kölmischen Dörfern, die neuen Fundationen lassen sie ganz vermissen; daher sind sie im kleinen Werder nur in sehr beschränktem Maaße vorhanden.

Abgaben.

1. Zins. Die Hufen des Fundators waren, wie erwähnt, frei von Zins für Kinder und Kindeskinder; ihm wird auch das Schulzenamt verliehen mit der kleinen Gerichtsbarkeit und von den Gerichtskosten der dritte Pfennig. Ueber seinen Amtskreis werden wir weiter unten ausführlicher sprechen. Außer diesen freien Schulzenhufen waren in Kirchdörfern noch 4 Hufen zinsfrei für die Kirche gelassen, sie bilden das Widem, d. i. das gewidmete Land.

Alle übrigen Hufen sind zinspflichtig an den Orden. Der Zins wird gezahlt als eine recognitio dominii, d. i. als Anerkennung der Oberhoheit des Ordens, der als Herr des ganzen Grund und Bodens gilt, so wie zur Anerkennung der obersten Gerichtsbarkeit des Ordens. Auf die betreffenden Paragraphen 28 bis 34 der kulmischen Handveste gestützt, hat man es versucht, die Kölmerbesitzungen für „Lehne nach Kulmischem Rechte" zu erklären. Es ist indeß diese Auffassung durch Rescript vom 16. April 1785 widerlegt (vid. von Begesack Westpr. Prov. Recht I. p. 261). Für die ersten 5 Jahre, bei einzelnen nur für 2 oder 4 Jahre, war der Zins ganz oder doch zur Hälfte erlassen. Den Dezem aber an den Pfarrer mußten die Hufeninhaber gleich vom ersten Jahre ab zahlen.

Der Zins variirt nach der Bodenbeschaffenheit und der günstigeren oder weniger günstigeren Lage, aber ohne daß man feste Grundsätze herausfinden könnte; am häufigsten ist der Satz von 1½ oder 1¼ Mark pro Hufe. Es zahlten:

Altweichsel 7 Scot und 1 Mark*) Pfg. (5 Thlr. 10 Sgr.) und 2 Hühner,
Gnojau und Barent 1½ Mark (7½ Thlr.) und 2 Hühner,
Münsterberg 5 Vierdung (6 Thlr. 7½ Sgr.), 2 Hühner, dazu kamen 6 Diensttage,
Biesterfeld 1½ Mark (7½ Thlr.), 2 Gänse und 6 Diensttage,
Brodsack 1½ Mark und 1 Scot (7 Thlr. 20 Sgr.) und pro Hube 36 Diensttage,
Damerau 1½ Mark (7 Thlr. 20 Sgr.) ohne Schaarwerk,
Eichwalde 4 Mark (20 Thlr.) und 6 Diensttage,
Halbstadt 1 Mark und 5 Scot (6 Thlr. 5 Sgr.) und Schaarwerk,
Irrgang 6 Mark 1 Vierdung (31 Thlr. 7½ Sgr.),
Kunzendorf 1¼ Mark (6 Thlr. 5 Sgr.),
Groß-Lichtenau 2 Mark (10 Thlr.) und 4 Hühner,
Klein-Lichtenau und ebenso Milenz 1½ Mark (7½ Thlr.) und 2 Hühner,
Liessau 1½ Mark (7½ Thlr.),
Marjenau 1½ Mark (7½ Thlr.),
Mirau 1¼ Mark (6 Thlr. 7½ Sgr.) und 1 M. Pfund Pfeffer,
Montau
Reuteichsdorf 18 Scot (2 Thlr. 20 Sgr.) und 4 Capaune oder statt eines Capauns 2 alte Hühner,
Niedau 7 Vierdung (1¾ Mark) (8 Thlr. 22½ Sgr.) und 6 Tage Arbeit,
Orloff 1½ Mark (7½ Thlr.) und 2 fette Gänse,
Palschau 2 Mark (10 Thlr.),
Parschau 1 Mark (5 Thlr.) und 4 Hühner und 6 Tage Dienst,
Schadwalde 2¼ Mark (13 Thlr. 22½ Sgr.) und 6 Tage Dienst,
Schönau 1 Mark (5 Thlr.) und 2 Hühner,
Simonsdorf 1¼ Mark (6 Thlr. 7½ Sgr.),
Tannsee 1½ Mark (7½ Thlr.),
Altfelde 1 Mark (5 Thlr.) und 1 Pfund Pfeffer,
Grunau 1 Mark (5 Thlr.) und 2 Gänse,
Rosengart 1 Mark (5 Thlr.),
Thiergart ½ Mark (2½ Thlr.) und 4 Hühner.

Dieser Zins wurde natürlich nur von den besetzten Hufen, nicht aber von den noch wüsten bezahlt, dagegen zahlten die Waldhufen der Dorfschaft gleich den bebauten. Gerade der Umstand, daß der bebaute Acker zahlt, zeigt am deutlichsten, daß wir es mit einem Grundzins zu

---

*) Diese Geldsätze sind berechnet nach dem Werthe, welchen die Münze um 1400 hatte, also nach einem mittleren Satz; statt 5 Thlr. 3 Sgr. 8 Pf. habe ich hier die Mark der leichteren Rechnung wegen nur zu 5 Thaler angesetzt.

thun haben, der für die Benutzung des Ackers gegeben wurde. Die Verschiedenheit der Zinsquote in den einzelnen Ortschaften hat ihren Grund theils in der Verschiedenheit der Bodenqualität, theils in der größeren oder geringeren Schwierigkeit der Bestellung, in der größeren oder geringeren Gefahr bei Dammbrüchen. Daher kommt oft ein verschiedener Zinssatz für verschiedene Hufen ein und derselben Dorfschaft vor. So hat Thiergart unter 83 Hufen 40 schlechte, diese 40 zahlen nur halb so viel als die übrigen, nämlich 1 Vierdung und 2 Hühner. Bei Liessau zahlen die innerhalb des Dammes gelegenen Hufen 1½ M., die außerhalb desselben liegenden nur ½ M. Den niedrigsten Zins zahlen Kieseling mit 11 Scot, Damerau mit 12, Kalbe mit 15½ Scot pro Hufe.

Die Baareinkünfte, die der Orden aus diesen Hufen zog, waren also nicht unbedeutend, sie betrugen, so weit das Marienburgische Treßlerbuch darüber Auskunft giebt, im Jahre 1395 8200 Mark (über 47000 Thlr.) aus dem Werder und der Nehrung.

2. Natural-Abgaben. Hierzu kamen noch die bedeutenden Naturallieferungen. Unter diesen erwähnen wir zuerst das Bischofskorn, das nach der Kulmer Handveste an den Bischof gezahlt werden sollte: vom Pflug einen Scheffel Weizen und einen Scheffel Roggen zu Martini, und von jedem polnischen Pflug oder Haken einen Scheffel Weizen*) Als das Land später zwischen dem Orden und den Bischöfen getheilt wurde, erhielt der Orden in den ihm zugefallenen Landstrichen diese Abgabe für sich. In älteren Urkunden wird sie nirgend erwähnt, lag aber wohl schon inbegriffen in der Verleihung „nach kulmischem Recht". Auch kommt eine Geldabgabe vor, Pfluggeld genannt, die im Anfange des 15. Jahrhunderts in den Zinsdörfern um Marienburg als eine Grundsteuer erwähnt wird. So zahlt Königsdorf für 13 Pflüge 1 Mark 2 Scot, andere Dörfer zahlten bis 4 Mark. Der gewöhnliche Satz für den Pflug war 2 Scot und ebensoviel zahlte der Kretzmer für seine Krugwirthschaft. Die Abgabe ist nicht, wie Vogt meint, eine Ablösung des Pflugkorns, sondern ist, nach der Erklärung Töppens, einerlei mit dem Wartegeld (pretium speculatorum).

---

*) Der Pflug war gleich 1 Hufe kulm. Der polnische Haken gleich ⅔ Hufe kulm. Die Zinshaken waren meist an Nichtdeutsche verliehen; es gab im Marienburger Gebiete 275½ große und 254 kleine Haken; der große Haken zahlte 7 Scot weniger 7½ Pfennig, der kleine 4 Scot (nach Töppen).

Eine andere Abgabe, sowohl für einzelne Gemeinde als für Personenhufen, ist der Gerstenzins, der 200 Scheffel pro Hufe beträgt. Von Hufen, die diesen Zins zu zahlen verpflichtet waren, gab es: in Altenau 13 H., in Tralau 1 H., in Lesewitz 5 H., in Schönwalde 5 H., in Trappenfelde 8 H., in Eichwalde 3 H., in Jonasdorf 4½ H., in Katznase circa 8 H. Die Summe der durch diesen Zins eingelieferten Gerste betrug um 1400: 10,899 Scheffel. (v. Töppen in Zeitschrift für Preußische Geschichte und Landeskunde April 1867 p. 225).

Von andern Leistungen ist die sonst im Ordenslande häufige Lieferung von Wachs um Marienburg selten, vielleicht weil die Bienenzucht hier nicht gerade bedeutend war; gewöhnlich wurde jährlich von der Hufe ein Pfund Wachs geliefert. Desto bedeutender sind die Lieferungen von Geflügel an das Haupthaus von Marienburg, weil gerade hier der häufigen Gäste und des fürstlichen Hofhalts wegen der Consum in diesen Artikeln bedeutend war. Bald müssen 2 Hühner, 4 Hühner, bald 2 oder 4 Gänse, in einzelnen Dörfern 4 Capaunen pro Hufe jährlich geliefert werden. Bei denjenigen Hufen, die stark mit Zins oder mit Schaarwerken belastet waren, war die Zahl der zu liefernden Hühner gering, bei einzelnen fiel die Abgabe ganz fort; so bei Irrgang, das aber auch 6 Mark und 1 Vierdung pro Hufe Zins zahlte.

Gerade in einzelnen kulmischen Dörfern des Werders war noch eine andere eigenthümliche Abgabe üblich: die Lieferung von 1 Pfund Safran, oder 1 Pfund Pfeffer pro Hufe; so lieferte die zinshafte Hufe von Mtrau und Altfelde Pfeffer, Irrgang dagegen Safran. Daß hier die Bedürfnisse des Haupthauses bei Auflage dieser Abgabe maßgebend waren, ist ganz klar, jedenfalls aber war die Abgabe eine sehr unpraktische, da der Orden, der selbst Handel im Großen trieb, sich auswärtige Produkte viel bequemer und billiger schaffen konnte als der schlichte werdersche Bauer.

Die Leistungen der einzelnen Hufen waren also nicht unbedeutend, denn gerade die Werderschen Hufen waren wegen ihrer bedeutenden Ertragsfähigkeit viel höher angeschlagen als Ländereien anderer Gegenden. Dies waren aber auch alle Abgaben, die die Besitzer zu zahlen hatten. Extraordinaire Steuern 2c. kannte man in der Blüthezeit des Ordensstaates nicht, und die Kulmische Handveste schützte ausdrücklich vor allen nicht darin namhaft gemachten, ungewöhnlichen Abgaben; erst seit 1400 kommen solche Abgaben vor. Wohl aber lasteten auf den Hufen andere Verpflichtungen, die der Orden als Grundherr des ganzen Landes auferlegte.

Dienste.

Burgenbau. Zunächst waren Dienste zu leisten beim Bau neuer Burgen, bei Befestigung schon vorhandener Vesten; es waren diese Dienste Schaarwerke, Fuhren ꝛc., und sie wurden theilweise bezahlt. Für diese Gegend konnten nur die Burgen von Marienburg, Stuhm, Christburg, Elbing, sowie die festen Ordenshäuser im Werder, Montau, Leste, Lesewitz in Betracht kommen, der Dienst war also hier nicht regelmäßig und nur vorübergehend. Dienste aber beim Bau entfernterer Burgen wurden bezahlt. Indeß gab es für die Häuser andere regelmäßige Dienste zu leisten, die genau in den Urkunden verzeichnet sind.

Schaarwerk und Frohndienste. Die Besitzer jeder Hufe, nur die Freihufen ausgenommen, hatten jährlich eine Anzahl von Tagen, gewöhnlich 6, für den Orden zu arbeiten. Sie mußten auf den Ordensländereien Getreide, Gras, Heu hauen, Holz fällen, Holz und Getreide auf den Ordenshöfen einfahren, Gräben bessern ꝛc. So mußten die Kl. Lichtenauer und die Neukircher dem Orden 6 Tage „auf dem Heu" und zwar „auf eigene Zehrung" helfen. Einzelne Gemeinden kauften sich vom Dienst für Geld los, z. B. für 10 Mark jährlich. Der Orden hatte große Wiesen, besonders um Marienburg und um die Ordenshöfe im Werder. Sein Viehstand war bedeutend, ebenso die Zahl der zu unterhaltenden Pferde. Im Jahre 1407 z. B. standen in Leste 180 Pferde, in Lesewitz 130. Der Ordenshof Heubuden bei Marienburg war besonders für Aufbewahrung der Heuerträge bestimmt.

Bei der Anlage neuer Dörfer waren die Ansiedler für die ersten 5 Jahre frei von Schaarwerk und anderen Diensten, oder hatten nur halb so viel Tage zu arbeiten als später; z. B. die Kl. Lichtenauer für die ersten 2 Jahre nur 3 Tage pro Hufe, später 6 Tage. Einzelnen Dorfschaften war Schaarwerk und anderer Dienst ausdrücklich erlassen, so besonders den Schabwaldern; in anderen waren einzelne Hufen, sei es wegen schlechten Bodens oder gefährdeter Lage davon befreit. So waren bei Neuteich 14 Hufen von 52 ohne alle Dienstleistungen, bei Rosengart 4 Hufen frei vom gewöhnlichen Dienst, bei Halbstadt sind neben 13 schaarwerkpflichtigen Hufen 3 Hufen 10 Morgen frei von Schaarwerk; bei Irrgang 1 Hufe 13 Morgen, diese zahlt aber dafür $8\frac{1}{4}$ Mark, bei Brodsack $1\frac{1}{2}$ Hufe frei von Schaarwerk, Tagedienst, Reise ꝛc. Noch 1456 wurden von Konrad von Erlichshausen den Wernersdorfern 9 Hufen von Zins- und Schaarwerk freigegeben.

Für den Tagedienst waren gewöhnlich 6 Tage bestimmt, meist, wie bei Niedau und Neukirch ausdrücklich erwähnt, auf eigene Kost. Ortschaften, die geringen Zins zahlten, hatten mehr Arbeitstage, so hatte in Brodsack die Hufe 1½ Mark und 1 Scot zu zahlen, dafür aber jährlich 26 Arbeitstage. Fand sich bei einzelnen Orten später bei genauerer Vermessung ein Uebermaß von Hufen, so waren die überzähligen frei von Dienst, zahlten aber höheren Zins. So zahlte Brodsack für die überzählige Hufe 8 Mark, Damerau aber für seine 3 Hufen Uebermaß nur 1½ Mark à Hufe. Auch einzelne Personen bekamen wegen bedeutender Verdienste um den Orden Freiheit von solchen Lasten, so erhielt der ehrsame Jacob Marcus in Wernersdorf wegen seiner Verdienste 3 Hufen zins- und arbeitsfrei. Zuweilen wurden wenigstens einzelne Hufen von der Last abgelöst, so sollten in Schönhorst alle Hufen, die über 50 seien, abgelöst werden können.

Bei einzelnen Ortschaften z. B. Altweichsel, Barent, Gnojau, Kunzendorf u. a. m. sind keine Arbeitstage erwähnt, aber schon der Zusatz einzelner Urkunden „6 Tage Dienst und die anderen Dienste wie andere Dörfer auf dem Werder" oder „wie auf dem Werder üblich" weist darauf hin, daß die Last in höherem oder geringerem Maaße allen Werderdörfern gemeinschaftlich war. Die kulmische Handveste freilich kennt keine solche Dienste, aber seit der Gründung deutscher Dörfer wurden sie, ursprünglich nur für Hintersassen bestimmt, auch auf die deutschen Bauern übertragen, und somit wurde die Stellung der Letzteren eigentlich degradirt.

Dammlasten. Eine specielle Last der Bewohner der Weichsel- und Nogat-Werder war aber die durch die Natur des Landes gebotene, die Dammlast, die nicht gleich in den Fundationsurkunden festgesetzt ist. Hauptpflicht war die Erhaltung und Ausbesserung der Dämme im Dorfbereiche, und diese war nach der Hufenzahl bemessen, wenngleich auch hier Ungleichheiten vorkommen. Jede Hufe hatte gewöhnlich 5 oder 6 Ruthen oder 1 Seil zu unterhalten, bei Damerau 7 Ruthen, die Lichtenauer sollten pro Hufe „1 Seil halten des gewöhnlichen Tammes, wie gewöhnliche Tammleute auf dem Werder", dafür sollten die Besitzer frei sein von Arbeiten am großen Damm von Montau.

Jedem Besitzer war eine bestimmte Stelle des Dammes zur Ausbesserung und Erhaltung angewiesen; bei Dammbrüchen mußte gemeinschaftlich Hülfe geleistet werden. Einzelne Dörfer waren ganz oder doch für eine gewisse Anzahl Hufen von Dammlasten befreit. Neuteichsdorf (1316)[*] hatte 14 dammfreie Hufen, Tiege (1345) 13 Hufen Wald

---

[*] Neuteichsdorf ist der erste Ort, bei dem in den Urkunden der Dämme gedacht wird. In dem Privilegium des Dorfes heißt es „Wir gönnen auch den-

frei; auch die Gärtnerhufen waren häufig des höheren Zinses wegen, den sie zahlten, frei, so die halbe Gärtnerhufe bei Ladekopp, die 4 Mark Zins zahlte. Andere Dorfschaften waren wenigstens von Lasten und Arbeiten für den „großen Damm" frei z. B. Neuscharpau, Marjenau, Lichtenau. Ganz frei von Dammarbeit war Neukirch und die ehemalige Wldau (in der heutigen Einlage). Ganz frei von Dammlasten waren im Gegensatze zu den kölmischen Dörfern die Höfe, welche der Orden sich als Schloßbesitz vorbehalten hatte; es waren: Kalthof, Vogelsang, Warnau (jetzt Koziclicko und Heububen), Schielendorf (später städtisches Bürgerland), Leske, Montau, Lesewitz; ferner die Zinsdörfer Blumstein, Tragheim und das Fischamt Scharpau. Auf dieser Seite der Nogat: Thiergart, Thörichthof, Neuhof (bei Sandhof) und Hoppenbruch.

Die dammpflichtigen Ortschaften des großen Werders bildeten frühzeitig eine Commune mit corporativen Rechten die „kore binnen dem großen Werder", die auch eine beschränkte Gerichtsbarkeit übte. Die sehr complicirten Damm- und Deich-Verhältnisse sind bereits im ersten Theile dieses Werkes von kundiger Hand sorgfältig bearbeitet, und wir verweisen daher auf diesen. (Statist. des Mrb. Krs. ic.) Die Vertreter der Werdergemeinde waren das Collegium der Deichgeschworenen.

Zur Aufsicht über die Dämme nämlich war schon früh ein Collegium bestellt, die Deichgeschworenen, an deren Spitze Deichgräfen standen. Der Ursprung und die Zeit der Entstehung dieses Instituts läßt sich bei den mangelhaften Nachrichten nicht mehr ermitteln. Zur Ritterzeit waren auch einzelne Ordensbeamte, die im Werder residirten Mitglieder des Collegiums. Als 1426 das Tief von Balga durch einen Durchbruch der See durch die Nehrung gebildet worden war, wurden 1431 vom Hochmeister der Vogt von Leske, der Fischmeister von Scharpau und die Geschworenen aus allen drei Werdern auf die Nehrung geschickt, um das Tief zu prüfen.

Die Bewohner der Dörfer hatten ferner, wo es nöthig war, Gräben zu ziehen, die vorhandenen zu erhalten und ähnliche kleinere Lasten, die später berührt werden sollten. Aber eine allgemeine Pflicht aller Landbewohner ist noch zu erwähnen:

---

selbigen (von Bewohnern) ihren Damm zu bessern den sie nun haben, und nicht vorweiter zu bessernde ahne unser brüder Rath und Laube (Erlaubniß). Auch gönnen Wir denselbigen Leuten Erde zu nehmen, bußen ihren Garten auf unserem Theile ihnen Thämmen zu hülfe und zu bessernde also daß sie der Erde an der Swente nicht nehmen.

Der Kriegsdienst.

In der kulmischen Handveste war die Kriegspflicht der Bewohner festgestellt worden: Wer über 40 Hufen hatte, mußte in voller Rüstung mit gewappnetem Roß und noch zwei Reisigen dem Ordensheere folgen; wer geringeren Besitz hatte, erschien zu Roß mit leichtem Brustharnisch (Plate) und leichten Waffen, sobald Kriegsgeschrei oder allgemeiner Aufruf durch das Land ging.

Im Werder konnte bei den beschränkten Besitzverhältnissen nur von der letzten Art des Kriegsdienstes, vom Platendienst, die Rede sein; aber die Leistungen waren verschieden bemessen, bald sind für 3 Hufen 2 Platendienste, bald für 7 Hufen 1 Platendienst, bei 8 Hufen 2 Platendienste festgestellt.

In der Urkunde, durch welche 1309 dem Czeske von Carwese 8 Hufen bei Barent, die sogenannten Carwesehufen verliehen werden, wird dem Czeske Freiheit von Abgaben des Getreides, Wachses und des kulmischen Pfennigs zugesichert, dafür aber ist er zum Platendienst verpflichtet.

Die deutschen Einzöglinge waren ursprünglich nur wenig von Kriegsdienst belästigt; nur so lange das Kulmerland bedroht war, sollten die Bürger von Kulm und Thorn Kriegsdienst leisten, später aber zu Kriegszügen über dies Gebiet hinaus nicht verpflichtet sein, und diese Beschränkung auf die Landeswehr ist auch für hiesige Gegend anzunehmen. Nur wenn Kriegsgeschrei durch's Land ging, also der Feind die Landesgrenze bedrohte, war jeder zur Heeresfolge verpflichtet.

Wenngleich nicht in jeder Fundations-Urkunde die Kriegspflicht erwähnt wird, so geht die Allgemeinheit derselben doch zunächst schon aus der Anwendung des Kulmer Rechtes auf die Dörfer hiesiger Gegend hervor, mehr noch aber aus dem Umstand, daß gerade Befreiungen von der Heerfolge besonders erwähnt werden. Einzelne Dörfer haben für einzelne Hufen Freiheit vom Kriegsdienst, mithin sind die Inhaber der andern Hufen zur Heeresfolge verpflichtet. So sind die Bewohner von Irrgang für 13 Morgen frei von Dammbesserung, Schaarwerk, vom „Dienst der Reisen und Heerfahrten" (also von weiteren Kriegszügen im Gegensatz zur Landeswehr) befreit. Die Montauer sind für eine Gärtnerhufe frei vom Dienst der Heerfahrten, Brodsack hat für 1½ Hufe Befreiung von Reisen. In der Verleihungsurkunde der 5 Dammhufen bei Fischau dagegen heißt es ausdrücklich, der Besitzer soll frei sein von allem Schaarwerk, „ausgenommen Reisen, Landwehren und Geschrei." In der Urkunde von Grunau wird die allgemeine Kriegspflicht „der gemeine Heerschild" genannt. Es heißt darin, da die kleinen Ortschaften Grunau, Klein- und Groß-Winkelsdorf durch Wasser viel "Schülung" (Beschädigung) erlitten hätten, so daß sie weder Zins zahlen, noch zum gemeinen Heerschild etwas leisten könnten, so sollten die 3 Orte in einen vereinigt und dieser dann Grunau genannt werden.

Für diese Leistungen und Dienste hatten die Besitzer außer der freien Ausnutzung ihres Grundeigenthums noch manche Freiheiten, die der Orden ihnen gestattete, wie z. B. Fischerei, Holzungsrecht ꝛc.

Die Regalien des Ordens.

Wald und Wasser waren Eigenthum des Ordens; Fischerei und Jagd, Anlage von Krügen und Mahlstätten waren sein Regal, laut kaiserlicher Verleihung.

1. Das Regal der Gewässer.

Fischerei, Schifffahrt, Fähren. Das Ordensland war mit Flüssen und Seen reich ausgestattet, auch den Werdern fehlte es nicht an Wasserädern. Die Fischereien waren ergiebig und für den Orden einträglich. Zur Beaufsichtigung derselben waren Fischmeister angestellt, für hiesige Gegend einer in Marienburg, ein zweiter in der Scharpau, und ein dritter auf dem Drausensee.

Indeß gestattete der Orden den Unterthanen in beschränktem Maaße die Fischerei in den Gewässern ihrer Stadt- oder Dorfmark, oder in den an die Grenzen anstoßenden Flüssen und Fließen. Schon in der Kulmer Handveste war bestimmt, daß die Besitzer in den Seeen des Stadtgebiets mit kleinem Geräth, nicht aber mit großen Zugnetzen und nur zum Bedarf des eigenen Tisches fischen dürften. Dasselbe Recht hatten die Bewohner der Werder, wenngleich es nicht in allen Dorf-Urkunden besonders erwähnt ist; für folgende Dörfer ist es urkundlich nachweislich:

Lieffau und Altweichsel hatten Fischerei mit kleinem Garn, mit Reusen und Hamen, Damerau hatte dieselbe in der Weichsel, so weit die Dorfgrenzen sich an dieser hinziehen; Schönau hatte die Kleinfischerei in der Nogat. Den Neuteichern war nach der Urkunde "keine sonderliche Fischerei mit vertemmtem Wasser erlaubt", sondern es war blos den Besitzern gestattet, in den Gräben ihrer eigenen Ländereien zur Nothdurft zu fischen. Altfelde hatte freie kleine Fischerei in den Fließen und Lachen des Dorfsgebietes, ebenso Grunau, Ladekopp, Orloff; Neumünsterberg fischte mit kleinem Garn im Fließ Scharpau, Marjenau in der Jungfer und Tiege in der Tiege.

Das Recht Fahrzeuge und Fähren zu halten, konnte nur der Orden verleihen, auch dieses Recht wurde aber nur mit Beschränkungen ertheilt. So konnten die Dameraner kleine Kähne zum Mühlen- und Marktbesuch halten, doch durften sie nicht Leute von einem Ufer zum anderen übersetzen. Die Altfelder und Rosengarter durften Schiffe halten, um ihr eigenes Getreide nach Elbing zu verladen, durften aber keine Fremden mitnehmen. Zum Uebersetzen über Weichsel und Nogat existirten schon frühzeitig Fähren, an der Weichsel besonders bei Dirschau und Schöneberg, an der Nogat bei Clementsfähre. Die Bewohner von Liessau erhielten laut Fundations Urkunde 1 Hufe Uebermaß zinsfrei zur Unterhaltung der Fähre. Außerdem war noch eine Fähre bei Trampenau, die an den Vogt von Leske zinste, und eine andere, nicht näher bestimmte, zinste dem Fischmeister in der Scharpau.

Mühlen. Die Anlegung von Mühlen behielt sich der Orden vor, wie ausdrücklich in den Urkunden von Halbstadt und Mirau steht. Die Dorfbewohner waren meistens gezwungen in den Mühlen des Ordens mahlen zu lassen, doch gestattete der Orden einzelnen Ortschaften, oder den Schulzen derselben, Mühlen anzulegen, wofür sie an den Orden einen Zins zu zahlen hatten, der verschieden bemessen war; bei Neu-Münsterberg betrug er jährlich 12 Mark. In anderen Dörfern lieferten die Mühleninhaber eine festgesetzte Quote von Getreide, Gewürz zc. So zinsten die im Gebiete des Vogts von Leske gelegenen Mühlen an den Vogt im Jahre 1419: 33 Last Roggen- und Weizenmehl und 950 Scheffel Malz. An den Fischmeister zu Scharpau zinsten die 5 Windmühlen seines Verwaltungsbezirks: 60 Mark; die Mühlen des Montauer Gebiets an den Pfleger: 7 Last Roggen, 14 Scheffel Weizen und 38 Scheffel Malz; die 3 Windmühlen des Lesewitzer Pflegeamts: 10 Last Roggen (Töppen in: Zeitschrift für Preußische Geschichte und Landeskunde). Winrich von Kniprode wollte den Mühlenzwang beschränken und gebot in einem Gesetze: „Kein Pfleger oder Gebietiger solle Jemand zwingen in den Ordensmühlen mahlen zu lassen, sondern Jedermann könne mahlen lassen, wo es ihm am bequemsten sei; nur wo die Leute absichtlich abgehalten würden, ihr Getreide nach den Ordensmühlen zu schicken, da solle man Gleiches mit Gleichem vergelten".

Holzungsrecht. Daß die Gegend zu beiden Seiten der Nogat zur Zeit der Ordensherrschaft viel mehr Wald hatte als jetzt, ist leicht urkundlich nachzuweisen. Nicht blos dehnte sich die Stuhmer Forst früher viel weiter, bis nach Willenberg aus, sondern auch das linke Nogatufer war von bedeutenden Forsten begrenzt. Im Süden war der große Montauer Wald, weiter nördlich der Warnausche Wald, welcher sich bis Heubuden und Schadwalde zog. Nördlich von letzterem Orte zeigen eine Anzahl von Ortsnamen, daß sie auf Territorien erbaut sind, die einst mit Wald bestanden waren. Hier liegen der Reihe nach Lesewitz (Waldort), Lindenau, Tannsee, Eichwalde, Leske. Herrenhagen und Peterhagen deuten durch ihre Namen ebenfalls auf Waldbestände, von Peterhagen wissen wir, daß es selbst in polnischer Zeit noch von Wald umgeben war. Weiter nördlich war in der Gegend der Linau ein nicht unbedeutendes Areal mit Wald bedeckt, wie die Namen Susewalde, Neuteicherwalde und Mirauerwalde beweisen. Aus den beiden letztgenannten Ortsnamen ist zu ersehen, daß die dort einst vorhandenen Waldstrecken zu Neuteich und Mirau gehörten. Die Neuteicher besaßen, nach ihrer Fundationsurkunde, 13 Hufen Wald. Auch Tiege hatte 13 Waldhufen an der Linau, zu denen Winrich von Kniprode 1356 noch 1½ Huse, und zwar zu kulmischem Rechte, fügte. Aber nicht alle Ortschaften waren so gut ausgestattet, die meisten mußten ihren Holzbedarf aus den Ordenswaldungen beziehen. Mehrere Dörfer hatten das Recht in den der Dorfmark nahegelegenen Buschbeständen und Waldungen des Ordens sich das nothwendige Holz zu holen, theils Brennholz, theils Schirr- und Nutzholz, oder auch Buschwerk zur Ausbesserung der Dämme 2c. Den Comthuren und Waldmeistern war aber Schonung der Wälder befohlen, so daß sie selbst für die Burgen und Ordenshöfe nur so viel Holz fällen lassen durften, als unumgänglich nöthig war. Von Orten, die das Recht hatten, Holz aus den Ordenswaldungen zu holen, sind nach den Urkunden folgende zu erwähnen: Damerau, Neuteich, Klein-Lichtenau, Altfelde. Die Damerauer durften im Ellerwald allerlei Holz, mit Ausnahme des Eichenholzes, schlagen, aber nur zum eigenen Bedarf, nicht zum Verkauf. Die Klein-Lichtenauer hatten das Recht an der Weichsel Holz zu schlagen „so viel ihr Bedürfniß", jedoch nur solches, „das man Geschirrholz nennt". Die Neuteichsdörfer konnten Ellernholz im Ordenswald an der Weichsel holen, so viel sie brauchten. Die Altfelder durften Zimmer- und Brennholz zwischen den beiden Pantten zu eigenem Bedarf fällen. Reichlichen Ertrag an Strauch gaben besonders die vielen Kampen, die der Orden sich vorbehalten hatte, vielleicht mit besonderer Rücksicht auf die Verwendbarkeit des rasch nachwachsenden Materials für Befestigungszwecke. Noch wichtiger wurde das Strauchwerk aber seit der Schüttung der Dämme zur Ausbesserung schadhaft gewordener Stellen.

Der Jagd wird in den Dorfverschreibungen nicht besonders erwähnt; im Allgemeinen behielt der Orden sie sich als Regal vor, aber die Besitzer mit kulmischem Recht erhielten sie meist, nach den Bestimmungen der kulmischen Handveste, unter dem Vorbehalt, von jedem erlegten Wild, ausgenommen von Bären, Wildschweinen und Rehböcken, den rechten Vorderbug an das nächste Ordenshaus zu liefern. Bären sind wohl kaum in dieser Gegend damals noch vorgekommen, daß aber Wölfe die Ufer der Nogat unsicher machten, geht aus den Dorfnamen Wolfszagel, Wolfsdorf in der Einlage hervor. Die Orte Pietzkendorf und Platenhof sind noch im Contracte von 1400 verpflichtet worden, Leute zu Wolfsjagden zu stellen.

Den Biber- und Fischotternfang behielt sich der Orden vor. Fischottern waren in dieser Gegend zahlreich und scheinen vielfach Schaden an den Dämmen der Nogat angerichtet zu haben, durften aber nicht getödtet werden; so sollen die von Fischottern unterwühlten Dämme schließlich dem Andrang der Fluthen nicht mehr haben widerstehen können, und 1463 soll bei Sommerau ein furchtbar verheerender Durchbruch erfolgt sein.

Der Vogelfang wurde ausnahmsweise den Bewohnern von Ladekopp gestattet, in anderen Urkunden wird er nicht erwähnt.

Bienenzucht wird nur einmal erwähnt, sie scheint in dieser Gegend nicht eifrig betrieben worden zu sein. In einem Privilegium, das 1383 dem großen Werder gegeben wurde, ist ausdrücklich erwähnt, daß die Bewohner fortan Bienen halten dürften; es muß dies also bis dahin nicht gestattet gewesen sein.

Zu den reservirten Vorrechten des Ordens gehören schließlich noch die Verleihungen von Krugwirthschaften und Gärtnerstellen.

Krugwirthschaft. Bei der Fundation neuer Dörfer reservirte der Orden sich eine bestimmte Landparcelle zur Dotation eines Krügers, und fast in allen Dörfern war für einen Krug gesorgt, einzelne Dörfer hatten sogar mehrere: so waren in Milenz zwei, in Gnojau drei, in Lesewitz gar vier Krüge. Der Name Kretzem, der den Krug in Preußen bezeichnet, findet sich nur in den Ostprovinzen und Schlesien und stammt aus diesem letzteren Lande, wo das Wort Kretscham noch heute üblich ist. Es ist wahrscheinlich aus dem Polnischen entlehnt, denn karczma heißt polnisch der Dorfkrug, und nur in ehemals polnischen oder an Polen grenzenden Provinzen hat sich der Ausdruck Kretschem erhalten.

Mit dem Kretzem war auch der Verkauf von Lebensmitteln verbunden und kein anderer Dorfinsasse durfte mit Waaren oder Lebensmitteln Handel treiben, als der Kretzmer. Dieser erhielt ein Stückchen

Land und zahlte für dasselbe und für seine Schankgerechtigkeit einen bestimmten Zins, ferner den Zehnten an den Pfarrer, im Betrage einen Schilling, und an den Küster einen halben Schilling. So wird dem Peter Grumbach zu Schönau der Kretzem verliehen und das Recht zu backen, kaufen und verkaufen nach „Gewohnheit anderer Kretzmer gelegen auf dem Werder."

In vielen Dörfern wurde dem Schulzen der Krug gegen Zins verliehen. So erhält in Irrgang der Schulz den Krug nebst fünf Morgen Land und zahlt dafür eine Mark Münze und 1 Pfund Safran; der Schulz von Altfelde zahlt für den Krug 1½ Mark und 1½ Pfund Pfeffer, der von Marjenau zahlt 1½ Mark und 30 Hühner. In Bärwalde war die Hakenbude gar der Widem zugetheilt und der Zins dafür mußte an den Pfarrer in Fürstenwerder gezahlt werden, der auch den Zins für den auf den Pfarrhufen von Fürstenwerder gelegenen Kretzem bezog.

Kauf und Verkauf war also ein Vorrecht der Kretzmer und dies Vorrecht wurde auch gleich den Nachkommen derselben urkundlich gesichert, so z. B. in Groß=Lichtenau. Allen übrigen Bewohnern des Dorfes, auch dem Schulzen, wenn er nicht selbst die Kruggerechtigkeit hatte, war streng verboten, Handel zu treiben und um Lohn zu fuhrwerken. Von einer Marktgerechtigkeit einzelner Dörfer ist wenigstens in dieser Gegend keine Spur, nur in Kirchdörfern kam wohl eine Art Markt an Ablaßtagen vor, aber die Geistlichkeit sträubte sich energisch, wenn auch erfolglos, gegen solche Entweihung der heiligen Tage.

Gärtnerstellen. Gärtner waren kleine Bauern, die einige Morgen Land in der Dorfmark erhielten, welche sie gegen Erstattung einer Zinssumme an den Orden des üblichen Dezems von einem Schilling und des Glöcknerlohnes von einem halben Schilling bebauen konnten; meistens mußten sie auch jährlich einige Tage schaarwerken. Die Gärtnerhufe von Milenz zahlte 7 Mark und leistete 8 Tage Heudienst, war aber frei von Dämmen. Die halbe Gärtnerhufe von Labekopp zahlte 3¾ Mark und war frei von allen Arbeiten, auch vom Dämmen und Deichen. Die Gärtnerhufe von Tiege zinste bei gleicher Lastenfreiheit 7½ Mark. Wie es einzelne Gärtnerhufen in den Dörfern gab, so hatte der Orden auch größere Ländereien in der Nähe der Burgen an eine Anzahl von Gärtnern ausgegeben, wie z. B. in der Nähe von Marienburg die Dörfchen am Damme Blumstein, ferner Tamme (d. i. am Damme, jetzt Kaminke) und Tragheim, die unter dem Ordens=Pfleger von Lesewitz standen.

Außer diesen Insassen des Ordens gab es aber auch Gärtner, die bei einzelnen Besitzern als Arbeitsleute wohnten, und die mit einigen Morgen Landes ausgestattet waren; es waren ursprünglich meistens Preußen und Polen, wie ausdrücklich in den Urkunden von Lichtenau, Montau 2c. erwähnt wird.

2. Blüthezeit des Ordens von Siegfrieds von Feuchtwangen Tode bis zum Tode Winrichs von Kniprode (1312—82).

I. Die äußeren Verhältnisse.

Mit der Verlegung des Hochmeistersitzes nach Marienburg beginnt die Glanzperiode des deutschen Ordens. Nach außen wurden große Siege erfochten, besonders gegen die heldnischen Litthauen, und im Innern wurde das begonnene Werk der Civilisirung und Germanisirung mit Energie und Erfolg fortgesetzt, so daß der Ordensstaat die Bewunderung aller Fremden erregte.

Unter dem Nachfolger Siegfrieds, Carl Beffardt von Trier (1312—24), dauerten die Kriege gegen Litthauen fort und auch der König von Polen, erbittert über den Verlust von Pommerellen überzog den Orden mit Krieg. Die folgenden Hochmeister erbten beide Kriege, die schließlich den Orden zu Grunde richteten.

Werner von Orselen (1324—30) ließ sich trotz dieser Kriege nicht abhalten, Landbau, Gewerbe und Handel zu unterstützen, wie er es bereits als Groß-Comthur gethan hatte. Der Name dieses trefflichen Mannes steht an der Spitze einer großen Anzahl werderscher Dorfprivilegien und auch in anderen Gegenden Preußens verdanken ihm viele Dörfer und Städte ihren Ursprung. Zum Aufbau der neugegründeten Städte wurden kriegsgefangene Litthauer verwandt, deren Zahl auf 70,000 angegeben wird; von solchen ist auch damals (1329) Neuteich gebaut worden. Es heißt über die Anlage von Neuteich in der Ordenschronik: „da der Meister für die Besetzung des Werders sorgte und dessen Fruchtbarkeit sah, und da er sah daß die Bauern weit zur Stadt zu Markt zu fahren hatten, so ließ er eine Stadt im großen Werder bauen am Fließ Schwente, und nannte sie Neuteich." Im Innern des Ordens hielt der Meister streng auf Zucht und Sitte, was ihm viele Brüder verfeindete und seinen Tod durch Mörderhand veranlaßte. 1330 wurde er von einem verwahrlosten Ritter aus persönlichem Rachegefühl beim Heraustreten aus der Schloßkapelle ermordet.

Sein Nachfolger, Luther von Braunschweig (1330—35), war durch äußere Verwickelungen vielfach verhindert, den inneren Landesverhältnissen nach seinem eigenen Wunsche die gehörige Aufmerksamkeit zu schenken. Trotz seiner vielfachen Bemühungen gelang es ihm nicht, den Frieden mit Polen herzustellen; auch seinem Nachfolger Dietrich von Altenburg (1335—40) gelang dies nur vorübergehend. Doch hatte Letzterer Zeit, sich um Landbau und Gewerbe zu kümmern. Zwischen Dirschau und Marienburg wurden verschiedene neue Dörfer besetzt, besonders Gnojau, Altweichsel, Kunzendorf 2c. und mit dieser Richtung der Colonisation hängt wohl auch der Bau der mit Thürmen befestigten Nogatbrücke zusammen, die an Stelle der Fähre trat, welche bis 1340 die Verbindung der beiden Nogatufer ermöglicht hatte*). So war eine leichtere Verbindung mit dem Werder hergestellt, welche ja so wichtig für die Verproviantirung von Schloß und Stadt Marienburg war. Die Bewohner des Werders sollten freie Ueberfahrt über die Brücke haben, dafür aber diese letztere in gutem Stande erhalten, wogegen der Orden den Damm 17 Seil lang, von der Brücke ab gerechnet, und von dem großen Damm bei Montau eine Strecke von 70$\frac{1}{2}$ Ruthen in Stand halten sollte. 1343 änderte der Hochmeister Ludolph König diesen Vertrag dahin, daß die Werderaner statt der Brücke den Damm in Stand halten sollten, wofür der Hochmeister ihnen eine Strecke von Wald und Wiesen, die zu Marienburg, Montau, Leske gehörten, als Ackerland überweisen wollte; auch sollten sie Pfähle (mit Ausnahme eichner) zur Dammunterhaltung aus dem Ordenswalde holen dürfen, und die Bienenzucht, die ein Ordensregal war, sollte ihnen freigegeben werden. Der Orden dagegen sollte frei von Dammlast sein, außer wenn die Brücke fortgerissen wurde und durch eine Fähre ersetzt werden müßte. Dann sei der Orden wieder verpflichtet, den ihnen gehörigen Damm zu erhalten. Nochmals wurde der Vertrag 1380 erneuert; der Orden übernahm wieder den Brückenbau und behielt als Regal die Ueberfahrt, doch erhielten die Magistratspersonen von Marienburg die Freiheit, daß sie bei Abgang der Brücke mit Kähnen überfahren dürften, ohne Zoll zu zahlen. Dietrich von Altenburg vollendete auch den Bau der Schloßkirche und erbaute die St. Annengruft.

---

*) Die Fähre, welche bereits im ersten Privilegium der Stadt erwähnt wird, hatte sich der Orden vorbehalten; doch war den Bürgern gestattet, unentgeltlich sich selbst oder einen Mitbürger in Kähnen überzusetzen. Dasselbe wurde nochmals in einer Urkunde von Konrad Sack, dem Landmeister, bestätigt.

Hochmeister Ludolph König (1342—45) brachte einen Frieden mit Polen zu Stande, aber in Folge eines unglücklichen Zuges gegen Litthauen und mannigfacher Zerwürfnisse mit den Ordensgebietigern fiel er in Geistesverwirrung und mußte abdanken.

Sein Nachfolger Dußner von Arfberg sorgte trotz der Kriegsreisen nach Litthauen im Innern für strenge Handhabung des Rechtes, für Hebung des Ackerbaues und der Viehzucht, besonders aber förderte er den Handel durch Verträge mit den Nachbarländern. Hierdurch gewannen Danzig und Elbing wesentlich, die die Versendung des werderschen Getreides nach den Ostseeländern, nach England und den Niederlanden vermittelten. Um die Entwickelung des Handels von Elbing nicht zu hemmen, wurden die Bürger dieser Stadt, die für Dammarbeiten im Werder schon manches Opfer gebracht hatten, 1348 von der Dammpflichtigkeit befreit. In gleichem Maaße sorgte der Hochmeister für die Gewerbetreibenden in den Städten. Seit Dietrich von Altenburg war den Handwerkern gestattet, Innungen zu bilden und in den Kirchen eigene Kapellen und Altäre zu errichten. Unter Dußmar erhielt die Fleischerinnung Marienburgs ihre Handveste 1346. Dieser zufolge hatten 36 Fleischer das Recht, an jedem Sonnabend das Fleisch auf ihren Bänken zu Verkauf auszulegen. Die Bänke sollten den Besitzern gegen 5 Vierdunge Jahreszins erblich gehören. (Vogt Mrbg. p. 142 und Beil. II.) Innerhalb einer Meile um die Stadt sollte kein „geyseler" schlachten und das Leder sammt Fleisch zur Stadt bringen dürfen; ebensowenig dürfe er getrocknetes Fleisch, mit Ausnahme des Speckes, feilbieten. Fremde Fleischer, die zur Stadt kamen, sollten ein Sittenzeugniß von ihrem Magistrate mitbringen. Die Urkunde wurde 1423 erneuert. Es war ihnen ein bestimmter Raum an der Stadtmauer für ihre Schlächtereien angewiesen, die Ochsengasse, denn in den Bänken durften sie nur feilbieten, und bei etwaiger künftiger Erweiterung der Stadt sollten ihnen neue Räumlichkeiten zu Wohnungen und Schlächtereien angewiesen werden, was auch später geschah, als bei der Erweiterung der Stadt die Fleischereien nach der Neustadt verlegt wurden.

Leider wurde 1350 das Land von der Pest heimgesucht, die um jene Zeit zum ersten Male in Europa auftrat und schreckliche Opfer forderte. Danzig allein verlor 13,000 Menschen, und Städte und Dörfer verödeten. Gebeugt durch diese Unfälle und durch Krankheit legte der Hochmeister sein Amt nieder und an seine Stelle trat Winrich von Kniprode (1351—82), unter dem der Orden seine höchste Blüthe erreichte, die Marienburg ihren höchsten Glanz entfaltete. Erfolgreich kämpfte er gegen die heidnischen Litthauer und Marienburg sah Litthauens Großherzog, Kynstut, sogar als Gefangenen in seinen Mauern. Aber auch nach Innen wirkte Winrich unabläßig sorgsam. Das Land war durch die Pest verödet; er zog neue Schaaren von Ansiedlern aus Deutschland herbei, und ließ wüste Ackerstrecken besetzen. Daher stammen gerade aus den ersten Jahren dieses Hochmeisters eine ganze Anzahl von Dorfprivilegien. Auch Preußen und Polen ließen sich in einzelnen Dörfern des Werders nieder, so besonders in Simonsdorf.

Von Neuem verheerte die Pest 1360 das Land und suchte besonders Elbing hart heim; Mißernten verschlimmerten noch die Lage des Landes und brachten große Theuerung hervor, so daß 1362 der Scheffel Roggen 1½ Mark (gegen 8 Thlr.) kostete; und zum dritten Male durchzog der schwarze Tod 1363 das Land — aber trotz der Kriege, trotz Pest und Noth erholten sich die Landstriche im Westen bald wieder, und der Handel der Städte blühte fröhlich empor. Die größeren Städte hatten sich bereits dem Hansabunde angeschlossen und spielten in demselben eine bedeutende Rolle. Der Handel mit England nahm immer mehr zu; englische Schiffe brachten Tuche, Harnische, Weine und holten von Danzig und Elbing Getreide und Holz. Große Reichthümer sammelten sich in den Städten, neben den strebsamen Handwerkerzünften erhob sich stolz ein reicher Stadtadel. Obgleich Marienburg nicht zur Hansa gehörte, so wurden doch hier die Quartiertage der preußischen 6 Hansastädte abgehalten. Die Deputirten derselben tagten jährlich auf dem Rathhaus zu Marienburg um Johanni oder um Margarethen Tag, oder im Frühjahr, und sandten von hier aus Botschafter in die entferntesten Länder. Marienburg blühte ebenfalls fröhlich empor. Die Bevölkerung hatte sich daselbst so bedeutend gemehrt, daß der bebaute Raum ihr zu eng wurde; es mußte daher die Neustadt angelegt werden. Seit 1380 finden bereits Wochenmärkte, die alle Sonnabend abgehalten wurden, auf dem Markte von Marienburg statt. Auch Neuteich hatte sich in der kurzen Zeit seines Bestehens durch seine günstige Lage so bedeutend gehoben, daß es 1370 bereits 22 Fleischbänke hatte, die jährlich 30 Stein Unschlitt zinsten, während in Marienburg 36 Fleischbänke waren.

Nicht weniger sorgte der Meister für den Ackerbau. Die Lasten der Bauern wurden ermäßigt, so z. B. wurden die Schadwalder von Dammarbeiten und Schaarwerk befreit; die Dämme wurden verstärkt, neue Gemeinden in den Dammverband aufgenommen; die 4 Dörfer Fürstenau, Klein- und Groß-Mausedorf, Lupushorst wurden 1378 von Winrich mit Beirath der Gebietiger, des Vogtes von Leske und der

Deichgeschworenen vom großen Werder dem Großwerderschen Dammverband einverleibt.

Statt des besonderen Zinses von den Fleisch- und Gewandschneider-Bänken, den Badestuben ꝛc., zahlte die Stadt fortan, nach einem 1380 mit dem Hochmeister abgeschlossenen Vertrage, ein Pauschquantum von 70 Mark für sämmtliche dem Orden zu leistende Abgaben, dagegen hörte die Beisteuer des Ordens zu Neubauten und Häuserreparaturen auf.

Zugleich wurde die Handveste der Stadt erneut, und darin nochmals die Bestimmung eingeschärft, daß innerhalb einer Meile im Umkreise der Stadt kein Kreczam (Krug) errichtet werden sollte, außer den 3 schon vorhandenen zu Schönau, Tragheim, Grünhagen.

Unter demselben Hochmeister erhielt Marienburg auch seine Willtühr (1365), die besonders die Gewerbe, den Handel, die Straßen- und Feuerordnung im Auge hat. Der Getreidehandel, Holz- und Fischhandel wurde durch bestimmte Vorschriften geregelt, um dem Vorkauf sowie der Aufschüttung fremden Getreides vorzubeugen und den Bürger in seinem Erwerbe zu schützen. Bei den Gewerben ist besonders die Brauerei hervorgehoben, die in Marienburg sehr stark betrieben wurde, und zu der die meisten Bürger berechtigt waren. Es sollte durch diese allgemeine Brauberechtigung der eigentliche Brauereibesitzer nicht leiden, und der Bürger sollte nur zu gewissen Zeiten und nur zu seines Tisches Bedarf durch Brauknechte Bier bereiten lassen. Auch über den Holzverkauf und über Tuchverkauf handelt die Willkühr ausführlich, ebenso über die Berechtigung zur Ausübung von Handwerken. (v. Vogt Marienburg, Beilage 6 u. p. 177.)

Die Verwaltung der Ordensmagazine war vortrefflich, und so war es möglich in Nothjahren den Landmann mit Saatkorn leihweise zu unterstützen. Die Viehzucht wurde befördert und einzelnen Besitzern Weidefreiheit auf den Ordenswiesen gewährt. Die Ordenshäuser gingen auch hier mit gutem Beispiele voran. Im Jahre 1382 hatte das Haus Christburg 480 Rinder, 1900 Schaafe und 900 Schweine auf seinen Weiden.

In den letzten Jahren widmete sich der Meister ausschließlich friedlichen Beschäftigungen und sorgte besonders für die Sicherheit des Landes, die durch Diebe und Mörder vielfach gefährdet worden war. Er schloß mit benachbarten Fürsten deshalb Conventionen, die die gegenseitige Auslieferung flüchtiger Vagabunden, Räuber und Diebe bezweckten; auch flüchtige Schuldner und entlaufene Pächter sollten ausgeliefert werden.

Nicht minder sorgte der Hochmeister für den Bau von Kirchen und Schulen, und besonders von Landschulen, obgleich unsere Urkunden durchaus keinen Beweis dafür enthalten. In Marienburg stiftete er eine lateinische Schule, die unter der Leitung des Ordenspriesters Peter von Augsburg stand und aus der Kasse des Hochmeisters unterhalten wurde. Sowohl adlige als auch bürgerliche junge Leute wurden in der Anstalt aufgenommen, und wenn sie ausgebildet waren, traten sie in den Orden, die Adligen als Ritterbrüder, die Bürgerlichen als geistliche Brüder.

Auch der Armen und der Leidenden vergaß er nicht, sondern bedachte sie mit reichen Spenden. Außerdem stiftete er in Marienburg hinter dem Heiligengeistthor (Töpferthor) das Heiligegeist-Hospital mit einer Vicarie und Kirche. Daher rühmte auch ein alter Ordensschriftsteller von ihm „der Wittwen und Waisen Vater er war."

Werfen wir einen Blick auf die innere Landesverhältnisse und auf den Sittenzustand während dieses Zeitraumes.

II. Die inneren Verhältnisse.

1. Die Landesverwaltung.

Wir haben angedeutet, daß das Landgebiet des jetzigen Marienburger Kreises zum größten Theile zum Amtsbezirk des Marienburger Groß-Comthurs gehörte, einzelne östliche Distrikte standen unter dem Comthur von Elbing und Christburg. Zum Elbinger Bezirke gehörten, wie aus den Unterschriften der Dorfprivilegien hervorgeht: Grunau und Sommerau, zum Christburger: Altfelde, Rehfelde, Thiergart, Rosengart. Die Grenzen der 3 Comthurbezirke berührten sich bei Halbstadt.

Der Comthur vertheilte in seinem Amtsbezirk die noch wüst liegenden Ländereien mit Beirath des Meisters und der Gebietiger, er bestimmte die Zahl der zu verleihenden Hufen, so wie die Rechte und Freiheiten des Gutes. Er sorgte ferner für strenge Handhabung der Gesetze in seinem Bezirk. Nach Winrichs Bestimmungen sollte jedem Insassen sein Recht pünktlich werden, und die Gerichtskosten sollte nicht das von den Schöppen festgestellte Maaß überschreiten; armen Leuten sollten die Kosten erlassen werden. Keiner sollte zu ungebührlichen Arbeiten von den Gebietigern und Vögten gezwungen werden. Die Pfleger, Amtleute ꝛc. sollten den Zins nicht vor dem Zinstermin fordern, Wald- und Fischmeister das Land nicht mit Fuhrenleistungen beschweren.

Jeder Comthur mußte zur Controlle für die Ordens-Visitatoren ein Verzeichniß aller seiner besetzten und unbesetzten, wüsten und zinshaften Hufen, aller Krüge und Mühlen haben, und eine Copie dieses Verzeichnisses wurde in Marienburg auf dem Schlosse verwahrt.

Er hatte sich um das Wohl der Bewohner seines Amtskreises zu bekümmern, bei Mißernten den Bauern aus den Magazinen des Ordens Saatgetreide zu leihen; er mußte Abgebrannte beim Wiederaufbau der Gehöfte unterstützen, die Insassen seines Gebiets in allen allgemeinen Angelegenheiten bei dem Hochmeister vertreten. Ferner stand er dem Kriegswesen des Bezirks vor und hatte darauf zu sehen, daß die Bewohner desselben gut gerüstet seien, zu welchem Zwecke er häufig Musterungen derselben vornahm. So vereinte er in seinem Bezirke mit der Kriegsführung die Verwaltung und das Gerichtswesen. Wo aber Vögte waren, da sprachen diese Recht in allen Fällen, die der Schulz nicht entscheiden durfte; sie hatten das sogenannte Straßengericht und das Gericht über Preußen, Polen, Wenden. Ein solcher Vogt war in Lesle; Pfleger waren in Montau und Lesewitz. In der Urkunde von Simonsdorf ist der Vogt des Werders als Richter des Ordens für Straßengerichte besonders genannt und es kann kein anderer sein, als der Vogt von Lesle. Die Thiergarter dagegen sollten sich ihr „gestraftes Recht" in Christburg holen; und so haben die Grunauer auch, wenngleich nichts davon in den Urkunden steht, ihr nächstes Gericht höherer Instanz in Elbing gehabt. Der Vogt zu Lesle hatte auch die Befugniß kleinere Landparzellen zu vergeben, so verlieh er 1409 ein in der Weichsel zugewachsenes Weidestück an die Dorfschaft Damerau. Die Wald- und Fischmeister hatten ein Polizeigericht in Forstsachen und allen Uebertretungen der Bestimmungen für die Fischerei. Hauptsächlich aber hatten die Pfleger, Vögte und ihre Unterbeamten die Ordenshöfe zu verwalten, deren es eine ziemliche Anzahl in der Nähe der Hauptburg gab.

Auf dem linken Nogatufer lagen die Höfe Montau, Warnau, Vogelsang, Kalthof, die Zinsdörfer Tragheim, Blumstein, Tamme, die zum Bezirke des Lesewitzer Pflegers gehörten, das Fischamt Scharpau. Auf dem rechten Nogatufer lagen Hoppenbruch, Neuhof, Thiergart, Thörichthof.

Alle diese Höfe hatten reiche Einkünfte an Geldzins und Naturalien, und einen bedeutenden Pferde- und Viehstand. Die eigentliche Aufsicht über die einzelnen Höfe hatten Hofmeister, die Aufsicht über den Viehstand und die Pferde war besonderen Viehmeistern und Pferdemarschallen anvertraut. Die Hauptpferdehöfe waren in Lesewitz, Montau, Kalthof,

Warnau, die bedeutendsten Viehämter waren in Kalthof und Neuhof (Sandhof).

Der Vogt zu Leske nahm jährlich an Zins 205 Mark ein, die Oelmühle zahlte 8 Mark, der Mühlenzins betrug 30 Last Mehl, 900 Scheffel Malz; der Fleischerzins 20 Stein Talg, der Fischerzins 4 Störe, 8 Schock Neunaugen, 1 Schock Hechte.

An das Fischamt zu Scharpau wurden jährlich 30 Mark Hufenzins, 62 Mark Mühlenzins, 16 Mark Fährzins, 27 Mark Krugzins gezahlt. An den Pfleger in Lesewitz zinsten die Gärtnerdörfer Blumstein, Tamme, Tragheim, unter ihm stand auch der Hofmeister zu Warnau.

An Pferden standen in Leske im Jahre 1415: 2 Witingpferde (Botenpferde), 10 Hochmeisterrosse, 4 Knechtpferde, 6 „Sweyken", 90 Stuten. Im Roßgarten noch 3 gebundene, 14 zweijährige, 19 einjährige Stuten. 1378 waren daselbst unter Aufsicht des Pferdemarschalls 78 dreijährige, 49 zweijährige, 6 einjährige, 6 „gekloppte" Fohlen. Reich an Pferden war auch der Roßhof des weitausgedehnten Sandhöfer Areals. Von Tessendorf bis Liebenthal und hinab bis zur Nogat dehnten sich die Felder „uffem Sande" (Im Gegensatz zur Niederung). Das Dorf bestand damals noch nicht, es ist erst in polnischer Zeit, als die bisher vom Ordenshause verwalteten Ländereien ausgegeben wurden, gebaut worden. Der zu den Ländereien gehörende Ordenshof lag weiter südlich und hieß Neuhof.

Die oben genannten Witinge waren nicht Deutsche, sondern Preußen, die im Dienste des Ordens standen und als reitende Boten verwendet wurden. Auf mehreren Ordenshöfen um Marienburg werden Witingspferde erwähnt, so in Leske, Montau, Lesewitz. Die Witinge waren zuweilen mit Ländereien ausgestattet, im Gebiete von Marienburg gab es 9 solcher Witinge, die zinspflichtige Ländereien besaßen und dafür Botendienste thäten*). So wird 1416 der Witing Niclas mit einem Fischknecht nach dem Drausensee nach Fischen geschickt und erhält 16 Scot Zehrgeld; 1414 wird des Treßlers Witing zu Wagen nach Schlochau mit einem Geldtransport geschickt, und auch der Hauscomthur hat seinen eigenen Witing.

2. Das kulmische Recht.

Die folgende Digression über das kulmische Recht dürfte vielleicht zu eingehend und weitschweifig für eine Kreisgeschichte erscheinen. Sie ist aber durchaus gerechtfertigt, da gerade in diesem Kreise der größte

---

*) Siehe v. Töppen in altpreuß. Monatsschrift IV. Heft 1 p. 146.

Theil der Ländereien nach kulmischem Rechte verliehen worden ist, und
da in keinem andern Kreise auch nur annähernd so viel Dörfer, die
nach kulmischem Rechte gestiftet wurden, existiren. In einer Gegend,
wo täglich der Name „Kulmer", „kulmisches Dorf", „kulmisches Recht" 2c.
genannt wird, ist es wohl nicht überflüssig, die Geschichte und den Inhalt
des kulmischen Rechtes einzuschalten.

Das allgemein giltige Recht, welches bei den Gerichten zu Grunde
gelegt wurde, war das kulmische, auf dessen Ursprung wir hier mit
wenigen Worten zurückgehen müssen.

Im Jahre 1232 hatten die Bürger von Kulm und Thorn für ihre
Verdienste um den Orden ihr Stadtprivilegium, ihre Handveste bekommen.
Bewohner sächsischer, thüringischer Länder waren es, die, ihre Heimath
verlassend, dem Zuge der Ritter nach Osten folgten und in jenen Gegenden sich niederließen. Für die Ritter aber mußte es von höchster Wichtigkeit sein in ihren Hauptfesten Leute zu haben, auf deren Treue und
Opferwilligkeit sie rechnen konnten, und daher mußten sie den neueinge-
wanderten Städtern bedeutende Vortheile, vor Allem deutsches Recht und
deutsche Municipalverfassung gewähren.

Die Ansiedler brachten meistens schon aus ihrer Heimath feststehende
Rechtsgewohnheiten mit, und die Verfassung dieser neuen Städteanlagen
mußte auf jenen basiren; da die Einwohner meistens aus Sachsen und
Thüringen herkamen, so waren sie natürlich an sächsisches Landesrecht
gewöhnt, das gerade um die Zeit der ersten Einwanderung deutscher
Bürger und Landbauer nach Preußen zum ersten Male aus alten Rechtsgewohnheiten unter dem Namen Sachsenspiegel und sächsisches Land- und
Lehnrecht in besonderen Rechtsbüchern zusammengestellt worden war, die
bald in den fernsten deutschen Gauen, besonders im Osten Geltung
gewannen. Aber in einzelnen Städten, die freie Gerichtsbarkeit hatten,
entwickelten sich auf der Basis des alten Volksrechts eine besondere
Rechtspraxis, die in den Stadtrechten, oder Weichbildern, zusammengestellt war und durch nachträgliche Entscheidungen oder durch Ergänzungen
aus dem Sachsenspiegel erweitert wurde. Das bedeutendste dieser Stadtrechte war das magdeburgische, das sehr weite Verbreitung fand; es kam
über Halle nach Breslau, und von hier aus in das Ordensland. Diese
Materialien lagen dem Rechtsverfahren in Preußen zu Grunde, und
nachdem sie ergänzt worden waren durch Aussprüche anderer Gerichtshöfe,
an die der Schöppenstuhl in Kulm sich wandte, entstand etwa um 1321
ein eigenes Rechtsbuch „der alte Kulm", dessen Verfasser unbekannt
ist. Dieses Rechtsbuch enthält, oft wortgetreu, die Bestimmungen des

Magdeburger Rechts und dieses Recht ist ja auch in der Kulmer Hand=
veste den Bewohnern Kulms und Thorns gewährleistet, neben demselben
wird aber noch in Erbsachen das flämische Recht, welches die Erbfolge
auch auf die weiblichen Nachkommen ausdehnt, und in Bergwerksange=
legenheiten das schlesische Bergrecht als geltend anerkannt.

Ein Hauptrecht der Bürger war, nach der kulmischen Handveste,
sich einen eigenen Richter jährlich wählen zu dürfen, der nach den
Bestimmungen des Magdeburger Rechtes urtheilen sollte.

In zweifelhaften Fällen entschied für Kulm und Thorn der Rath
zu Kulm; und so wurde Kulm der Hauptschöppenstuhl für das Ordens=
land, dessen Richter und Schöppen sich aber in wichtigen, ihnen zweifel=
haften Fällen an den Schöppenstuhl in Magdeburg als höchste Instanz
wandten. Unter dem Kulmer Gericht standen als eine Art Mittelgerichte,
die für die Bewohner der kleineren Städte bestimmten Appellationsgerichte,
z. B. in Gilgenburg, Osterode, Marienwerder, deren Schöppen wiederum
in schwierigen Fällen sich um Rath an die kulmer Schöppen wandten.

Die Richter bezogen ein Drittel der Bußen bei größeren Vergehen,
so weit diese ihrer Entscheidung anheimstelen; bei kleineren Vergehen,
von 4 Schillingen abwärts, erhielten sie das ganze Strafgeld. — Die
übrigen auf Regalien, auf die Pflichten und Lasten der Bewohner bezüg=
lichen Bestimmungen der kulmer Handveste sind bereits früher erwähnt
worden. An der Spitze der gesammten Bürgerschaft stand der Schul=
theiß, später Bürgermeister genannt, ihm zur Seite sein Compan (der
stellvertretende Bürgermeister). Der Bürgermeister präsidirte dem Rathe
und hatte den Vorsitz bei den Gerichtsverhandlungen der Schöppen, an
deren Spitze der Schöppenmeister und sein Compan stand. Auch die
Vormänner der Zünfte wurden zu den Verhandlungen über städtische
Angelegenheiten herbeigezogen. Die Gerichtsbarkeit des Schultheißen
erstreckte sich aber nur auf die deutschen Einwohner, während die im
Stadtgebiete wohnenden Preußen, Polen, Wenden unter der Gerichtsbar=
keit des Ordens standen. Der erste dem Namen nach bekannte Schult=
heiß Marienburgs ist Menneko 1284, und 10 Jahre später bekleidete
ein gewisser Lucko dieses Amt.

Als bei Erweiterung des Ordensgebietes über das Kulmerland hin=
aus die Grundsätze der Kulmer Handveste auch auf Dörfer angewandt
wurden, mußten sie natürlich manche Modification erfahren. An Stelle
des Rathvorsitzenden und des Richters trat auf dem Lande der Schul=
theiß oder Schulze, der die kleine Gerichtsbarkeit verwaltete und ein
Drittel der Gerichtssporteln dafür einzog, während zwei Drittel an den

Orden fielen. Bei Verletzungen erstreckte sich des Schulzen Gerichtsbarkeit auf „Blut und Blau"; also auf leichtere Verletzungen.

Das Straßengericht übte des Ordens Comthur oder der Vogt, ebenso die Gerichtsbarkeit über die Polen und Preußen. „Wenn Polen, Wenden, Preußen", heißt es gewöhnlich in den Urkunden, „die unter uns sitzen, sich unter einander schlagen oder weren, sollen unsere Brüder die Sache richten; wenn Preußen, Polen, Wenden mit Leuten des Dorfes sich schlagen oder weren, dann der Schulze." Ebenso soll der Schulz die Sache richten, wenn die Polen oder Preußen „nicht unter uns sitzen" d. h. Fremde oder Gäste sind.

Der Schulzenantheil an den Gerichtsbußen erbte fort; oft theilten sich sogar mehrere gleichberechtigte Erben darein. Das Erbgericht mit dem Schultheißenamt und den freien Hufen fiel mit seinen Einkünften bei Todesfällen an den nächsten Schwertmagen oder männlichen Verwandten. Der Schultheiß konnte mit Bewilligung seiner Verwandten und nach eingeholter Erlaubniß des Comthuren sein Schulzenamt oder Erbgericht und Freigut an einen Anderen veräußern. Starb der Schulz ohne Erben, so fiel Amt und Gut an den Orden zurück, der es wieder verkaufte; in einzelnen Fällen wurden bei der Wahl des neuen Schulzen wohl die Wünsche der Dorfgemeinde berücksichtigt.

In größeren Dörfern stand neben dem Schulzen besonders für die Verwaltung der Gemeindeangelegenheiten noch der Dorfälteste und Rathleute, die mit dem Schulzen zusammen das Dorfsgericht bildeten. Diese mußten zu jeder Tageszeit bereit sein, Recht zu sprechen, besonders wenn Gäste (Fremde) Recht suchten.

Außer der Gerichtsbarkeit hatte der Schulze vielfache administrative Funktionen: Er mußte für den Orden die fällige Zinsquote der Zinshufner, Gärtner, Krüger ꝛc. und für den Pfarrer den Zehnten zur bestimmten Zeit einsammeln, bei schlechten Zahlern den Zins durch Execution extrahiren.

Des Schulzen Polizeigewalt erstreckte sich auf sehr verschiedene Gebiete. Er sorgte für Erhaltung der Wege und Gräben im Gebiete des Dorfes, für Aufrechterhaltung der öffentlichen Ruhe und Sicherheit, für Durchführung der Ordensgesetze gegen den Luxus, gegen Spiel und gegen die nächtlichen Gelage in den Krügen, gegen die Aufnahme verlaufener Dienstleute.

Alljährlich mußte der Schulze, begleitet von den Rathleuten der Gemeinde, die Grenzen des Dorfes umreiten und feststellen, ob irgend etwas daran geändert sei, er mußte die Wege untersuchen und die polizeitlichen Bestimmungen über die Anlage von Wegen durchführen. Nach diesen Bestimmungen mußte jede Wagenstraße wenigstens 16 Fuß breit sein, damit sich die Wagen ausweichen könnten. Jeder Besitzer mußte vor seinem Thor Wege machen, und vor seinem Hause mußte er 7 Fuß breit des Weges machen und unterhalten, für den übrigen Theil der Straße sorgte die Gemeinde. — Die Brunnen des Dorfes mußten mit einer Wehr versehen sein, die mindestens bis an's Knie reichte.

Viele Dörfer hatten eine eigene Dorf= oder Gemeindeordnung, die vom Orden bestätigt wurde, und es waren Bußen für die Uebertreter derselben festgesetzt. Auch der alte Kulm enthält eine ganze Anzahl von Bestimmungen über Gemeindewesen, von denen wir hier einige hervorheben.

Jede Gemeinde mußte einen Gemeindehirten halten, und jeder Besitzer mußte durch diesen sein Vieh austreiben lassen. Vom St. Georgstage ab durfte Keiner mehr sein Vieh „inne" behalten, mit Ausnahme der Mutterschweine, des Viehs, welches Junge hat, und des störrigen Viehs. Wer sein Vieh nicht dem Gemeindehirten überwies, sondern es anderwärts hintrieb, mußte dem Hirten seinen vollen Lohn und dem Richter (Schulzen) noch 6 Pfennige Bußen geben. Wo der Hirt nach der Hufenzahl und nicht nach der Zahl des Viehs gelohnt wurde, da mußten auch diejenigen Hufenbesitzer die betreffende Quote zahlen, die kein Vieh zum Austreiben hatten. Der Hirt war verantwortlich für das ihm überwiesene Vieh und mußte es bei der Heimkehr in das Dorf „innerhalb der Zäune" verantworten, für Schaden durch Wölfe oder Räuber mußte er aufkommen, wenn er nicht durch Zeugen erhärten konnte, daß er um Hülfe gerufen habe. War ein Thier auf der Weide von einem anderen verletzt worden, so ersetzte er den Schaden, wenn er das Vieh nicht nachweisen konnte, das die Verletzung verursacht hatte, in welchem Falle dann der Besitzer des Letzteren entschädigen mußte. Für Schaden, den stößige Thiere verursachten z. B. wilde Pferde, böse Stiere ꝛc. haftete der Besitzer derselben überhaupt; bösen Stieren mußten daher die Hörner abgesägt werden, den Ebern die Hauptzähne..

Noch manche andere Bestimmungen gab es, die das Eigenthum vor Schädigung bewahren und die Bewohner vor Unbevortheilung oder Betrug sicher stellen sollten. Besonders streng waren die Gesetze über richtiges Maaß und Gewicht und die Bestimmungen gegen den Verkauf auf dem Lande und gegen den Meyukauf, d. h. Verkauf von Waaren zu einem theureren Preise, als sie vom Rath der Stadt oder von der Herrschaft für die Umgegend festgestellt waren.

Auch das Verhältniß der Dienstboten zur Herrschaft war genau durch Gesetze geregelt. Gesinde mußte auf ein Jahr gemiethet werden. Der brauchbare Knecht sollte jährlich erhalten 3½ Mark, der Wagentreiber jährlich 2½ Mark, die erwachsene Magd jährlich 2 Mark, die Kindermagd jährlich ½ Mark, die Krankenwärterin wöchentlich 15 kulm. Vierchen, der Tagelöhner täglich 6 Vierchen.

Niemand sollte, bei Strafe von 100 Mark, mehr oder weniger Lohn geben, Niemand Dienstboten miethen, ohne daß die Verwandten der betreffenden Person davon wüßten.

Dies waren Gegenstände, die in den Amtsbereich des Schulzen fielen, was hierüber hinausging, das gehörte vor den Vogt oder Comthur; vor allen Dingen gehörten vor diese Ordensbeamte die schweren Verletzungen, Raubanfälle, Diebstähle ꝛc.

Rechtsbestimmungen über schwere Vergehen.

Das Grundprinzip, auf dem die Sicherheit des Lebens und Eigenthums im Mittelalter beruhte, war der Friede; wer sich an Leib, Leben oder Eigenthum eines Menschen vergriff, der brach den Frieden und verfiel als Friedebrecher der Strenge des Gesetzes, es ging ihm, nach Maßgabe seiner Schuld an „Hals" oder „Hand". Wurde er aber flüchtig, so ward er geächtet und Jedermann gehalten, zu seiner Ergreifung mitzuwirken; wer ihn aber aufnahm, verfiel selbst in die Acht. Konnte der Friedbrecher durch Zeugen überführt werden, so wurde ohne Weiteres das richterliche Urtheil über ihn gefällt, und zwar nach dem Hauptaxiom des kulmischen Criminalrechtes: „Um die Wunde schlägt man ab die Hand, und um Todtschlag den Hals." In einzelnen Fällen konnte diese Strafe durch Geld abgelöst werden, und zwar die Handstrafe für das halbe Wehrgeld, die Halsstrafe für das ganze. Das Wehrgeld war gewissermaßen der Werth des Menschen in Geld ausgedrückt; das ganze Wehrgeld betrug 18 Mark, das halbe 9 Mark.

War kein hinreichendes Zeugniß gegen den Friedensbrecher vorhanden, so konnte der Beschädigte Zweikampf vor Zeugen mit dem Thäter verlangen, und wenn der Kampf vom Richter erlaubt wurde, so ging er mit bloßen Schwertern unter besonderen Formalitäten vor sich; doch mußten die Kämpfer Standesgenossen und nicht nahe verwandt sein.

Wurde der Verklagte verwundet, so wurde er von dem Vorsitzenden zu einer bestimmten Buße, so wie zur Zahlung des Gewettes (Gerichtskosten, meist 4 Schilling) verurtheilt; siegte er, so kam er frei.

Geringe Wunden, wie Lähmung eines Fingers, Blutrunst ꝛc. wurden als des Zweikampfes nicht würdig angesehen; bei Hieb- und Schneidewunden aber, besonders wenn sie edlere Theile verletzten, ging es um die Hand, bei Stichwunden um den Hals.

Schwer wurde jeder Angriff auf die Ehre der Frauen gestraft, gewaltsame Entführung sogar mit dem Tode. Das Haus, wohin die Entführte gebracht worden war, wurde niedergerissen, alles darin vorgefundene Vieh getödtet; der Entführer wurde, wenn die Geraubte eine Jungfrau war, lebendig begraben, war sie Frau, so wurde er geköpft. Auch Ehebruch wurde in den meisten Fällen mit dem Tode bestraft. Menschenräuber wurden gehängt, Diebe und Einbrecher hingerichtet, Hehler ebenfalls gehängt.

Wer Nachts Korn stahl, wurde gehängt; wer Nachts auf fremdem Acker furragirte, verlor, wenn das Geraubte über einen Pfennig werth war, die Hand; war es über einen Schilling werth, so ging es ihm „an den Hals". That er es bei Tage, so verlor er, wenn das Entwendete einen Pfennig werth war, den Daumen, im Wiederholungsfalle wurde ihm der zweite Daumen und schließlich die Hand abgeschlagen.

Dagegen durfte der Reisende für seine übermüdeten Pferde für einen Pfennig werth Korn schneiden, oder konnte sie mit einem Fuß auf den Acker treten und fressen lassen, bis sie sich erholt hatten.

Entlaufenen Dienstboten konnten die Herren nachlaufen und die Eingefangenen mit einem Ohre annageln, wo sie sie trafen. Verlaufene Bauern und Gesinde aufzunehmen war bei 10 Mark Strafe verboten.

Wir fügen noch einige Bestimmungen des alten Kulm über

Familien- und Erbrecht

hinzu, die von Interesse sein dürften.

Kulmische Güter gingen nach dem flämischen Rechte, das den Ansiedlern durch die kulmische Handveste gewährt worden war, sowohl auf männliche, als auf weibliche Nachkommen über. Der Vater hatte über seine Kinder nur beschränkte Rechte, nur bis zu dem 14. Jahre des Sohnes konnte er über diesen disponiren; war der Sohn aber 14 Jahr alt, so hörte das Bestimmungsrecht des Vaters auf, er konnte auch gegen den Willen der Eltern heirathen, die Tochter sogar schon vom 12. Jahre ab. Aber der Vater brauchte dem Sohne Nichts von seinem Erbe zu geben; erst mit dem 25. Jahre des Letzteren war er gezwungen, zu theilen. Enterbt konnte der Sohn nur werden, wenn er den Vater mißhandelte, wenn er für den Vater nicht bürgen wollte, oder ihm im Geschäfte schadete.

Starb der Vater bevor seine Kinder 12 Jahr alt waren, so wurde diesen ein Vormund gesetzt; waren die Söhne aber älter, so brauchten sie für sich selbst keinen Vormund mehr, sondern nur einen Verwalter für ihre Güter, den sie selbst wählen konnten, und der zweimal jährlich Rechenschaft legen mußte. Mit dem 25. Jahre des Mündels hörte auch diese Beschränkung seiner Selbstständigkeit auf. Die verwittwete Mutter aber hatte keine Rechte an ihres verstorbenen Gatten Gut, wenn dieser ihr nicht in „gehegtem Ding" (d. i. vor Gericht) Morgengabe zugesichert, oder ein Leibgedinge ausgesetzt hatte. Von dem Nachlasse des Mannes mußte die Frau zunächst das Heerwette (Herwete) d. i. die volle Kriegsrüstung, bestehend in ihres Mannes Schwert, gutem gesattelten Roß, Harnisch, Heerpfühl (Bett, Kissen und Laken), einem Tischlaken, 2 Becken und einem Handtuch herausgeben. Waren mehrere Söhne zu einer Herwete geboren, so nahm der älteste das Schwert vorweg, das Uebrige theilten sie gleichmäßig. Für unmündige Söhne verwahrte der Vormund die Herwete bis zur Mündigkeit derselben. Nach der Herwete nahm die Wittwe ihr Leibgedinge fort: das Geräth, weibliche Kleidung, Putz, Betten, Kisten, und vom lebenden Inventar die Schafe und Gänse. Doch durfte sie das Leibgedinge weder verschenken noch verkaufen, denn es fiel nach ihrem Tode an des Mannes rechte Erben.

3. Kirche und Schule.

Pomesanien bildete, wie oben erwähnt, die zweite oder pomesanische Diözese; das große Werder aber, war lange zwischen dem pomesanischen und dem kujavischen Bischof streitig, bis es 1264 vom päpstlichen Legaten dem Letzteren zugesprochen wurde; doch scheint dieser nie im faktischen Besitze desselben gewesen zu sein. Es gehörte vielmehr demjenigen Theile der pomesanischen Diözese an, der bei der Theilung dieser Diözese an den Orden gefallen war.

Die Bischöfe sorgten sehr gewissenhaft für Erbauung von Kirchen. Zantir hatte schon vor Ankunft der Ritter eine Kirche, auch einzelne Dörfer des Werders hatten, da sie von christlichen Slaven bewohnt waren, gewiß schon vor der Schüttung der Dämme, Kirchen. Es wird in einer Urkunde aus der Mitte des dreizehnten Jahrhunderts ein gewisser Johannes als Pfarrer (rector ecclesiae) von Labekopp erwähnt. Seit der Eindämmung der Werder und den sich mehrenden Dorfanlagen mehrte sich die Zahl der Kirchen, denn in den meisten Fundationen werden Pfarrhufen als zinsfrei erwähnt, oder die Bewohner zur Zahlung des Dezems an ihren Geistlichen oder den eines benachbarten Dorfes verpflichtet.

Bei folgenden Dörfern wird in den Fundations-Urkunden der Pfarrer gedacht: Milenz (1321), wohin die Alt-Münsterberger eingepfarrt wurden; Barenit (1321), Bisterfelde (1344), Gnojau (1338), Kunzendorf (1338), Groß-Lesewitz, Montau, Neukirch, Neuteichsdorf, Schadwalde, Tannsee, Grunau, Thiergart, Fürstenwerder, Ladekopp, Peterhagen, Schönsee, Schöneberg.

Das Patronat hatte in diesem Theile der Diözese der Orden; er bestätigte die gewählten Pfarrer, die der Bischof dann in ihr Amt einführte. Streitigkeiten der Gemeinde mit ihrem Geistlichen entschied der zustehende Comthur.

Namen von Pfarrern sind nur wenige erhalten, außer dem oben erwähnten Johannes von Ladekopp wird später noch ein Johann v. Wildenberg, Pfarrer in Groß-Lichtenau genannt, der 1362 als Gesandter und Beirath des Comthurs von Thorn in einer geistlichen Streitsache nach Prag zum Kaiser geschickt wurde.

Die Geistlichkeit war frei von Abgaben und Leistungen, in einzelnen Urkunden wird besonders hervorgehoben, daß sie frei von Wegebesserungen, von Anlegung und Erhaltung von Dorfzäunen und Gräben sein sollten. Zu den Dammarbeiten wurden sie dagegen zugezogen, bis ein höchst ärgerlicher Vorfall es dahin brachte, daß sie auch von dieser Last befreit wurden. Im Jahre 1383 drohte nämlich die Weichsel durchzubrechen; die Bauern des Werders mußten Strauch und Dünger herbeischaffen und Tag und Nacht Wache halten. Aber die gefährdete Stelle war sehr ausgedehnt und die Bauern murrten, daß die Pfarrherren außer der Zinsfreiheit ihrer Hufen auch noch Freiheit von den Dammlasten verlangten. Auf die Klage der Deichgeschworenen befahl der Hochmeister, die Pfarrer sollten die Bauern bei ihren Bemühungen, den Damm zu retten, unterstützen. Wirklich erschienen auch einige junge Pfarrer an dem Damme, aber im geistlichen Ornate, und sie trugen den Spaten in der Linken, in der Rechten den Kelch. Ergrimmt über diesen Uebermuth verhöhnten die Bauern die geistlichen Herren und meinten, sie kämen wahrscheinlich von einem nächtlichen Gelage. Es kam von Worten zu Thätlichkeiten, die Geistlichen wurden gehörig durchgebläut und zuletzt in den Schmutz des aufgeweichten Dammes gesielt. Beide Theile klagten; endlich legten der Bischof und der Hochmeister den ärgerlichen Streit bei und bestimmten, die Pfarrer sollten 3000 Mark zusammenlegen und aller Dammarbeiten für immer ledig sein, nur die Gräben auf den Grenzen ihrer Aecker sollten sie erhalten und rein halten, und ebenso sollten sie die dazu gehörigen Brücken in gutem Stande halten.

Jede Widem oder Pfarre hatte eine Anzahl Hufen, die frei von Zins und Schaarwerk rc. waren. Gewöhnlich waren es 4 Hufen, nur Thiergart hatte 5, Groß-Lichtenau 6, Grunau dagegen nur 2. Hierzu kamen als Emolumente für den Geistlichen der Dezem und die Stolgebühren. Der Dezem war nicht unbedeutend, da jede Hufe, sowohl die zinspflichtige als auch die zinsfreie, einen halben Scheffel Roggen oder Weizen und einen halben Scheffel Gerste jährlich zu liefern hatte. Einzelne zinsfreie Hufen zahlten nur einen halben Scheffel pro Hufe als Meßkorn, wie in Altweichsel, andere dagegen mehr; so mußten die Grunauer, wohl wegen der geringen Zahl der Pfarrhufen, 1 Scheffel Gerste und 1 Scheffel Roggen pro Hufe liefern. Die Zinshufen von Tiege dagegen lieferten ³/₄ Scheffel Gerste und ³/₄ Scheffel Roggen. Die Bewohner eingepfarrter Dörfer leisteten ebenfalls ¹/₂ Scheffel Gerste und ¹/₂ Scheffel Roggen; so Altmünsterberg an den Pfarrer von Milenz, wohin es „eingewedemet" war; die Parschauer zahlten nach Groß-Lichtenau 1 Scheffel Gerste.

Den Dezem mußten die Schulzen jährlich, 4 Wochen vor Martini bis 4 Wochen nach Martini, eintreiben; die Säumigen sollten gepfändet werden.

Die Einkünfte für Taufen, Begräbnisse 2c. waren eigentlich freiwillige Abgaben und nirgends durch Rechtsbestimmungen fixirt, daher entstanden über diese Zahlungen mehrfach Streitigkeiten, die meist zu Gunsten der Gemeinden entschieden wurden. Als z. B. der Pfarrer von Danzig sich bei dem Comthur beklagte, daß man ihm die Zahlung für eine Taufe verweigert habe, antwortete ihm dieser, daß der Pfarrer verpflichtet sei, sowohl bei Tage als bei Nacht Kinder unentgeltlich zu taufen. Als die Straßburger sich bei dem Comthur über allzugroße Begräbnißkosten beklagten, gab auf Veranlassung des Hochmeisters der Bischof von Kulm sein Gutachten dahin ab, daß diese Kosten eine Gewohnheit und kein Recht seien, daß es aber schwer sein würde, sie jetzt abzuschaffen. In der Nähe von Conventen mußten die Priesterbrüder dieser Convente die geistlichen Funktionen bei den Dorfbewohnern unentgeltlich verrichten; sie mußten die Siechen und Armen besuchen und sowohl reichen als armen Kranken und Sterbenden die Sacramente reichen.

Für Hebung des kirchlichen Lebens wurde von Seiten der Hochmeister viel gethan, auch die römische Curie kümmerte sich angelegentlich um die preußischen Kirchenverhältnisse. Den Bischöfen war befohlen, alle 3 Jahre eine allgemeine Kirchenvisitation abzuhalten, oder durch Delegirte abhalten zu lassen. Diese Visitationen betrafen nicht bloß die Baulichkeiten und Geräthe der Kirchen, denen allerdings die gebührende Aufmerksamkeit gewidmet wurde, sondern wesentlich das kirchliche Leben, und die Visitatoren sollten, schon nach den Gesetzen Siegfrieds von Feuchtwangen, überall gegen Ungehorsame unterstützt werden.

Zu den Visitationen wurden Gemeinde-Synoden berufen, und vom Rath oder den Vertretern der Dorfgemeinde wurden vorher 2 ehrenwerthe Männer als Synodalzeugen erwählt, die über das Verhalten der Geistlichen zu berichten, und über alle öffentlichen und geheimen vor das Forum der Kirche gehörenden Vergehen, Anzeige zu machen hatten. Diesen Männern mußten die Gemeindemitglieder Alles was ihnen von dergleichen Vergehen bekannt geworden, mittheilen. Die Synode fand unter besonderen Feierlichkeiten in der Kirche statt. Zunächst wurde der Lebenswandel des Ortsgeistlichen geprüft; es wurde auf Eid und Gewissen gefragt, wie oft er täglich die Messe gelesen, ob er sie nüchtern gelesen; es wurde untersucht, ob Klagen der Gemeinde gegen ihn vorlägen, ob der Lebenswandel desselben überhaupt den Anforderungen entspräche, die man an den geistlichen Stand zu stellen habe rc.

Daß derartige Untersuchungen nicht überflüssig waren, zeigen die wiederholten Synodalbeschlüsse gegen das unsittliche Leben der Geistlichen, gegen ihren Luxus, ihre Jagdlust, Völlerei rc.

Hierauf wurde nach dem christlichen Lebenswandel der Gemeinde geforscht. Nicht etwa bloß nach dem Kirchenbesuch wurde gefragt, sondern das Familienleben und der öffentliche Lebenswandel der Gemeindeglieder wurde geprüft. Nicht bloß wer Gott und die Religion und Kirchensatzungen geschmäht hatte, wurde zur Rechenschaft gezogen, sondern auch alle Diejenigen, die des Meineides verdächtig waren, aber vom weltlichen Arme nicht erreicht werden konnten, Wucherer rc. wurden vorgefordert und mit Hülfe der weltlichen Gerechtigkeit bestraft. Dann wurde den Ketzereien nachgespürt, die um jene Zeit auch in Preußen zu wuchern begannen, und die letzten Ueberreste heidnischen Aberglaubens wurden schonungslos verfolgt.

Manche andere Uebelstände, die den Gemeinden lästig waren, wurden durch diese Visitationen und durch Synodalbeschlüsse beseitigt, so vor Allem das Herumziehen von Sängerschaaren an gewissen Festen. Diese Bettelsängerei wurde durch das kulmische Recht streng verpönt, und ebenso das sogenannte Schmeckostern, bei welchem viel Unfug und freche Bettelei geübt wurde. Gegen Luxus, Völlerei bei Hochzeiten rc. wurden die alten Bestimmungen eingeschärft, den Herren anbefohlen, das Gesinde zum Kirchenbesuche und zur Beichte anzuhalten; die Entweihung der Sonn- und Festtage durch Feilbieten von Waaren wurde streng verboten.

Alle diese Bestimmungen aber zeigen recht deutlich, wie wenig kirchlicher Sinn und Humanität in allen Schichten der Bevölkerung durchgedrungen war, und einen großen Theil der Schuld trug natürlich der Mangel an Schulen.

Schulwesen.

Es wird dem Orden nachgerühmt, daß er seit dem Vertrage von 1249, den er mit den Preußen schloß, für Schulunterricht der Preußenkinder sorgte, um sie desto leichter zum Christenthum heranzuziehen. Eifrig interessirten sich mehrere bedeutende Päpste, besonders Honorius III und Jnozenz IV dafür; die Bischöfe nahmen sich der Sache lebhaft an, und der Orden sah nicht gleichgültig zu. Wie er in seinem Gebiete eifrig sein Patronat über die Kirchen fest hielt, so nahm er auch in seinen eigenen Gebietstheilen die Aufsicht über die Schulen an sich. Fähige Preußenkinder wurden oft nach Deutschland in berühmte Schulanstalten geschickt und für den geistlichen Stand ausgebildet, um für das Ordensland Pfarrer zu gewinnen, die der preußischen Sprache mächtig wären. Daß in den meisten Städten Schulen, in einzelnen sogar bedeutende Schulanstalten waren, ist gewiß, von Landschulen dagegen wissen wir wenig zu sagen. Winrich von Kniprode wird als Stifter von Landschulen allgemein gepriesen, aber keine einzige Urkunde unserer Gegend liefert dafür einen Beleg, wenngleich ihm das Verdienst nicht abgesprochen werden kann, für das Schulwesen im Ordenslande segensreich gewirkt zu haben. Vor Winrich sollen nach einzelnen Scribenten gar keine Landschulen vorhanden gewesen sein. Durch ihn bekam, wie es heißt, jedes Dorf, das aus 60 Familien bestand eine Schule. Die Lehrer erhielten von den Bauern jährlich Naturallieferungen und vom Orden 6 ungarische Gulden Gehalt. Die Kinder besuchten die Schule nur im Winter, da sie im Sommer den Eltern in der Wirthschaft behülflich sein mußten. Daß die Kinder der Dorfbewohner aber auch vorher nicht ganz ohne Unterricht blieben, läßt sich aus Urkunden nachweisen. Die Krüger nämlich und die Gärtner sollen als Abgabe für den Geistlichen 1 Schilling und für den Glöckner „als Schülerlohn" ½ Schilling jährlich zahlen. Die Glöckner waren also zugleich die ländlichen Schulmeister und übten mit der ländlichen Jugend neben den Gebeten und dem Gesange auch wohl das Lesen, Schreiben und Rechnen.

Bedeutend wird die Schulbildung der Dorfjugend nicht gewesen sein, da die ehrenwerthen Präceptoren wohl selbst meist ziemlich unwissend waren. Daß Winrich eine höhere lateinische Schule in Marienburg gründete, ist schon früher erwähnt. Die von Vogt (Marienburg p. 105) ausgesprochene Meinung, die Hochmeister hätten diese Schule aus eigenen Mitteln unterhalten, ist doch wohl zu beschränken. Möglich ist es, daß Winrich die Schule unterhielt, später aber wurde jedenfalls ein anderer Modus für die Besoldung der Lehrer eingeführt. Anfangs hatte der Orden auch das Patronat über die Schule, ließ aber die speziellen Anordnungen von einem Prälaten besorgen, der mit einer Präbende ausgestattet war und wohl den Namen Scholasticus oder Scholarch führte. Dieser schlug die Lehrer und besonders den Dirigenten oder Schulmeister vor, der dann von dem Orden auf Lebenszeit bestätigt wurde. Solche Scholarchen waren wohl Peter v. Augsburg und der bei Vogt p. 380 erwähnte, edele wohlgeborene Herr Wilhelm von Schonenberg. Letzterer schlug dem Comthur Rennhingen 1444 einen gewissen Nicolaus Sennftopf zum Schulmeister vor und dieser erhielt die Schule für seine Lebenszeit. Jedenfalls hat der Orden später das Patronat über die Schule an die Stadt abgetreten und zur Unterhaltung derselben nichts weiter beigetragen. Die Unterhaltung derselben lag fortan den Eltern der Kinder ob; die Stadt mochte vielleicht den Lehrern freie Wohnungen in den städtischen Buden gewähren. Von Naturallieferungen wird in der Willkür der Stadt 1365 nur der Mollge erwähnt, einer Fleischsuppe, welche allein den Lehrern und Kirchendienern zu senden gestattet sein sollte. Alles Uebrige wurde in Geld abgelöst und so zahlten die Schüler Lichtgeld, Quatembergeld, Holzgeld, Lerngeld (Kirschengeld), Aufhebegeld 2c.

Der Schulmeister erhielt auf diese Weise um das Jahr 1400 von jedem Fiebelschützen jährlich circa 2 Thlr. 22 Sgr., von den Schülern der zweiten Klasse 4 Thlr. 10 Sgr. und von den Weitervorgerückten 5 Thlr. 4 Sgr. Der zweite und dritte Lehrer (Succentor und Locatus) waren ebenfalls auf das Aufnahmegeld und auf das Salar für den Gesangunterricht angewiesen*)

Armenwesen.

Nach den Berichten Christians, des ersten preußischen Bischofs, hatten die alten Preußen im Lande keine Bettler. Verarmte wurden unterstützt, bekamen Essen und Lebensmittel in's Haus, alte arbeitsunfähige Menschen und Krüppel wurden erschlagen oder verbrannt.

Auch der Orden sorgte, da Armen- und Krankenpflege ein Hauptzweig seiner Wirksamkeit war, für Sieche, Arme und Hülfslose**). Zu

---

*) Ausführlich behandelt diesen Gegenstand: Breiter, „Geschichte der lateinischen Schule in Marienburg". — Mrbg. 1864.

**) Im Haupthause mußten schon nach den Ordensstatuten Aerzte gehalten werden.

diesem Zwecke waren in den einzelnen Ordenshäusern die Spittler angestellt, die sämmtlich unter dem Oberst-Spittler in Elbing standen. Dieser hatte das gesammte Medicinal- und Hospitalwesen unter sich, war in seinen Ausgaben vollkommen unbeschränkt und brauchte keine Rechnung zu legen. Preußen hatte sehr reich dotirte Spitäler, eines der bedeutendsten war das Elbinger; sie waren meist vorzüglich gut eingerichtet und das Hospitalwesen des Ordens war weit und breit berühmt.

Der Spittler in Marienburg hatte ebenfalls einen bedeutenden Wirkungskreis und bedeutende Ländereien lieferten Zins oder Erträge an sein Amt ab. In Marienburg allein waren 3 Spitäler: 1) das Jerusalem-Spital; 2) das St. Georgen-Spital sammt Kapelle, da wo jetzt die evangelische Kirche ist; 3) das Heiligegeist-Spital sammt Kirche, vor dem Heiligengeist-Thor, dem jetzigen Töpferthor. Letzteres Spital brannte erst 1807 ab. Von diesen drei Anstalten wissen wir bestimmt, daß sie unter dem Ordensspittler standen und aus dessen Tressel erhalten wurden. Der Tressel des Spittlers zog seine Einkünfte aus vielen Ländereien, gewöhnlich Treßlerhufen genannt, und Höfen, unter denen besonders der Hof zu Dorrenfelde, auf dem heutigen Willenberger Gebiete, bedeutend war. Die reichen Ländereien kamen in der polnischen Zeit in fremde Hände.

Die Verarmung konnte aber natürlich nicht verhindert werden. Viele der eingeborenen Preußen waren ruinirt worden; mit dem Strome der Kriegsleute war mancher Abenteurer in's Land gekommen, hier sein Glück zu machen, der sich in seinen Hoffnungen getäuscht sah und schließlich hülflos da stand; viele Andere wurden durch das Spiel, gegen welches die Gesetze vergeblich eiferten, zu Grunde gerichtet; und so nahm die Zahl der Bettler und Müßiggänger in erschreckender Weise zu. Schon Siegfried von Feuchtwangen gebot, es solle kein Bettler und kein Müßiggänger im Lande geduldet werden, konnte aber natürlich dem Unwesen kein Ende machen. Dennoch fiel die Armenpflege den Communen weniger lästig, als in späterer Zeit, denn überall, wo Klöster oder Convente waren, da wurde den Armen der Umgegend aus den reichen Speicher-Vorräthen gespendet. Von einer Communallast zur Unterstützung der Armen ist nirgends eine Spur, erst in der polnischen Zeit wurde die ganze Last der Armenpflege den Communen aufgebürdet.

Sitten-Gesetze.

Aus einzelnen Andeutungen, die im Vorhergehenden gegeben worden sind, läßt sich ein Bild der Sittenzustände der Zeit entwerfen. Die Wohlhabenheit, der Reichthum erzeugt Luxus und Alles was sonst noch im Gefolge desselben ist. Gegen diesen Krebsschaden der Gesellschaft haben städtische und Landesgesetze im Mittelalter vergebens angekämpft, weil Gesetze in dieser Beziehung wirkungslos sind. Aber das Mittelalter sonderte die Stände streng und suchte dieser Sonderung auch in der Verschiedenheit der Tracht Ausdruck zu geben. Wenn es heute dem Privatbelieben der Hausfrauen überlassen bleibt, ihren Dienerinnen Putzgegenstände zu verbieten, die nur für die Toilette der Damen passen, so trat im Mittelalter der Magistrat oder gar der Landesfürst gegen solche Ueberhebungen auf. Ein Frevel wäre es gewesen, wenn der einfache Bürger dieselben Knöpfe und Borten getragen hätte, die der Rathsherr trug, noch viel schlimmer, wenn eine Frau vom Lande sich dieselbe Tracht angemaßt hätte, die die Frau des Kaufmannes in der Stadt trug.

So gab Winrich von Kniprode den Bürgern Marienburgs eine besondere Kleiderordnung, nach welcher z. B. der Kaufmann ein seidenes Wamms, der gemeine Mann nur ein Gewand aus Lundischem und nicht theuerem Tuche tragen durfte. Den Frauen der Rathsherren und Kaufleute waren Sammethauben mit Goldborten, so wie Goldborten an ihren Gallakleidern gestattet, nicht aber den Handwerkerfrauen; Töchter der Rathsherren trugen Borten von Perlen, Mädchen niedrigeren Standes Borten mit silbernen Spangen und Flittern. Diese Tracht soll den deutschen Bauern sehr gefallen haben*).

Wie die Landesfürsten sich genöthigt sahen, dem Luxus in Kleidungsstücken zu steuern, so beschränkten sie auch durch Gesetze den unmäßigen Aufwand bei Hochzeiten und Taufen und bestimmten genau die Zahl der Schüsseln, über welche man bei dergleichen Gelegenheiten nicht hinausgehen durfte. Nicht bloß bei solchen freudigen Ereignissen, sondern auch bei Begräbnissen wurde übermäßiger Aufwand besonders bei der Bewirthung der Gäste getrieben. Diese rohe Art, das Gedächtniß eines geliebten Todten zu feiern, ist weder christlichen noch deutschen Ursprunges. Nur in ehemals slavischen, besonders aber hier in ehemals preußischen Gegenden, haben sie die Deutschen von den Heiden angenommen. Es ist ein Ueberrest jenes heidnischen Opferfestes bei Begräbnissen, gegen welches die Geistlichkeit bis in's 15. Jahrhundert hinein eiferte. Leider besteht diese barbarische Sitte heute noch, und die Eitelkeit wird wohl für ihr Fortbestehen noch länger sorgen. Andere Gesetze waren gegen Zechgelage gerichtet, die namentlich der dienenden Klasse bei sehr strengen Strafen untersagt waren. Wiederholt aber mußten Gesetze

---

*) Vogt, G. v. M. p. 195 ⁊c.

gegen das Hazard-Spielen (Toppel) erlassen werden, welchem besonders auf dem Lande Arme und Reiche leidenschaftlich ergeben waren.

Maaß, Gewicht, Münze, Zinsfuß.

Als Längenmaaß war die kulmische Elle die landesübliche, so wie das Sail, das unserer Ruthe etwa entsprach, und als Geviertmaaß die flämische Hufe, die um $1/5$ größer war, als die spätere kulmische. Im 13. Jahrhundert ist sie 720 Ruthen lang und 30 Ruthen breit.

Als Gewichtseinheit galt die kulmische Mark, zuweilen die größere kölnische. Seit dem Hochmeister Dietrich von Altenburg wurde aber die kulmische als die landesübliche Mark für's ganze Land bestimmt. Die kulmische Mark, wahrscheinlich polnischen Ursprunges, hatte 16 Loth, und zwei Mark betrugen ein sogenanntes „Krampfund". Nach Mark, Viertelmark ıc. wurde auch das Geld berechnet, sie war also im Verkehr, ähnlich wie das englische Pfund (Sterling), eine eingebildete oder Rechnungsmünze, und eine Mark preußisch war Achts weiter als eine Mark preußischer Pfennige.

Als Rechnungsmünze haben wir außer der Mark den Vierdung oder die Viertelmark, den Scoter oder $1/24$ Mark; zuweilen wird auch das Loth als Rechnungsmünze erwähnt.

Das Recht, eigene Münze zu prägen, war den Städten in der kulmer Handveste gewährt worden, aber in den ersten Jahrzehnten der Eroberung dachten die Bewohner Kulms nicht an die Ausübung ihres Münzrechts und man scheint sich der kölnischen Pfennige im Verkehr bedient zu haben. Seit der zweiten Hälfte des 13. Jahrhunderts kommen die kulmischen Pfennige als geprägte Münze vor und seit Winrich von Kniprode Halbschoter, Vierchen (nicht zu verwechseln mit Vierdungen) und Schillinge.

Die Mark hatte unter Winrich von Kniprode um 1380: 60 Schillinge oder 45 Halbschoter oder 180 Vierchen. Das Vierchen hatte 4 Pfennige, die Mark also 720. Seit 1346 gab es auch Groschen, deren 20 auf die Mark gingen. Goldmünzen sollen unter dem Hochmeister Conrad von Rothenstein geprägt worden sein, es finden sich aber keine einheimischen Goldmünzen aus jener Zeit vor, und die Nachricht scheint auf einem Irrthum, oder auf Erfindung zu beruhen.

Natürlich wurde der alte Münzfuß sehr bald verändert und der Silbergehalt verschlechtert. Um 1340 hatte die Mark noch 13 Loth Silber, nach 1380 nur noch 10 Loth, nach der Tannenberger Schlacht nur noch $3^1/5$ Loth Silber. Wenn z. B. ursprünglich die Mark

60 Schillinge enthalten sollte, so wurden unter Winrich bereits 112 bis 134 daraus geprägt.

Um diese Zeit galt der Schilling an Werth 2 Sgr. 6 Pf. und die Mark 5 Thlr. 3 Sgr. 8 Pf., während sie um 1340 noch 9 Thlr. 7 Sgr. 3 Pf. gilt. Der Halbschoter betrug nach heutigem Werth 3 Sgr. 5 Pf. Der Gehalt der Münzen nahm bald so sehr ab, daß man sie im Auslande nicht mehr nehmen wollte. Vielfach wurden daher Verbesserungen vorgenommen, die jedoch nur für kurze Zeit halfen. So ist der Schilling um 1420 nur noch 1 Sgr. 6 Pf. werth, um 1450 nur 7 Pfennige.

Von ausländischen Münzen galten die böhmischen Groschen, ungarische Gulden ꝛc., 2 ungarische Gulden gingen auf eine Mark, und 10 böhmische Groschen à 18 Pfennige waren auch eine Mark.

Zinssätze. Päpstliche Gesetze verboten das Ausleihen auf Zinsen; um das Verbot zu umgehen, wurde ein Scheinverkauf des Capitals gegen eine Jahresrente vorgenommen, oder man verkaufte eine solche gegen Capital. Vor Winrich zahlte man für eine Mark Rente 8 Mark, d. h. das Capital brachte $12^1/_2$ %; seit Winrich brachte es 10 % und Conrad Zöllner setzte den Zinsfuß 1386 auf $8^1/_3$ Procent herab*).

Ich füge zum Schlusse noch einige Notizen über Preise von Lebensmitteln bei. Die Getreidepreise variiren nach den Ernteausfällen:

1313: (ein billiges Jahr) kostet die Last Getreide: 3 Mark (über 15 Thlr.)
1362: (theuer) 1 Scheffel Korn galt $1^1/_2$ Mark ($7^1/_2$ Thlr.),
1379: (billig) 1 Scheffel Korn galt kaum 5 Schillinge ($12^1/_2$ Sgr.),
1390: (theuer) 1 Last Roggen galt 15 Mark (75 Thlr.),
      1 „ Weizen „ 21 „ (105 Thlr.),
      1 „ Gerste „ 17 „ (85 Thlr.),
      1 „ Hafer „ 12 „ (60 Thlr.),
1391: (reiches Jahr) die Last Roggen wurde nach den Niederlanden für 9 Mark (45 Thlr.) verkauft,
1392: (sehr reich) die Last Roggen 5 Mark (25 Thlr.),
1399: 1 Last Elbingsch. Bier 5 Mark 4 Schillinge (23 Thlr. 4 Sgr.),

---

*) Auch der Orden, oder doch einzelne Ordensbrüder kauften solche Renten für Capital, das auf Güter geliehen war. So zahlt der Schulze Tize zu Groß-Lichtenau 16 Mark jährlichen Zinses an den Ordensbruder Ganzweit zu Lesle, der ihm 300 Mark auf sein Grundstück gegeben hatte. (v. Töppen, „über das Zinswesen im Ordensstaat" in Foß, „Zeitschr. f. Gesch. u. Landeskunde" Prß. 1867 Heft 6).

1401: die Tonne Meth 3 Thlr. 12 Sgr.,
1399: 1 Faß Wein 239 Thlr.,
1 Ohm Rheinwein 24 Thlr. 10 Sgr.,
1397: 1 Last Grütze 91 Thlr.,
1 Pipe Oel 75 Thlr. 10 Sgr.,
2 Tonnen Essig 3 Thlr. 13 Sgr.,
1 Schiffpfund Speck 9 Thlr. 4 Sgr.,
1 Last Heringe 91 Thlr.,
12 lebendige Schöpsen 14 Thlr. 14 Sgr.,
1399: 1 Last Mehl 29 Thlr. 20 Sgr.,
1406: 1 Scheffel Erbsen 20 Sgr.,
1 Stein Reis 1 Thlr. 15 Sgr.,
1399: 25 Pfd. Ingver 27 Thlr. 17 Sgr.,
1 Last Rindfleisch 45 Thlr. 20 Sgr.,
1 Schock Rebhühner 5 Thlr. 12 Sgr.,
1 Reh 1 Thlr. 27 Sgr.,
1 junge Ziege 8 Sgr.,
1 Kalb 1 Thlr. 7 Sgr.,
1 Tonne Butter 11 Thlr. 12$^1/_2$ Sgr.,
1 Schock Eier 5 Sgr., 9 Pf.,
1401: 1 Pfd. Zimmet 8 Scot,
1 „ Muskatblüthe 16 Scot,
1 „ Nelken $^1/_2$ Mark,
1 „ Zucker $^1/_4$ Mark,
1 Stein Reis 7$^1/_2$ Scot,
1 „ Mandeln 1 Mark und 2 Scot,
1 „ Rosinen $^3/_4$ Mark,
1 Pfd. Ingver $^1/_4$ Mark,
1406: 1 Pfd. Muskatblumen 3 Thlr. 1 Sgr. 4 Pf.,
1 „ Canel 28 Sgr. 7 Pf.,
1 „ Nelken 2 Thlr. 8 Sgr. 6 Pf.,
1 „ Zucker 1 Thlr. 17 Sgr. 5 Pf.,
1 Stein Mandeln 5 Thlr. 21 Sgr.,
1412: 1 Scheffel Senf $^1/_4$ Mark (1 Thlr. 7$^1/_2$ Sgr.),
1 „ vom besten Senf $^1/_2$ Mark (2 Thlr. 15 Sgr.),
1 Huhn 1 Scot (6 Sgr. 3 Pf.),
1 Scheffel Mohn 7 Scot (1 Thlr. 13 Sgr. 9 Pf.),

3. Des Ordens Verfall (1382—1410).

Die höchste Blüthe hatte der Orden zu Winrich's Zeit erreicht, seit dessen Tode geht sein Glücksstern dem Untergange zu.

Auf Winrich folgte Conrad Zöllner von Rothenstein, unter dem die Kriege gegen Litthauen von Neuem begannen. Diese wurden um so gefahrdrohender, seit 1386 Großherzog Jagiel von Litthauen die Krone Polens mit der großherzoglich litthauischen vereinte.

Nach Kräften sorgte der Meister für strenge Handhabung der Gesetze und füllte die Lücken in der Gesetzgebung aus. Die Streitigkeiten zwischen den Leuten des Werders und den Geistlichen in Bezug auf die Dammlasten, fanden nach dem obenerwähnten scandalösen Vorgange 1386 eine definitive Lösung. Ein anderes Gesetz regelte das Rentenwesen. Da nämlich hohe Zinsen von Staat und Kirche streng verboten waren, so barg sich der Wucher hinter die Form des Rentenkaufs, wobei gewöhnlich zehn vom Hundert als Zinsen abfielen. Dieser Kauf von Kapitalien sollte fortan nicht ohne Bewilligung der Herrschaft statthaben und nur der zwölfte Pfennig Zins gestattet sein (also $8\frac{1}{3}$ pCt.).

Zwei Weichseldurchbrüche im Jahre 1388 richteten im Werder großen Schaden an und vernichteten die Saaten, und da der darauf folgende Sommer sehr naß war und die Ernte fehlschlug, so entstand im Jahre 1389 große Noth im Lande, die Getreideausfuhr mußte verboten werden, und während sonst Schiffsladungen Getreide von Danzig aus nach dem Auslande gingen, kamen in diesem Jahre Schiffe mit Getreide aus England nach Danzig.

Die nächstfolgenden Ernten waren dagegen so reichlich, daß der Getreidehandel von Neuem in Schwung kam und die Ordensspeicher sich füllten.

Zöllners Nachfolger Conrad Wallenrodt (1391—1394) führte unglückliche Kriege mit Litthauen, vor Wilna wurde ein bedeutendes Heer des Ordens vernichtet. Um die Kosten zu neuen Zügen aufbringen zu können, mußten Steuern ausgeschrieben werden, die um so drückender waren, als man bis dahin nie außerordentliche Steuern gezahlt hatte, und die Kulmer Handveste alles „Ungelde" ꝛc. verbot. Dies erregte unter dem Volke vielen Unwillen und die Geistlichkeit, der Wallenrodt nicht gerade besonders wohl wollte, vermehrte die Mißstimmung, indem sie den Meister als einen Freund der Ketzer darstellte.

Dennoch sorgte auch Wallenrodt für das Wohl des Landes, für Handel und Gewerbe, für Regelung der Brot- und Bierpreise, Verbesserung der Münze ꝛc. Den bäuerlichen Grundbesitzern wurde gestattet, lästige

Schaarwerke, mit Ausnahme der Dammarbeiten, abzulösen. Es wurde ihnen ferner erlaubt, auf ihren eigenen Hufen zum besseren Anbau des Feldes Bauern oder Gärtner anzusiedeln, über die sie die Gerichtsbarkeit haben sollten.

Des Hochmeisters edle Bemühungen fanden aber keine Anerkennung. Der Schmerz über diesen Undank und über die herben Angriffe, die er seit dem fehlgeschlagenen Litthauerzuge zu erfahren hatte, drückte seinen männlichen Geist nieder — er starb im Wahnsinn.

In demselben Jahre starb in Marienwerder eine Frau, die in den letzten Jahren viel Aufsehen erregt hatte, die heilige Dorothea. Sie war aus Montau geboren, die Tochter eines Landmannes, Wilhelm Schwartze, hatte sich in Danzig verheirathet und war Mutter mehrerer Kinder. Von Jugend auf zeigte sie Neigung zur Einsamkeit, zu frommen Uebungen und, zu religiöser Schwärmerei. Nach ihrer Verheirathung nahmen diese Symptome so bedeutend zu, daß sie nicht bloß die Aufmerksamkeit und oft auch den bitteren Spott der Nachbarschaft erregten, sondern ihr auch Untersuchungen von Seiten der geistlichen Behörden zuzogen. Sie ließ sich nicht beirren, wallfahrtete nach Aachen und Rom und kam noch schwärmerischer zurück. Fortgesetzte Bußübungen, harte Fasten griffen ihre Gesundheit an, sie magerte vollständig ab, aber alle Versuche sie von diesem Wege zurückzubringen, scheiterten an ihrer Standhaftigkeit. Endlich beschloß sie, die letzte Zeit ihres Lebens als Klausnerin zuzubringen und erlangte nach vieler Mühe die Erlaubniß, sich in der Kirche zu Marienwerder eine Klause bauen zu lassen. In dieser lebte sie betend und fastend bis sie 1395 starb. Der Ruf ihrer Heiligkeit zog viele Pilger zu ihrem Grabe, aber die vom Ordensprocurator in Rom eifrig betriebene Canonisirung Dorothea's unterblieb.

Auf Wallenrodt folgte Conrad von Jungingen (1394—1407), ein edler Mann, der mehr darnach strebte, seinem Lande den Frieden zu erhalten und den Wohlstand desselben zu heben, als Kriegsruhm zu erwerben. In der That war im Lande Viel zu schaffen, Vielen zu helfen. Ungewitter hatten großen Schaden angerichtet, die Weichsel- und Nogatdämme waren 1394 von den Fluthen durchbrochen und die Werder unter Wasser gesetzt worden, so daß viele Dörfer fortgerissen wurden, und schon im folgenden Jahre wiederholte sich die Ueberschwemmung.

Auch 1398 und 1403 wurden die Werder durch einen gefährlichen Durchbruch bei Sommerauerort heimgesucht, der vielen Schaden anrichtete. Der Hochmeister half nach Kräften, lieh den Bedrängten Gelder gegen kleine jährliche Abschlagsummen; schenkte heruntergekommenen Landleuten Brotkorn und Saatgetreide, unterstützte die Wittwen und Waisen. So erhielt Deichgraf Volprecht aus Wernersdorf 1399: 60 Mark Vorschuß mit der Bedingung jährlich 10 Mark abzuzahlen. Einigen Waisen in Clement lieh er 200 Mark zinsfrei und so fort. (Vogt, Mrbg. p. 214 not. 22.) Auch der Ordensmarschall Werner von Tettingen, der in vielen unserer Kreisurkunden als Zeuge vorkommt, wirkte wohlthätig und umsichtig und sorgte dafür, daß die herrenlos gewordenen Güter wieder ausgegeben würden. In dem reichen Erntejahr 1405 wurden die Ordensspeicher vorsichtiger Weise gut mit Getreide versehen, um für den Falle der Noth den Landleuten helfen zu können. In Marienburg allein waren 3135 Last Korn aufgespeichert.

Viele Mißbräuche wurden abgeschafft, besonders die Dienstzeit der Dienstboten geordnet, die Trinkgelage denselben verboten. Ehen zu schließen ohne Bewilligung der Eltern, wurde durch ein strenges Gesetz verpönt. Ueber Handel und Gewerbe in Marienburg wurden neue Bestimmungen der Willkühr der Stadt eingefügt.

Trotz seiner Friedensliebe mußte er dennoch fortwährend gegen Litthauen kämpfen, auch gegen die Seeräuber in der Ostsee war des Ordens Flotte in stetem Kampfe. Der größte Feind erwuchs dem Orden aber im eigenen Lande, in der Opposition der Stände.

Aehnlich wie in Deutschland war es in Preußen häufig zu Reibungen zwischen den Städten und den ritterschaftlichen Grundbesitzern gekommen, und diese Reibungen veranlaßten den Adel des Kulmerlandes, im Jahre 1397 zu einem Adelsbunde zusammenzutreten, den sie, ähnlich wie die süddeutschen Ritterbündnisse, nach dem Abzeichen ihres Bundes den "Eidechsenbund" nannten. Sie verpflichteten sich zu gegenseitigem Schutz gegen Jedermann, ausgenommen die Landesregierung, zur Unterstützung verarmter Mitglieder des Bundes, zur Stiftung und Erhaltung frommer Anstalten. Die geheimen Tendenzen des Bundes sind nicht näher bekannt. Die größeren Städte des Landes gehörten dagegen seit langer Zeit dem mächtigen Hansabunde an und bildeten das vierte oder preußische Quartier desselben. Sie hatten ihre Tagsatzungen in Marienburg, unterhandelten mit dem Hochmeister über Handelsangelegenheiten und hatten nach dieser Seite hin ein Repräsentativrecht erlangt, das sie natürlich zu erweitern suchten. Ebenso war die Ritterschaft oft in allgemeinen Landesangelegenheiten zu Rath gezogen worden und strebte fortan nach geregelter ständischer Vertretung. So war genug Gährungsstoff im Lande, und nur des Hochmeisters Friedensliebe erhielt die innere Ruhe aufrecht, wie er trotz der feindseligen Stimmung des Polenkönigs den Frieden nach außen wahrte. Sterbend warnte er noch die Gebietiger vor voreiligem Kriege und beschwor sie, nicht seinen kriegerischen Bruder Ulrich zum Meister zu wählen, wenn sie das Unheil des Krieges vom Lande fern halten wollten.

Trotz der vielen Unglücksfälle hatte sich durch des Meisters Fürsorge und Thätigkeit der Wohlstand des Landes gehoben, und die Bewohner des Werders waren ihrer Wohlhabenheit, ja ihres Reichthums wegen allgemein gerühmt, wenngleich in den hierüber umlaufenden Erzählungen Vieles übertrieben ist. Sie galten aber auch allgemein als übermüthige Leute und viele Geschichten wurden von ihrer Rohheit und ihrem Uebermuth erzählt, die auch zum Theil übertrieben sind, wie die bekannten Geschichten von den übermüthigen Frevelthaten der Lichtenauer gegen einen Mönch, einen Bettler, ja gegen die Ordensgebietiger und den Hochmeister selbst. Aber wenn die Berichte über jene verübten Thaten auch wahr wären, so wären sie nur ein Spiegelbild der hereinbrechenden Sittenlosigkeit. Wer könnte wohl die Lichtenauer Bauern allein verdammen, wenn er liest, wie frevelhaft die Brüder des Ordens selbst verfuhren, wie sie sittenlos lebten und des Bürgers häuslichen Frieden gefährdeten, so daß verschiedene Ordenscapitel zusammenberufen werden mußten, um der Sittenverderbniß im Orden selbst zu steuern. Die ketzerischen Secten, die um diese Zeit als ferne Vorboten der Reformation in Deutschland und den Niederlanden auftauchten, hatten auch hier zu Lande und selbst im Orden Anhänger gefunden, und es mußten gegen sie strenge Gesetze erlassen werden, die leider ohne besonderen Erfolg blieben. Aber die Achtung vor den Mitgliedern des Ordens war im Lande erschüttert, und die Bedrückungen, die einzelne Gebietiger den Landsassen gegenüber sich erlaubten, veranlaßten die Stände, Gesandte zum Hochmeister zu schicken, um sich von Neuem ihre alten Privilegien bestätigen zu lassen und Reformen nachzusuchen. Daher fand im Jahre 1405 die Bestätigung auch der Privilegien der kölmischen Dörfer statt und dieselben wurden, um allen falschen Deutungen auszuweichen, in deutscher Sprache erneuert.

Noch vieles Andere that der Meister für Hebung des Ackerbaues, der Obstzucht und der Flußschifffahrt, so daß sein Andenken dem Volke wohl werth bleiben mußte, wenngleich er durch eine Steuer die Liebe desselben für einige Zeit verscherzt hatte. Steuern kannte das Volk eben nicht, denn es war durch das kulmische Recht vor solchen geschützt; aber des Ordens Finanzen waren bereits erschöpft, und er konnte außerordentliche Ausgaben nicht mehr aus eigenen Mitteln bestreiten. Der Grund für die Besteuerung wollte aber dem Volke auch nicht einleuchten, sie sollte nämlich zur Herrichtung eines sogenannten Ehrentisches die Mittel schaffen. Ein solcher Ehrentisch, d. h. ein großartiges Festessen für vornehme fremde Krieger, sollte nach altem Brauche ausgerichtet werden, da fremde Herren aus fernen Ländern gekommen waren, um an den Kämpfen gegen Litthauen Theil zu nehmen. Um eine Idee damaliger Besteuerung zu geben, fügen wir einige der Steuersätze bei. Es sollten gesteuert werden:

Von einem Haupt Vieh........ 1 Scoter (c. 20 Sgr.),
„   „   Ochsen......... ¹/₆ Vierdung (18 Sgr.),
„   „   Kalb.......... 2 Scoter (1 Thlr. 10 Sgr.),
„   „   Schwein........ 2 Schilling (c. 10 Sgr.),
vom Hauswirth für sich und Familie 4 Schilling (c. 20 Sgr.),
von einem Dienstboten ...... 2 Scoter (1 Thlr. 10 Sgr.),
„ Gütern und Möbeln ..... 2 Schilling pro Mark (10 Sgr.),
vom Faß Wein........... 1¹/₂ Mark (7 Thlr. 15 Sgr.),
„   „   Bier.......... 4 Schilling (20 Sgr.),
„   „   Meth.......... ¹/₄ Mark (1 Thlr. 7¹/₂ Sgr.),
bei Kauf und Verkauf à Scheffel . 2 Pfennig (c. 10 Pfennig).

Städter und Landleute wurden von dieser Steuer betroffen, und obgleich sie nur für das laufende Jahr erhoben werden sollte, so blieb sie dennoch auch für das nächste und wurde sogar auf die Geistlichkeit ausgedehnt.

Nicht die Höhe der Steuer erregte den Unwillen des Volkes, sondern das Gesetzwidrige, da, wie gesagt, nach kulmischem Rechte keine außergewöhnlichen Steuern erhoben werden sollten.

Trotz aller Warnungen wurde als Nachfolger des verstorbenen Hochmeisters sein Bruder Ulrich (1407—1414) gewählt, der aber zunächst, obgleich kriegerisch von Natur, den Frieden mit Polen aufrecht zu erhalten suchte, auch für das Wohl des Landes sorgte. Für das Jahr 1408 verbot er die Getreideausfuhr, da Mißernten große Theuerung hervorgerufen hatten, die durch Ueberschwemmungen im nächsten Jahre noch gesteigert wurden. 1409 wurden durch einen Durchbruch der Nogat bei Sommerauerfelde viele Dörfer verwüstet, und ein neuer Ausbruch bei Clementsfähre veranlaßte viele Bewohner, die ihre Habe verloren hatten, fortzuziehen, ohne ihre Güter neu zu besetzen.. In Folge dieser traurigen Ereignisse wurden von den Aeltesten der beiden Werder das Dorf Wiebau und die angrenzenden Territorien gekauft, um die Dämme weiter auszusetzen. Dieser Landstrich bildet die heutige Einlage.

Dergleichen Unfälle waren aber gering im Vergleich zu dem Unglück, das im Jahre 1410 über das ganze Land hereinbrach. Der Krieg mit

Polen, den man bis dahin ängstlich zu vermeiden gesucht hatte, brach dennoch aus, und die Schlacht bei Tannenberg, in der die Blüthe der Ritterschaft sammt dem Hochmeister fiel, brach die Macht des Ordens für immer und öffnete dem Sieger den Weg nach der Hauptstadt des Landes. In wüstem Siegesrausche ergossen sich die rohen Schaaren des Polenkönigs über das Land, und zogen endlich vor Marienburg, das indeß von einem tapferen Helden, Heinrich von Plauen, dem Comthuren von Schwetz, der schnell aus Pommerellen herbeigeeilt war, besetzt und vertheidigt wurde. Schiffskinder von Danzig und vieles Volk aus dem Werder wurde herangezogen, die Mauern und Thürme des Schlosses zu besetzen, die Stadt selbst wurde bis auf das Rathhaus und die Johanniskirche niedergebrannt.

Langsam zog der König heran, Städte wie Elbing, Danzig, Schwetz ergaben sich ihm, und durch Schenkungen gewann er viele Privatpersonen; aber er kam zu spät vor Marienburg, denn die Burg war gerüstet zum Widerstand; er mußte sie belagern.

Bei Willenberg und auf dem linken Nogatufer lagerten die Polen, die Litthauer etwa in der Gegend von Sandhof, den östlichen Ausgängen der Stadt gegenüber, und im Norden vollendeten russische und tatarische Horden die Einschließung nach dem Werder zu. Die Burgmauern widerstanden den feindlichen Geschossen, wiederholte Ausfälle zeugten von dem ungebeugten Muth der Belagerten, auch des Königs Versuche die Mauern zu untergraben, schlugen fehl, und dem Könige blieb nur die Hoffnung übrig, die Belagerten durch Hunger zur Uebergabe zwingen zu können.

Aber die Umgegend litt schrecklich. Die Nogatbrücke war zwar abgebrochen worden, da der Fluß aber so seicht war, daß man an mehreren Stellen, besonders bei dem Ordenshofe Lesewitz leicht mit Wagen überfahren konnte, so setzten Tatarenhorden über den Fluß, belagerten die Burg auch von jener Seite und schnitten ihr die Communication mit dem Werder ab, das nun von den räuberischen Tataren- und Litthauerhorden furchtbar verheert wurde. Was von Bewohnern nicht geflüchtet war, wurde ausgeplündert, mißhandelt, gemordet, die Dörfer wurden verwüstet, die Getreidefelder verbrannt; bis an die Weichsel und auf die Nehrung dehnten die Tataren ihre Beutezüge aus und bereicherten sich an den Schätzen der Dorfkirchen. Der König hatte, um die Bewohner des Werders vor den wilden Horden zu schützen, Hauptleute seines Heeres nach Grebin und nach Scharpau verlegt, aber von Balga aus kamen Ordensleute zu Schiff gegen Scharpau, fingen den Hauptmann und seine Leute auf und verbrannten den ganzen Ordenshof. Die Litthauer und Tataren wären auch in's Stüblauer Werder vorgedrungen, wenn nicht die Danziger Fahrzeuge geschickt hätten, die sie davon zurückschreckten. Aber Hungersnoth und Seuchen, die in dem Lager des Königs ausbrachen, nöthigten den König, nach achtwöchentlicher erfolgloser Belagerung abzuziehen.

Der Orden gewann die verloren gegangenen Städte bald wieder, aber das Land war verwüstet; überall herrschte das tiefste Elend, da die Saatfelder zertreten, die Getreidevorräthe geplündert, das Zugvieh geraubt worden war.

An Stelle des gefallenen Hochmeisters wurde der Retter der Marienburg, Heinrich von Plauen (1410—1414) erwählt, dem es gelang, mit vielen Opfern den Frieden zu erkaufen. Die Bürger Marienburgs, welche in der Burg während der Belagerung eine Zuflucht gefunden hatten, kehrten zu den Trümmern ihrer Häuser zurück und fingen an sie wieder aufzubauen. Aber wohl der vierte Theil derselben war während der Zeit gestorben und erst seit 1412 wurde die Zahl der Bürger durch neuaufgenommene vermehrt. Um den Bürgern den Aufbau der Häuser zu erleichtern, erließ der Hochmeister denselben den dritten Theil ihrer Schulden, wodurch freilich viele Gläubiger hart getroffen wurden.

So hatte ein einziger Schlag die Macht des Ordens völlig gelähmt, und nur dem langsamen Vorrücken des Polenkönigs verdankte man die Rettung des Haupthauses. Noch hatte für die Herrschaft des Ordens nicht die letzte Stunde geschlagen, aber die nun folgende Geschichte bietet bis zum Falle der Marienburg nur ein Gemälde von trüben Zuständen, steten Verlegenheiten, inneren Kämpfen, kurz ein Bild innerer allgemeiner Auflösung dar. Noch hatte bisher Stadt und Land wacker gegen die Feinde des Ordens mitgefochten, die Werder'schen Bauern hatten das Haupthaus vertheidigen helfen, Danzig den Orden mit Truppen unterstützt; aber schon fing die böse Saat der Zwietracht, der Unzufriedenheit in den Gemüthern zu wuchern an, und jene Ritter- und Städtebündnisse nahmen bald dem gedemüthigten Orden gegenüber eine ganz andere Haltung an, als sie sie den bis dahin siegreichen Hochmeistern gegenüber hätten annehmen können. Sie bildeten feste Corporationen, die eigentlich feindlich einander gegenüberstanden; verstand es der Orden ihre beiderseitigen Interessen von einander zu trennen, die Zwietracht zu erhalten, so konnte er möglicherweise siegreich aus dem Kampfe hervorgehen. Dies war aber bei der Finanzlage desselben unmöglich; er mußte die Interessen beider verletzen — er brauchte Geld, er mußte Steuern erheben. Hatten schon die ersten Versuche der Steuererhebung, da diese gegen die Landesprivilegien verstieß, Unwillen erregt, um wie viel mehr mußte dies der

Fall sein, sobald der Orden dazu gezwungen war, Jahr für Jahr Steuern zu erheben, da von Außen her der Polenkönig um Bezahlung der im Thorner Frieden stipulirten Entschädigungssumme drängte, im Lande selbst die Söldner nach Bezahlung des rückständigen Soldes riefen; denn nicht mit eigenen Truppen allein mehr konnte man kämpfen, sondern mußte Fremde in Sold nehmen, da der Enthusiasmus des Auslandes für die Kämpfe des Ordens aufgehört hatte, seit dieser nicht mehr gegen Heiden, sondern gegen christliche Staaten kämpfte. Wenn aber auch die Stände noch opferwillig waren, so reichten ihre Gaben bei Weitem nicht mehr für die nothwendigen Zahlungen hin, und erbittert über die stets erneuerten Forderungen, vereinten sich die beiden corporativen Elemente, forderten vor Allem das Steuerbewilligungsrecht und die Controlle der Ausgaben der öffentlichen Gelder. So kam zu dem Feinde von Außen ein schlimmer Feind im Innern des Landes, der, wenn er sich mit dem Polen verband, unfehlbar den Ruin der Ordensherrschaft herbeiführen mußte.

Und der Bauernstand, besonders der in den Werdern, der bis dahin treulich zur Landesherrschaft gehalten hatte, schlug schließlich dieselben Wege ein. Jene Erzählungen von dem Uebermuthe der Lichtenauer von den Excessen gegen die Geistlichen bei dem Dammbruch ꝛc., zeigen ziemlich deutlich, wie groß der Haß gegen die Geistlichkeit und gegen das Regiment des Ordens war. Rohe Ordensgebietiger hatten das Volk gedrückt, das freche Betragen vieler Ritterbrüder dem Ansehen des Ordens geschadet; nun kam hinzu, daß die Werder durch wiederholte Ueberschwemmungen in den letzten Jahren furchtbar gelitten hatten, durch den Einfall der Polen viele Bewohner zu Bettlern gemacht worden waren, viele Haus und Hof verlassen hatten und nicht wieder im Stande waren, ihre Wirthschaft herzustellen: wenn nun diese geschädigten Leute noch mit Steuern belegt wurden, so war es natürlich, daß auch sie, deren Privilegien verletzt worden, erbittert gegen ihre Herrschaft wurden, die durch ihre Beamte so vielfach Anlaß zu Klagen gegeben hatte. Die Aussichten des Hochmeisters waren also sehr trostlos.

4. Gänzlicher Verfall des Ordens (1410—1477).

Nach Außen hatte Heinrich mit dem Könige von Polen beständige Händel, im Innern des Ordens offene Empörung. Den Forderungen des Königs zu genügen, hatte er 1411 eine Steuer ausgeschrieben, die in Danzig offenen Widerstand hervorrief und zu blutigen Scenen führte. 1412 wurde von Neuem eine Steuer (Schoß) aufgelegt, von der Mark zwei Schillinge, und als Vorschoß von „jedem Tisch" vier Scot, von jeder unverheerten Hufe eine Mark. Kein Unterthan, auch Geistliche und Mönche nicht ausgenommen, war davon frei. Dienstboten und Hirten zahlten von dem Dienstlohne zwei Scot. Auch die Ordensgebietiger mußten ihre Werthsachen beisteuern, die Städte, Dörfer und Kirchen ihre Silbergeräthe hergeben, und doch reichte die so erlangte Summe von etwa 60,000 Mark nicht hin, die Schulden an Polen und Ungarn abzuzahlen. Da berief der Hochmeister in der Noth die Stände des Landes, um bei diesen kräftige Unterstützung zu suchen, und von ihnen wurde am 12. October 1412 zu Elbing beschlossen, einen Landesrath zu berufen. Es sollten 20 der vornehmsten Adligen und 27 Bürger, aus jeder der größeren Städte zwei, in den Rath des Hochmeisters aufgenommen werden, um über allgemeine Landesangelegenheiten mitzuberathen. Krieg und Friede sollte, nicht ohne Wissen dieses Beirathes beschlossen, Steuern nicht ohne ihre Bewilligung auferlegt werden. Wem durch Beamte Unrecht geschehen sei, der solle sich künftig nach Elbing wenden, wo jährlich unter des Meisters Vorsitz einmal allgemeine Landtags=Versammlung des Landesrathes sein sollte, und dort klagen.

In demselben Jahre war wieder so große Wassergefahr, daß viele Leute fortzogen, ohne ihr Erbe in „werende Hand" zu legen.

Auch Grunau hatte so sehr gelitten, daß der Comthur von Elbing den Zins erlassen mußte und die Einwohner durch Ertheilung kulmischen Rechtes für ihre Hufen zu entschädigen suchte.

Trotz des redlichen Strebens, daß er überall an den Tag legte, sollte der Hochmeister nur Undank ernten. Schon früher hatte eine Partei im Orden sich gegen ihn gebildet, unterstützt von Mitgliedern des Eidechsenbundes, die Verschworenen waren aber, als ihre Pläne verrathen wurden, entflohen; seit aber der Hochmeister auch die Ordensbrüder besteuert hatte, war die Erbitterung allgemein geworden, und es gelang dem Ordensmarschall Küchenmeister v. Sternberg 1413, des Hochmeisters Absetzung durchzusetzen, worauf er selbst gewählt wurde (1414—1422).

Er sah bald genug ein, wie schwierig die Stellung des Meisters, wie trostlos die Lage des Ordens war. Zu den verheerenden Einfällen der Polen kamen noch Unfälle im Lande selbst. In Folge der Verheerungen stiegen die Preise der Lebensmittel bedeutend, von Außen kam keine Zufuhr, da die fremden Kaufleute sich der schlechten Münze wegen scheuten nach Preußen zu handeln; denn seit Jahren schon wurde der Münzgehalt immer geringer, in Folge dessen der Preis aller Waaren fast um das Dreifache höher. Eine Pest, die 1416 über Danzig in's Land eingeschleppt wurde, brachte neues unsägliches Elend über Stadt und Land; der Handel lag darnieder, das Getreide stieg so im Preise, daß die Leute nur Gerstenbrod, Viele gar Baumknospen aßen. Die Last Roggen kostete 36 Mark (180 Thlr.); an einzelnen Orten der Scheffel sogar bis 20 Scot (c. 4½ Thlr.)

Vor allen Dingen mußte die Münze verbessert werden, und der Hochmeister machte auch darauf bezügliche Anträge bei dem Landesrath, die aber verworfen wurden. Man half sich mit halben Auskunftsmitteln und schadete dadurch dem Handel unendlich, und auch die Theuerung blieb trotz aller Ausfuhrverbote. Dagegen setzte der Hochmeister manche andere nützliche Bestimmung durch, so eine Regulirung der Dienstlöhne, eine Verordnung über genaue Ueberwachung von Maaß und Gewicht, das im ganzen Lande gleich sein sollte. 2c.

Aber das Elend im Lande war groß, die größeren Städte sanken von ihrem früheren Wohlstand herab, die Noth des Ordens steigerte sich, und da auch die 1419 allen Ständen auferlegte Steuer von 8 guten neuen Pfennigen von der Mark wenig fruchtete, so entsagte der Hochmeister entmuthigt seiner Würde und zog sich nach Danzig zurück. An seine Stelle kam Paul von Rußdorf (1422—41) ein hochgeachteter, verständiger Mann, dessen Regierungsantritt aber gleich durch verheerende Litthauer-Einfälle getrübt wurde. Die Noth im Lande war groß, was der Feind gelassen hatte, zehrten die Söldner auf, die Burgen selbst waren ohne Mundvorräthe, selbst die Marienburg so schlecht verproviantirt, daß man die Pferde in die Wälder treiben mußte, 1422. Ueberschwemmungen und Pest vollendeten das Elend der Umgegend. Im Jahre 1427 erfolgte ein Durchbruch der Weichsel und Nogat. Die Dörfer Sommerau und Lecklau wurden fast ganz vernichtet. Der Schaden, den die Durchbrüche verursachten, war so groß, daß, nach dem Ausdruck des Chronisten, drei Königreiche nicht im Stande gewesen wären, ihn in baarem Gelde zu ersetzen. Sehr bezeichnend aber für die Stimmung im Lande ist die Erzählung, die sich an diesen Durchbruch knüpft. Die Bauern, heißt es, hätten den Bruch durch rechtzeitige Hülfe verhüten können, aber der unerträgliche Druck der Ordensregierung, die Neuerungen und Schaarwerke hatten sie so aufsässig gemacht, daß sie lieber Alles verlieren, als es den harten Herren lassen wollten.

Die bald darauf folgende Seuche raffte in Preußen über 81,000 Menschen hin, so daß ganze Dörfer leer standen, der Ackerbau unterblieb und furchtbare Theuerung und Hungersnoth eintrat.

Der Meister suchte nach Kräften zu unterstützen, aber die Kräfte waren jetzt freilich nur noch schwach und das Elend groß. Auch manche recht verständige Landesverordnungen erließ er 1427, besonders in Betreff des Handels, der städtischen Gewerbe und der Dienstboten auf dem Lande. Leider sieht man aus den Letzteren, mit welcher harten Consequenz noch immer die geborenen Preußen verfolgt wurden: Kein Preuße und keine Preußin sollte in Städten, deutschen Dörfern und Kretschmern dienen oder in Dienst genommen werden! Vor Allem suchte der Meister religiösen Geist wieder zu erwecken, über dessen Mangel die Prälaten klagten, denn überall zeigte sich Opposition gegen die Geistlichkeit und ketzerische Lehren griffen immer mehr um sich. Der Landesrath wurde erneuert und seine Vollmachten erweitert, er sollte besonders darüber wachen, daß Besitzthum und Privilegien gewahrt blieben.

Nach Außen dauerte die Spannung fort, Polen und der Orden standen kampfgerüstet, und es fehlte nur der Anstoß zum Losbrechen. Verheerend für's Land war aber der Einfall der Hussiten, die aus der Neumark vor Konitz zogen, dies vergeblich belagerten, dann bis Dirschau kamen, das sie niederbrannten, und endlich vor Danzig zogen, von wo sie zurückgeschlagen und verfolgt wurden. Viele aber schlossen sich den Polen an und mußten bekämpft werden. Die hierdurch veranlaßten Geldopfer erregten wieder den Unwillen der Stände, und doch waren sie unvermeidlich. Der Tod des Königs von Polen, der 1433 erfolgte, befreite den Orden von einem schlimmen Gegner, aber der mit seinem Nachfolger Wladislaw III 1436 abgeschlossene Friede von Brzeßcz war höchst ungünstig und wurde auch von den Ordensrittern in Deutschland verworfen. Dazu kam daß der Friede dem Orden neue Geldopfer aufbürdete, die der Meister nur durch schwere Steuern erschwingen konnte. Die Mißstimmung im Lande wuchs dadurch, denn viele Städte konnten die Steuern nicht mehr aufbringen, und der Wohlstand sank; die Dörfer waren verödet, und besonders im Weichseldelta, wo 1439 durch einen Weichseldurchbruch bei Montau mehrere Quadratmeilen Landes unter Wasser gesetzt wurden.

Schon 1430 sandten mit des Hochmeisters Bewilligung die Städte ihre Bevollmächtigten zu einem Tage nach Elbing, und diese erhoben gewaltige Klagen gegen des Ordens Herrschaft und Rechtspflege. Der Adel des Kulmerlandes billigte den Schritt der Städte, schloß sich ihnen an und erhob dieselben Klagen. Die Verbote gegen die Ständetage fruchteten nicht. Die Stände verlangten ständische Vertretung, allgemeine Gerichtstage, Erhaltung der Privilegien, Abschaffung der ungerechten Zölle,

Abschaffung des Mühlenzwanges, Freiheit des Getreide= und Mehlverkaufs, auch verlangten sie, es solle den Comthuren und Amtleuten fortan verboten sein, sich durch Kaufschlag, d. i. billigen Einkauf und theuren Verkauf, zu bereichern, ferner Regelung der gefälschten Münze und des zu Nutzen des Ordens um $^1/_5$ verkürzten flämischen Maaßes. Die ausweichende Antwort des Hochmeisters genügte nicht und als dieser 1432 den Rath und die Stände nach Marienburg berief, um vom Lande eine Beisteuer zum Kriege zu erlangen, weigerten die Stände sich eine solche zu gewähren, da der Krieg im Lande große Unzufriedenheit erzeuge. Erst nach wiederholten Tagfahrten beschlossen die Stände zu Elbing endlich, dem Hochmeister 1000 Spieße auf 3 Monate zur Verfügung zu stellen und zu unterhalten. Noch mehr aber erbitterte das rohe Verfahren der Gebietiger, die die Mißstimmung des Volkes gewaltsam unterdrückten und keine Klagen vor den Hochmeister kommen ließen. Paul von Rußdorf mußte schließlich selbst ein Statut gegen solche Bedrückungen erlassen, worin es heißt „Welcher Mann sich von Gedranges und Noth wegen oder sonst beruft an den Meister, den soll man unbehindert den Meister lassen besuchen und dem seine Noth klagen und ihn darum nicht thurmen oder stocken." Was halfen aber Statute bei den verderbten Ordensbrüdern. gegen welche der Elbinger Ständetag von 1440 die furchtbarsten Beschuldigungen vorbrachte, Anklagen wegen gewaltsamer Entführung und Verführung von Frauen u. s. f. Manche der Beschuldigungen freilich waren sehr weit hergesucht, oder bezogen sich auf längstvergessene Thatsachen.

Der Bund erweiterte sich immer mehr, und an die Spitze desselben trat ein Ritter des Osteroder Gebietes, Hans von Baisen; selbst die unzufriedenen Brüder einzelner Convente schlossen sich an. Ein 1440 vom Hochmeister anberaumter allgemeiner Richttag scheiterte an der Renitenz der Ordensritter, von denen viele auf diesem Gerichtstage hart angeklagt worden waren. Da verbanden sich Städte und Adel in Marienwerder zur gegenseitigen Abwehr jeglicher Unbill und Gewalt; selbst Marienburg, bis dahin am Bunde unbetheiligt, trat ihm bei. Diese Verbindung ist der „preußische Bund" 1440. Betrübt und von Alter und Sorgen gebeugt, legte der Hochmeister sein Amt nieder.

Sein Nachfolger, Konrad von Erlichhausen (1441—49), stellte zwar vorläufig den inneren Frieden wieder her; aber die ungeschickten Versuche, den Bund aufzulösen (1443) oder doch wenigstens die kleinen Städte demselben abtrünnig zu machen, scheiterten, und erweckten desto größeres Mißtrauen gegen den Orden und allgemeine Mißstimmung, die noch durch die Noth im Lande gesteigert wurde. Das Elend war besonders in der Niederung groß; bedeutende Strecken Landes waren von Neuem von Wasser bedeckt worden*). Die Arbeiten an den Dämmen erforderten Geld und Arbeitskräfte, die halb ruinirten Landleute konnten aber kaum mehr zu denselben herbeigezogen werden und — die Ordenskassen waren leer.

Der Hochmeister suchte nach Kräften der Zwietracht im Lande zu steuern, und es wäre ihm vielleicht gelungen den Frieden wieder herzustellen, hätte ihn nicht ein frühzeitiger Tod daran gehindert. Die Wahl fiel auf des Verstorbenen Brudersssohn, Ludwig von Erlichhausen, (1449) unter dem die Opposition der Stände von Neuem begann. Einzelne kleinere Städte sagten sich 1450 zwar vom Bunde los und kehrten zum Gehorsam zurück, darunter auch Marienburg, dies entmuthigte aber die Verbündeten durchaus nicht, ebensowenig ließen sie sich durch die Zugeständnisse beirren, die der Hochmeister den wieder vom Bunde ausgetretenen Städten machte. Er versprach alle Mißhelligkeiten, die sich eingeschlichen hätten, zu beseitigen, auch sollte fortan in Marienburg in einer an Hals oder Hand gehenden Sache gerichtet werden vom Hochmeister und seinen Gebietigern „ohne Urtheil nach der Stadt Stadtrecht". Alle Uebertretungen dieser Bestimmungen sollten hart bestraft werden. Der Bund erweiterte sich trotz der Drohungen des päpstlichen Legaten und der Intriguen der Comthuren, ja er erwirkte sich sogar beim Kaiser das freie Versammlungsrecht und das Recht für Bundeszwecke von den Bundesgliedern Beisteuern zu erheben. Der Orden verbot, diesen Schoß zu zahlen; aber die Verbündeten trotzten auf ihr Privileg und suchten den König von Polen für ihre Sache zu gewinnen; die Städte befestigten ihre Mauern und Thürme, die adligen Bundesgenossen zogen Schützen zusammen, das Volk auf dem Lande wurde aufgewiegelt und zum Theil für die Bundessache gewonnen.

Die erneuten Verhandlungen scheiterten an dem Eigensinn des Hochmeisters, und nun war eine Versöhnung unmöglich. Da der Orden zu den Rüstungen Geld brauchte, so lieh er 1453 von der Stadt Marienburg 4000 Mark, wogegen er die Ordenshöfe Kalthof, Warnau (jetzt Kozlelicki) und Heubuden, sowie das Dorf Vogelsang verpfändete, mit der Bedingung, daß wenn der Orden Preußen räumen mußte, die obge-

---

*) Die Ueberschwemmungen mehrten sich und die Eisgänge der Nogat wurden immer gefährlicher, da die Wassermassen derselben sich so gesteigert hatten, daß der Hochmeister bereits 1446 den Beschluß faßte, den Ueberschuß der Wassermassen der Nogat wieder in die Weichsel zu leiten.

dachten Güter der Stadt als Eigenthum bleiben sollten. Die wichtigsten Personen Marienburgs suchte er durch Geschenke zu gewinnen und verschrieb daher dem einflußreichen Bürgermeister Kretzmer den Hof Lesewitz, dem Stadtkämmer Peyn drei Freihufen zu Königsdorf, dem Rathmann Erhard (oder Eckhard) drei Hufen, die ehemals zum Spital gehörten, ebendaselbst nebst freier Fischerei in der Nogat. Bei diesen letzten Schenkungen wurde aber stipulirt, daß wenn der Orden in Preußen bliebe, diese Güter gegen angemessene Entschädigung wieder an den Orden zurückfallen sollten. Man sieht, wie der Orden bereits auf die Eventualität gefaßt war, das Land verlassen zu müssen, aber er versuchte alle Mittel, sich in der Herrschaft zu erhalten. Deßhalb wandte er sich nochmals an den Kaiser und rief dessen Vermittelung an, und es gelang ihm, ein kaiserliches Verbot gegen den preußischen Bund zu erlangen. Aber auch die Bündner feierten nicht, sie suchten Polens König für sich zu gewinnen und sandten daher Gabriel von Baisen als Unterhändler nach Polen, der dem Könige ankündigen sollte, die Bundesglieder seien geneigt, ihn als Landesherrn anzuerkennen. Der König nahm dies Anerbieten an und versprach dem Bunde seinen Schutz. Hiermit war der Krieg des Bundes gegen den Orden erklärt, und sogleich stürmten die Bürger Thorns gegen die Ordensveste ihrer Stadt an, die sich Anfang 1454 ergeben mußte; bald folgte im Februar die Kriegserklärung Polens; schon am 27. Februar zogen die Danziger Söldner, 6000 Mann stark, unter Ewald Weyge's Führung zur Belagerung der Marienburg herbei und lagerten jenseit der Nogat bei dem Hofe Leske, später aber zogen sie Marienburg näher und schlugen ihr Lager im Warnauischen Walde (zwischen Kozielicki und Heubude) auf. Sie zwangen die Bauern des Werders ihnen beizustehen, und die Bauern gelobten ihnen treu zu sein und ließen fortan Nichts nach der Stadt und nach dem Schloß zuführen. Von Stuhm her rückten die Hülfstruppen des Adelsbundes an, und nun zogen die Bundesgenossen die Einkünfte des Ordens von Gütern, Fischerei und Mühlen ein, um die Kriegskosten zu decken. Zum Gouverneur von Preußen wurde Hans von Baisen ernannt; sein Bruder Stibor von Baisen leitete die Belagerung des Haupthauses.

Gegen die Danziger Truppen fochten die Ritter der Burg mit Glück, und als die Danziger aus dem Walde gegen die Burg vorrückten und die Brücke angriffen, wurden sie mit Hinterlassung von 700 Todten und Gefangenen und von 14 Geschützen zurückgeschlagen. Sie flohen über Neuteich der Weichsel zu, und da die Ritter sie lebhaft verfolgten, so fanden beim ordnungslosen Uebergange über die Schwente-Brücke

Viele ihren Tod in dem Wasser. So wurde das Werder wieder frei und der Hochmeister befahl, die Bewohner desselben sollten sammt ihrer Habe nach Marienburg flüchten (1454). Ob Viele diesem Rathe nachkamen, wird nicht berichtet, dagegen kehrten die Danziger bald wieder zurück. Im Mai nämlich kam der König von Polen nach Danzig, und nachdem er die Danziger durch reiche Schenkungen noch mehr an sich gefesselt hatte — er schenkte ihnen die Nehrung vom Danziger Haupt ab gerechnet, so weit sie zum Fischamt Scharpau gehörte — trieb er von Neuem zur Besetzung des Werders; denn wie die Hochmeisterchronik erzählt, waren die Bauern im Werder heimlich Verräther der Herren und besonders treulos bewiesen sich die Neuteicher. So brachen denn die Danziger am 29. Juni wieder in das Werder, trotzdem der Hochmeister die Weichsel genau bewachen ließ. Sie drangen bei Dirschau über den Fluß, fielen auch in die Scharpau ein und bezogen um Peter und Paul wieder ihr früheres Lager im Warnauischen Walde, und die Bauern des Werders wurden ihnen wieder unterthan und wurden, wie die Chronik berichtet, am Orden wieder meineidig. — Auch von der Südseite wurde Marienburg bedrängt. Die adligen Bundesgenossen sandten den Danzigern Hülfstruppen, und diese lagerten bei Hoppenbruch. Die Vertheidiger der Marienburg machten sehr gelungene Ausfälle, erbeuteten 7 Wagen mit Lebensmitteln und vieles Vieh, schlugen am 23. August einen Angriff der Danziger auf die Brücke ab, wobei Letztere an 100 Menschen verloren, und umzingelten am 12. September das Lager derselben vollständig, während eine andere Abtheilung der Ordenstruppen Neuteich wieder einnahm, die Stadt nebst 2 benachbarten Dörfern in Brand steckte und reiche Beute an Vieh machte. Nach hartnäckigem Kampfe baten die im Lager eingeschlossenen Truppen um Frieden; da die Forderungen des Hochmeisters aber zu hart schienen, so flohen sie am folgenden Tage mit Hinterlassung aller Habe zur Weichsel nach Schöneberg und hätten durch das verfolgende Ordensheer unfehlbar ihren Untergang gefunden, wenn nicht rechtzeitig noch Verstärkung aus Danzig gekommen wäre, die den Rückzug deckte. Der König hatte mittlerweile, nachdem er eine bedeutende Niederlage bei Konitz erlitten, das Land verlassen, das der Orden nach und nach wiedergewann, und die Städter wurden so gewaltig von den Ordenstruppen bedrängt, daß die Truppen der östlichen Städte aus Furcht vor ihnen die Nogatdämme durchstachen, so daß das Fischauer Werder überschwemmt wurde. Stibor brach eilig das Lager bei Willenberg ab und zog davon. Der Kaiser erklärte die Bündler in die Reichsacht und der Papst sie 1456 in den

Bann; aber sie blieben trotzig bei ihrer Opposition, nur Königsberg und einige kleine Städte im Osten kehrten zum Gehorsam zurück.

Es scheint in diesem Jahre zu keinem nennenswerthen Treffen gekommen zu sein. Der Orden beschränkte sich auf die Vertheidigung der Burgen, aus denen zuweilen Streifzüge in die Umgegend unternommen wurden. Auf ein solches Unternehmen scheint ein Schreiben des Hochmeisters zu deuten, worin er dem Vogt zu Leske befiehlt, sich mit seinen Leuten bereit zu halten. Es heißt darin weiter: „wir wollen auch, daß ihr bottet aus den oberen Dörfern die allerrüstigsten mit armbrosten und harnaschen; und das die noch heute vor sibben und vor der sonnen niddergange sein zu Beisterfelde bey der kirchen und alda warten bis daß man czu en kompt und den thut was man en wirt heißen". Die niederen Dörfer müssen also wieder vom Feinde besetzt oder unzuverlässig gewesen sein.

Von Neuem fiel der König 1455 ins Land und die Hauptleute der fremden Söldner des Ordens, die ihren rückständigen Sold von dem Hochmeister nicht bekommen konnten, traten jetzt unverholen mit dem Plane hervor, die von ihnen besetzten und vom Hochmeister seit 1454 an sie verpfändeten Burgen an den König zu verkaufen, um zu ihrem Gelde zu kommen. Des Königs eigene Geldverlegenheit hinderte zwar vorläufig die Ausführung dieses Planes, aber es wurde von den Söldnerhauptleuten mit den polnischen und den Bundestruppen Waffenstillstand geschlossen, und durch des böhmischen Söldnerhauptmanns Czirwenka v. Lebec Unterhandlungen kam auch am 15. August 1456 der Vertrag mit dem Könige zu Stande, wonach die Söldner die von ihnen besetzten Burgen gegen eine ratenweise abzuzahlende Summe von 436,000 ungarische Gulden (3,270,000 Thlr. c.) abtreten sollten. Unter den verkauften Burgen war auch das Haupthaus nebst der Stadt Marienburg.

Vergeblich war die Wuth der Bürger einzelner Städte, die Aufstände derselben wurden von den polnisch gesinnten Magistraten blutig unterdrückt; vergebens die Proteste der deutschen Söldnerhauptleute und die Versuche der Ordensgebietiger, die Ausführung des Vertrags zu hemmen. Schon Pfingsten 1457 zogen polnische Truppen ins Haupthaus ein, und der Meister, bis dahin fast wie ein Gefangener von den Söldnern bewacht, wurde nach Schwetz escortirt, von wo er nach Konitz und später nach Königsberg ging, das fortan Sitz des Hochmeisters blieb.

Am Pfingstdienstage (7. Juni) zog der König in Marienburg ein und belohnte die Städte, die treu zu ihm gehalten hatten, besonders Danzig und Elbing. Jenes erhielt für seine Kriegsbeisteuern das

Dirschauer Gebiet; Elbing, das Dorf Jungfer und das Elbinger Fischamt. Wahrlich, der König hatte allen Grund dankbar zu sein, denn sämmtliche den Söldnern abgekauften Ordenshäuser waren ja mit den von den preußischen Städten aufgebrachten Summen erkauft worden! — Hans von Baisen zog als königlicher Statthalter in die Marienburg ein. Der Böhme Czirwenka wurde Schloßhauptmann.

Am 9. Juni mußte der Bürgermeister, der Rath und die Gemeinde dem neuen Herrn huldigen.

Sobald der König Marienburg verlassen hatte, entstand unter den Söldnerführern auf der Burg Streit, und diesen benutzte der Bürgermeister Blume' von Marienburg, die Burg dem Orden wieder zu gewinnen. Mit Hülfe des treuen Hauptmannes von Stuhm, Bernhard von Zinnenberg, gelang es ihm am 27. Septbr. 1457 die Stadt von den Polen zu befreien, aber der Angriff auf die Burg mißlang. Da in der Stadt große Noth herrschte, zog Bernhard von Zinnenberg am 29. September in das Werder nach Lebensmitteln und wollte es zugleich ganz von den Feinden säubern. Manchen heißen Strauß focht er hier gegen die Danziger, die über Neuteich hinaus vorgedrungen waren, und schlug sie glücklich zurück. Der Danziger Feldhauptmann Lubischewski, als er dies hörte, zog von Mewe, mit dessen Belagerung er beschäftigt gewesen war, fort, um den bedrängten Danzigern im Werder Hülfe zu bringen. Bei Dirschau setzte er über die Weichsel, die Bauern aber warnten ihn weiter vorzugehen und brachten Wagen zu einer Wagenburg zusammen. Zweimal stürmte Zinnenberg dieselbe vergeblich und ging dann nach Neuteich zurück, um weiter in's Werder nach Beute zu ziehen. Die Besatzung des Haupthauses aber wurde vom Könige verstärkt. In der Stadt Marienburg herrschte Mangel an Lebensmitteln, Mangel an Geld für die Söldner und vom Hochmeister kam keine Hülfe. Nur Bernhard von Zinnenberg hielt den Muth der Belagerten aufrecht, er hauste im Werder und brachte von dort reiche Beute an Vieh und Lebensmitteln heim. Um St. Sebastian fiel er wieder ins Werder, brannte Lichtenau und 8 umliegende Dörfer nieder, bald nach St. Vincenz den größten Theil der übrigen und ließ rauben, so viel seine Leute fortschaffen konnten. Endlich nach Pfingsten 1458 kam der Hochmeister selbst vor Willenberg und beschloß einen Sturm zu versuchen, der von der Stadt aus unterstützt werden sollte. Die Angriffe wurden aber abgeschlagen und der Hochmeister zog unverrichteter Dinge heim. Aber auch ein Versuch des Königs, die Stadt einzunehmen, scheiterte an der Tapferkeit der Vertheidiger. Ein Waffenstillstand, der bis zum 12. Juli folgenden Jahres abgeschlossen wurde, gab den Städtern wieder einige Ruhe und der Stadt und dem Lande freien Verkehr.

Fast hätte der Zufall die Burg dem Orden wiedergegeben. Die Hauptleute auf derselben sahen nämlich, der König werde den Termin für die Zahlung der Pfandsumme nicht einhalten können, und beschlossen das Haus dem Orden zu überantworten, aber der König, der hiervon benachrichtigt war, kam ihnen zuvor und schickte als Befehlshaber der Burg den Feldhauptmann Lybeschowski und einen polnischen Herrn Johann v. Koscielec, dessen Namen seitdem eng mit Marienburg und dessen Umgebung verknüpft bleibt. Der König gewann durch freigebige Schenkungen fremden Eigenthums immer mehr Anhänger; alle Diejenigen, die ihm irgend Dienste im Kriege erwiesen hatten, wurden reichlich beschenkt. So erhielt der Danziger Hans Conrad wegen seiner Dienste im Kriege 6 Hufen in Wernersdorf zinsfrei, die er von dem Bürger Jergen aus Marienburg gekauft hatte. Zins und Schaarwerk wurden ihm erlassen, zugleich wurde er der Zahlung von 15 Mark Leibrente enthoben, die er der Catharina Jergen in Marienburg für die Hufen schuldete, da diese jetzt des Königs Feindin sei.

Der Waffenstillstand lief resultatlos ab, und von Neuem begann der Krieg, der Anfangs lau geführt wurde, bald aber durch die Belagerung Marienburgs eine entscheidende Wendung nahm. Die Stadt konnte sich nicht länger halten, des Hochmeisters Entsatztruppen waren geschlagen worden und so ergab sich die Bürgerschaft am 6. August 1460 dem Könige; der tapfern Vertheidiger der Stadt, Hauptmann von Troßler, wurde gefangen gesetzt und starb im Gefängniß, Bürgermeister Blume wurde mit seinen zwei Kompanen am 8. August 1460 hingerichtet.

Alle Banden der Ordnung waren gelöst, unter den Ordensbrüdern war kein Gehorsam mehr zu erzielen, im Lande Alles meilenweit verödet, kaum ein Baum oder Strauch erhalten, und dabei zogen raubend und sengend noch die Söldner durch's Land. In den nächsten zwei Jahren fanden nur kleine Scharmützel statt, denn auf beiden Seiten waren die Kräfte geschwächt, aber die Werderbewohner, von den Drangsalen des Krieges fast erdrückt, wurden noch durch Ueberschwemmungen heimgesucht. St. Gertrauden Nacht 1462 erfolgte ein Durchbruch der Nogat bei Königsdorfer Feld. Bis an die Dächer der nächsten Dörfer reichte das Wasser, und große Strecken Landes versandeten. Im folgenden Jahre, Dienstag vor Jubilate, stauten heftige Winde das Wasser der Nogat auf, bei Sommerau drang es, wie es heißt, durch Otternlöcher im Damme durch; es erfolgte ein furchtbarer Bruch, so daß fast alle Dörfer im

Fischauer Werder unter Wasser standen, die Ernte verdarb und die Leute verarmten. Lange währte es, ehe der Bruch gestopft werden konnte, und ehe das Wasser sich nach dem Haff und Drausen verlief.

Im Jahre 1463 wurde von Seiten des Ordens der Versuch gemacht, die Burg Mewe zu entsetzen. Ueber das Haff wurden Truppen gesandt, die aber von den Elbingern zum größten Theil vernichtet wurden. Andere Truppen zogen sich an der Weichsel zusammen und sollten im kleinen Werder Landvolk an sich ziehen, aber gegen 300 Mann, die vorausgeschickt worden waren, wurden von Bauern des großen Werders erschlagen und die übrigen zerstreuten sich wieder.

Die Herren des Landes ergaben sich einer nach dem andern dem Könige, und nur ein schleuniger Friedensschluß konnte dem Orden wenigstens einen Theil der Herrschaft retten. Aber die Unterhandlungen von 1464, die 1465 von Neuem aufgenommen wurden, blieben erfolglos, und so fiel des Königs Heer von Neuem in das Land. Auch um Marienburg herum kam es wieder zu Kämpfen, besonders um die Stadt Zantir. In der Pfingstwoche hatten Ordensleute die Pfarrkirche des Ortes, die erst 1399 neu gebaut und vom Bischofe eingeweiht worden war, besetzt und sich darin verschanzt. Bis zur Weichsel hinab zogen sich die Schanzen, die die Stromschifffahrt hindern sollten, während auf dem gegenüberliegenden Weichselufer die königlichen Truppen Schanzen aufwarfen. Da zogen die Werderschen Bauern vereinigt mit königlichen Truppen durch Danziger Gebiet, und die Elbinger zu Wasser gegen Zantir, verloren aber bei dem Angriffe viele Leute. Am Dienstag nach Kreuzerhöhung zogen 300 Fußknechte des Ordens den Leuten in Zantir zu Hülfe, richteten aber wenig aus, verheerten Alles und zogen dann ab; die Besatzung rettete sich. Damals wurde Zantir zerstört und keine Spur ist davon übrig geblieben.

Da keine Aussicht mehr auf Hülfe von Außen war, so sah sich der Hochmeister genöthigt, selbst um Frieden zu bitten, der am 19. October 1466 zu Thorn zu Stande kam, und der, so hart er auch für den Orden war, dem Lande doch wenigstens Ruhe brachte. Ein großer Theil des Ordenslandes ging an Polen verloren; das Land Kulm, Michelau, Pommerellen mit einem Theil der Nehrung und des Haffs, Marienburg und das große und kleine Werder, die Scharpau, Stuhm, Elbing, der Drausen wurden polnisch; das übrige blieb dem Orden unter polnischer Oberhoheit.

Es wurde in Bezug auf Eigenthum noch die Bestimmung hinzugefügt: Entlaufene Bauern und Einsassen, die während des Krieges von ihren Herren entflohen seien, sollten auf Verlangen ausgeliefert werden. Alle Verbannten, Beraubten, Flüchtigen sollten in ihr Erbe zurückkehren, alle Schenkungen von Eigenthum geflohener Einwohner sollten ungültig sein. Allen Bewohnern des Landes sollte allgemeine Amnestie zu Theil werden. So kam das Territorium des heutigen Marienburger Kreises unter polnische Herrschaft. Es läßt sich aber schwer denken, wie trostlos es in der Gegend ausgesehen haben mag. Es wird berichtet, daß von 21,000 Dörfern, die Preußen vor dem Kriege hatte, nur noch 3013 übrig waren; wie viele müssen dann von den blühenden Dörfern der Umgegend von Marienburg verwüstet gewesen sein, wo schon 1410 die Feinde gehaust hatten, wo im 13jährigen Kriege (1453—66) der Schauplatz der furchtbarsten Kämpfe gewesen war; abgesehen von den Verwüstungen, die durch Ueberschwemmungen veranlaßt worden waren. Wüst lagen die Städte im Lande, und die Bewohner waren ohne Erwerbsquellen, in Elend versunken, halb verwildert; auf dem Lande waren meilenweite Einöden und wüstes Gestrüpp, wo einst herrliche Saatfelder prangten. Im Werder besonders hatte Freund und Feind schrecklich gehaust.

Freilich ging der Landmann nach dem Frieden wieder an seine Arbeit, aber viele Höfe blieben lange herrenlos und mußten erst von Neuem besetzt werden, und die Arbeitskräfte fehlten, da besonders in den letzten Jahren pestartige Seuchen das Volk decimirt hatten. So stiegen die Arbeitslöhne, und die Preise der Lebensmittel sanken unmäßig; es kostete

1 Scheffel Roggen 6 Schilling*),
1 „ Weizen 1½ Vierdung,
1 „ Gerste 4 Scot,
1 Fuder Kleinfische 1 Vierdung,
1 Schock Bressen 5 Schilling.

Diesen Uebelständen ein Ende zu machen und manche Details noch nachzuberathen, wurde vom König und Hochmeister 1467 eine gemeinsame Commission niedergesetzt, die in Elbing besonders über Hebung des Handels, Feststellung der Münze und Herbeischaffung von Arbeitskräften berathen sollte. In letzterer Beziehung wurde beschlossen, daß die Bauern, welche ihre Aecker verlassen hatten, zurückkehren könnten und 5 Jahre frei von Zins sein sollten. Kämen sie nicht, so sollten sie „solenniter" gerufen

---

*) Unter dem letzten Hochmeister war der reelle Werth des Schillings durch die fortdauernde Münzverschlechterung bis auf 7—8 Pfennige heutigen Geldes herabgesunken, die Mark auf 1 Thlr. 8 Sgr. 5 Pf.

werden, und 1 Jahr sollte man auf sie warten. Kämen sie dann noch nicht, so sollte ihr Erbe an die Herrschaft, also hier an die Krone Polens fallen.

In diesen trüben Zeiten starb der letzte Hochmeister, der über diese Gegend geherrscht hatte, 1467. Zum Theil durch seine Schuld, mehr aber noch durch die innere Auflösung des Ordens war der volle Sturz der Macht des letzteren erfolgt.

Rückblick.

Ueber 230 Jahre hatte der Orden über die Weichselgegend geherrscht, die er den heidnischen Preußen entrissen hatte. Eine Gegend voll Wälder und Sümpfe hatte er zu einem blühenden Kulturland umgeschaffen; Handel und Gewerbe blühten, und christlicher Geist durchdrang allmälig auch die unteren Schichten der einst heidnischen Bevölkerung; da wurde seinem Wirken ein Ende gemacht, und zwar nicht bloß durch eine auswärtige Macht, sondern durch Verrath im Innern. Die Gründe dieses jähen Sturzes sind schon angedeutet worden; sie lagen zum Theil in der Natur der Entwickelung des Ordensstaates selbst. Im 15. Jahrhundert geht durch Europa, besonders durch Deutschland das Streben, die Fesseln des alten Lehnsstaates zu sprengen, überall treten die Stände corporativ auf und suchen in den Ländern der nach Souverainität strebenden deutschen Fürsten Betheiligung an der Regierung und das Recht der Steuerbewilligung zu erlangen; überall sieht man den Uebergang aus dem Lehnsstaate in die Monarchie mit ständischer Vertretung.

Das Ritterwesen ist um diese Zeit an der Wurzel angegriffen, seit der Harnisch den Geschützen nicht mehr widersteht; an Stelle der Lehnsheere treten geschulte Söldnerheere.

Auch der Orden kämpfte jetzt meist mit Söldnerschaaren, denn nicht mehr kamen, wie ein Jahrhundert früher, Schaaren aus Deutschland, von religiöser Begeisterung getrieben, um in den Reihen des Ordens gegen die Heiden zu kämpfen. Des Ordens Aufgabe war erfüllt, er mußte vom Schauplatze verschwinden. Seine Kämpfe gegen Polen, die Unterhaltung zahlreicher Söldner erforderten bedeutende Summen, die er nur durch außerordentliche Steuern aufbringen konnte; und dazu bedurfte er der Zustimmung der Stände, welche, die Ohnmacht der Ordensherrschaft erkennend, ihr Trotz boten und schließlich zu dem fremden Könige abfielen. Nicht bloß die Ohnmacht, sondern die Corruption im Orden selbst trieben zu diesem gefährlichen Schritte, und diese Fäulniß der inneren Verhältnisse ist der zweite, der innere Grund für den Fall der Ordensmacht.

Kläglich waren vor allen Dingen die Rechtsverhältnisse im Lande geworden; an Stelle des Rechts war die Willkühr der Gebietiger getreten. Wer gegen ihre willkührlichen Entscheidungen bei dem Hochmeister klagte, wurde in den Thurm gesperrt, in den Bock gespannt, und die Befehle des Hochmeisters gegen solche Rohheit wurden verlacht. Arme Leute fanden selten noch Recht gegen die „Herrschaft". Grell, aber wahr sind die Verhältnisse des Landes in einem Briefe geschildert, welchen der Karthäuser Heinrich Borringer an den Hochmeister richtete. Wenn sich die Leute auf das kulmische Recht beriefen, so sagten ihnen die Gebietiger: „wir sind euer kulmisches Recht". Besonders war das Volk auf dem Lande der Tyrannei der Vögte, Waldmeister, Cumpane zc. ausgesetzt, die die Dorfschöppen zwangen, nach ihrem Willen Urtheile zu fällen und die Widerspenstigen in den Thurm sperrten. Aus Habsucht steigerten sie die Gerichtsbußen, die Straffätze, erfanden neue Arten von Erpressungen, Diensten und Schaarwerken, um sich zu bereichern, wie sie auch durch unerlaubtes Handeltreiben (Kaufschlagen) ihre Säckel füllten. Die Unterbeamten bekamen nur geringes Gehalt und mußten ebenfalls suchen, sich durch Erpressungen zu entschädigen. Diese Ausschreitungen hingen zum Theil mit dem Mangel an Religiosität zusammen, der in allen Schichten des Ordens herrschte. Viele Ordensbrüder waren nicht im Stande, die Gebote und die nöthigen Gebete herzusagen, und dringend empfahl die Synode von 1427 den Beichtvätern, den beichtenden Ordensbrüdern, wenn sie das Vater Unser und die gewöhnlichen Gebete nicht wüßten, keine Absolution zu gewähren und sie durch die Gebietiger zu zwingen, die nöthigen Vorkenntnisse sich zu erwerben. Der sittliche Wandel der Ordensbrüder war oft wenig ehrenwerth, und viele Excesse, namentlich gegen Frauen und Jungfrauen kommen auf den Ständetagen als stehende Klagepunkte gegen den Orden vor. Streng mußte den Ritterbrüdern verboten werden, Taufen mitzumachen oder auf's Land zu Hochzeiten und anderen Festen zu reiten. Dieselbe Synode von 1427 schärft den Brüdern ein, nicht etwa bei Sterbefällen von Geistlichen Kircheneigenthum an sich zu reißen.

Den Geistlichen scheinen die Ritterbrüder sehr feindselig gegenüber gestanden zu haben. Klagten z. B. die Geistlichen, daß der Gottesdienst durch Verkäufer auf dem Kirchhof gestört würde, so erklärten die Gebietiger, es sei Sache der Geistlichen, dem Unfug Einhalt zu thun.

Und doch war der Orden ein geistlicher Ritterorden; aber seine Zwecke waren erreicht, er hatte sich überlebt. Um den kirchlichen Wandel der Gemeinden kümmerten sich die Gebietiger gar nicht mehr, auf ihre Unterstützung hatte weder der Landpfarrer seinen Pfarrkindern gegenüber zu rechnen, noch der Knecht, der an Sonn= und Festtagen zu Schaar= werken gezwungen wurde.

Der Lebenswandel der Geistlichkeit war übrigens durchaus nicht musterhaft, und mehrere sehr strenge Synobalbeschlüsse (von 1427 und 1430) waren gegen die Jagdlust; Völlerei und Zügellosigkeit derselben gerichtet. Aber viele Geistliche waren auch durch weltliche Sorgen gedrückt und muß= ten durch ihre Ackerwirthschaft ihr Leben zu fristen suchen, da der Zehnte aus den ruinirten Hufen ausblieb, oder mußten Nebenverdienste suchen. Viele scheinen sich auf Ausübung der Medicin und Chirurgie gelegt zu haben. Daher verbot das Statut der Rigaer Synode von 1428, das auch in Preußen angenommen wurde, den Geweihten, sich mit diesen bei= den Fächern zu befassen und sie auszuüben, wäre es auch unentgeltlich. Viele Pfarrer waren so verarmt in den Polenkriegen, daß schon 1425 die Gnes'ner Synode gebot, verarmte Clericer sollten keine Beiträge zu Kir= chenbauten, überhaupt zu Kirchen beisteuern. Klagen über ausgebliebenen Dezem wurden von den Gebietigern höhnisch abgewiesen. Unter den Ge= bildeten griff mehr und mehr Ketzerei um sich; im Volke herrschte crasser Aberglaube und zum Theil noch heidnischer Ritus. Die Messe ward wenig besucht, das Hochamt oft durch blutige Schlägereien in den Dör= fern, in den Krügen entweiht!

Hoch und niedrig haschte nach Gewinn; der Wucher erreichte eine ungewöhnliche Höhe, der Luxus überstieg, trotz aller Gesetze, die Mittel der Leute; die Sittlichkeit in der Stadt und auf dem Lande war völlig gesunken; unzüchtige Fastnachtsspiele ergötzten das Auge der Menge, und das Schaamgefühl des weiblichen Geschlechts war abgestumpft. —

Was nach dem Schreiben des erwähnten Karthäusermönches hier in kurzem Auszuge zusammengefaßt ist, enthält durchaus keine Uebertreibung; viel greller sind diese Zustände in einem Schreiben geschildert, daß die Marienburger Handwerker 1443 an den Hochmeister richten, worin sie besonders über die Entsittlichung des weiblichen Geschlechts, über die Roh= heit der dienenden Klassen klagen und um Abstellung der ganz unnatür= lichen Verhältnisse bitten.

Frauen und Jungfrauen, klagen die Gewerke, trieben sich Nachts in schlechten Häusern umher, und die zahlreichen unehelichen Geburten wurden verheimlicht, die neugeborenen Kinder ertränkt oder vergraben.

Kein ehrbarer Mann dürfe Abends auf der Straße mit seiner Frau sich blicken lassen, wenn er diese nicht den gröbsten Insulten und dem Muthwillen schlechter Buben aussetzen wolle. Ehebruch sei an der Tagesordnung; die Priester würden verhöhnt und mißhandelt und das Recht mit Füßen getreten. Die Armen wären mit Steuern gedrückt, durch schlechtes Maaß und Gewicht von den Reichen betrogen, Brauer und Schenker würden auf unrechtliche Weise reich rc.

Wo konnte bei so verkommenen Verhältnissen noch Anhänglichkeit an die Herrschaft, patriotisches Gefühl bestehen? Wo Alles feil war, da mußte es dem Meistbietenden leicht werden, den Sieg davon zu tragen, und der fremde König schenkte ja reichlich fremdes Eigenthum fort.

Die Städte und die Ritterschaft waren vom Orden abgefallen, hatten sich dem fremden Herrscher zugewandt, denn von nationalem Gefühl war in jener Zeit im Ordensstaate keine Rede; aber die Frage war, wie würden sich die bäuerlichen Grundbesitzer in dem großen Kampfe für Sein und Nichtsein des Ordens verhalten, sie, die dem Orden so Vieles verdankten, wie würden sich die Besitzer der Werder verhalten, also desjenigen Theils von Preußen, der im eigentlichsten Sinne des Wortes als eine Schöpfung des Ordens angesehen werden kann. Nur aus wenigen Andeutungen und Fakten können wir Folgerungen über ihre Parteinahme ziehen: im großen Ganzen waren sie gegen den Orden!

Als zum ersten Male der Polenkönig Marienburg 1410 belagerte, da hatte Landvolk des Werders wacker auf den Wällen der Marienburg gestritten. Aber trübe 50 Jahre waren seitdem vergangen. Die Belagerung Marienburgs schon hatte einen Theil des großen Werders verheert, Ueberschwemmungen hatten viele Güter vernichtet, und schon damals stand eine große Anzahl von Höfen verödet.

Seit dem Unglückstage von Tannenberg häuften sich die Steuern, daß sie schließlich von den heruntergekommenen Landleuten kaum aufgebracht werden konnten. Dies und der Druck der Ordensbeamten konnte die Werderbewohner gegen den Orden wohl feindselig stimmen und auf die Seite der oppositionellen Stände treiben. Und neue Steuern folgten, und wiederholte Ueberschwemmungen verwüsteten die Ländereien, und die Pest decimirte die Bewohner — Verzweiflung ergriff Viele und sie zogen fort mit Hinterlassung der liegenden Habe. Da mußte es den Ordensfeinden leicht werden, Bundesgenossen in den Reihen der Werderaner zu finden, die aus Unmuth über der Ordensleute Bedrückungen selbst verschmähten, ihre eigenen Dämme gegen Durchbrüche zu schützen. Wie weit die Besitzer Theil an dem Kriege gegen den Orden genommen haben, ist aus den geschichtlichen Nachrichten nicht zu erkennen; es ist darin nur von „Leuten aus dem Werder" oder von „Werder'schen Bauern" die Rede. Die Zahl der daheim gebliebenen Besitzer war aber jedenfalls gering, die meisten waren geflohen oder nach Verlust ihrer Habe fortgezogen und die erwähnten Werderleute waren wohl meistens Knechte und Arbeitsleute, die bei der allgemeinen Stimmung der arbeitenden Klassen dieser Gegend ohne Schwierigkeit von den Landesfeinden gewonnen wurden. Am meisten scheint sich das große Werder am Kampfe gegen den Orden betheiligt, das kleine Werder dagegen dem Orden trotz der allgemeinen Mißstimmung der Bewohner mehr Treue bewiesen zu haben, da noch in den letzten Kriegsjahren Ordenstruppen nach dem kleinen Werder gesandt werden, die sich durch Klein-Werder'sche Leute verstärken sollen, aber von den Groß-Werder'schen Bauern erschlagen werden. Auch für diesen eigenthümlichen Unterschied der beiden Werder läßt sich bei dem Mangel an näheren Nachrichten kein genügender Grund angeben. Die Bewohner von Neuteich werden als Abtrünnige und Verräther in der Ordenschronik geschildert, dagegen bewiesen die Marienburger, die freilich auch die gegründetste Veranlassung dazu hatten, ihre Treue durch große Opfer, und der Hochmeister Konrad von Erlichhausen gab ihnen auch in einem Schreiben aus dem Jahre 1457 das Zeugniß, daß sie „erbarlich, aufrichtig und getreulich" beim Hochmeister gehalten."

So hatten die westlichen Theile Preußens meist aus eigenem Antrieb die langjährige Herrschaft des Ordens verlassen und einen neuen Herrn gewählt. Was sie bei diesem Tausche gewonnen hatten, wird die Geschichte der folgenden Jahrhunderte zeigen.

II. Abschnitt.

Die Zeit der polnischen Herrschaft.
Von 1466 bis 1772.

Drei Jahrhunderte lang herrschten polnische Könige über ein durch deutsche Kraft gewonnenes, durch deutschen Fleiß und deutsche Bildung cultivirtes Land, und polnische Wojewoden und Starosten treiben ihr Wesen, wo einst deutsche Hochmeister fürstlich gethront! Nicht durch Eroberung war Preußen an die polnische Krone gekommen; deutsche Männer, Adlige und Städter hatten, unzufrieden mit der Landesherrschaft, sich selbst dem Polenkönige geboten und mit ihm verbündet, die bisherigen Herren des Landes verjagt! So sehr aber auch eine solche Handlungsweise unseren heutigen Anschauungen widerspricht, so wenig dürfen wir unser ausgeprägtes Nationalgefühl als Maaßstab an das Verfahren jener Männer, an die Anschauungen jener Zeit anlegen, wo der Gedanke der nationalen Einheit, der nationalen Größe noch nicht vorhanden war, oder überwogen wurde durch die particularistischen Interessen kleiner Landestheile, kleiner Corporationen. In ähnlicher Weise haben oft genug deutsche Landestheile einen fremden Herrscher zu ihrem eigenen Herrn erwählt. So hatten ein Jahrhundert vor dem Anschluß Preußens an Polen die Stände der Mark der Krone Böhmen gehuldigt und wollten, daß das Land für ewig untrennbar mit Böhmen verbunden bleibe. In der Zeit als in Preußen der polnisch-preußische Krieg wüthete, hatten die Stände von Schleswig-Holstein den Dänenkönig zu ihrem Herzoge erwählt, und hundert Jahre später erkauften protestantische Fürsten Deutschlands die

Hülfe des Reichsfeindes gegen den eigenen Kaiser durch Abtretung deutscher Landestheile. Fast aber erscheint es wie eine Art Wiedervergeltung, daß Polen aus Preußen schließlich auf dieselbe Weise verdrängt wurden, wie einst der Orden, daß sie wie dieser, schließlich fielen, als die eigenen Unterthanen zur Erhaltung ihrer Rechte und Freiheiten den Schutz fremder Mächte anriefen.

Der ganze Zeitraum der polnischen Herrschaft zerfällt aus natürlichen Gründen in zwei Hauptabschnitte, von denen der erste bis zu den Schwedenkriegen reicht (1466—1625), der andere die Schwedenkriege umfaßt (1625—1721). Der erste dieser Abschnitte ist arm an kriegerischen Thaten, aber die Einführung der Reformation, der Kampf der protestantischen Gemeinden um ihre Existenz, die gegen Ende dieser Periode fast vernichtet erscheint, giebt ihm sein eigenthümliches Gepräge. Im zweiten Abschnitt wird gerade Polnisch-Preußen der Schauplatz dreier bedeutender Kriege, die auch auf die Stellung der Protestanten von großem Einfluß sind; zugleich gehen mannichfache Veränderungen in den Besitzverhältnissen vor sich, während das Land selbst immer mehr in Verfall geräth. An diesen zweiten Abschnitt schließen sich die letzten Jahrzehnte der Polenherrschaft, die eigentlich nur eine fortgesetzte Geschichte des rapiden Verfalls der städtischen und ländlichen Verhältnisse Preußens bieten.

1. Allgemeine Geschichte des Kreises von 1466—1625.*)

Nur unbedeutend waren die Beziehungen Polnisch-Preußens zum Auslande in diesem Zeitraume. Das Land wurde durch keine Kriege von Belang beunruhigt, desto bedenklicher gestalteten sich aber die Dinge im Innern und ließen die Bewohner wohl bedauern, sich dem fremden Machthaber preisgegeben zu haben. Das einst so reiche, wohlbebaute Land war in dem letzten Entscheidungskampf verödet und menschenleer, die Städte verarmt, die glänzende Hochmeisterstadt ein Trümmerhaufe und das Schloß vom Fürstensitz zum Wohnsitze eines polnischen Wojewoden herabgesunken, vernachlässigt und bald bis zur Unkenntlichkeit im Innern verbaut. Nur der nordwestliche Theil, das eigentliche Fürstenschloß, blieb zunächst noch für die polnischen Könige als Absteigequartier reservirt, wenn sie nach Preußen kamen. Die einst so berühmten Festungswerke wurden

---

*) Als Quellen wurden benutzt: Schütz, preußische Geschichte; Hartwich, die drei Werder; Lengnich, die Geschichte Polnisch-Preußens.

vernachlässigt und verfielen bald gänzlich, so daß sie selbst unbedeutende
Feindesschaaren nicht mehr abhalten konnten.

Als Casimir mit den verbündeten Preußen den Verträg wegen Uebernahme des Landes schloß, hatte er in dem Incorporations-Privilegium
versprochen, die Freiheiten und Rechte der Preußen aufrecht zu erhalten,
alle wichtigeren Angelegenheiten nur mit den preußischen Räthen und
Abgeordneten zu ebnen, keine Fremdlinge, sondern nur Eingeborene in
Preußen zu Aemtern und Würden gelangen zu lassen, keine ungebührlichen
Steuern zu erheben 2c.

Trotzdem hatten die Preußen bald Gelegenheit, sich über Verletzung
des Vertrages zu beklagen.

Zunächst sahen sich die Stände genöthigt, besonders die Städte,
bedeutende Geldsummen beizusteuern, um die im Lande noch weilenden
Söldner fortzuschaffen; bald werden auch Beisteuern zu Kriegen gefordert,
welche Polen gegen Ungarn und die Türkei führte. Dabei wurde das
Hauptrecht der Preußen, wonach Aemter nur an Eingeborene vergeben werden
sollten, auf das gröblichste verletzt; geistliche und weltliche Würden kamen
an polnische Eindringlinge, und Güter und Schlösser wurden an Polen
verliehen. Besonders erbittert waren die Stände darüber, daß dem Polen
Coscielski das Schloß Marienburg gegen die kleine Summe von 4000 Gulden übergeben worden war. Bald wurden auch von den Preußen Hülfstruppen für den Türkenkrieg verlangt, wogegen sich die Stände sträubten,
indem sie erklärten, sie seien der Krone Polen einverleibt, damit die Krone
sie schütze, nicht sie die Krone. Das Recht wurde schlecht gehandhabt
und in den kleinen Städten geschahen Gewaltthätigkeiten aller Art gegen
die Bürger von Seiten der Starosten, des Adels und seines Gesindes.
Gegen diese aber zu klagen war den Armen wegen der unerschwinglichen
Kosten unmöglich. So ging es bereits unter Casimir, bei dessen Tode 1492
die Unzufriedenheit schon so groß war, daß die Polen schleunigst die Besatzung in Marienburg verstärkten, und die preußischen Gesandten nicht
eher dem neuen Könige huldigen wollten, als bis er die Rechte des Landes beschworen und die Beschwerden abgestellt hätte. Unter Johann
Albert (1492—1501) und unter dessen Bruder Alexander (1502—1506)
änderte sich wenig. Bedenklicher noch wurden die Verletzungen der preußischen Rechte unter Sigismund I. (1506—1547), unter dessen Regierung das große Werder auch für kurze Zeit der Schauplatz kriegerischer
Ereignisse werden sollte. Der Hochmeister Albrecht in Königsberg hatte
nämlich an den Polenkönig Krieg erklärt und sein Volk 1520 gegen Danzig geschickt, diese Stadt zu belagern. Des Königs Volk aber zog,

3000 Mann stark, in's Werder und lagerte längs der Weichsel, so daß der Hochmeister verhindert war, seinen Völkern zu Hülfe zu kommen. In Folge dessen verliefen sich die letzteren, da sie kein Geld bekamen und der Hochmeister sah sich genöthigt, einen Waffenstillstand zu schließen, worauf 1523 der ewige Friede erfolgte. Immer neue Anforderungen wurden an Preußen gemacht und oft genug wurde Hülfe gegen Türken, Wlachen und Tataren gefordert, aber den gerechten Klagen der Preußen über Verletzung der Privilegien und über schlechte Handhabung des Rechts keine Rechnung getragen. Gegen Ende der Regierung Sigismund's drangen die polnischen Stände immer energischer auf eine volle Vereinigung Preußens mit Polen, um den Preußen gleichen Antheil an allen Kosten aufzubürden, und da sie bei den Ständen Preußens nicht damit durchdrangen, wirkten sie auf den alten König ein, der endlich auch versprach, sein Sohn solle das Werk vollenden. Ein ferneres Motiv für Klagen waren unter dieser Regierung die strengen Maßnahmen gegen die lutherische Lehre, die auch in Preußen bald nach ihrem Auftauchen zahlreiche Anhänger gefunden hatte. Sigismund's Sohn Sigismund August (1547—1572) gab zwar Religionsfreiheit, desto energischer aber ging er seinem Ziele entgegen, Preußen ganz mit Polen zu vereinigen, so wacker sich auch die preußischen Stände dagegen sträubten. In dem Lubliner Dekret von 1569 erklärte er endlich, der König habe nicht nöthig, die preußischen Angelegenheiten nur mit preußischen Räthen allein zu berathen.

Die Steuern wurden bedeutender, die Rechte der Preußen wurden immer weniger geachtet, und mehr und mehr drängte sich die polnische Sprache in die Verhandlungen des Landesraths, wozu die Adligen aus Pommerellen wesentlich beitrugen, die sich zum großen Theil Polen sehr ergeben zeigten und es am liebsten gesehen hätten, wenn die polnische Contributionsart in Preußen eingeführt worden wäre. Als Sigismund August starb, 1572, folgte ein Zwischenreich, bis der neue König gewählt war. Während dieser Zeit wühlten die Parteien in Polen, und wie dies gewöhnlich war, hatte jede ihre bewaffneten Horden. Eine solche drang auch 1572 in's Werder und verlangte Poborren oder Brot-Gelder, zog aber bald ab.

Auf König Sigismund August, der ohne männliche Erben verstarb, folgten fremde Wahlkönige. Heinrich von Valois regierte nur von 1573 bis 1574, von 1576—1586 folgt Stephan III., unter dem 1578 am Haupt ein Wasserzoll, gegen die alten Privilegien verstoßend, angelegt wurde, den die Stände eine lange Reihe von Jahren vergeblich bekämpften. — Der Krieg, den Stephan gegen die Danziger führte, die ihn

nicht anerkannten, berührte das Werder nur wenig; er fand 1577 seinen
Abschluß im Frieden zu Marienburg. 1587 wurde der schwedische Prinz
Sigismund erwählt, der bis 1632 regierte. Auf seiner Reise nach Schweden im Jahre 1593 besuchte der König Sigismund III. mit seiner Gemahlin auch Marienburg. Er kam zu Wasser an, wurde von der Bürgerschaft in vollem Waffenschmuck empfangen, und stieg auf dem Schlosse
ab. Bei einer späteren Durchreise 1623 wurde er ebenfalls glänzend
von den Bürgern und ihrem Bürgermeister empfangen und weilte in
Marienburg vom 31. Mai bis zum 8. Juni und vom 20. bis zum
30. Juni. Hundert Hayducken und mehrere Hundert Reiter bildeten
seine Escorte und wurden in den Vorstädten untergebracht. In seine
Zeit fällt der erste schwedische Krieg, und zugleich tritt ein Wendepunkt
in der Stellung der Protestanten in Preußen ein. Auch wurden die
Werder noch vorübergehend durch Schaaren conföderirter Polen erschreckt.
Ein Theil des unzufriedenen Adels nämlich hatte die Conföderation von
Smolensk gebildet, deren Mitglieder im Reiche feindlich hausten und endlich 1613 auch in Preußen einfielen. Es wurde beschlossen, die Conföderirten gewaltsam zu vertreiben, und einen Bund zu bilden zur Unterhaltung von 300 Mann Truppen auf 6 Monate. Die Kosten wurden auf
die Städte vertheilt. Marienburg sollte z. B. 36 Soldaten à 10 fl.
monatlich unterhalten, Dirschau 21 ꝛc., was natürlich dem Lande sehr
schwer fiel. Endlich einigte man sich 1614 mit den Conföderirten dahin,
ihnen mehrere Tonnen Goldes zu geben. Bei der Vertheilung der Summe
auf das Land kam auf die Hufe Landes auf der Höhe 6 fl., auf die
Werder und Niederung per Hufe 12 fl.

Innere Geschichte.

War im Verlauf von 160 Jahren die Gegend von Marienburg,
wie die ganze Provinz kaum vom Kriegsgeräusch berührt worden, so
hatte sie doch manche trübe Schicksale zu erfahren, die zur Hebung des
im 13jährigen Kriege ganz zerrütteten Wohlstandes wenig förderlich
waren, und die polnische Regierung that nichts, oder doch nur wenig,
den Wohlstand zu heben. Am deutlichsten zeigen dies die Wasserbrüche
und die versuchten, aber nicht ausgeführten Wasserbauten.

Kaum von den Leiden des großen 13jährigen Krieges befreit, wurde
das große Werder durch furchtbare Durchbrüche heimgesucht, die 1472 zu
Fastnacht bei Sommerauerort stattfanden. König Casimir schenkte dem
Werder zur Hülfe 100 Mark und ließ im folgenden Jahre Holz hin-
schaffen, die Brüche zu stopfen. Es wurde den Werderanern ferner

gestattet, zur Ausbesserung der Dämme Gesträuch aus den königlichen Wäldern des Stuhmer, Danziger und Elbinger Gebiets zu holen.

1476 fand eine Ueberschwemmung der Nogat im kleinen Werder statt. Der große Holzmangel veranlaßte den Bischof Lucas von Ermland 1519 den Kleinwerderern 4 Hufen Wald am Drausensee (Werderhufen) zu verleihen, damit sie Strauch und Holz zur Dammerhaltung hätten. Bedeutender aber war ein Bruch, der 1526 bei Schöneberg geschah und furchtbaren Schaden anrichtete. Der König selbst reiste an Ort und Stelle, brach in Thränen über das Unglück aus, und suchte nach Kräften zu helfen. An einzelnen Stellen betrug die Breite des Durchbruchs 18, an anderen 30 Ruthen bei 2 Ruthen Tiefe. Auf dem Landtage in Elbing wurde der Vorschlag gemacht, die von der Ritterschaft bewilligte Accise zur Besserung des Schadens zu verwenden, da die armen Anwohner nicht im Stande waren das Werk mit eigenen Mitteln und Kräften auszuführen. Da dies aber für den königlichen Schatz gefährlich schien, so erfolgte ein königlicher Befehl an alle den Brüchen nahelegenden Städte und Ortschaften, möglichst schnell Holz zur Stelle zu schaffen. In Elbing wurde veranschlagt, wie viel jeder Ort an Holz, Geld zc. zu liefern habe. Aber die Beiträge gingen langsam ein, nur die Danziger waren pünktlich mit ihrem Contingent zur Stelle; daher verstrich der Sommer, ohne daß das Werk bedeutend gefördert wurde. Auf dem nächsten Landtage in Marienburg 1527 erklärten die Geschwornen der Werder, ihre Bauern seien außer Stande, weiter zu schaarwerken, sie baten daher Stadt und Land um Hülfe, den Bruch zu stopfen. Der Schatzmeister trat dem Gesuch bei und ermahnte die Städte zur Hülfe; der König habe bereits 1500 Mark gegeben, Danzig sehr viel gethan, während die übrigen Städte säumten. Die kleinen Städte aber meinten, der Bruch hätte ihnen schon so viel gekostet, sie könnten nicht mehr geben; der Adel endlich verwahrte sich gegen jedes Schaarwerk. Der Vorschlag, die auf der Weichsel fahrenden Güter zu besteuern und das so gewonnene Geld zur Dammbesserung zu benutzen, fand keinen Beifall. Endlich wiesen die Geschwornen der Werder nach, wie viel zur Stopfung nöthig sein würde. Sie gaben an: 10 Schock Holz von 65—75 Fuß Länge, 4—6 Schock von 40—45 Fuß Länge, einige Tausend Fuder Strauch, 30 Kähne zum Erdfahren, einige Kähne mit je 16 Mann besetzt, 3 Kähne mit Rammen zum Einpfählen. So hofften sie noch im Sommer den Bruch zu stopfen. Sie wandten sich bittend an den König, das Holz in Masuren fällen, im Frühjahr die Weichsel hinabflößen und bei der Weichselabfahrt die Flöße mit Strauch und Reisig füllen zu lassen, das überall an der Weichsel in Menge gehauen werden könne, während in der Nähe der Brüche die Wälder so „verhauen" seien, daß man wenig Holzung finde. Aber es kam weder Holz noch Unterstützung; vergebens wiederholten die Werderer ihre Bitten, vergebens mahnten die großen Städte zur Eile, die kleinen Städte und der Adel blieben theilnahmlos, so daß es 5 Jahre dauerte, ehe der Bruch vollständig gestopft war.

Dieser Bruch und mehrere folgende überzeugten von der Nothwendigkeit einer gründlichen Ausbesserung der Dämme. Dies trugen die preußischen Gesandten auf dem polnischen Reichstage zu Petrikau vor und erklärten, die Arbeit sei unmöglich ohne Unterstützung von Seiten des Königs, der wegen des Marienburger Schlosses, ja der ganzen Gegend wegen daran so großes Interesse habe; die Werderer dagegen seien arm und in geringer Anzahl und nicht im Stande das Nothwendige zu beschaffen. Im folgenden Jahre klagten die Geschworenen des großen Werders von Neuem, sie könnten aus eigenen Mitteln die Dämme nicht mehr unterhalten, und sie baten die Landesräthe, die Accise dazu zu verwenden. Auch diesmal blieb die Angelegenheit beim Landestage unerledigt liegen.

Um diese Zeit wurde eine neue Arbeit unternommen, die, Anfangs dazu bestimmt, die Wasserverhältnisse zu regeln, schließlich den Dämmen Gefahr drohte und die durch zwei volle Jahrhunderte das immer wiederkehrende Thema der Landtagsverhandlungen und der Instruktionen der Abgesandten zum polnischen Reichstage wurde. Die Elbinger und Marienburger waren nämlich mit königlicher Bewilligung übereingekommen, mehr Wasser aus der Weichsel in die Nogat zu leiten und zu diesem Behuf einen Durchstich durch die große Kampe bei Weißenberg nach der todten Laake zu machen. Der König befahl dem Rathe beider Städte und den Geschworenen, einen passenden Ort zu wählen, wo der Graben ausgeführt werden sollte, und ließ auf die Vorstellung hin, die Dämme würden durch diese Arbeit leiden, eine Untersuchungs-Commission niedersetzen, zu der der Wojewode von Culm und der von Marienburg gehörte. Die Sache stockte, denn die Danziger protestirten ihrer Schifffahrt wegen und erwirkten endlich bei Hofe, daß die Sache unterbleiben sollte. Trotzdem wurde die Arbeit vom Kulmer Wojewoden fortgesetzt und alle Mandate an den Rath der Städte, die Sachlage genau zu prüfen, blieben bei dem Landtage liegen. So zog sich die Sache hin, und die Arbeit hatte ihren Fortgang.

Da fingen die Städte Thorn und Danzig auf dem Thorner Landtage von 1581 zu klagen an, der Graben zwischen Weichsel und Nogat, das Mägdeloch, drohte der Danziger Schifffahrt den Untergang, der unteren Weichsel Versandung, den Dämmen der Nogat Verderben. In der That fand sich bei näherer Untersuchung, daß der Graben, anfänglich 4 Ruthen breit und 4 Fuß tief angelegt, jetzt 12—16 Ruthen breit und 14 Fuß tief war, der Wasserstand des Danziger Hafens aber von 9 Ellen Tiefe auf 5 Ellen gesunken war. Die Unterhandlungen geriethen indessen in Stocken, bis endlich 1584 eine neue Untersuchungs-Commission nach der Kampe abgeschickt wurde, die definitiv bestimmte, der Graben sollte auf seine alte Breite reducirt und die Kampe mit einem Bollwerk versehen werden, das von den Danzigern unterhalten werden müßte. Die Elbinger und Marienburger appellirten an den Hof, und der König befahl eine neue Commission niederzusetzen, um zu untersuchen, ob nicht durch andere Mittel der Strom in der Richtung nach Danzig gezwungen werden könne ohne der Nogat zu viel Wasser zu entziehen. Die neue Commission fand für gut, die Elbinger sollten an dem Punkte, wo die Weichsel am stärksten floß, ein Haupt schlagen und eine Fütterung von Pfählen von da aus in's Mägdeloch ausführen, endlich mit den Danzigern gemeinschaftlich das Mägdeloch auf 40 Fuß Breite zu verdämmen. Die Elbinger sträubten sich dagegen, während die Danziger mit ihrer Arbeit anfingen.

Die Arbeiten am Graben hatten aber die Fluthen beim Eisgange nicht aufhalten können, und daher drangen die Danziger auf energische und schnelle Durchführung der Füllung des Grabens bis zur Breite von 4 Ruthen. Die neue Commission von 1593 fand in der That, daß die Arbeiten der Städte vergeblich gewesen seien, und daß die Strömung immer gefährlicher werde, was auch im folgenden Jahre durch einen Durchbruch bei Thörichthof bestätigt wurde, der einen Theil des großen Werders und des Ellerwaldes überschwemmte. Der König selbst nahm am 9. August 1593 die Stelle in Augenschein.

In Folge dieser Ereignisse sahen sich die Deichbeamten genöthigt, die Dammverordnungen von Neuem einzuschärfen, und es wurde daher das 1461 gegebene Statut der Werderkommune, die älteste Urkunde über die Verfassung der Werderkommune und über die Stellung der Geschworenen des Werders, dem Könige zur nochmaligen Bestätigung vorgelegt, die auch noch in demselben Jahre 1593 erfolgte.

Im Jahre 1595 fand bei Vogelsang und bei Damerauer Wachtbude zugleich ein Durchbruch statt, der das große Werder weit hin unter

Wasser setzte. Viele Leute verarmten und verließen das Werder; 15 Hufen versandeten.

Die Kosten der Herstellung der Dämme wurden auf 12,000 Gulden berechnet, und der König verlangte, daß ein Theil derselben durch Zuschüsse von Seiten der Stände gedeckt würde. Da sich aber die Sache wieder hinschleppte, so mußten die Werderer Alles aus eigenen Mitteln schaffen und erhielten nur Freiheit von Contribution.

1598 riß der starke Nogatstrom die Marienburger Brücke fort. 1600 brachen Weichsel und Nogat an 15 Stellen durch und richteten großen Schaden in der Niederung an, und da die umwohnenden Holländer nicht helfen wollten, mußte die Schloßobrigkeit zwangsweise Leute aus den Werdern requiriren, die an den Dämmen arbeiten sollten. Die mehrfachen Ueberschwemmungen wurden dem Nogatgraben zugeschrieben und die Werderer baten den König um Niedersetzung einer Commission, die die Oertlichkeit besichtigen und Abhülfe schaffen sollte. Dies geschah auch 1612, nachdem neue Ueberschwemmungen vorgekommen waren, und es wurde von derselben der Königspfahl, eine geschnitzte Holzstatue, an der Montauer Spitze als Grenzpfahl gesteckt, bis wohin das Bollwerk reichen sollte. Aber die Untersuchung hatte keinen Erfolg, da die Kosten den Danzigern und Elbingern aufgebürdet werden sollten, die dagegen die Last auf die ganze Provinz vertheilt wünschten. Dennoch begannen die Danziger die Arbeit im nächsten Jahr mit dem Plane, zwei Drittel Wassers in der Weichsel zu behalten, ein Drittel in die Nogat zu leiten, und zu diesem Zwecke sollte der Zufluß der Borau in die Nogat beim Küchwerder ganz gehemmt, am weißen Berge aber ein Haupt von 6 Ruthen in die Weichsel gelegt werden. Die Werderer sollten zu der Arbeit die nöthige Erde und Strauch fahren, die Elbinger gaben 5000 fl. und die Danziger leisteten das Uebrige; aber das Wasser arbeitete fort und fort, und spülte immer mehr von der Montauerspitze ab. Schon 1622 fand wieder ein gewaltiger Bruch bei Wernersdorf statt, bei welchem viele Menschen umkamen, Häuser umstürzten und große Strecken Landes für die nächste Zeit unbrauchbar gemacht wurden.

Auch manche andere Unglücksfälle suchten die Werder heim, Pest und Theurung und große Feuersbrünste.

So litt 1587 Neuteich bedeutend durch eine Feuersbrunst, und die Bewohner ersuchten in demselben Jahre den Landesrath um seine Fürsprache beim Senat, der Stadt die Abgaben auf 4 Jahr zu erlassen.

In Jonasdorf legte 1603 ein böses Weib Feuer an, wodurch 5 Gehöfte verbrannten, unter denen auch das des Deichgräfen im kleinen

Werder, Kaspar Wagner, wo sich die Werderlade befand; dieselbe verbrannte mit allen ihren Privilegien und wichtigen Documenten. Das Weib wurde „zu Tode geschmaucht".

Die Jahre 1612—1615 brachten durch Mißernten tiefes Elend über die genannte Gegend; auch die Pest wüthete mehrfach in Preußen, 1580 verheerte sie die Marienburger Wojewodschaft, am stärksten war sie im Werder 1602, wo in der Fischauer Gegend 180, in Schönwiese 90, in Katznase 103 Personen an derselben starben.

Kirche, Schule, milde Stiftungen.

Luthers Lehre fand frühzeitig Anhänger in Westpreußen; schon 1521 predigten in Danzig Bekenner derselben, aber nur heimlich durfte der Gottesdienst Anfangs geübt werden. 1523 erließ Sigismund 1. bereits eine Verordnung an den Rath in Marienburg gegen die Verbreitung der evangelischen Lehre, worin allen Denen, die dieselbe bekennen, schützen oder verbreiten würden, mit Todesstrafe und Einziehung der Güter gedroht wurde. — In einer anderen Verordnung von 1525 wird der Rath nochmals vor den Verbreitern dieser Lehren gewarnt, die in der Gegend von Marienburg sehr um sich greifen sollten.

In einem späteren Schreiben desselben Jahres wurde dem Magistrat aufgetragen, einen polnischen Prediger und einen entlaufenen Mönch, die sich zu der neuen Lehre bekannten und in Marienburg aufhielten, gefänglich einzuziehen, bei 4000 Dukaten Strafe. 1526 soll bereits der erste evangelische Prediger Jacob Knade nach Marienburg berufen worden sein und in der St. Georgenkirche gepredigt haben. Diese war sammt dem St. Georgenspital 1460 bei der Belagerung fast ganz zerstört worden und wurde 1471 von König Casimir der Stadt übergeben, die sie wieder aufbauen sollte. Da die Stadt somit das Patronatrecht über diese Kirche hatte, so wurde es leicht, hier die Kirchenverbesserung durchzuführen. Demnach dürften die Anfänge des Lutherthums im Werder auch bis in die Jahre 1520—30 zurückgehen, denn das Beispiel von Marienburg, Danzig und Elbing konnte nicht ohne Folgen sein, ein genauer Zeitpunkt ist aber für die einzelnen Ortschaften nicht anzugeben, da der Gottesdienst anfangs nur heimlich abgehalten werden durfte. Einzelne Besitzer gaben ihre Häuser, Vorlauben, Scheunen oder Speicher zu den Versammlungen der Anhänger der neuen Lehre her, in denen Geistliche predigten, die unter dem bescheidenen Namen von Schulmeistern und Hauslehrern bei Familien untergebracht waren. An manchen Orten vertraten wirklich Schulmeister die Stelle der Geistlichen und lasen Predigten und Erbauungs=

bücher vor. In Wernersdorf war die Versammlung der Gemeinde auf der Vorlaube des Deichgrafen Treugen. Im großen Werder wurde, wie es scheint, der Anfang mit Einführung der protestantischen Lehre gemacht, hier scheinen auch die ersten Pfarrkirchen eingezogen worden zu sein, was dann zu vielen Streitigkeiten Anlaß gab, die ersten Prediger sind aber an diesen Kirchen nicht Fremde gewesen, sondern meist führten die einzelnen Plebane, in Uebereinstimmung mit den Gemeinden den neuen Ritus ein, aber mit möglichster Vorsicht, da die Bischöfe ein wachsames Auge auf die Neuerungen hatten. So waren Prediger Oelsner in Tannsee und Maces in Marienau, Helling in Schrop ursprünglich Plebane der genannten Orte gewesen.

Wesentlich erleichterte den gedrückten Zustand der jungen protestantischen Gemeinden der Werder das Religionsedikt Sigismund August's vom Jahre 1569. Nach diesem Statut von 1569 stand es den Werderauern frei, sich tüchtige Lehrer für ihre Schulen zu schaffen, auch das Evangelium „nach Christi und der Apostel Lehre", in ihren gewöhnlichen Kirchen, welche sie bisher hätten und künftig haben werden, predigen zu lassen, ferner die Sacramente nach der Augsburgischen Confession sich reichen zu lassen, ohne Hinderniß der Geistlichen und Weltlichen. Auch durften sie tüchtige Prediger Augsburgischer Confession berufen, die sammt den Schullehrern unter speziellem königlichen Schutz stehen sollten. Hiervon machten denn auch die Werderer Gebrauch; überall bildeten sich Kirchenversammlungen und Kirchen wurden gebaut, die aber später oft wieder abgerissen werden mußten. Auch Geistliche wurden berufen, so in Lesewitz; in Marienau seit 1574, in Ladekopp seit 1575. Die Marienburger erhielten in diesem Jahre ebenfalls die Freiheit der Ausübung der Religion Augsburgischen Bekenntnisses, und zwar sollten sie die Pfarrkirche gemeinschaftlich mit den Katholiken zum Gottesdienst benutzen, wogegen das Abendmahl in der St. Georgenkirche gereicht werden sollte. Den Neuteichern gewährte der König die Freiheit, außerhalb der Stadt in der St. Georgenkirche Gottesdienst zu halten. Unter den folgenden beiden Wahlkönigen wurde die Religionsfreiheit der Dissidenten gleich mit in die pacta conventa aufgenommen, d. h. in die Wahlbedingungen, die jeder neu gewählte König annehmen und beschwören mußte; und vergebens suchte Bischof Tillcki von Culm (später in Ermland) das Lutherthum aus den Werdern zu verdrängen. König Stephan, von ihm dazu aufgefordert, erwiderte einfach, er sei nicht König der Gewissen. Auf dem Warschauer Reichstage ging daher nur das eine Gesetz durch, die Werderer sollten sich der großen Kirchen enthalten. Da dieses Gesetz aber mit großer Schärfe executirt wurde, so sahen sich die Werderer wieder genöthigt, protestantische Geistliche in den größeren Höfen als Hauslehrer oder Studenten zu halten. Wieder mußte in Höfen, Scheunen ɛc. der Gottesdienst abgehalten werden, in Lesewitz auf einer Vorlaube, in Groß-Lichtenau auf einem Hofe, in Bärwalde auf dem Bahrschen Speicher (seit 1578). Die Marienburger mußten die große Kirche räumen und in einem Hause am Markte Gottesdienst abhalten. Härter wurden die Verhältnisse unter Sigismund III., der bereits durch seinen übermäßigen katholischen Eifer sein eigenes Land eingebüßt hatte. Sigismund hatte sich vorgenommen keine Protestanten zu Aemtern zuzulassen und führte dies auch durch. Als die unzufriedene Partei der Polen unter Zamoiski, später unter Zebzybowski den Rokoß bildeten, schlossen sich die Dissidenten an. Doch der Rokoß wurde vom Könige 1608 gesprengt und dieser verfuhr nun desto härter gegen die Reformirten, in seinen Restitutionsgelüsten wesentlich von den Jesuiten gefördert. Die Protestanten blieben von allen Aemtern ausgeschlossen, und dies hatte besonders auf den preußischen Adel wesentlichen Einfluß, unter dem der Protestantismus stark vertreten war. Viele Adlige wurden wieder katholisch. Die Marienburger hatten zwar von dem Könige 1589 die Bestätigung ihrer Religionsrechte erlangt, mußten aber doch auf die Klage der Geistlichkeit, besonders des Culmer Bischofs Tylicki die Pfarrkirche sammt den dazu gehörenden Kirchenhufen in Willenberg und dem Brauhause in der Schmiedegasse sowie drei Buden in der Nähe der Kirche herausgeben. Schließlich mußte der Rath dem Pfarrer Pant auch das Gebäude der lateinischen Schule ausliefern, aber gegen Zurückgabe der Thorkapelle sträubte sich die Gemeinde standhaft. Ebenso war es im kleinen Werder, wo in Katznase schon seit 1575 protestantisch gepredigt wurde; auch in Altfelde, Königsdorf, Schönwiese wurde auf Höfen gepredigt.

Die katholische Geistlichkeit war damit nicht zufrieden, daß die Werderer Geistliche im Hause hielten, und daher wurde auf die Klage der Plebane auch diese Ausflucht den Protestanten gesetzlich untersagt, und alle Remonstrationen der Gemeinden beim Könige und Reichstage waren vergeblich, ja die Klagen führten nur zu neuen Bestätigungen und Verschärfungen des Gesetzes. Als die Montauer 1603 wegen Anstellung eines Predigers, der heimlich in den Höfen predigte, von dem Ortsgeistlichen verklagt und in ihrer Angelegenheit von der Gesammtheit der Deichgeschworenen unterstützt wurden, bestätigte Stenzel Kostka die Verordnung von Neuem. In derselben Angelegenheit wurden 1604 die

Neuteicher von den Plebanen verklagt, 1606 die Lesewitzer und mußten
Strafe zahlen. Alle Prädikanten sollten aus dem Werder verwiesen werden.
Zu Montau und Fischau wurde den Protestanten das Singen bei Leichen
verboten (1606)*); 1610 die meisten Geistlichen abgesetzt, zuerst in Schadwalde, Mielenz 2c.; die Montauer wurden als Renitente eingesperrt,
1611 den Neuteichern nochmals die Ausübung des Cultus untersagt,
1613 wurden die allgemeinen Verbote gegen die lutherische Religion
erneuert, trotz aller Proteste und trotz der energischen Versuche der Werdergemeinde (1619) die Religionsfreiheit zu erhalten, und wirklich mußten
1623 die Prediger ihre Stellen unter dem Bedauern der Gemeinden
verlassen, wo sie nicht vorher schon von den Haybucken, die 1618 in's
Werder drangen, verjagt waren. Da brachte der erste schwedische Krieg
eine Veränderung in die Verhältnisse des Cultus. Dennoch hatten sich
aller Verbote ungeachtet in den letzten Jahrzehnten neue Gemeindever-
bände gebildet: 1610 Mielenz, in eben dem Jahre Gnojau und Siemonsdorf. Tiegenort seit 1600, trotz aller Einsprüche des Ermländischen
Bischofs; Lissau seit 1605, Barent seit 1616, Neukirch und Schönhorst
seit 1618, in der letztgenannten Gemeinde ward der Gottesdienst auf
Höfen gefeiert, in Prangenau in einem Saal der Widdem**).

---

*) Die langwierigen Klagen über diese und ähnliche Differenzpunkte füllen
mehrere Bände Akten, die noch auf dem hiesigen Kreisgericht vorhanden sind.

**) Die evangelischen Kirchspiele der beiden Werder und ihre ersten Prediger:

I. Großes Werder.

Groß-Lesewitz seit 1565, erster Prediger Balth. Richter. Groß-Lichtenau,
seit 1602, Prediger Heismann aus Offenheim in Franken. Tannsee seit circa 1577,
Delsner. Lindenau seit 1620, Schnell. Schadwalde circa 1590, Joh. Bluhm (mit
Halbstadt und Blumstein). Wernersdorf mit Schönau vereint seit 1564, Hellwig.
Altmünsterberg und Gnojau Adam circa 1590, sicher seit 1602 Dav. Conrad.
Kunzendorf mit Klein-Montau und Altweichsel; vielleicht zuerst in Montau, wo
1603 heimlich gepredigt wurde, seit 1638 sicher in Kunzendorf Prediger Pinnau.
Liessau circa 1600, George Bühle. Palschau sicher seit 1641, Jonas. Schönhorst
und Neukirch anfangs getheilt. Clauser war 1631 der letzte Prediger in Schön-
horst, seit 1615 in Neukirch Melisius. Prangenau erst circa 1660, Colbe. Starostei
Tiegenhof: Marienau seit 1574; Bacer, Labekopp 1575, Cop. Schöneberg 1592
Joachim Pollich. Starostei Bärwalde: Barenhof, seit 1578 Ebenberg. Fürstenwerder, circa 1570 Schönfeld.

II. Kleines Werder.

Katznase Eichenbruch (?) circa 1550? (dann in Königsdorf), 1596 Branbamus
Regius. Altfelde 1580 Melick, hier wurde auch polnisch gepredigt. Fischau Künelt
1657 †. Thiensdorf, G. Müller, 1625. Lichtfelde um 1585 ein evangelischer Prediger,
später Ostrowski, ein convertirter Pole. Stalle 1578, Fischbeck.

Selbstverständlich waren in allen Religionsfreiheiten nur die Lutheraner begriffen gewesen, Reformirte wurden gar nicht geduldet, denn die protestantischen Gemeinden selbst waren gegen sie. Nur in Fürstenau war um 1580 Golnitz, ein reformirter Prediger, angestellt. In Marienburg wurden die Reformirten lange Zeit vom Rathe beschützt, bis die eifrig lutherische Bürgerschaft die Reformirten und den Rath bei Hofe verklagte. Der König Sigismund III entschied gegen den Rath und verbot durch das Edikt von 1603 den öffentlichen Gottesdienst der Reformirten. Diese Leute waren fast sämmtlich aus Sachsen, von wo sie durch die Intoleranz der Lutheraner vertrieben worden waren. Da es zum Theil wissenschaftlich nicht unbedeutende Männer, zum Theil geschickte Handwerker und wohlhabende Kaufleute waren, so suchte der Rath der Stadt sie an den Ort zu fesseln, gab ihnen das Recht der freien Religionsübung, räumte ihnen ein Gebäude zur Schule ein und nahm Einzelne unter ihnen in den Rath auf. Dies hatte den Neid der eingeborenen Bürger erregt und die Eifersucht hatte jedenfalls ebensoviel Theil an den gehässigen Schritten der Bürgerschaft als der religiöse Eifer. Manches Aergerniß verursachten die cryptokalvinistischen Geistlichen (d. h. solche, die in einzelnen Lehrpunkten zu der kalvinistischen Auffassung hinneigten) die an einzelnen Orten angestellt, meist aber bald wieder entlassen wurden. Ein solcher war Wendtland in Groß-Lesewitz, der später nach Marienburg kam, wo er, weil seine Predigten und die Handhabung des Rituals Anstoß erregten, abgesetzt wurde. Helling in Lesewitz war Phillippist, so nannte man diejenigen, welche sich zu Melanchthons milderer Auffassung einzelner Dogmen bekannten, und erregte später in Marienburg durch Abschaffung des lutherischen Ceremoniels viel Aergerniß. Ihm folgten in Marienburg mehrere Philippisten und mährische Brüder.

Nur die Minderzahl der im Werder augestellten protestantischen Geistlichen waren Preußen, die meisten waren aus Westdeutschland, viele aus Pommern, Sachsen, mehrere sogar aus Ungarn. Meist waren es unglückliche Flüchtlinge, die der Verfolgungseifer aus der Heimath vertrieben, und die, dem Glauben treu, zum Wanderstabe gegriffen hatten, um in der Fremde irgend eine Stätte zu finden, wo sie frei ihren Glauben bekennen dürften und ein kärgliches Dasein fristen könnten. Viele fanden erst nach langen Irrfahrten eine Stelle in diesem fernen Winkel. Viele lebten Anfangs kümmerlich als Schulmeister, so Pinnau aus Pommern, der Anfangs in Klettendorf Schulmeister, dann in Tannsee Prediger war, so in Lindenau Michael Thau, der bis 1643 Schulmeister, dann daselbst Prediger war. Und wie oft mußten sie auch hier wieder ihre kümmerliche Stelle verlassen, um vor Mißhandlungen sicher zu sein.

Aber es waren meist wackere Männer, jene Ueberzeugungshelden, und sehr gediegene, ja gelehrte Leute waren unter ihnen. Diese schlichten Landpfarrer hatten oft nicht bloß ein gründliches theologisches Wissen, sondern hatten auch in anderen Wissenschaften bedeutende Kenntnisse erworben; sogar Dichter sind unter ihnen gewesen, wie wir weiter unten sehen werden.

Daß ihr Einkommen nur gering war, läßt sich leicht vorstellen, da die Gemeinden zunächst auch für die katholischen Pfarrer und Schulen zu sorgen hatten. Hatten die katholischen meist 4 und mehr Hufen Land, so erhielten die evangelischen nur höchstens 2 Hufen, oft gar nur wenige Morgen. Die übrigen Einkünfte waren auch nur mangelhaft, da bei Trauungen, Taufen ꝛc. die evangelischen Leute erst den Erlaubnißschein bei dem katholischen Ortsgeistlichen lösen mußten.

Am 24. Juli 1592 erschien in Marienburg die erste evangelische Kirchenordnung, worin die Amtspflichten der Geistlichen an beiden Kirchen genau erörtert, die Reihenfolge der Predigten genau bestimmt war. Als Tage, an denen gepredigt werden sollte, waren außer den Sonntagen und den drei großen Festen noch folgende Tage festgesetzt: Christi Beschneidung, Offenbarung, Himmelfahrt; Mariä Reinigung, Verkündigung, Heimsuchung; die Aposteltage, die Bekehrung Pauli, Johannes des Täufers Tag, Michaelis, Allerheiligentag. — Die Trau=, Tauf= und Begräbnißgebühren waren in der Kirchenordnung ebenfalls festgesetzt.

In der Stellung der katholischen Geistlichkeit hatte sich wenig geändert. In dem allgemeinen Privilegium von 1466 waren den geistlichen Ständen ausdrücklich ihre Rechte gewährleistet, und das canonische Recht, welches in der Ordenszeit in Preußen aus naheliegenden Gründen wenig berücksichtigt worden war, kam fortan zu größerer Geltung. Die Beschlüsse des Tridentinischen Concils wurden in Polen angenommen und auch in Preußen wohl ohne Weigerung eingeführt. Seit der Besitzergreifung Preußens durch die Polen gehörte Marienburg und die Werder zur Kulmer Diöcese. Leider wurde trotz vieler Remonstrationen der bischöfliche Stuhl sowohl im Ermland als in Kulm häufig mit Fremden und zwar mit Polen besetzt, was natürlich der Erhaltung deutschen Geistes, deutscher Gesinnung, deutscher Sprache unter dem Clerus nicht förderlich war.

Die Visitationen wurden gehandhabt, wie zur Zeit der Ordensherrschaft, zahlreiche Synoden schärften den Visitatoren ein, auf den sittlichen Lebenswandel der Geistlichen zu sehen, so schrieb besonders die von 1583 von Bischof Peter Kostka in Kulm gehaltene Synode den Geistlichen einen streng sittlichen Lebenswandel vor. Es wurde den Geistlichen streng verboten in Gasthäusern zu verkehren, zu tanzen und übermäßig zu trinken.

Ein neuer Streiter der Kirche kam mit Sigismund III. in's Land, der dem Protestantismus wesentlich Abbruch that, die Jesuiten. Im Ermländischen setzten sie sich unter der Protection des Cardinal Hosius fest, im Kulmischen siedelten sie sich unter Bischof Kostka an; nach Danzig kommen sie bereits 1585, nach Thorn 1593. Bald darauf wahrscheinlich siedelten sie sich auch in Marienburg an und bauten hier ein Haus an der Pfarrkirche, quer über den Markt. Im Jahre 1638 bekamen sie das Recht zu Graudenz und zu Marienburg für je 30,000 fl. Grundstücke anzukaufen. Sie erwarben Grundstücke in der Stadt und Ländereien außerhalb, so den Jesuitenhof im Rehoff'schen Winkel und die geistlichen Hufen in Koscielitze. Für diese mußten sie aber, ebenso wie die Danziger Jesuiten für die Hufen in Brodsack, alle Lasten und Pflichten der Werderer tragen (Gesetz von 1651 und 1699).

1650 bauten sie für ihr Collegium ein Gebäude zwischen dem Mittelschloß und dem hohen Schloß, wo jetzt die Landwehrkammer ist, und nannten es das Jesuitencollegium, auch wurde ihnen die anstoßende Schloßkirche übertragen, die ihre heutige innere, dem ganzen Baue wenig entsprechende Ausstattung ihnen verdankt. Bald kamen sie mit den Städten, in denen sie sich eingebürgert hatten, in Streit. Ein Edelmann Janikowski aus dem Dirschauischen producirte einen ganzen Kasten voll alter Urkunden, den er vorgab auf wunderbare Weise in Pommern gefunden zu haben. Die alten Pergamente enthielten Verschreibungen, Testamente rc. der pommer'schen Herzöge Mistwoin und Phillpp, König Sigismund's I. und einzelne geistliche Verleihungen aus der Ordenszeit. Jankowski fand, obgleich in Pommern schon als Betrüger entlarvt, bei Hofe gute Aufnahme und auf diesen Schutz rechnend, eröffnete er einen förmlichen Markt mit seinen Urkunden in Preußen und verkaufte sie billig. Mehrere geistliche Behörden und auch die Jesuiten von Marienburg und Graudenz waren unter den Käufern, und die Marienburger Jesuiten traten denn auch bald auf Grund der neu erworbenen Privilegien mit Ansprüchen an die Stadt auf. Sie producirten ein jedenfalls erst neu gemachtes Privilegium Sigismund's I. von 1508 und verlangten, es solle ihnen die auf dem Stadtthore erbaute Kirche sammt dem Thore übergeben werden, außerdem beanspruchten sie noch einige der an der Stadtmauer gelegenen Grundstücke, als zu der Kapelle gehörig, im Werthe von 100,000 Gulden; bestätigt war diese Urkunde von Wladislaus IV. 1645. Natürlich ließ die Stadt sich auf diese Forderung nicht ein, und die Jesuiten strengten 1647 einen Prozeß an, der mehrere Jahre dauerte. Die Stände nahmen sich der Sache 1652 an, aber trotzdem Janikowski als Betrüger entlarvt und seine Urkunden als trügerische Machwerke erkannt wurden, schleppte sich der Prozeß hin, bis im zweiten schwedischen Kriege Karl Gustav von Schweden die Kapelle aus militairischen Rücksichten niederreißen ließ, womit die Ansprüche der Jesuiten fortfielen. 1647 wollten die Jesuiten, daß ihr neu gegründetes Collegium zu Marienburg durch Reichstagsbeschluß bestätigt würde, und beantragten dies bei den preußischen Landständen. Aber die Städte waren eifrig dagegen. Als die Graudenzer Jesuiten in Bezug auf ihr Collegium die Reichstagsbestätigung durchgesetzt hatten, versuchten ihre Marienburger Ordensgenossen es auch noch einmal zunächst bei den Ständen, aber der Wojewod von Pommerellen vereitelte auch diesmal alle ihre Versuche. Die Jesuitencollegien wurden Pflanzschulen des Hasses gegen die Protestanten und oft genug machten in den preußischen Städten die Jesuitenzöglinge Razzias gegen dieselben, stürmten ihre Kirchhöfe, störten den Gottesdienst ꝛc. Der Schloßhof von Marienburg wurde der Schauplatz mancher rohen Gewaltthat, die von den Zöglingen an Protestanten verübt wurden, und namentlich waren protestantische Landpfarrer daselbst zu verschiedenen Malen den brutalsten Mißhandlungen ausgesetzt.

Neben der Jesuitenschule ist aber auch der städtischen sogenannten lateinischen Schule zu gedenken, die noch aus der Ordenszeit herstammte*) und wenn gleich im ersten Jahrhundert der Polenherrschaft unerwähnt, doch gewiß nicht ohne Einfluß auf Bildung und Sitte gewesen ist; denn so ganz konnte sich die alte Cultur nicht verlieren, um so mehr, da sie gestützt wurde durch ein kräftiges Bürgerthum. Gewiß war sie nicht ohne Einfluß seit der Verbreitung der Reformation. Näheres erfahren wir erst über die Schule um das Jahr 1550, seit Achatius Curäus (deutsch Scheerer), ein geborner Marienburger, Rector derselben war. Erst seit dieser Zeit wurde der Name Rector gebräuchlich. Bisher hieß der Diri-

---

*) Sie stand ursprünglich auf dem Kirchengrunde in der Schuhgasse. 1598 verlor die Stadt das Gebäude daselbst, und seit 1593 wurde der Schule das Haus auf der Stadtmauer an dem Fischergange eingeräumt. — Ausführlich handelt über diesen Gegenstand: Dr. Breiter, „die lateinische Schule in Marienburg". Marienburg 1864.

gent der Anstalt Schulmeister und die von ihm besoldeten Lehrer hießen Schulgesellen. Neben dem Rector steht fortan der Konrector und der Kantor, zuweilen auch noch ein Quartus, der den Schreibunterricht leitete. Eine Reihe von tüchtigen Männern ist aus ihr hervorgegangen, die auf den verschiedensten Gebieten wirkten, so der Redner und Dichter Albertus Hecht, der später am Elbinger Gymnasium wirkte, der Naturhistoriker Melchior Guilandius (Wieland), der als Professor der Botanik in Padua 1589 starb; der Mediciner Stobäus, der Rechtskenner Gregor Hese und seine beiden Söhne.

Einen festen, sehr detaillirten Schul- und Studienplan erhielt die Anstalt 1674, ganz im humanistischen Sinne. Seitdem hatte die Anstalt sechs Klassen und doch nur drei, höchstens vier Lehrer, welche die Schüler von den Anfangsgründen bis zur Reife für academische Studien führen sollten, und die sechs Klassen waren in nur zwei Localen untergebracht. Freilich war die Zahl der Schüler nur gering, sie erreichte ihr Maximum, 89, im Jahre 1718. Die Stadt hatte über die Anstalt das Patronat, stellte die Lehrer an und entließ sie auch nach Gutbefinden. Viele tüchtige Leute wurden auf ihr gebildet, unter denen besonders Kasemann, von Paulitz, Eberbeck, Krofisius genannt werden. Im achtzehnten Jahrhundert sank sie allmälich.

Von wohlthätigen Stiftungen sind in dieser Periode besonders zwei hervorzuheben. Otto von Machwitz, ein treuer Anhänger des Königs und Wojewode von Pommerellen, hatte von König Kasimir die dem hingerichteten Bürgermeister Blume gehörigen Grundstücke als Geschenk erhalten. Er machte einen edlen Gebrauch von dem Geschenke. Einen Theil desselben gab er der Wittwe Blums zu ihrem Unterhalt zurück, zwei Häuser aber schenkte er den Armen der Stadt, und die Verwaltung überließ er dem Magistrate, der aus den Einkünften derselben das Rathhaus- oder Elisabeth-Hospital erhalten sollte (1471).

Am 17. November 1540 gründete ferner ein gewisser Caphardt das Hospital „Gottesteller", auch Gerichtshospital genannt. — So hatte Marienburg, mit den 3 bereits in der Ordenszeit fundirten, 5 Hospitale.

Im Jahre 1550 schenkte Stanislaus Kostta und seine Gattin Elisabeth von Eulenburg der Stadt 23 ihnen gehörige Häuser (den späteren Jungferngrund), aus deren Revenüen acht im Pesthaus zu heilende Personen weiblichen Geschlechts, oder in deren Ermangelung acht andere Kranke gepflegt werden sollten.

Die Verfassung und Verwaltung.

Bereits 1454 hatte der König Kasimir zum Gubernator des Landes den Edlen Johann von Baisen eingesetzt, diese Würde ging aber nach dem Tode Stibors von Baisen ein. Seit 1466 war Polnisch-Preußen eingetheilt in die drei Wojewodschaften Kulm, Marienburg, Pommerellen, und der Wojewode von Marienburg war zugleich oberster Landesverwalter.*) Jeder Wojewode verwaltete zugleich eine Starostei, so der Marienburger die christburgische, aus welcher er seine Einkünfte zog. Die Wojewodschaft Marienburg hatte vier Starosteien oder Kapitanate: Marienburg, Christburg, Stuhm, Tolkemit. In jeder Wojewodschaft war auch ein Unterkämmerer, der keine besondere Funktionen hatte, sondern nur Mitglied des Landesrathes war, außerdem ein Notarius juratus für die juristischen Fragen, und endlich ein Amtschreiber, der die Steuern, Zinsen ꝛc. abnahm und registrirte, sowie die geleisteten Naturallieferungen, Schaarwerke quittirte.

Der Landesrath bestand aus den 3 Wojewoden, den 3 Unterkämmerern, den 3 Castellanen von Danzig, Elbing, Culm und den Abgeordneten der Städte Danzig, Thorn, Culm. Den Vorsitz führte der Bischof von Ermland, in dessen Abwesenheit der culmische.

Jährlich wurden zu Graudenz und Marienburg ordentliche Landtage abgehalten, zu welchen, außer den Deputirten des Adels, auch Abgeordnete der kleinen Städte geschickt wurden. Vorher gingen vorberathende Landtage in den einzelnen Wojewodschaften; in der Marienburger Wojewodschaft war Stuhm der Versammlungsort.

Die Landtage fanden abwechselnd in Marienburg und Graudenz statt. Der Bürgermeister von Marienburg war Sprecher der kleinen Städte; nur Neuteich war nicht vertreten. Auf dem Stanislaus-Landtage zu Marienburg erschienen 1565 Abgeordnete von Neuteich und verlangten den Berathungen beizuwohnen. Auf den Einwand, daß sie sich seit langer Zeit der Beschickung entzogen hatten, erwiderten die Neuteicher, die Dürftigkeit ihrer Stadt sei daran Schuld gewesen. Die kleinen Städte weigerten sich, die Neuteicher in ihrer Mitte aufzunehmen, obgleich sie die

---

*) Die Reihenfolge der Marienburger Wojewoden beginnt mit Stibor von Baysen von 1467—1480; es folgen Nicolaus von Baysen bis 1503; Matthias Rabe bis 1511; Georg von Baysen bis 1546; Achaz von Zehmen bis 1605; Georg Kostta bis 1611; Stenzel Dzialynski bis 1615; Johann Weiher bis 1617; Stenzel Konarski bis 1625; Samuel Dzialynski bis 1629; Samuel Konarski bis 1641; Nicolaus Weiher bis 1643.

Königlichen Einladungsschreiben vorzeigten; und die Neuteicher haben sich seitdem nicht wieder gemeldet.

Der Adel hatte in jeder Wojewodschaft Gerichte. Das Schloß- oder Grodgericht befand sich an dem Hauptort derjenigen Starostei, die der Wojewode selbst verwaltete, also für Marienburg in Christburg. Außerdem hatte er sein Landgericht, an dessen Spitze für die Marienburger Wojewodschaft ein Landrichter stand.

Was die Gerichtsverwaltung im großen Werder betrifft, so lag diese, wie zur Ordenszeit, in der Hand des Vogts, der im Werder residirte und zu Beisitzern im Vogtei-Amte den Deichgräf und die Deichgeschworenen hatte. Seine Gerichtsbarkeit erstreckte sich auf Criminalfälle und Injurien und seine Decisionen mußten von dem Oberamt in Marienburg bestätigt werden. Vor das Oberamt aber gehörten Kauf und Tausch-, Erbschafts- und vormundschaftliche Sachen, Grenzstreitigkeiten ꝛc. Außerdem hatte es die Gerichtsbarkeit über die evangelische Geistlichkeit und über die Deichgräfen und Geschwornen. Es war auch Appellations-Instanz vom Vogtei-Amt; man konnte aber von letzterem nur in Sachen appelliren, die 100 fl. überstiegen, und von dieser zweiten Instanz an den König nur bei Sachen, die 300 fl. überstiegen. Vor dem Ober-Amte leisteten die Deichgeschworenen der Werder und der Schwente und Laache ihren Eid, ebenso die Königlichen Beamten, bis herab auf die Forstgehülfen und die Mühlenwerkmeister.

In der Marienburger Wojewodschaft befanden sich die Tafelgüter oder Oeconomien des Königs, die einen Theil der Staatsgüter bildeten. Es gehörte dazu das große und kleine Werder und das Gebiet von Dirschau, ferner das Gebiet von Tiegenhof und Bärwalde zeitweise.

Die übrigen Staatsgüter waren in den Händen von Privaten als Lehne und diese zahlten eine Abgabe an den Staat. Die Inhaber derselben waren die Starosten des Bezirks, die zugleich die Polizei und ländliche Justiz übten. Andere von den Starosteigebieten abgezweigte Staatsgüter waren in den Händen von sogenannten Tenutaren, die aber keine Jurisdiction hatten. Es waren dies meistens Leute, die der Krone Geld geliehen hatten, und die durch Verpfändung einzelner Güter dafür entschädigt wurden. Dies gab Anlaß zu oft wiederholten Klagen der Landboten, daß die Oeconomiegüter an Fremde verschleudert würden. Von dem einst so großen zur Comthure Marienburg gehörenden Gebiete war vieles entfremdet worden. Die Scharpau mit ihren Dependenzien war an den Bischof von Ermland übergegangen und kam nach langen Grenzstreitigkeiten endlich käuflich an Danzig. Bischof Ferber verkaufte sie der Stadt für 15,000 Mark (1529) mit König Sigmund's Bewilligung. Vergebens versuchte später die Krone, sie den Danzigern wieder abzugewinnen, besonders seit 1675. Aehnlicherweise suchte man andere Tafelgüter, die in fremde Hände gekommen waren, wieder einzuziehen durch die sogenannte Execution. Die Güter des großen und kleinen Werders wurden vom Oeconomen von Marienburg verwaltet, zwei Hauptgebiete aber, Bärwalde und Tiegenhof, waren allmälich ganz in fremde Hände gerathen und wurden von Tenutaren verwaltet, an die sie gegen Geldvorschuß verpfändet waren, und nur zeitweise kamen sie an die Krone zurück. Vergebens waren die Remonstrationen der Stände. Die Landesboten sträubten sich 1553 Steuern zu bewilligen und meinten der König könnte wohl auskommen ohne Contribution; wenn er nicht die Tafelgüter an Fremde verpfändete. Sie riethen sogar die verpfändeten Güter jure fisci (nach fiskallischem Recht), einzuziehen, fanden aber im Senate Widerstand (1562). Im folgenden Jahre bestritten sie der Krone das Recht, die Güter in Preußen an Auswärtige zu verpfänden. Zu Tiegenhof ist um 1570 ein Herr von Loytzen Tenutar, der dort das Schloß erbaute. 1610 sind die Gebrüder Ludwig und Melchior Weyer, die zugleich die Ober=Oeconomie von Marienburg hatten, Tenutare von Tiegenhof, das nach ihnen vom Volke damals Weyershof genannt wurde. Die Härte der Brüder gegen die Protestanten und manche andere Uebergriffe veranlaßten die Tiegenhöfer gegen sie beim Hofe Klage zu führen.

1671 sollte dem Könige sogar ein freiwilliges Geschenk von 120,000 Gulden gegeben werden, um das Tiegenhöfer Gebiet wieder an die Marienburger Oeconomie zu bringen.

1676 war Tiegenhof im Besitz des Hofjägers Grafen Gembicki. Nach ihm brachte es König Johann III. als eigenes Gut an sich, und vererbte es an Prinz Jacob, der daselbst einen schönen Garten anlegte. Prinz Jacob übertrug es wiederum an den Cardinal Primas Radziowski als Tenutarius, der es durch den Castellan Tobianski, wie dieser durch Unterstarosten verwalten ließ.

Vergebens drangen 1696 während des Interregnums die Stände bei den Wahlkonventen darauf, der König solle durch die pacta conventa dazu verpflichtet werden, die Tafelgüter Bärwalde und Tiegenhof einzulösen.

Den zweiten Gütercomplex der königlichen Oeconomie bildet Bärwalde mit Dependenzien. 1569 finden wir daselbst einen gewissen Krockau, der der Republik Polen 13,000 Dukaten vorgeschossen hatte, wofür ihm die Einkünfte der genannten Güter übertragen wurden. An ihn erinnern noch die 14 Hufen, die Krokauerfeld genannt werden.

Auf Krockau folgt der Danziger Bahr, ein polnischer Faktor, der von Sigismund III. 1591 geadelt wurde, der Erbauer von Bahrenhof, zugleich Besitzer von Marcushof († 1606). Ihm folgt als Tenutarius der Danziger Bürgermeister von Kempen, der 1642 starb, und die Güter seiner Wittwe hinterließ, der dann der polnische Kammerherr Israel Köne von Jäski folgte, sowie diesem sein Sohn, Anfangs unter Vormundschaft, später 1705 selbstverwaltend. Nach seinem Tode 1715 übernahm die Wittwe desselben die Güter und vermählte sich an den Hauptmann von Bartenstein, Kalnein. — Die alten Höfe der Ordensritter gingen natürlich auch in den Besitz des Königs über als Vorwerke. Es waren Klein=Montau mit 36 Hufen, Leske mit 25 Hufen, Kaminke mit 17, Kalthoff mit 22 Hufen, dazu kommen die zerstreuten Höfe auf den Weideländereien: Heubuden, Gurken, Herrenhagen, zusammen ein sehr ansehnlicher Gütercomplex.

Die Dörfer.

Die kölmischen Besitzungen der Werder gehörten nach wie vor als Zinshufen zum Marienburger Schloß, und wie sie vormals ihre Zinsleistungen an den Ordenstressel abgeliefert hatten, so zahlten sie sie jetzt an die königliche Oeconomie.

Die Privilegien der einzelnen Dörfer wurden unter jedem Könige bestätigt und verloren gegangene erneuert. So finden wir eine ganze Anzahl von Dorfurkunden, die nach den Originalien erneuert werden mußten, welche im herzoglichen Archive in Königsberg aufbewahrt wurden. 1476 wurde z. B. das Privilegium von Neuteich, das im großen Kriege verloren gegangen war, erneuert, 1567 das von Jonasdorf, 1591 das von Wernersdorf rc. Natürlich brachte die Erneuerung sowie die Bestätigung der Privilegien der königlich polnischen Kanzlei keine kleine Einnahme.

Auch neue Fundationen fanden noch in polnischer Zeit statt. Obenan steht die Schenkung, die König Casimir 1471 an seinen Getreuen Kosciellec verließ. Es war ein Ländereicomplex bei Marienburg, dort wo einst Warnau und der Wald gewesen, und wurde von dem neuen Besitzer Koscielicko genannt.

König Casimir erklärt in der Fundationsurkunde von 1471, daß Fürsorge für Verbesserung des devastirten Landes*) und für Besatzung

---

*) In der That war die Marienburger Gegend sehr devastirt, und viele Dörfer oder Weiler, die bis zum großen Kriege existirt hatten, sind seitdem verschollen. So Zantir, so der Hof Warnow bei Marienburg, so das bei Koscielicko erwähnte Dorf Tomischedorf; die Orte Ossin, Janussen rc.

wüster Orte mit guten Leuten, sowie Rücksicht auf die Vermehrung der
königlichen Einnahmen ihn veranlaßt habe, sein Augenmerk auf einen
wüsten Platz nahe bei Schloß Marienburg zu richten, der durch seine
vortheilhafte Lage vielversprechend sei. Hier solle ein neues Vorwerk
(villa) von Grund auf gegründet werden, und die Bauern sollten drei
Jahre Zinsfreiheit haben, alsdann sollten sie pro Hufe 6 leichte Mark
und 2 Hühner geben, aber frei von Dammlasten und Scharwerken und
Schloßarbeiten sein. Für den Krug sollte ½ Stein Pfeffer auf's Schloß
entrichtet werden. Koscielec sollte einen Schulzen einsetzen, der zu entscheiden haben sollte in allen „großen und kleinen" Sachen und gegen
jegliche Personen „wes Standes und Würde sie seien". Der Schulze
erhält 6 Freihufen und entrichtet für diese als recognitio domini.
jährlich in Summa „4 Scheffel Roggen".

Hier ist bereits eine Abweichung von der alten Regel, die in der
Ordenszeit bei Fundationen festgehalten wurde.

In dem Privilegium von Tralau fällt der Schulzenzins fort
(1470), auch die Tralauer sind frei von Scharwerken, Damm- und
Deichlasten, und erhalten ein Uebermaaß von einer Hufe, um dafür
einen Graben zu ziehen zwischen ihrem Feld und der Wiese des Leske-
Vogtes bis zur Swente, damit sie ihre Flur entwässern können. Die
übrigen erneuerten Urkunden sind den alten conform. Die Begünstigung
für Tralau wird motivirt durch die vorhergegangene Verwüstung in dem
preußischen Kriege.

Dieselben Gründe, die König Casimir bewogen, die Privilegien
einzelner großwerderschen Dörfer zu bestätigen und die Freiheiten zu
erneuern, waren auch im kleinen Werder maßgebend. Die öden Ländereien sollten wieder bebaut und die Dörfer bevölkert werden. In das
Jahr 1476 fällt die Fundation oder vielmehr die Neugründung von
Lecklau, Notzendorf, Schlablau, alle nach altem Modus und zu kulmischem Recht. Sie sollten 3 leichte Mark pro Hufe bezahlen, und die
Schulzen erhielten dieselben Rechte wie früher. Notzendorf, wo jährliche
Jahrmärkte waren, behielt seine 3 erblichen Krüge und 7 kleine Buden.
Auch Königsdorf behielt seine alten Grenzen zwischen der Paute und
den Seen Paparse und Bausde, die die Grenzen zwischen Christburg und
Marienburg bildeten (Urkunde von 1485)*). Die Zinshufen entrichteten
à ¾ Mark und 2 Hühner. Streitigkeiten der Einwohner mit Fremden
sollten ebenfalls wie früher vor das Amtsgericht gehören.

---

*) Für die Bestimmung der Grenzen wurden gewöhnlich die Geschworenen
der Werder zu Rathe gezogen.

Späteren Datums ist die Anlage der sogenannten Holländer Huben im kleinen Werder, die einen Complex von 16 Dörfern bilden: Langenau, Schwansdorf, Baalau, Hohenwalde, Thiensdorf, Marcushof, Spiringwald, Wengeln, Wengelwalde, Eschenhorst, Altrosengarth, Rosenort, Reichhorst, Sorgenort, Kniebau, Kronsnest, Schönwiese.

Das Nähere über diese Hufen folgt im Abschnitte über die Mennoniten.

Jene älteren Dörfer also hatten ihre Privilegien, und durch diese hatten die Einwohner vollen, unangreifbaren Besitztitel. Als aber das statutum Alexandri durchgeführt werden sollte, wonach von Neuem der Besitztitel revidirt werden und diejenigen Besitzer, die keinen sicheren Titel hatten, der Habe verlustig gehen sollten, da suchten die Könige dies besonders auf die entfremdeten Tafelgüter und schließlich auch auf Schulzen- und Freihufen und auf die der Müller und Krüger auszudehnen und fingen mit Einziehung derselben an, bis der Landesrath durch energische Protestationen dem Treiben Einhalt that.

Da im Laufe der Zeit eine große Anzahl Tafelgüter der Krone entfremdet worden war, so hatte bereits Jagiello's Sohn Wladislaw gelobt, keine Tafelgüter zu verpfänden, oder in die Hände von Privatpersonen gelangen zu lassen. Sein Bruder Casimir dehnte dies auf alle königlichen Güter aus und fügte die Bestimmung hinzu, daß Jeder, der auf solche Güter Geld gebe, die geliehene Summe verlieren solle. In dem Statut Alexanders von 1504 wurde bestimmt, daß wenn verpfändete oder veräußerte königliche Güter wieder eingelöst würden, so sollten sie fortan nicht wieder verschenkt, verkauft oder verpfändet werden, es sei denn zu des Landes Nothdurft mit Bewilligung des Reichstages. Unter Sigismund August wurde nun energisch mit der Realisirung des Statuts vorgeschritten und 1562 allen Besitzern königlicher Ländereien befohlen, ihre Besitztitel in der Reichsversammlung vorzulegen, damit diese entscheide, wer der Execution*) unterworfen, und wer davon frei sei. Auch auf Preußen wurde dies Edikt ausgedehnt. Da aber viele Beschwerden gegen dieses Verfahren erhoben wurden, und da die Preußen behaupteten, sie seien der Execution nicht unterworfen, so erklärte der König den Ständen, als sie ihm darüber Vorstellungen machten, es solle die Execution nicht bei Gütern eintreten, die im Besitze ganzer Gemeinden seien, sondern nur bei den Besitzern der königlichen Tafelgüter (den

---

*) Unter Execution ist die Einziehung der entfremdeten königlichen Güter zu verstehen.

Tenutaren) in Anwendung kommen. Dennoch blieben die preußischen Stände dabei, auf Preußen sei die Execution überhaupt nicht anwendbar und setzten zunächst bei König Stephan Bathory eine Milderung des Executionsediktes durch; endlich wurde 1589 durch eine Reichstagsconstitution der Adel von der Execution befreit, die Städte waren ganz übergangen worden.

Die Abgaben und Dienste.

Die von den Hufen zu zahlenden Abgaben blieben zunächst dieselben wie zur Ordenszeit und wurden höchstens später nach dem Guldenfuße normirt. Ebenso blieben die Dienstleistungen und Schaarwerke für's Schloß dieselben. Höchstens traten Erleichterungen ein, wenn einzelne Gegenden von unvorhergesehenen Unglücksfällen betroffen worden waren. Die Schaarwerke für's Schloß waren unbestimmt. Wenn daran etwas zu bauen war, mußten die Werderauer die Materialien dazu anfahren.

Auf den Vorwerken mußten sie ackern, ernten, auch das Getreide nach dem Schlosse fahren. Im Winter fuhren sie das Holz aus dem Rehhöf'schen Revier nach dem Schlosse.

Die nun gegründeten, oder wieder neu besetzten Dörfer hatten in Bezug auf Dienstleistungen nach einer speziell für die Werder erlassenen Verordnung König Kasimirs bedeutende Erleichterungen. Sie waren theilweis von Dammarbeiten, besonders aber von allen Schaarwerken, die in der polnischen Zeit mit dem Gesammtnamen szarwarki zulawskie (d. i. Werderschaarwerke) bezeichnet wurden, befreit und zahlten pro Hufe drei leichte Mark, einen Scheffel Weizen und einen Scheffel Roggen.

Allmälich aber wurde bei Erneuerung der Privilegien ein anderer Modus angenommen, die Hufen zahlten ein Pauschquantum, und seit der Mitte des sechszehnten Jahrhunderts hatten die Besitzer außer dem alten Zins, der freilich für die Zeit, bei der Verschlechterung der Münze durchaus unzureichend war, noch einen sogenannten „neuen Zins" zu bezahlen. Bei anderen Bauern, die sehr verwüstetes Land oder nie angebautes Sumpfland besetzten, wurden billigere Rücksichten genommen. 1537 z. B. wurden in den Grenzen des Dorfes Sommerau verschiedene durch Ueberschwemmung wüst gelegte Hufen, da sie Niemandem gehörten, vom Schatzmeister Stanislaus Kostka, als Königlichem Kommissar, an die Bewohner von Altfelde, Katznase und Schönwiese verkauft. Die Bewohner sollten die Wüsten roden, Gräben ziehen ꝛc. Der König verlieh den Hufen kulmisches Recht, dafür sollten die Bewohner aber jährlich drei leichte Mark zahlen und Schloßschaarwerk und Dammarbeiten leisten, gleich anderen

Einwohnern im Werder. Die Pr. Königsdorfer erhielten 1595 fünf sumpfige und nur zu Weide brauchbare Hufen frei von allen außerordentlichen Kosten für ein Mark Zins pro Hufe. In ähnlicher Weise wurden 1516 auf dem Königsdorfer Gebiet gelegene 6 Hufen, Liebenthal genannt, am Gebirge gelegen, „ein todt Gebruch" mit Rohr und Dornstrauch bewachsen und häufig von den bergabströmenden Regenwassern ꝛc. überschwemmt, den Einwohnern von Königsdorf für einen ewigwährenden Erbzins von 50 Mark, ohne jegliche anderweitige Verpflichtung überlassen. Es ist dies das erste Beispiel ausdrücklich erwähnten Erbzinses.

Die Bewohner von Jonasdorf erhielten 1567 ihr Privilegium, das 53 Jahre vorher verbrannt war, erneuert und zahlten fortan für die zinshaften Hufen 139 Mark à 20 Gulden als Pauschquantum, nach der Zahl der Hufen, „wie es einen Jeden trifft, wie es von Alters der Gebrauch gewesen."

Ein Beispiel der Zinserhöhung nach vorhergegangener Revision durch Königliche Kommissare bietet Thiergart. Die Bewohner zahlten: für 52 Zinshufen an altem Zins 80 Mark, ferner je 2 Zinshühner à 2 Gulden — 10 Mark 10 Gulden, Holzzins 18 Mark 7 Gulden 9 Pfennig. Der neue Zins beträgt 131 Mark 5 Gulden.

Aehnliche Beispiele sind in großer Menge vorhanden.*)

Genaue Vermessungen wurden durch Königliche Revisoren vorgenommen und das Uebermaß mit zum Zins herangezogen, so z. B. Lecklau 1619, wo 25 Morgen Uebermaß ausgemessen wurden.

Den Mielenzern wurde bei der Privilegserneuerung 1553 auferlegt pro Hufe drei Mark und zwei Zinshühner zu liefern, das Schloßschaarwerk sollte bleiben, das Heuschaarwerk fortfallen, dafür sollten aber 20 Mark jährlich gezahlt werden, die Schulzenhufen sollten zahlen jährlich 2½ Scheffel Roggen und ebensoviel Weizen.

Die Vorwerke und Zinsdörfer.

Die ehemaligen Ordenshöfe waren in der polnischen Zeit Schloß-Vorwerke, die Zahl derselben war aber geringer als in der Ordenszeit, da mehrere derselben in fremden Besitz übergingen, so die Hufen von Dorrenfeld (die geistlichen Hufen auf dem Willenberger Felde), die Hufen von Sandhof oder Neuhof u. a. m. Die ehemaligen Gärtnerdörfer am Damm wurden Zinsdörfer, mit gewissen Schaarwerkslasten für das Schloß;

---

*) Von dem neuen Zins waren aber die freien Amtshufen der Geschworenen, Aeltesten, Landboten und Schulzen frei (vide Privilegium Sigismund III. 1616 in der Lade der Groß-Werber-Commune sub Nro. 30).

an Stelle des alten wahrscheinlich im Kriege devastirten Gärtnerdorfes Tamme erhob sich später Kaminke. Die beiden bedeutendsten dieser Dörfer sind Blumstein und Tragheim. Blumstein erhielt 1597 sein verloren gegangenes Privileg erneuert, in welchem die Bewohner zu folgenden Dienstleistungen verpflichtet worden:

Sie sollen jährlich 1½ Hufen und 3 Morgen zur Winter- und Sommersaat bestellen, besäen, das Getreide darauf hauen und es in der Aufzeit in die Scheuern des nächsten Schloßvorwerks bringen, wofür sie die 10. Garbe vom Wintergetreide bekommen; 2) sollen sie von 2 Wiesen das Gras hauen und es auf den Schoppen bringen, ferner die Hälfte des Düngers aus Koscelicke auf die Brache fahren und streuen; 3) sollen sie die Hälfte des in Koscelicke gedroschenen Getreides zu Schlosse fahren; 4) den halben Zaun in dem Kumst- und dem Herrengarten, und ebenso den halben Zaun von der Trift am Hofe bis zum Roßgarten erhalten und erneuern. Das dazu nöthige Strauchwerk und das Holz sollen sie aus dem Rehhoffschen Walde anfahren; 5) sollen sie die Hälfte der Raufen in den Ställen von Koscelicke erhalten, resp. neu machen, die Hälfte des Kumstgartens bepflanzen und daselbst setzen, weiden und häufen; 6) sollen sie die Hälfte der Schafe von Kaminke waschen und scheeren, die Hälfte Bauholz zum Schoppen aus dem Walde holen, die Scheuer in Koscelicke bauen und 3 Fuder Kien zum Schlosse fahren. Die andere Hälfte der Arbeiten war den Tragheimern aufgebürdet.

Die Blumsteiner sollten für 15½ Höfe frei jährlich 87½ Mark Zins und 26 Zinshühner liefern, von ihrer Wiese jährlich 10 Mark. Die 1½ Schulzenhufen sollten frei von Zins und Schaarwerk sein.

Für diese Schaarwerke sollten sie aber frei sein von dem „neuen Zins". Die Tragheimer sollten pro Hufe 6 Mark und 45 Scheffel Hafer an's Schloß liefern, von letzteren jeden mit 5 Schillingen vergütigt, ferner 46 Zinshühner.

Wenn Hufen von den polnischen Königen an einzelne Personen wegen besonderer Verdienste verliehen wurden, so traten oft bedeutende Begünstigungen ein. Als z. B. Casimir im großen Kriege um Marienburg lagerte, machte sich in Wernersdorf ein Besitzer Hans Conrad um die polnische Sache sehr verdient. Er erhielt dafür vom Könige durch ein im Lager vor Marienburg ausgestelltes Privileg Freiheit von Zins und von Schaarwerk für seine Hufen. Die Hochmeister hatten in der letzten Zeit der Ordensherrschaft ihre Getreuen ähnlich belohnt; so hatte der Hochmeister Ludwig von Erlichhausen 1456 dem Jacob Meyer in Wernersdorf in Anerkennung seiner treuen Dienste für 3 Hufen den Zins und die Schaarwerke erlassen. Der treue Mann hatte bei dem Umschwunge der Dinge, als die Polen das Werder besetzt hatten, nichts Eiligeres zu thun, als diese Urkunde von Johann Casimir bestätigen zu lassen. Denn Casimir hatte versprochen alle früheren Privilegien aufrechterhalten zu wollen. Auch getreue Fremde wurden schon damals mit Hufen belohnt: wie Koscielec die wüsten Warnauer Hufen bekam, so erhielt Christian von Czeste 5¼ Hufen in Siemonsdorf, für die er nur Kriegsdienst mit leichten Waffen, so oft dies nöthig wurde, und die Dammarbeiten leisten sollte, er sollte eximirt vom Marienburger Gericht sein und unmittelbar unter den königlichen Gerichten stehen. In demselben Dorfe erhielt ein gewisser Weberfeld, 1565 von König Sigismund August Freiheit von Schloßarbeiten und Dammlasten für 8¼ Hufen.

Kriegsdienst.

Zum Kriegsdienste waren die Bewohner nach den Bestimmungen der kulmischen Handveste verpflichtet, d. h. sie mußten zu den Fahnen sich gestellen, wenn die preußischen Landesgrenzen bedroht waren. Die polnischen Könige und Stände dehnten dies freilich auf das ganze Land aus, aber mit hartnäckiger Beharrlichkeit wiesen es die preußischen Stände von sich, wenn man dem Landtage zumuthete, Truppen zu den polnischen Kriegen gegen Ungarn oder Tataren zu stellen. Preußen, meinten sie, habe sich an Polen geschlossen, nicht um die Krone zu schützen, sondern um von der Krone beschützt zu werden. Eine solche Art einseitiger Verbindung ohne Gegenseitigkeit ist an und für sich widersinnig und kann nicht im Sinne des Hauptcontrahenten, König Casimirs, gelegen haben, aber auch der Wortlaut des Incorporationsprivilegiums spricht nicht für die Auffassung der Stände. Der König sagt darin, nachdem er versprochen des Landes Rechte zu erhalten: hoc dumtaxat pro nobis et successoribus nostris excipiendo et reservando, quod quilibet dignitarius et Terrigena Terrae Prussiae ad bellicam expeditionem quotiescunque necessitas exoptaverit illam per Nos et successores Nostros indici, in armis et equis decentibus, quilibet juxta continuationem privilegii et tenorem; alias qui careret privilegio secundum facultatem bonorum suorum servire erit et obligatus et obstrictus prout et alii incolae nostri regni ad hoc ipsum obligantur servitium. Hier ist offenbar allgemein von Krieg und nicht von einem Angriffskrieg auf Preußens Grenzen die Rede, auch werden die Preußen den Polen in Bezug auf Kriegspflicht völlig gleichgestellt. Stellten die Stände aber wirklich Truppen, so belief sich ihre Anzahl auf 600—800 Mann, wozu noch eine Anzahl Söldner geworben wurde. Nur wenn das eigene Land bedroht war, trat die volle Kriegspflicht ein. Dann saß die Ritterschaft des Landes auf, sammelte sich „mit gesammter Hand" unter Straßburg und erwartete im Lager den Zuzug der übrigen Heereshaufen. Die Wojewoden riefen die kriegspflichtigen Mannschaften des Amtsbezirks auf die bestimmten Musterplätze (für die Marienburger Wojewodschaft war es gewöhnlich Christburg) und zogen mit den Schaaren geleitet von dem Fähnrich der Wojewodschaft zu dem allgemeinen Sammelplatz der Landeswehr, nach dem Lager bei Straßburg. Sechs Wochen lang sorgten die Landstände für den Unterhalt der Truppen und der Söldner, hierauf übernahm das Reich die Verproviantirung. Zu solchen Extremitäten kam es freilich in der Zeit vor den Schwedenkriegen kaum, erst seit jenen Kriegen wurde die kriegsfähige Mannschaft des Landes häufiger in Anspruch genommen.

Zum Schutze des Landes mußten dann nach der Zahl der Hufen Land-Milizen gestellt werden, die die Besatzung der Festen übernahm, sie hießen wybrancy. Zuweilen wurde statt der Soldaten Geld gegeben und zwar pro Mann 60 Gulden (1671).

Aber eine Last, die man früher nicht kannte, oder doch erst seit den letzten Jahrzehnten der Ordensherrschaft kennen lernte, wurde den Unterthanen zuweilen sehr drückend: die Unterhaltung der angeworbenen Söldner und des polnischen Militairs, das wenn es nach Preußen kam, gewöhnlich in der Nähe Marienburgs, besonders in den fruchtbaren, weidenreichen Werdern einquartirt wurde; drückend waren ferner die Poborren oder Brotgelder, die für das polnische Militair aufgebracht werden mußten, und die bei etwaigen Rückständen auf Executionswege von den Soldaten eingeholt wurden. Diese Unterhaltungsgelder für die Truppen sind nicht fest zu bestimmen, da die Accise gewöhnlich zugleich mit erhoben wurde, 1648 betrugen die Poborren sammt Accise 30,000 fl. Auch die Poborren wurden zuweilen doppelt, vierfach ꝛc. gegeben.

Zur Bezahlung der geworbenen Truppen gebrauchte das Land Geld, und die zu diesem Behufe aufgebrachten Steuern, die unter den letzten Hochmeistern so vielen bösen Willen im Volke erregt hatten, waren auch jetzt nicht angenehm, aber die Stände bewilligten trotz der fortdauernden Proteste der Städte, denn in den Landständen gewann allmälig der Adel das Uebergewicht, und ein großer Theil des Adels war polnisch gesinnt.

Aber nicht bloß für solche Eventualitäten war Geld aufzubringen, auch Steuern anderer Art wurden erhoben, die das Land früher nicht gekannt hatte. Preußen bildete einen Theil der Kronlande Polens und so sehr sich die Stände sträubten, seine Steuerverhältnisse mit denen Polens vermischt zu sehen, konnten sie sich doch vernünftiger Weise nicht ganz dagegen verschließen beizusteuern, wenn das ganze Land in drohender Gefahr war und bedeutender Geldmittel bedurfte. In solchen und ähnlichen Fällen mußten die Landtage, wenn auch unwillig und mit vielem Sträuben, doch die Auflagen bewilligen. Die gewöhnliche Art, eine Summe Geldes für das Reich aufzubringen, war die Bewilligung des Hufengeldes und der Malzaccise. Für die Städte, in denen der Brauereibetrieb bedeutend war, fand man die Malzsteuer bequem, für die Landschaft dagegen das Hufengeld. Das Hufengeld wurde je nach Bedürfniß vergrößert oder verringert, als Minimum von der Hufe wurde 1 Gulden bezahlt, nur 1593 setzte der Landtag das einfache Hufengeld auf 15 Gr. ($\frac{1}{2}$ fl.) pro bebaute und $7\frac{1}{2}$ Sgr. für die unbebaute fest; war die aufzubringende Summe groß, so bewilligte man eine doppelte, vierfache 2c. Hufenabgabe. Als Beispiel mögen einige Bestimmungen aus dem Contributions-Universal von 1609 hier stehen. Nach demselben sollte gezahlt werden von allen Hufen, die der Plebane allein ausgenommen, nicht aber die Schulzen-Freihufen, 1 fl., von den wüsten Hufen $\frac{1}{2}$ fl. (15 Gr.), dagegen von den Inselhufen, von den Werderhufen und den Weiden an Weichsel und Nogat 2 fl. Landbesitzende Gärtner sollten $\frac{1}{2}$ Gr., besitzlose 4 Gr. und Instleute, die kein Vieh hatten, auch 4 Gr. zahlen. Tabernatoren (Krüger), die Brauereigerechtigkeit besaßen, zahlten 8 Gulden, die anderen, die nur gepachtet hatten, 20 Gr., Mühleneigenthümer zahlten vom Rade je 2 Gulden, Mühlenpächter nur einen.

Aehnlich war es mit der Malzsteuer (accisa polentaria), die von den einzelnen zur Brauerei und Brennerei verbrauchten Scheffeln Malz erhoben wurde und natürlich weniger sicher und gleichmäßig war als die Hufenabgabe. Auch hier wurde nach Bedürfniß eine doppelte oder dreifache 2c. Malzsteuer bewilligt. Der gewöhnlichste Satz war pro Scheffel 2 Schilling, also betrug die dreifache Steuer 6 Schillinge. Die dreifache Malzsteuer wurde dem Ertrage nach gewöhnlich der einfachen Hufensteuer (à 1 Gulden) gleichgesetzt. Zuweilen wurden sechszehnfache, einmal sogar eine sechsundvierzigfache Malzsteuer laudirt (beschlossen).

Die Contributionen zahlten die Insassen des Werders an den Oeconomen in Marienburg, wenn dieser zugleich Schatzmeister war;

waren aber beide Aemter getrennt, so zahlten sie an den Schatzmeister daselbst.

Auch manche andere Lasten wurden dem Lande aufgebürdet, die gegen die verbürgten Privilegien verstießen, aber immer mit den Bedürfnissen des Reichs entschuldigt wurden. Zu den unangenehmsten dieser Lasten gehörte der Zoll am weißen Berge und am Haupt, der 1578 unter Stephan eingerichtet wurde, trotz aller Widersprüche der Stände; 1586 wurde er zwar für einige Zeit aufgehoben, aber bald wieder erneuert, ja 1589 errichtete der Zollpächter vom weißen Berge zu Fürstenwerder eine neue Zollbude, und da auf alle Vorstellungen bei Hof nur leere Versprechungen folgten, so verjagten ihn schließlich die Danziger mit gewaffneter Hand. Auch bei Bärwalde zeigte sich 1590 ein Zöllner ohne Mandat, den aber die Bauern verjagten.

Der Handel litt natürlich unter dem ziemlich willkürlichen Zolle, mehr aber noch durch die beständigen Visitationen der auf- und abgehenden Fahrzeuge, wobei die Zollpächter es nicht an frechen Gewaltthätigkeiten fehlen ließen, gegen die kein Rechtsweg, sondern höchstens Klage bei Hofe half. Viele dieser Zöllner kamen unautorisirt in's Land und suchten sich zu bereichern, wie jener von Bärwalde, oder sie erschlichen Zollmandate. So klagten 1590 die Leute, welche im großen Werder Getreide aufkauften, um es nach Danzig zu verfahren, daß ein gewisser Rodzinski aufgetreten sei, der da vorgäbe, vom Schatzmeister zur Zollabnahme autorisirt zu sein. Der freche Mensch übte sowohl auf der Weichsel, als auf dem Lande eine völlig tyrannische Gewalt, nahm den Verkäufern, die sich zu zahlen sträubten, die Kähne, oder Pferde und Wagen fort und gab sie nur gegen Bezahlung los. Der Landtag beschloß, nach vergeblichen Klagen bei Hofe — dem Manne Vorstellungen zu machen! Dies ein Beispiel preußischer Rechtszustände unter der Polen-Herrschaft!

Die Rechtsverhältnisse.

Als Casimir die Regierung des Landes Preußen übernahm, hob er alle übrigen Rechte auf und ließ nur, um einen einheitlichen Rechtszustand zu erzielen, das kulmische Recht bestehen. Von den ordentlichen Gerichten sollte die Appellation an den Rath des Landes oder an die Landtage gehen; erst später kamen die Appellationen an den königlichen Hof auf.

Der Adel, wegen des flämischen Erbrechtes mit dem kulmischen Rechte nicht zufrieden, erwarb 1521 zu Danzig vom Könige bedeutende Privilegien, gegen die aber die Städte nicht aufhörten zu protestiren.

Vor allen Dingen forderte man Abdruck des bisher nur schriftlich vorhandenen culmischen Rechtes mit den durch die Zeit nothwendig gewordenen Veränderungen. Schon 1526 hatte Sigismund eine Commission bestellt, die zu Marienburg das culmische Recht sammeln und drucken lassen sollte.

1534 hatte der herzogliche Secretair Reinke ein Exemplar in einer Bibliothek gefunden, und dies sollte zu Grunde gelegt werden. Seit 1534 wird auf jedem Landtage auf Revision und Zusammenstellung des Rechtes gedrungen. Natürlich mußten die verschiedenen seit der polnischen Besitznahme erlassenen Gesetze mit in Betracht gezogen werden, sowohl die Landtagsbeschlüsse als die Bestimmungen der Könige. Endlich wurde 1540 die erste Revision des culmischen Rechtes vollendet. Doch neue Rechtsfragen kamen hinzu, die noch zu berücksichtigen waren.

Des vielfachen Mißbrauchs der Appellation an den Landtag wegen baten 1541 die Räthe den König, die Appellationen sollten an den Hof gehen.

Die kleinen Streitigkeiten zwischen dem Adel und den kleinen Städten boten neuen zu verarbeitenden Stoff dar. Der Herzog von Preußen ließ schon 1549 eine Abschrift des culmischen Rechts überweisen. Diese wurde nun einer Revision unterworfen.

1553 waren endlich 2 Bücher definitiv revidirt; 1566 hatte man das Recht bis auf wenige Artikel, über die man mit den Herzoglichen nicht einig war, revidirt.

Die definitive Revision verschob sich aber wieder bis 1578; da aber kamen die vergeblichen Versuche der Preußen, ein eigenes Tribunal zu bekommen, dem Abschluß der Arbeit hindernd in den Weg.

In dieser Zeit war auch entweder von Kleefeld oder von Schütz eine lateinische gute Redaction des culmischen Rechts erschienen. 1568 ließen die Schöppen von Graudenz die Kleefeldsche Arbeit abschreiben und diese Copie wird die „erste Correctura" genannt. Aber sowohl diese 1585 revidirte Zusammenstellung, wie auch die Neumarker Revision von 1580 stießen beim Adel auf Widerstand. 1594 reichten die Adeligen ihr eigenes Recht ein und waren nicht davon abzubringen, die Städte aber hielten sich an die Neumarktsche Revision.

Neue Bearbeitungen des culmischen Rechts, von Niewleczynski und Heidenstein, wurden 1598 revidirt. Der Adel aber trennte sich ganz von dem alten culmischen Recht. Wieder verlangten 1603 die Thorner endliche Festsetzung einer Norm des culmischen Rechts und nach dieser letzten Revision, obgleich sie keine königliche Bestätigung hat, ward in Preußen geurtheilt, selbst der Adel fügte sich demselben, so weit nicht adlige Interessenten im Spiele waren. Für sich hatte er das jus terrestre Nobilitatis Prussiae correctum das als Corectura 1598 von den Reichsständen approbirt und 1599 in Thorn gedruckt wurde. Die bischöflichen Städte hielten sich an das polnische Exemplar des kulmischen Rechts. Daß in der That die Gerichte nach dem kulmischen Rechte urtheilten, geht aus einer ganzen Anzahl von Entscheidungen des Marienburger Oeconomie-Gerichtes hervor, in denen die einschlagenden Paragraphen des jus culmense angeführt sind.

Rechtsbestimmungen des neuen Kulm.

Im Allgemeinen gleichen die Bestimmungen des neuen kulmischen Rechts den entsprechenden Artikeln des alten Kulm, nur sind sie genauer gefaßt. Viele Artikel mußten aber natürlich, da sie den veränderten Zeiten nicht mehr entsprachen, fortgelassen, andere mit den Grundsätzen der vorgeschrittneren Humanität in Einklang gebracht werden, was besonders bei dem Strafrecht der Fall war.

Die Gottesurtheile des Feuers und Wassers z. B. hatte schon die Kirche als gottlos verworfen, und diese fielen naturgemäß fort.

Das Wehrgeld blieb wie früher bei unvorsätzlichen Verwundungen und Tödtungen. Das ganze Wehrgeld betrug 24 Mark pr. (à 20 Groschen, der Groschen à 18 Pfennige) was freilich bei den damaligen schlechten Münzverhältnissen sehr gering war. Bei muthwilligen Verwundungen mußte der Thäter Schmerzensgelder und Heilkosten zahlen und als Friedensbrecher „die Hand bestanden oder ewig verwiesen" sein. Vorsätzlicher Raub ward mit dem Schwert, Raub an Vieh auf der Weide oder aus dem Stall wurde mit dem Strange bestraft, gewaltsame Entführung mit Hauptabschlagen, Ehebruch verheiratheter Personen an beiden mit dem Tode bestraft. Daß bei Ehebruch in der That so hart entschieden wurde, beweist der 1616 zu Marienburg verhandelte Prozeß gegen Niclas Borglus aus Katznase, der wegen Ehebruchs verhaftet und zu Tode verurtheilt worden war, und nur durch die Fürbitte der eigenen Frau und nach den bündigsten Versicherungen fortan seiner Frau treu bleiben zu wollen, wieder freigelassen wurde (vide Acten des Oecon.-Gerichts von 1616).

Die Acht durfte nur in Sachen verfügt werden, die an Hals oder Hand gehen, und nur in solchen Fällen war die scharfe Frage (die Folter) erlaubt, sollte aber gelind ausgeführt werden.

Mordbrenner und Zauberer wurden entweder an den Stellen wo sie gefrevelt hatten, verbrannt, oder im nächsten größeren Dorfe.

Viele ergänzende Gesetze betreffend die Jagd und das Tragen von Waffen; Treibjagden in den Wäldern waren dem Adel, den Starosten und Wojewoden verboten. Den Bauern war das Jagen überhaupt verboten bei harter Strafe, nur Wolfsgruben durften sie anlegen. Wer die Büchse im Walde benutzte, zahlte 100 Dukaten Strafe, Bauern durften, außer wenn sie von der Obrigkeit zur Landwehr, oder von den Herren zur Jagd aufgeboten waren, kein Gewehr tragen, der Schulz dagegen durfte in seiner Eigenschaft als Obrigkeit Waffen tragen.

Sehr zahlreich sind die Bestimmungen über das Verhältniß der Dienstboten. Kein Knecht oder Magd soll bei harter Strafe, ohne Bescheinigung von ihrer früheren Herrschaft, aufgenommen werden. Haben Dienstleute zugesagt und den Gottespfennig (Aufgeld) genommen, so müssen sie in den Dienst treten, weigern sie sich, so „sollen sie doppelt so viel dem Herrn verfallen sein, als sie gemiethet sind" und das Doppelte des Aufgeldes wiedergeben; ferner im nächsten Schloß ein halbes Jahr in Eisen arbeiten. Den Dienst sollten sie aushalten und durften erst acht Wochen vor Ablauf der Zeit kündigen. Nach Ablauf der Zeit soll Niemand ohne Dienst vierzehn Tage herumgehen, es sei denn, daß er in's elterliche Haus ziehe.

Tagelöhner dürfen bei Strafe von 3 Mark vom Arbeitgeber kein Essen erhalten, dagegen sollen Gärtner, die dem Herrn arbeiten, Essen und 2 Schillinge Lohn pro Tag haben; Drescher bekommen den vierzehnten Scheffel; wer keine Gärtner zur Arbeit hat, soll Drescher miethen, ohne ihnen Essen zu geben.

Entlaufene Bauern sind einzuliefern, Müssiggänger werden auf ein Vierteljahr eingesperrt. Die Bestimmungen über Viehweiden, Viehaustreiben, Schaden, der durch Vieh zugefügt, sind dieselben, wie sie oben zur Zeit der Ordensherrschaft dargestellt wurden. — Auf richtiges Maaß und Gewicht wurde streng gehalten und Fälscher desselben mit Stäupen und Verfall der Waare bestraft. Luxus und Spiel waren ebenfalls bei Strafe verboten.

Langwierige Unterhandlungen mußten ferner gepflogen werden wegen des Betriebs einzelner Gewerbe und des Handels auf dem Lande. Ritterschaft, große Städte, kleine Städte, Dorfbewohner, alle diese waren in beständigen Reibungen und verklagten sich gegenseitig.

Drei Punkte gab es besonders, über die die kleinen Städte und besonders die Bewohner des Landes zu klagen hatten: die Bierbrauerei, den Getreidehandel und den Kleinhandel auf dem Lande.

Die kleinen Städte, welche Braugerechtigkeit hatten, klagten, daß auf dem Lande zu viel Bier gebraut und ausgeführt, ihr Gewerbe und ihr Handel also beeinträchtigt werde, und die Elbinger klagten 1537 über das übermäßige Bierbrauen und den Kornhandel der Werderaner, wodurch Elbing geschädigt wurde, die Krüger auf dem Lande klagten, daß die Adligen und die Starosten mit Bier bedeutende Geschäfte machten; selbst über die Klöster und deren Insassen ergingen dieselben Klagen, bis diese Angelegenheiten endlich definitiv regulirt wurden. Die Bestimmungen des kulmischen Rechts hierüber sind folgende: Kein Starost oder Verwalter königlicher Güter soll mehr Bier brauen, als zu seines Tisches und des königlichen Vorwerks Nothdurft gehört, dagegen soll er ja nicht Bier selbst schenken oder in die Krugwirthschaften geben. Das Recht des Bierverkaufes im Großen soll bei den Städten bleiben, daher sollen auch die Krüger und Bauern der Dörfer kein Bier brauen, bei 10 Mark Strafe, es sei denn, daß sie von Alters her die Berechtigung hätten, doch auch dann nur zu ihres Kruges oder zu ihres Tisches Bedarf und nicht etwa, um es in halben oder ganzen Tonnen zu verkaufen. Neue Brauereien sollten in den Dörfern nicht gestattet werden. Der Adel dagegen dürfte, nach dem 1542 zwischen Adel und kleinen Städten getroffenen Uebereinkommen Bier brauen aus eigenem Gewächs und von dem, was die Unterthanen an Zinses Statt zahlten. Ebenso wurde es mit dem Branntweinbrennen gehalten. Für die Werder waren diese allgemeinen Bestimmungen ziemlich überflüssig, da jeder Krüger in seinem Kaufkontrakt strenge Weisung hatte, woher er Branntwein und Bier beziehen sollte. Er durfte dies nur aus den königlichen Brauhäusern der Oeconomie Marienburg, also dem Brauhause zu Marienburg, Thörichthof, Montau und den Branntwein aus dem Brauhause des Marienburger Schlosses.

Die Bestimmungen für die Krüge sind dieselben, wie in der Ritterzeit, und die meisten Krugurkunden sind nach dem Muster der ältesten uns erhaltenen, der von Schönau, aus dem Jahre 1391 ausgefertigt.

Die Zahlungen der Krüger richten sich nach der besseren oder schlechteren Lage des Kruges, nach dem dazu gehörigen Acker 2c. So zahlte der Krüger von Rothebude (Königsdorf, Urkunde 1596) jährlich 3 Mark an das Schloß, 1 Mark an die Gemeinde; der von Barendt 8 Mark, der von Biesterfelde 4 Mark; 3 Mark ist aber gewöhnlicher Zinssatz.

Darnach waren auch die Preise der Krüge verschieden, der Durchschnittspreis war 300 Mark. Einzelne Krüger hatten außer dem Schankrecht auch noch die Berechtigung Häkerwaaren zu halten, wie z. B. das

Privilegium für den Lesewitzer Krug besagt (1615), bei anderen Urkunden war ausdrücklich erwähnt, die Krüger sollten bei Strafe von 20 fl. nicht durch Verkauf von Häkerwaaren den Hakenbüdnern Einbuße verursachen.

In Bezug auf Handel wurde auf vielfache Klagen der kleinen Städte gegen das Aufkaufen des Getreides von Seiten der Starosten, Adligen und besonders der Juden bestimmt: Kein Adliger und kein Bauer sollte mit Getreide oder anderen Waaren handeln, dieser Handel vielmehr den Städten überlassen sein. Ebensowenig dürften sie per Kahn Getreide und Salz ausfahren. Die Bürger großer und kleiner Städte durften Schiffe und Kähne halten und die Landleute ihnen ihr eigenes Getreide oder Zinskorn zum Verschluß übergeben, nach welcher Stadt sie wollten, bei der Rückfahrt durften sie aber im Kahn nur Waaren laden, die zu des Hauses Nothdurft gehörten; mehrere Dörfer des kleinen Werders hatten aus alter Zeit das Recht, ihr eigenes Getreide auf den Gewässern zu verfahren. 1529 wurde dies Recht auf alle Besitzer im Werder ausgedehnt. Kein Bürger durfte auf Adels- oder Bauernhöfen, bei Verlust des Wagens und der Pferde, Getreide aufkaufen, vielmehr sollte Alles nach der Stadt gebracht werden (Landessatzung von 1537). Auf den Dörfern sollten keine Jahrmärkte sein, sondern in den Städten. Diese letzten Bestimmungen modificirten sich später.

Im vorigen Jahrhundert nämlich war im großen Werder jährlich am Palmensonntage in Groß-Lichtenau Jahrmarkt nach der Predigt, im kleinen Werder an demselben Tage zu Notzendorf, und am Sonnabend vorher zu Lichtfelde. In Neuteich war außerdem viermal jährlich Markt, in Tiegenhof zweimal. Um den Handel der kleinen Städte zu schützen, waren strenge Gesetze gegen das Hausiren erlassen. Die Juden, die nach alten Gesetzen eigentlich im Lande gar nicht gelitten werden sollten, seit Sigismund August aber sich allmälig eingebürgert hatten, durften keinerlei Waaren aufkaufen und ausführen, bei Strafe von 50 Gulden und Verlust der Waare, ebensowenig sollten herumziehende Schotten und Haudelkrämer gelitten werden.

Häkerei und Kram sollte in den kleinen Städten den Städtern überlassen bleiben, die Schloßbeamten aber sollten durchaus nicht mit Waaren oder Lebensmitteln handeln.

Zu diesem Gesetze hatten die polnischen Beamten, besonders die Beamten des Marienburger Schlosses Veranlassung gegeben, die mit gewohnter Willkür die Rechte der Stadt verletzten.

Schon in der Hochmeisterzeit war das Recht, Gewerbe und Handel zu treiben, Bier und Branntwein zu schenken ꝛc. den Bürgern reservirt gewesen, und in dem ersten Jahrhundert der Polenherrschaft hatten die Marienburger Bürger auch über keine Verletzung ihrer Privilegien zu klagen. Seit der Mitte des 16. Jahrhunderts aber fingen die zur Schloßgarnison gehörenden Haybucken die an den Thoren des Schlosses in Baracken wohnten, an, nebenher Bier zu schenken und bürgerliche Gewerbe zu treiben. Die Bürger beschwerten sich hierüber bei Hofe und König Sigismund August verbot dergleichen Uebergriffe der Schloßbewohner aufs Strengste (1564). Etwa 20 Jahre später wagte es eine Anzahl Schotten*) sich auf den Schloßgründen niederzulassen und sie wurden in Ausübung bürgerlicher Erwerbszweige von dem Oeconomen geschützt, der daraus seinen Nutzen zog. Von Neuem beschwerten sich die Marienburger und König Sigismund III. befahl dem neu ernannten Oeconomen Stenzel Kostka 1590, der Stadt ihr Recht zu verschaffen. Kostka hob sogleich 1591 alle Weinschenken an der Nogatseite auf dem Vorschloß auf, 1592 auch alle Krämergeschäfte an der Binnenseite des Vorschlosses und ließ die Buden der Lakenhändler und Handwerker einreißen. Sein Nachfolger dagegen concessionirte von 1609—1623 wieder allerhand Gewerbetreibende auf dem Vorschloß, wofür sie nominell nur eine Kleinigkeit an die Lorenzkirche jährlich zu zahlen hatten, aber die königliche Confirmation derselben ließ er sich gut bezahlen. Auf wiederholte Beschwerde der Bürger erließ Wladislaus IV. ein Universal (1636), worin den Beamten eingeschärft wurde, die privilegia der kleinen Städte von 1593 auf's Strengste zu beachten und nicht dagegen zu handeln. Auf dem Lande hatten außer einzelnen Krügern nur privilegirte Hakenbüdner das Recht mit Waaren zu handeln, gegen einen mäßigen Zins (oft nur 4 Mark) und bei voller Lastenfreiheit. Auch sollten keine anderen Handwerker auf den Dörfern gelitten werden als Hufschmiede und höchstens Schneider. Letztere aber nur in Dörfern, die mindestens eine Meile von der Stadt entfernt seien, und sie mußten sich zum Gewerke der nächsten Stadt halten (Ges. 1592). Aber Handwerker und Künstler dürfte jeder Besitzer nach eigenem Bedarf in seinem eigenen

---

*) Im 16. Jahrhundert waren viele Fremdlinge, die ihre Heimath aus politischen oder religiösen Gründen hatten verlassen müssen, nach Preußen gekommen, wo sie sich, da sie als Fremde in den Städten nicht das Niederlassungsrecht erwerben konnten, auf dem Lande als Hausirer umhertrieben, oder als Krämer und Höker in den Vorstädten und auf Schloß- oder geistlichen Gründen niederließen. Es waren Brabanter, Engländer, aber überwiegend Schotten, daher auch die ganze Klasse dieser Leute den Namen Schotten bekam, und als ihnen bei Danzig die bischöfliche Vorstadt eingeräumt wurde (1537), erhielt sie den Namen Schottland.

Hause halten (Ges. v. 1636). Für Erleichterung der Communication geschah sehr wenig; die Erhaltung der Wege lag den angrenzenden Besitzern ob. Die Zahl der Brücken und Fähren hatte sich seit der Ordenszeit nicht vermehrt.

Brücken und Fähren.

Die Marienburger Nogatbrücke wurde 1466 vom König Casimir der Stadt übergeben, und der König ließ der Stadt auch das zur Unterhaltung derselben nöthige Holz in den königlichen Forsten anweisen. Zur Bestreitung der übrigen Unkosten schenkte er der Stadt den Zins vom Dorfe Vogelsang, erließ auch ferner von den 70 Mark, die die Stadt an's Schloß zu zahlen hatte, die Hälfte. Sein Sohn Johann Albert bestätigte 1495 diese Schenkung und bewilligte, daß die Städter das zu Reparaturen der Brücke nöthige Eichenholz aus den königlichen Wäldern holen sollten. Zur Beschwerung der Brücke beim Eisgang sollten die Werderer Eichen aus den Wäldern mit eigenen Pferden holen und das Holz in das Schloß abfahren. Da die Brücke indeß 1504 einer sehr umfangreichen Reparatur bedurfte, so erließ König Alexander 1504 den Städtern auch noch die andere Hälfte des Zinses und Sigismund I. bestätigte dies 1520; Sigismund August bestätigte dies Alles nochmals und schenkte der Stadt das Dorf Vogelsang mit der Huse Land, sammt Zinsen und Schaarwerken als Eigenthum auf ewige Zeiten.

Indeß machten die Schloßbehörden manche Schwierigkeiten wegen des zur Brückenreparatur versprochenen Holzes und der Marienburger Rath mußte fast bei jeder Reparatur von Neuem bei Hofe bittend einkommen, oft aber, wenn die Antwort von Hofe zu lange auf sich warten ließ, Beisteuer von der Bürgerschaft requiriren. Mit Rücksicht auf die Wichtigkeit dieses Nogatüberganges gewährten die Könige meistens bereitwillig das Holz, und Sigismund August gebot 1564, daß fortan den Städtern kein Hinderniß in den Weg gelegt werden sollte, wenn sie Holz zum Brückenbau aus den königlichen Wäldern holen würden. Oft aber waren die Reparaturen so bedeutend, daß die 70 Mark erlassenen Zinses sowie der Zins von Vogelsang zur Deckung der Arbeitskosten nicht ausreichten; daher baten die Marienburger, man möge ihnen zur Unterhaltung der Brücke auch die Einkünfte von Warnau und Kalthoff gewähren, auf welche die Stadt laut einer Pfandverschreibung des Hochmeisters Ludwig von Erlichhausen von 1453 Ansprüche hatte. Beide Vorwerke waren auf Ersuchen des polnischen Königs laut Vertrag von 1463 dem letzteren übertragen worden, so lange die Stadt sie entbehren könne. Alle Versuche aber diese Vorwerke, oder die 4000 Mark geliehenen Geldes zurückzubekommen, blieben fruchtlos bis zur Zeit des ersten Schwedenkrieges.

Im Jahre 1600 mußten die Bürger Marienburgs sich wieder bittweise an den Hof wenden, da sie die Kosten zur Reparatur der sehr beschädigten Brücke nicht auftreiben konnten. Der König gestattete ihnen, im Falle die Brücke künftighin durch den Strom beschädigt würde, die Fähre zu benutzen und von allen Personen Fährgeld zu nehmen; auch erlaubte er ihnen, alle 6 Jahre eine Anzahl passender Hölzer aus denjenigen preußischen Starostei-Wäldern, wo solche Hölzer noch vorhanden wären, zu holen, da in der Marienburger Oeconomie die Wälder immer spärlicher wurden. Aber die Herbeischaffung des Holzes aus den oft entfernten Wäldern verursachte viele Kosten. 1672 beschlossen die Landstände in Graudenz, die Marienburger sollten zur Erhaltung der Brücke von allen überfahrenden Fremden einen gewissen Zoll erheben, von dem nur die Werderer, wenn sie im Schaarwerk begriffen waren, frei sein sollten, sowie Adlige und Geistliche, wenn sie für sich und zu eigenem Nutzen mit Getreide, Butter ꝛc. über die Brücke fuhren. Dies wurde von dem Könige bestätigt, von Johann III. 1673 ihnen auch noch gestattet, zur Erbauung der Brücke 60 fichtene Kahnen aus dem Roggenhausenschen und 20 Eichen aus dem Montauer Walde zu holen. Nach einer späteren Bestimmung von 1677 sollten die Großwerderschen nur 2 Schilling pro Ochs oder Pferd Brückengeld geben.

Fähren führten über die Weichsel bei Liessau, Palschau, Schöneberg, Barenhof und Fürstenwerder; über die Nogat bei Rohbach, Clementsfähre, Sommerau, Halbstadt, Wernersdorf.

Ueber die Fähre von Palschau haben wir eine Urkunde aus dem Jahre 1571, worin dem Inhaber zugleich gestattet wird, zur Bequemlichkeit der Reisenden Getränke aller Art zu halten. Für die Fährgerechtigkeit hatte er jährlich 20 Mark zu zahlen.

Die Fähre bei Sommerau anzulegen wurde 1603 gestattet, nachdem die Bewohner der Umgegend mehrfach um dieselbe petitionirt hatten, da eine solche bei drohender Wassersgefahr höchst nothwendig sei, um Menschen, Vieh und Habe zu retten. George Kostka gewährte dem Krüger von Sommerau das Recht, die Fähre zu halten, und die Dorfbewohner mußten 3 Mark jährlich dafür zahlen.

Auch das Fährgeld für die Weichsel- und Nogat-Fähren wurde regulirt, und zwar sollte von Abgang des Eises bis Simon Judä nur 1 Schilling pro Pferd und von da ab bis zum Eintreten des Frostes 9 Pfennige pro Pferd bezahlt werden, bei gefährlicher Ueberfahrt sollte die Obrigkeit nach ihrem Ermessen die Taxe festsetzen, damit Reisende nicht übertheuert würden.

Die Münze in polnischer Zeit.

Die alten zur Ordenszeit gebräuchlichen Münzsorten wurden allmälich verdrängt durch Gulden und Groschen. Der Gulden galt 3 Schilling, der Schilling 6 Pfennige; 20 Groschen waren eine Mark. Frühzeitig wurden auch Thaler und Dukaten eingeführt, deren Werth nach dem Werthe der niedrigen Geldsorten wechselte. 1567 galt ein Thaler 34 bis 35 Groschen; 1598 wurde sein Werth auf 36 Groschen festgesetzt, der des Dukaten auf 58 Groschen.

Die Münze wurde indeß immer schlechter geprägt, so daß 1623 der Thaler 80 Groschen oder 4 Mark und 1627 schon 90 Groschen oder drei Gulden werth war. Da die Landstände fortwährend über die Münzverschlechterung klagten, begab sich König Sigismund III. schließlich des Münzrechtes. Alle Versuche, den niederen Geldsorten einen höheren und festen Werth zu verschaffen, scheiterten aber an der verkehrten Einrichtung des gesammten Münzwesens, welches von der Regierung gegen Vorschüsse an Unternehmer verpachtet wurde, die in kurzer Zeit oft erstaunenswerthe Reichthümer durch das Münzgeschäft erwarben.

Am schmachvollsten wurde die Münzverpachtung während der schwedischen Kriege ausgebeutet, und unübertroffen steht in dieser Beziehung der Bromberger Münzmeister Timpf da, der in seinen Münzen sogar seinen Namen zu verewigen verstand. Er ließ aus der achtlöthigen Mark 30 Stück Timpfe prägen, jeden zu 30 Groschen gerechnet, dem wirklichen Gehalt nach aber nur 12 Groschen werth. Das Geldstück sank natürlich bald im Verkehr auf 18 Groschen (6 Sgr.) und mußte schließlich eingezogen werden. Zur Uebersicht der rapiden Münzverschlechterung diene Folgendes:

Der Thaler galt: 1520: 30 Grsch. (90 Schill.), 1607: 40 Gr., 1620: 60 Gr., 1622: 80 Gr., 1627: 90 Gr., 1650: 108 Gr., 1682: 180 Gr.

Die Gesetzgebung des Reichs mußte sich zuletzt der Sache annehmen, und die Constitution von 1685 bestimmte, freilich wieder verkehrt, es solle gar nicht mehr gemünzt werden. Endlich wurde durch die pacta conventa von 1697 bestimmt, die Münze solle fortan nicht mehr Regal sein. Seit 1710 galt dann bis in die preußische Zeit hinein der preußische Gulden 30 Grsch. (10 Sgr.), der Groschen 18 Pfg. (4 Pf. jetzt), der Pfennig $^2/_9$ Pfg. jetzigen Geldes.

Rückblick.

Kein allzuerfreuliches Bild bietet Polnisch-Preußen gegen Schluß dieser Periode, obgleich es von keinem verheerenden Kriege heimgesucht worden war. Die großen Städte klagten über den Ruin ihres Handels und den Druck, der auf der Schifffahrt lastete. Der Adel in einzelnen Gegenden war so arm, daß er nicht mehr in gebührender Rüstung bei den Musterungen erscheinen konnte. Die kleinen Städte fristeten zum Theil ein sehr kümmerliches Dasein, und alle Stände litten unter dem Steuerdruck. Und wie es im ganzen Lande ging, so auch auf dem beschränkten Gebiete, das uns hier interessirt, ja hier noch schlimmer, da die Gegend sehr oft der Wuth der entfesselten Ströme preisgegeben war, und da sie zum großen Theile das Unglück hatte den Königlichen Tafelgütern zuzugehören. Unglaublich leichtfertig ging man mit diesen Gebieten um, besonders aber mit den Tenuten, die für geringe Schuldsummen verpfändet, von Fremden ausgesogen wurden. Starosten und Tenutare übten eine Willkührherrschaft, wie sie wohl schwerlich sich die Vögte des Ordens erlaubt hätten und hausten schrecklich in den königlichen Gütern, an deren Einkünften sie sich bereicherten.

Unbarmherzig und gedankenlos lichteten sie die schönen Waldstücke, die aus der Ordenszeit erhalten waren, so daß es bald an dem nöthigen Unterholz sogar zu Faschinen fehlte, wenn es galt die Dämme auszubessern. Mehrfach mußte das sinnlose Verwüsten der Wälder den Starosten untersagt werden, ohne daß die Verbote von diesen berücksichtigt worden wären.

Der Adel, besonders der polnische Adel Pommerellens, war nur allzu sehr geneigt, sich an seinen abligen Brüdern in Polen ein Beispiel zu nehmen; auf die Schuster und Fleischer, wie er verächtlich die Städter nannte, blickte er stolz herab und behandelte sie oft genug roh.

Was konnte bei solchen Verhältnissen wohl der sittliche Standpunkt auf dem Lande sein? Ein großer Theil der Besitzer war herabgekommen und gedrückt, ein anderer hatte Reichthümer erworben und trug sie in rohem Uebermuth zur Schau; oder verpraßte sie in rohen Genüssen; die dienende Klasse aber war seit der Ordenszeit her schon wegen ihrer Rohheit verrufen.

Die Reformation hatte allerdings wohl manche segensreichen Wirkungen auf die Hebung der Sittlichkeit gehabt, unverkennbar wirkte auch die katholische Kirche mit größter Energie zu demselben Ziele hin, doch die alten eingewurzelten Schäden waren schwer zu heilen und der confessionelle Zwiespalt und die feindselige Stellung der Bekenner beider Religionsparteien zerstörte noch wiederum, was der gute Wille und Eifer des

Einzelnen gewirkt hatte. Wie schlimm es unter der protestantischen Bevölkerung der Werder aussah, ersehen wir aus dem Berichte eines evangelischen Geistlichen, des Pastors Magirus in Wernersdorf, der eine Menge Beispiele von der Gottlosigkeit seiner Pfarrkinder anführt und unter anderem sagt: „Wir haben auch solche ungeschliffene Rülzen in diesem großen Marienburger Werder, die der Teufel also eingenommen, daß sie ungescheut sagen dürfen: wer einmal todt ist, der wird wohl todt bleiben, und nicht wieder auferstehen." Und von der Trunksucht schreibt er: „Wer nun nicht einen ganzen Halben und Stöße auf einmal aussaufen kann, der ist ein Schurken-Bauer, der muß hinter der Thür sitzen bleiben."

Die große Zahl von Morden, Brandstiftungen und anderen Frevelthaten, die in dieser Gegend verübt worden sind, zeugen nicht für einen hohen Grad von Sittlichkeit und Religiosität der damaligen Werderinsassen. Und immer näher rückte die Gefahr der vollständigen Entgermanisirung des Landes, besonders der Dorfschaften.*) Schon in der Ordenszeit waren Polen in ziemlicher Anzahl im Lande, sie waren angesiedelt worden in einzelnen Dörfern auf der Höhe, wo die deutschen Einwanderer zur Colonisation nicht ausreichten, sie waren aufgenommen worden in die zur Vergrößerung der Städte angelegten „Neustädte", die deshalb auch nicht unter der Gerichtsbarkeit des Stadtschultheißen, sondern unter der des Ordens standen; sie waren endlich unter der dienenden Klasse zahlreich vertreten gewesen. Jetzt wurden diese Elemente um so gefährlicher, als die Regierung in ihnen Bundesgenossen bei Ausführung ihrer Pläne fand, die nur zu bald deutlich genug hervortraten. Polen wurden in die obersten Verwaltungsämter des Landes gesetzt, Polen erhielten die Starosteien und Castellaneien, Polen erhielten vorzugsweise die geistlichen Pfründen. In die Verhandlungen der Landtage drängte sich die polnische Sprache, so sehr auch die städtischen Deputirten sich dagegen sträubten. Dazu kam, daß ein großer Theil des Landes, Pommerellen, vorzugsweise von Slaven bewohnt wurde, und während diese von einer Seite die Weichsel überschreitend, in das Werder kamen, drängte das vordringende Polenthum allmälich auch von der Höhe herab dem Werder zu, vertreten besonders in den arbeitenden Klassen. Die deutschen Dorfnamen wurden polonisirt. Wernersdorf hieß Pogorzaliewice (abgebranntes Dorf), Schönau hieß Szunawa und Montau Muntawa, Sandhof Piaski, Tomesen Tanza, Palschau Palczewo, Neukirch Nowycerkiew, Prangenau Prengaw 2c. Selbst in das Deutsch der Dorfbewohner mengten sich polnische Worte ein, die noch heute nicht alle wieder verdrängt sind.

*) Das Folgende ist aus dem handschriftlichen Nachlaß des Bürgermeister Johne in Marienburg geschöpft.

In den Städten konnte freilich das Polnische nicht so bedeutende Fortschritte machen, denn hier hinderten Stadtrechte und Zunftbestimmungen jeden Nicht-Deutschen daran, das Bürgerrecht zu erlangen, oder in die Zünfte aufgenommen zu werden. Zugleich erhielten die deutschen Bürger der Städte, besonders die Handwerker stets frischen Nachschub aus Deutschland, denn zahlreiche wandernde Handwerker kamen aus dem Reiche an, und ließen sich hier nieder, nachdem sie gesehen hatten, daß auch unter der polnischen Herrschaft die alten Freiheiten der Städte und der Gewerke geblieben seien. Dennoch wurde auch in den Städten das deutsche Wesen allmälich immer mehr gefährdet. Die Abgeschlossenheit der Zünfte gegen alles Nicht-Deutsche versuchte schon Sigismund August zu durchbrechen, indem er bei Strafe verbot, einem Polen die Aufnahme in die Zünfte zu verweigern. Doch diese Versuche waren, besonders in den großen Städten, vergeblich, man beachtete solche ungesetzlichen Verordnungen nicht. Dennoch griff auch hier das Polnische mehr und mehr um sich, denn der Kaufmann und Handwerker mußte mit den Leuten vom Lande polnisch reden, und viele Dienstboten zogen nach der Stadt, die nur polnisch verstanden. Ein deutliches Beispiel liefert Marienburg und Umgegend. Nach dem dreizehnjährigen Kriege lagen viele Dörfer wüst; sie wurden zum Theil wieder mit Polen besetzt. In der Ordenszeit hatte Marienburg keine Vorstädte der Festungswerke wegen; sie wurden erst, und zwar auf Rohrschußweite von der Stadt entfernt, in polnischer Zeit angelegt und mit Polen besetzt, wie aus den alten Namensregistern der Stadt leicht nachzuweisen ist. Bald mußte für die Bewohner und für die Dorfsbewohner polnischer Gottesdienst gehalten werden. Zu Sigismund's Zeit, vor der Reformation, sträubte sich die Bevölkerung noch energisch dagegen. Als damals ein Pole sich die Pfarrstelle in Marienburg erschlichen hatte, mußte er auf die Beschwerde des Raths entfernt werden.

Anders wurde dies seit der Reformation. In der ganzen Gegend wurden seitdem immer mehr Polen als Geistliche angestellt und die Bekenner der beiden Confessionen waren bald auch sprachlich getrennt; evangelisch und deutsch einerseits, und andrerseits polnisch und katholisch wurden den Begriffen der Menge nach gleichbedeutend. Bald wurde aber auch für protestantische Dienstboten und Vorstädter polnisch gepredigt, ein gewiß sprechendes Zeugniß für das Umsichgreifen des Polnischen! Die religiöse Spaltung hatte auch auf die Besetzung der Stellen Einfluß. Im eifrig katholischen Pommerellen waren die Protestanten von städtischen Aemtern ausgeschlossen, umgekehrt in protestantischen Städten die Katholiken, so sehr auch Adel und Clerus danach strebten, den Katholiken den Zutritt zu den städtischen Aemtern zu ermöglichen. So waren in Marienburg im Rath keine Katholiken; dies lag in der eigenthümlichen Organisation dieser Körperschaft begründet, die auch die städtische Oberbehörde für Kirchensachen bildete, denn Stadtgemeinde und Kirchengemeinde war gleichbedeutend.*)

2. Die Zeit der schwedisch-polnischen Kriege. Von 1625—1721.

War die Gegend um Marienburg in der vorhergehenden Periode kaum durch Kriegsereignisse beunruhigt worden, so sollte sie gerade jetzt der Schauplatz ernster Kämpfe werden, an denen die Verbindung Preußens mit Polen Schuld war. Die Polen waren nach dem Aussterben des Mannesstammes der Jagellonen zur Wahl eines neuen Königs geschritten und hatten den schwedischen Prinzen Sigismund, der mütterlicherseits von den Jagellonen abstammte, gewählt.

Sigismund war im katholischen Glauben erzogen worden, so unangenehm dies den Schweden auch war. Nach dem Tode Johannes von Schweden wurde er als berechtigter Thronfolger auch König von Schweden. War es den Schweden unangenehm, daß der König in einem fremden Lande weilen, Schweden mithin nur ein Nebenland von Polen werden sollte, so berührte sie der unvorsichtige Eifer mit dem Sigismund für die katholische Religion wirkte, noch unangenehmer und da er alle Mittel der Verständigung von sich wies, so wählten sie den Reichsverweser, Sigismund's Onkel, Karl, zum Könige und erklärten Sigismund für abgesetzt. Vergebens führte dieser lange Jahre Krieg gegen Karl, um sein gutes Recht auf die Krone geltend zu machen; seine Feldzüge im Norden waren aber unglücklich. Als nun Gustav Adolf auf den schwedischen Thron kam, da nahm der Krieg eine andere Wendung, da der Schwedenkönig den Plan faßte, Polen direct anzugreifen. So wurde auch die Provinz Preußen plötzlich von kriegerischem Tumulte erfüllt.

Im Jahre 1626 landete Gustav Adolf bei Pillau, und von hier aus begab er sich über Elbing in das Fischauer Werder im Juli dessel-

---

*) An der Spitze der Bürgerschaft stand in polnischer Zeit die sogenannte dritte Ordnung unter vier Stadtältesten. Der Rath bestand aus dem Justiz-Magistrat und dem Stadtrath, da beides, Verwaltung und Justiz, im Magistrat noch vereinigt war. An der Spitze des Magistrats standen vier Bürgermeister, die jährlich in der Oberleitung der Stadtangelegenheiten wechselten. Der Vorsitzende des Justiz-Magistrats (das judicium virile bannitum regiae civitatis Marbg.) ist der Schultheiß, Stadtrichter oder judex, ihm zur Seite der Schöppenmeister (protoscabinus), dessen Compan (vice protoscabinus) und die scabini.

ben Jahres. Auf der Haide an der lahmen Hand brachten ihm die Schulzen und die Geschworenen des genannten Werders am 16. Juli ihre Huldigung, und schon am Abend desselben Tages schlug Gustav sein Lager an der Nogat, Blumstein gegenüber, auf. Der Marienburger Wojewode Zalinski war gleich bei der Nachricht vom Anzuge des Königs von Schweden entflohen. Marienburgs Schloß, das trotz der wiederholten Bitten und Mahnungen der Landstände durchaus nicht in gehörigem Vertheidigungszustande war, ergab sich am 18. ohne Gegenwehr, nachdem es am 17. zur Uebergabe war aufgefordert worden. Die Schloßbesatzung bestand aus 300 Mann Hayducken und Deutschen, wovon die letzteren zur Vertheidigung wenig geneigt waren, da es an Proviant mangelte. Zwar wurde vom 17. zum 18. Juli noch vom Schloß her viel geschossen, aber am 18. früh ergab sich die Stadt, die nur 40 Soldaten hatte, und es folgte am Abende das Schloß, als bereits schwedische Soldaten an den verfallenen Mauern hinaufzuklettern anfingen.

Der Schloßhauptmann Sosnowski suchte es vergebens zu vertheidigen, er flüchtete schließlich mit den Jesuitenpatres in das hohe Schloß, wurde aber gefangen genommen und nach Elbing gebracht, die Jesuiten wurden des Landes verwiesen.

In Folge der leichten Einnahme Marienburgs durch die Schweden fand sich der Magistrat der Stadt veranlaßt, sich bei dem Könige zu rechtfertigen, um den Verdacht der Verrätherei von sich abzuwenden. Das Schreiben giebt ein lebendiges Bild der traurigen Verhältnisse Marienburgs in jener Zeit. Es beginnt mit den damals so gewöhnlichen Klagen über den Verfall des Wohlstandes in Marienburg in Folge der großen Contributionen. „Die Stadt ist, so heißt es darin, absonderlich mit commissionen und schweren Processen in Geist- und Weltlichen Sachen und durch die vielfältigen contributiones so die Privat-Bürger in Mangel der Stadt Einkünfte thun müssen, dergestalt abgemattet, daß sie nicht allein gantz umb ihr Vermögen kommen, sondern auch darüber in so schweren Schulden Last, darinnen sie noch bis über das Haupt watet, gerathen. Denn diese Stadt in felici quondam fato bey ihrer Fundation fast mit keinen proventibus versehen und den hoch beschwerlichen jährlichen Brükkenbau und alle anderen Vorrichtungen ex privatis Civium collationibus bestellen muß, desgleichen Exempel im gantzen Lande bei keiner anderen Stadt zu finden, da auch in den kleinsten Städtlein das Rathhaus seine nothdürftige Proventus hat, hier aber allein auf die Bürger ankommt." Das Schreiben führt weiter aus, daß Gräben und Wälle so verfallen seien, daß man an einzelnen Stellen bequem bei Tag und

Nacht hindurch und hinüber gehen könne. Zum Schaden der Stadt und des Schlosses seien auf dem Vorschloß nahe an der Mauer und an den Thoren Gebäude aufgeführt, durch welche die anstoßenden Mauern und Gräben noch mehr ruinirt würden, und alle Remonstrationen seien vergebens gewesen. Auch habe der Schloßhauptmann der Stadt es unmöglich gemacht, sich zu verproviantiren und schließlich selbst die Vorräthe des Schlosses nach Danzig geschafft und verkauft.

Marienburg wurde fortan von den Schweden hinreichend besetzt und bildete den Ausgangspunkt der kriegerischen Operationen. Es wurde mit Schanzen befestigt, an denen vom 26. August ab gearbeitet wurde, wobei die Bürger und die Werderer Hand anlegen, die benachbarten Städter von Stuhm, Christburg 2c. Rasen herbeischaffen mußten.

Am 20. zog der Schwedenkönig in das große Werder und nahm ohne Schwertstreich Neuteich und die Starosteien Bärwalde und Tiegenhof ein, auch die Dorfbewohner der Umgegend machten keine Miene zur Abwehr. In und um Liessau lagerten des Königs Schaaren am Weichseldamm; der König selbst ließ eine Schiffbrücke über die Weichsel schlagen und zog mit einem Theile des Heeres nach Dirschau.

Da die Danziger auf seinen Vorschlag, neutral zu bleiben, nicht eingingen, so begann er die Feindseligkeiten gegen diese Stadt; er zog in's Stüblauer Werder und ließ zugleich am Haupte Befestigungen anlegen. Gegen die Polen siegte er in einem entscheidenden Gefechte bei Mewe, und begab sich dann über die Weichsel zurück in den Montauer Wald, da er an einem heftigen Fieber litt und ließ die Brücke abbrechen. Die Danziger suchten ihn durch ihre Geschütze von jenseit der Weichsel zu belästigen, und da sie vermutheten, er weile in dem Häuschen, welches die Danziger Küche hieß, so feuerten sie gegen dasselbe, tödteten aber nur ein altes Mütterchen.

Im November kehrte Gustav über Tiegenhof, auf der Tiege, und über Haff nach Schweden zurück. Seine Abwesenheit benutzten die Polen zu Streifzügen in der Stuhmer Gegend, bis die Marienburger Besatzung es ihnen verleidete. Im Werder traten mittlerweile Krankheiten im schwedischen Heere ein; 800 Mann mußten in's Elbinger Gebiet nach Ellerwald und Krebswalde gebracht werden, während die Gesunden der schlechten Verpflegung wegen nach Marienburg verlegt wurden. Die Polen benutzten dies, zogen in's Werder, vertrieben die Schweden aus Liessau und später aus Groß-Lichtenau, so daß diese sich nach Koszcellcke und endlich nach Marienburg zurückziehen mußten. Neue Schwärme beutelustiger Polen suchten im Dezember unter Balinski, dem ehemaligen Deconomen von Marienburg, die Werderdörfer heim und brandschatzten besonders Montau, Wernersdorf, Altmünsterberg, Damerau, Mielenz, bis sie von dem Marschall Wrangel und General Turno verscheucht wurden. Sie zogen aber nach Groß- und Klein-Lichtenau, Liessau, Palschau und raubten viel Vieh, plünderten am 27. Tiege, bis sie endlich bei Koscze-licke und bei Willenberg von den Schweden überrascht und größtentheils erschlagen wurden. Dem Ansinnen des polnischen Kronfeldmarschalls, von Neuem den Eid dem Könige von Polen zu leisten, fügten sich die Deichgräfen, die zu dem Herrn in das Lager beschieden worden waren, nicht, da sie bereits dem Könige von Schweden gehuldigt hätten; dagegen wollten sie die geforderte Contribution zahlen, um die Plünderung der Dörfer zu verhüten.

Dennoch streiften wieder Polen im Werder umher und plünderten Marienau aus, wurden aber von den Neuteichern überfallen und mußten die Beute zurücklassen. Am 2. Januar 1627 streiften neue Schaaren bis vor Neuteich, das durch Pallisaden gedeckt und von Schweden besetzt war. Von hier zurückgeschlagen zogen sie nach Neuteichsdorf, wurden aber von den Schweden verfolgt, welche das Dorf ansteckten und viele Polen niedermachten. In größeren Haufen kamen die Polen am 12. Januar, mit Geschützen versehen, wieder vor Neuteich. Die Schweden, zu schwach sich zu halten, zogen sich nach Marienburg zurück, wohin die Neuteicher mit ihren Habseligkeiten ihnen folgten, während die Polen in Neuteich hausten, bis die Schweden am 16. heimlich in Neuteich ein-drangen, die plündernden Polen überfielen und zum großen Theil nieder-machten. Die Streifzüge der Polen dauerten fort, wenngleich die Werder-bewohner bereits den Tribut zum größten Theil erlegt hatten. In Sommerort und Clementfähre stahlen sie 100 Schlitten mit Getreide und Lebensmitteln, und nur Weniges davon konnte ihnen wieder abgejagt werden; nur einzelne kleine Abtheilungen, die um Mielenz und Gnojau fourragirten, wurden von den Schweden aufgefangen. Die Landleute litten furchtbar durch diese Raubzüge und als der Feldmarschall der Polen noch die letzte, dritte Quote der Contribution verlangte, da wur-den viele selbst des Nothwendigsten enthlößt.

Mit den Danzigern wurde um das Danziger Haupt bis in den Mai 1627 hinein erfolgreich gestritten, auch gleich nach der Rückkehr König Gustav's aus Schweden zur größeren Sicherung der Weichsel und Nogatübergänge an der Montauerspitze eine Schanze aufgeworfen, und ähnliche wurden zum Schutze der Werder bei Thörichthof errichtet. Gustav Adolf faßte auch den Plan, die Weichsel abzudämmen. Am

30. August 1627 begann er mit der Ausführung desselben, und hunderte von Wagen mußten die nöthigen Materialien herbeischaffen, doch konnte das Werk nicht zu Ende geführt werden, der Strom riß die künstlich bewirkten Hindernisse wieder fort. Zweimal während dieses Feldzuges wurde Gustav verwundet, war aber immer bald wieder an der Spitze seiner Truppen. So verging das Jahr 1627; die angebahnten Friedensverhandlungen, die bis in den Januar 1628 hinein dauerten, zerschlugen sich abermals und wieder begannen die Feindseligkeiten. Die Streifzüge der Polen und die Scharmützel in den Werdern erneuerten sich. Größere Energie gewann die Kriegsführung, als Gustav, der, wie gewöhnlich, den Winter in Schweden zugebracht hatte, im Mai an die Spitze seines Heeres trat. Neue Werke wurden angelegt, Geschütze herbeigeschafft, (die Bewohner des großen Werders mußten 20 Kanonen von Elbing nach Marienburg schaffen), und sein Heer lagerte im Werder: das Fußvolk um Koszelicke, die Reiterei um Neuteich. Dennoch kam es zu keinen bedeutenden Thaten, das Heer blieb ruhig in den Contonnements, bis in Folge der schlechten Witterung gefährliche Epidemieen unter den Soldaten und endlich auch unter den Pferden ausbrachen.

Im Januar des folgenden Jahres drangen Kosacken über das Eis der Weichsel in das Werder und die Bewohner flüchteten mit ihrer Habe nach Elbing. Diejenigen, welche nach Bärwalde geflüchtet waren, wurden hier von den Danzigern am 26. Januar überfallen und ihres Viehes und Geräthes beraubt, das aber den heimziehenden Städtern durch einen Angriff des Generals Banér, der am Danziger Haupte Gouverneur war, wieder abgenommen wurde. Ein Versuch des polnischen Kommandeurs von Mewe, Sciernecki, den Werderbewohnern 1500 Rthlr. Spec. zu entlocken, wurde durch die Schweden vereitelt; dagegen gelang es den Polen, Koszczelicke zu plündern und schwedische Pferde zu erbeuten.

Am 18. März wurde ein kurzer Waffenstillstand geschlossen, aber die Umgegend war bereits so ausgesogen, daß aus Stockholm Getreide nach Elbing und Marienburg eingeführt werden mußte, damit die schwedischen Truppen nicht Noth litten.

Als im Mai die Feindseligkeiten von Neuem begannen und General Arnheim mit 10,000 Mann deutscher Truppen den Polen zu Hülfe kam, ließ der schwedische Reichskanzler in Abwesenheit seines Herrn neue Schanzen bei Neuhoff auf dem Mösteberg anlegen, die mit den vorhergenannten Schanzen bei Thörichthof, Lichtfelde, am Haupt, am Galgenberg und bei Montau eine sehr respectable Vertheidigungslinie bildeten, die durch die natürlichen Hindernisse der Thina, des Damerauer und

Malauer Sees vervollständigt wurden. So waren die Werder in gutem Vertheidigungszustande und die Besatzung von Marienburg war ebenfalls noch verstärkt worden, als der König von Schweden im Mai 1629 nach Preußen kam und durch Marienburg nach der alten Lagerstätte Liessau zog, während nach den Montauer Schanzen bedeutende Verstärkungen geschickt wurden.

Als die Kaiserlichen und die Polen es versuchten, Dirschau zu berennen, requirirte Gustav aus den Werdern 4000 Dielen, die binnen zwei Tagen geliefert werden sollten, eine Weichselbrücke bei Dirschau zu schlagen. Die Feinde zogen in Folge dessen ab und versuchten es, von Graudenz aus gegen Marienburg zu ziehen; aber der König war bereits zurückgekehrt, hatte ein Lager nahe der Stadtmauer aufgeschlagen und zog selbst gegen Weißenberg, den Feind dort erwartend, der aber keinen Angriff wagte. Gustav kehrte zurück und wäre, als er sich von seinen Truppen getrennt hatte, im Stuhmer Walde fast als Gefangener von feindlichen Reitern mitgenommen worden, wenn nicht die Geistesgegenwart eines schwedischen Soldaten ihn gerettet hätte. Das Schanzsystem der Schweden wurde noch erweitert durch Anlage neuer Werke bei Rohbach und Clementfähre, und die Versuche der Kaiserlichen, die als Hülfstruppen mit den Polen fochten, die Montauer Schanzen zu gewinnen, schlugen sämmtlich fehl.

Endlich kam durch französische Vermittlung am 26. September bei Altmark der Waffenstillstand auf 6 Jahr zu Stande, der einen großen Theil Preußens vorläufig den Schweden überließ, unter andern das Fischauer Werder und vom großen Werder den Theil am Haff von der Mündung des Elbing bis zur Weichselmündung und von da bis zum Weichseldamm am Kuckucksfrug. Der übrige Theil des großen Werders sollte sammt Marienburg und Stuhm von Georg Wilhelm, Kurfürsten von Brandenburg, sequestrirt, und falls es zu keinem definitiven Frieden käme, einen Monat vor Ablauf des Waffenstillstandes den Schweden übergeben werden. Während dieser Zeit sollte die evangelische wie die katholische Kirche in diesen Theilen in ihren Rechten nicht beeinträchtigt werden. Am 31. Oktober wurde durch ganz Preußen das Friedensfest gefeiert.

Im folgenden Jahre (1630) reiste der schwedische Reichskanzler nach Deutschland und nahm seinen Weg durch Preußen von Elbing aus, dessen Behörden ihm in Katznase ein Abschiedsfest gaben. In demselben Jahre besuchte Kurfürst Georg Wilhelm Marienburg.

1631 starb König Sigismund III. von Polen und ihm folgte sein Sohn, der schon bei Lebzeiten des Vaters zum Nachfolger designirt worden war, Wladislaus IV., der bis 1648 regierte.

Obgleich Gustav 1632 in Deutschland für die Sache der deutschen Protestanten fiel, änderte sich doch in den Verhältnissen Westpreußens Nichts, die Schweden behielten die einmal besetzten Orte und das kleine Marienburger Werder mußte im Jahre 1634 nicht unbedeutende Schaaren von Schweden logiren und ernähren.

Im Jahre 1635 am 11. Juli wurde endlich durch die Bemühungen des französischen, sowie des englischen und brandenburgischen Gesandten, der Waffenstillstand bis 1661 verlängert. Marienburg sammt dem großen Werder und schließlich alle von den Schweden besetzten Orte sollten an Polen zurückgegeben werden. Die Werke am Haupt wurden geschleift. So war vorläufig dem Lande wieder Ruhe gewährt. Im September wurde Marienburg den Polen wieder eingeräumt und im Februar 1637 kam König Wladislaus selbst nach Marienburg. Ueberzeugt durch den letzten Krieg von dem kläglichen Zustande des Marienburger Schlosses und seiner Vertheidigungswerke, beantragten die Stände auf dem Landtage zu Marienburg 1636, daß der Bau des Schlosses befördert werde, und 1637 ermahnten sie von Neuem das Schloß zu befestigen und gut zu besetzen. Diese und ähnliche oft wiederholte Anträge blieben aber von der Regierung unberücksichtigt.

Im Jahre 1644 litt das Schloß durch einen Brand, der das Dach des Hochschlosses und einen Theil des Innern zerstörte. Das Feuer war durch die Unvorsichtigkeit eines trunkenen polnischen Büchsenmeisters verursacht worden, welcher, wie üblich war, am Frohnleichnamsfeste bei der Prozession auf dem Dachumgange die Böller löste, und die brennende Lunte auf dem Boden vergaß. Sechzig Jahre lang blieb das Schloß ohne Dach, bis endlich König August II. zu Anfang des vorigen Jahrhunderts ein neues aufsetzen ließ. Dadurch, daß die oberen Räume der Witterung völlig offen standen, wurden sie gewaltig ruinirt.

Als König Wladislaus IV. 1648 gestorben war, wurde Anfang 1649 sein Bruder Johann Casimir gewählt, der bis 1668 regierte, wo er abdankte und nach Frankreich in's Kloster ging. Unter ihm brach 1654 der zweite schwedische Krieg aus, nachdem neue Streitpunkte sich zwischen ihm und Schwedens König Carl Gustav gefunden hatten; der polnische Wasa wollte namentlich seine Ansprüche auf den schwedischen Thron nicht aufgeben.

Der zweite schwedische Krieg (1655—1660).

Als die Gefahr des Krieges mit Schweden drohte, wurden neue Geldmittel von den Ständen Preußens verlangt, nachdem schon vorher das Land durch enorme Beiträge zu dem polnisch-russischen Kriege ganz erschöpft worden war. Die Stände konnten daher 1655 Nichts bewilligen und baten wenigstens um Aufschub für ein Jahr.

Endlich wurden auch durch einen polnischen Ingenieur die Festungswerke Marienburgs nothdürftig ausgebessert und 200 Hayducken nebst 400 Dragonern als Besatzung hineingelegt.

Karl Gustav rückte durch Pommern nach Polen 1655, besetzte Warschau und nahm im Oktober Krakau ein. Da aber die preußischen Stände rüsteten und im November mit dem Kurfürsten von Brandenburg einen Vertrag schlossen, wonach dieser Westpreußen besetzte*), so rückte der Schwedenkönig in Preußen ein, besetzte Thorn und Elbing und war bald Herr von ganz Westpreußen bis auf die Städte Marienburg, Danzig und Putzig. Er rückte hierauf gegen Königsberg, und daher mußte die brandenburgische Besatzung Marienburg verlassen. Nun schritt General Steenbock zur Belagerung von Marienburg (14. Februar), und obgleich die beiden Kommandanten das Schloß tapfer vertheidigten, auch Ausfälle wagten, mußte dieses doch nach dem Tode Ludwig Weihers, des Ober-Kommandanten, übergeben werden, da die Munition zu mangeln anfing. Vergebens hatten die Danziger Succurs von 2000 Mann in's große Werder geschickt, die Hülfe kam zu spät und mit genauer Noth entgingen die Danziger Truppen der Gefahr, gefangen genommen zu werden. Die Bewohner hatten sich sämmtlich nach den Städten Marienburg, Christburg, Elbing geflüchtet, die Höfe standen leer, und die Schweden hausten darin nach Belieben.

Noch in demselben Jahr kam indessen zu Marienburg zwischen dem Schwedenkönige und dem Kurfürsten Friedrich Wilhelm ein Vertrag zu Stande, dem zu Folge sich des Kurfürsten Truppen mit den schwedischen vereinigten. Im Juli folgenden Jahres schlugen sie gemeinschaftlich die siegreiche Schlacht bei Warschau. Mittlerweile wurde in der Umgegend von Marienburg zwischen den Schweden und Danzigern gekämpft, um die von beiden streitenden Theilen im großen Werder aufgeführten Werke zu zerstören. Als die Danziger 1756 die Schanze am Haupt erneuerten, wurde diese von den Schweden erobert, in ein Fort verwandelt und drei

---

*) Der Kurfürst selbst kam bei dieser Gelegenheit nach Marienburg und wurde von dem jubelnden Volke wie ein Retter begrüßt.

Jahre ang tapfer gehalten. Im Jahre 1657 kamen nur kleine Scharmützel vor, da der Schwedenkönig gegen Dänemark Krieg führen mußte; erst 1658 landeten neue Schwedenschaaren auf der Nehrung, die nach dem Haupt, nach Marienburg und Elbing dirigirt wurden. Auf diese drei Punkte blieben sie das Jahr hindurch beschränkt, da ihren Streifzügen von General Czarnecki und dem brandenburgischen General Polentz ein Ende gemacht wurde, und die Montauer Schanze aufgegeben werden mußte. 1657 am 6. März ließ Carl Gustav den Weichseldamm bei Letzkau durchstechen und die Niederung unter Wasser setzen. Auch nahm er den Plan Gustav Adolfs wieder auf, die Weichsel zu verstopfen und abzuleiten. In der Nähe des Danziger Hauptes wurden 10 große mit Steinen beladene Weichselkähne versenkt und durch eingerammte Pfähle festgelegt. Aber der nächste Eisgang hob die Pfähle wieder heraus und schwemmte die Materialien fort. Die Polen machten im Jahre 1659 wieder bedeutende Fortschritte in Preußen und belagerten auch vom 12. Juni bis 30. September Marienburg von der Werderseite aus, konnten aber gegen die von den Schweden unter Lorenz von Lelde tüchtig vertheidigte und besser befestigte Stadt nichts ausrichten. Nachdem sie die Stadt noch einen ganzen Tag von Vogelsang aus heftig beschossen, ohne jedoch dieselbe in Brand schießen zu können, zogen sie endlich ab. Aber die Stadt litt durch die großen Contributionen, die sie an die schwedische Besatzung zu zahlen hatte, sehr große Verluste. Mit bedeutenden Streitkräften zogen im Oktober auch die Danziger vor das Haupt, dessen Fort von General Dankwart von Lilienstern vertheidigt wurde. Mit den Danzigern vereinigten sich polnische Truppen und es kam zu vollständiger Belagerung, die die Schweden durch vielfache Ausfälle zu durchbrechen suchten. Die benachbarten Feldmarken von Münsterberg und Bärwalde waren bis zum 6. Oktober der Schauplatz heftiger Reitergefechte gegen die im Werder stehenden Polen, die endlich gezwungen waren sich zurückzuziehen und so das Werder den Belagerten offen ließen, die nun aus demselben bedeutende Mundvorräthe und Fourrage in die Befestigung brachten. Die Danziger aber ließen nicht ab von ihren Angriffen gegen das Fort, belagerten es systematisch durch Approchen und Redouten und erstürmten am 9. Dezember die schwedische Hauptredoute, wodurch sich die bedrängten Belagerten genöthigt sahen zu kapituliren. Am 20. Dezember wurde die Kapitulation abgeschlossen und die Schweden übergaben das Fort. Der heiße Kampf hatte viele Opfer gekostet, und eine ganze Anzahl gefallener schwedischer Offiziere wurde in Schönbaum in der Kirche bestattet. Waren die Werder schon ausgesogen

durch die Kriegsvölker, so vermehrte ein harter Winter noch die Noth;
Kaiserliche und Polen hausten unbarmherzig, und die Soldaten selbst
mußten schließlich Pferde- und Katzenfleisch essen.

Da brachte endlich der Friede zu Oliva den hart bedrückten Preußen
einige Erleichterung (1660). Außer den später zu erwähnenden Religions-
bestimmungen wurde festgesetzt, daß die Werderbewohner weder für die
an die Schweden bezahlten Steuern in Anspruch genommen, noch wegen
des während der Kriegszeit nicht gezahlten Zehnten sollten behelligt
werden dürfen.

1668 dankte König Johann Casimir ab und ging nach Frankreich
in's Kloster. Nach langen Wirren wurde 1669 Michael Coribut Wis-
niowiecki gewählt, der aber bereits 1673 starb. An seine Stelle wurde
1674 der Kronsfeldherr Johann (III) Sobieski gewählt, der die klägliche
Lage der Lutheraner im Werder erleichterte. Als Johann 1696 gestorben
war, wählte man den Kurfürsten Friedrich August von Sachsen, nach
einem stürmischen Interregnum, das sich auch in Preußen fühlbar machte,
denn der Starost von Marienburg Dzialynski war für den französischen
Prinzen Conti, während Rath und Stadt Marienburg und ein großer
Theil des Landes gegen ihn war. Conti landete in der Nähe von
Oliva, wurde aber bald gefangen genommen. Doch die Nachricht, daß
5000 Polen in das Werder rücken sollten, trieb einen großen Theil der
erschreckten Einwohner desselben nach Elbing und Danzig. Statt der
gefürchteten Tausende rückten aber nur 70 Polen an, um den Oberst
Isebrand in Tiegenhof aufzuheben, was ihnen indeß nicht gelang. Die
Bewohner nannten später selbst diese Zeit des allgemeinen Schreckens
und Flüchtens den „Hühnerkrieg".

Obgleich Friedrich August von der Mehrheit zum König gewählt
war, wollten ihn viele Gegner dennoch nicht anerkennen; Dzialynski, der
wahrscheinlich nach der Krone strebte, wollte dem neuen Könige nicht das
Schloß übergeben und die Marienburger zwingen, Prinz Conti aufzunehmen. Als er aber hörte, daß Conti gefangen sei, bequemte er sich
dazu und General Flemming zog mit 1000 sächsischen Cürassiren ein.
Im März 1698 zog der König selbst durch Marienburg nach Danzig,
und in demselben Jahre schickte er Truppen nach dem Werder, die bis
zum Jahre 1703 ständig im Winterquartier lagen, während sie im
Sommer wieder nach Polen rückten. 1703 endlich nahm sie der König
bei seinem zweiten Besuch in Marienburg mit und zog über Elbing nach
Litthauen, da Carl XII. in Polen eingerückt war. Mittlerweile war
nämlich der dritte schwedisch-polnische Krieg ausgebrochen, in

welchem Friedrich August mit dem Könige von Dänemark und dem russischen Czaren Peter I. verbündet gegen den Schwedenkönig fochten. Dieser hatte in überraschend schnellen Zügen den Dänen zum Waffenstillstand gezwungen, dann Peter den Großen besiegt und eilte nun den Polenkönig zu strafen und abzusetzen. Die Schweden schlugen August's Heer bei Pultusk, verfolgten es nach Preußen und belagerten Thorn, das fast ganz von ihnen niedergeschossen wurde. Hierauf zog Carl von Thorn über Marienburg nach Elbing, und da seine Pferde sehr herabgekommen waren, ließ er sie im kleinen Werder bei den Besitzern ausruhen und nahm dafür Pferde von den Letzteren. So zog er vor Elbing, das sich ihm ergeben mußte. Einige seiner Regimenter waren im Werder stationirt, die 1704 um Johanni nach dem Danziger Werder abzogen, da Karl die Danziger zum Beitritt zur polnischen Conföderation zwingen wollte. Diese hatte sich mittlerweile unter dem Erzbischof Primas Radziejowski gebildet, um die Absetzung König August's durchzusetzen, an dessen Stelle sie den Wojewoden von Posen, Stanislaus Leszczynski, wählte, der auch 1705 in Warschau gekrönt wurde. Dagegen bildete sich in Sendomir eine Gegen-Conföderation, die treu zu August hielt. Die Werder blieben von 1704 ab von schwedischen Truppen besetzt. Oberst Oekebladt stand in Elbing und hatte zu seinem und seiner Truppen Unterhalt die Gebiete von Stuhm, Elbing und Dirschau angewiesen bekommen, und die betreffenden Gebiete mußten viel Geld zahlen und Naturalien liefern.

Um Michaelis 1705 kamen polnische Schaaren der Sendomirer Partei etwa 5000 Mann stark unter Chomentowski nach Marienburg, metzelten dort die nur 80 Mann starke schwedische Besatzung nieder, plünderten die Stadt und requirirten Zinsgelder aus den Werdern. Diejenigen Werderbewohner, welche gutwillig zahlten, gaben pro Hufe nur 9 Mark Contribution, aber einzelne Bewohner der Bärwalder und Tiegenhöfer Gegend hatten sich zur Wehr gesetzt, waren überwältigt, eingesperrt und schmachvoll mißhandelt worden und mußten 44 fl. für die Hufe zahlen. Mehrere dieser Leute wurden sogar als Gefangene mitgenommen und bis Pultawa geschleppt, wo sie der Bürgermeister mit 8000 Gulden auslöste, die ihm mit Dank von den Befreiten zurückerstattet wurden.

König August mußte zwar, bis Sachsen von Karl verfolgt, im Frieden zu Altranstädt der polnischen Krone entsagen und Stanislaus als König anerkennen, aber seine Partei, die Sendomirer, erneuerten ihr Bündniß mit Czar Peter, und fortan kamen zu den plündernden Polen-

schaaren auch noch Russen hinzu, und furchtbar wurden die Werder und
Marienburg, das nur schwache Besatzung hatte, ausgesogen. Noch im
Jahre 1706 fielen verschiedene in der Schlacht bei Kalisch versprengte
polnische Truppenhaufen, unter andern auch Tataren in das große Werder und plünderten in den Gebieten von Bärwalde und Tiegenhof, bis
sie von schwedischen Truppen der Elbinger Besatzung aufgehoben wurden.
Am Palmsonntag 1707 kamen Russen als Hülfstruppen der Polen in
die arme Gegend und schleppten viel Geld und Werthsachen mit fort.
Am 15. Juli waren wieder Schaaren von Polen über die Weichsel gekommen, die in und um Liessau, Damerau, Klein-Lichtenau plünderten, bis
die Schweden sie vertrieben.

Im folgenden Jahre erschien der Schwedenoberst Crassau im Werder, um hier neue Truppen zu werben, da sein Regiment in Polen stark
gelitten hatte, aber Oberst Deckbladt in Elbing, dem die Werder zur
Revenue angewiesen worden waren, war mit dieser Verkürzung seines
Einkommens nicht sehr zufrieden und überließ ihm nur die beiden Starosteien Bärwalde und Tiegenhof, da das übrige Werder zu den Tafelgütern gehörte. Die Werderer zahlten damals für die Tarifhufe (Zins-
hufe*) 10 fl. und die nothwendige Fourrage an Korn, Hafer, Erbsen und
Heu an den Kommandanten. In demselben Monat erschien Oberst
Müller mit Truppen, die einquartiert werden mußten, und der Oberst
verlangte noch 6 fl. pro Hufe Contribution. Trotz der Ueberbürdung
durch Einquartierung mußten sich die Werderer fügen, da ihnen nur eine
kurze Frist gestattet und das Rückständige durch Execution eingezogen
wurde. Einzelne Dörfer zahlten, andere waren zu sehr mitgenommen
worden und sollten pro Hufe nur 22 fl. geben, und selbst diese Summe
mußte auf die Hälfte ermäßigt werden, da schon Oberst Deckbladt bereits
11 fl. pro Hufe vorweggenommen hatte. Die schweren Requisitionen und
Quartierungslasten wurden endlich dem Schwedenkönige hinterbracht, und
dieser schickte eine Kommission, um Oberst Müller's Schuld zu untersuchen; doch die meisten Bewohner wagten aus Furcht vor den Soldaten
nicht zu klagen. Vor ihrem Abzuge aus dem Werder quälten die Schwe-
denobersten die Einwohner noch gründlich und ließen viele Lebensmittel
requiriren; schließlich blieben doch noch 2000 Schweden zum Schutze der
Werder zurück, die nicht minder habgierig schalteten, bis Oberst Deckbladt
sie zwang, nach Marienburg zurückzuziehen.

---

*) 1668 waren sämmtliche Zinshufen in ein Verzeichniß aufgenommen wor-
den, welches man den Tarif nannte, daher der Name.

König Stanislaus, der dem Schwedenkönige nicht nach Rußland gefolgt war, kehrte nach Marienburg zurück am 6. Juli 1708, ging dann seiner Mutter und Gattin, die von Stettin kamen, bis Stargard entgegen und hielt mit ihnen am 10. Juli seinen feierlichen Einzug in Marienburg. Vier Monate lang hielt er im Schlosse Hof; aber auf die inständigen Bitten des Rathes, die bedrückte Lage der Stadt zu lindern, hatte er nichts zu erwidern, als daß er selbst in größter Verlegenheit sei und dringend wünsche, daß der Landtag Geld für ihn votire. Er schrieb auch einen außerordentlichen Landtag aus, der am 6. August in Marienburg eröffnet wurde und der auf Anregung des Gesandten dem Könige ein freiwilliges Geschenk von 100,000 fl. votirte. Das Geschenk der Königin ward auf bessere Zeiten verschoben. Der König war sehr erfreut über das Angebot, wünschte es aber auch bald realisirt zu sehen. Doch damit hatte es Schwierigkeit, denn durch die außerordentlichen Landesausgaben konnte es erst in 2 Jahren realisirt werden, und Niemand wollte leihweise Geld auf diese Abgaben vorschießen. Der König tröstete sich „wenn sie mir es nicht geben wollen, so werde ich es ihnen nicht nehmen." Der Landtag wurde am 18. August geschlossen, und Ende October verließ der König Marienburg, um sich zur litthauischen Armee zu begeben.

Das Jahr 1709 brachte neue Gefahren. Der Schwedenheld Karl war bei Pultawa geschlagen worden und hatte sich nach der Türkei geflüchtet; König August gewann mehr und mehr Anhänger, und seine Schaaren zogen gegen 4000 Mann stark unter Rybinski in's Werder über das Haff und Jungfer ihren Weg nehmend. Sie drangen bis Neuteich, und die Marienburger fürchteten einen Angriff, da in dem Schloß nur 80 Mann Besatzung waren; sie schickten daher nach Mewe, um Hülfe von dem dortigen schwedischen Hauptmann zu erlangen und thaten selbst fleißig Wache. Am 16. März drangen die Polen wirklich in das Schloß und rückten bis gegen den Markt, da sie aber die Bürger in Waffen zum Kampf bereit fanden, so wagten sie keinen ernsten Angriff. Auch die Schweden leisteten tapferen Widerstand auf dem Vorschloß, bis am Morgen schwedische Truppen aus Mewe ankamen. Die Polen wurden bis Gnojau zurückgedrängt, die Stadt aber erhielt eine Besatzung von 800 Mann.

Zwar wurden die Polen von den Schweden auch wieder aus dem Werder verscheucht, aber kein Dorf, besonders von den an der Weichsel gelegenen, war vor den Einfällen polnischer Truppen sicher.

So wurde von allen Seiten die Gegend ausgesogen, denn die Schweden kannten ebenso wenig Milde und Schonung als die Polen und plünderten ohne Unterschied der Confession; dem Prediger von Halbstadt zum Beispiel, bei dem sie um Ostern einfielen, ließen sie fast gar nichts übrig. An Mißhandlungen der Dorfbewohner von beiden Seiten fehlte es ebenfalls nicht. Gegen Ende des Jahres kamen noch Sachsen und endlich Russen in die Werder, die nach Möglichkeit das noch Vorhandene verkleinerten. Bald nach der Niederlage Karls war König August wieder nach Polen zurückgekehrt, der Gegenkönig Stanislaus aber den abziehenden Schweden nach Pommern gefolgt.

Als die Anhänger August's vor Marienburg kamen, 15. October, zog sich die schwedische Besatzung, die aus 70 Mann bestand, durch das Werder nach Elbing zurück. Die Polen besetzten das Schloß und schrieben in dem Werder von der Hufe 7 Gulden Contribution aus, bis am 26. October der sächsische Bevollmächtigte Goltz erschien, die Starostei und das öconomische Amt übernahm und durch sächsische Truppen dem Unwesen der Polen im Werder ein Ende machte. Die sächsischen Truppen besserten sogleich die verfallenen Festungswerke aus, machten die Gräben tiefer, die Wälle höher und reparirten die Schleusen, um die Schloßgräben mit Wasser füllen zu können. Dreihundert Leute aus den Werdern waren wochenlang bis in den Winter hinein an diesen Arbeiten beschäftigt, trotz der schweren Contributionen, die von den Werdern erpreßt wurden. Die Herstellungskosten mußten von der Stadt getragen werden, die ebenfalls so schwer mit Contributionen heimgesucht war, daß viele Bürger nicht mehr im Stande waren in Geld zu zahlen und ihr Silberzeug und Kupfergeräth nach dem Rathhause an Zahlungs Statt brachten. Viele Bürger verarmten vollständig und zogen unter die Pfahlbürger auf dem Vorschlosse oder gingen außer Landes in das Königreich Preußen.

König August, der einige Zeit mit Czar Peter in Thorn geweilt und mit Friedrich I. von Preußen in Marienwerder eine Zusammenkunft gehabt hatte, ließ bei seinem Abzuge nach Sachsen große Massen von Fourrage aus den Werdern requiriren.

Am 4. November zogen russische Truppen in Marienburg ein, und siedelten dann vom 17. ab in's kleine Werder über, da Marienburg von der Pest heimgesucht wurde, an welcher daselbst 436 Menschen starben. Im folgenden Jahre starben gar 1102 Menschen an der Pest, und Pestanstalten mußten eingerichtet, ein Pestarzt und ein Pestchirurgus angestellt werden.

Im Jahre 1710, 2. Juni, kam König August nach Marienburg, nachdem seine Bundesgenossen, die Russen, unter General Nostitz Elbing eingenommen hatten. Er veranstaltete vor dem Sandthore ein pomphaftes Preis-Scheibenschießen, an dem er sich mit der Gräfin Cosel betheiligte. Als Andenken an dieses Fest ließ er die Scheibe, nach welcher geschossen worden war, und an der ein Schuh von jedem Fehlschießenden festgenagelt war, im Schützenhaus aufhängen. Der Schützenkönig aber wurde mit Freiheit von Contributionen und bürgerlichen Lasten, sowie andern Emolumenten bedacht. Der König August ermahnte die Bürgerschaft diese nützliche Uebung recht eifrig zu betreiben.

Nachdem der König aus den Werdern und aus Marienburg bedeutende Kriegsbeiträge gezogen hatte, reiste er, der von Neuem grassirenden Pest wegen, zunächst in die Umgegend von Danzig. Mittlerweile hausten die Rybinski'schen Schaaren im Werder so furchtbar, daß der König seine sächsischen Truppen hinschicken mußte, sie zu vertreiben. Die Sachsen machten es indeß nicht besser, sie erpreßten Geld und das war schwer aufzubringen, da wegen der Pest nur wenig Getreide ausgeführt werden konnte, und dennoch hinderten die Sachsen nicht, daß einzelne Schaaren von Rybinski's Volk im Werder hin und wieder ihr Wesen trieben. Den Abzug der Russen aus den Werdern setzten die Stände auf dem in Oliva eröffneten Landtage durch.

Anfang des Jahres 1711 zog August nach Dresden ab, hinterließ aber seinen General v. Flemming und den General-Commissar v. Trebentau, denen die Werderer im Februar 66 Gulden pro Hufe zahlen mußten. Im März wurde auf Befehl des Königs eine neue Vermessung der in der Marienburger Oeconomie liegenden Güter vorgenommen.

Im April hausten wieder Polen und Sachsen im Werder und forderten pro Hufe 23 fl., und kaum waren diese fort, so kamen des Wojewoden Dzialynski Schaaren aus Danzig, und im November quartierten sich drei russische Regimenter im Gebiet von Tiegenhof und Bärwalde ein, zogen plündernd im Werder umher und raubten den Besitzern die letzten brauchbaren Pferde. Zugleich forderte in demselben Monat König August zur Erhaltung der Kron-Armee vom Marienburger Werder 28,600 fl. und Quartiere für 500 Mann. Vergebens sträubten sich die Geschworenen und führten an, daß großes Sterben unter dem Vieh im Werder sei, und daß auf einzelnen Höfen auch nicht mehr ein Stück Vieh vorhanden sei; der königliche Kommissarius erwiderte, es müßten des Königs Forderungen erfüllt werden und „wenn sie auch alle crepiren sollten". Doch stand man endlich von der Einquartierung ab.

In Marienburg war die sächsische Artillerie und der Gardestab einquartiert, der der Stadt circa 40,000 Gulden Contribution abpreßte, und im November waren wieder Russen in Marienburg einquartiert, die während ihres 14tägigen Aufenthalts fast alles Sauerkraut in der Stadt aufzehrten und der Stadtkasse 5000 Gulden für Verpflegung kosteten.

Auch im folgenden Jahre plagten durchziehende russische und polnische Truppa die Werder. Marienburg zahlte ebenfalls wieder 12,000 Gulden, und trotzdem wurde in diesem Jahre noch der Neubau der St. Georgenkirche, der seit 1706 begonnen hatte, vollendet. Durch eine Lotterie wurde das nöthige Geld beschafft. 1713 im Februar verlangte der Elbinger Commandant Fourrage aus den Starosteien, was zu vielen Klagen Veranlassung gab, denn in einzelnen Höfen hatte die Seuche fast alles Vieh fortgerafft, besonders in Neumünsterberg. Da auch die Ernte nicht sonderlich ausgefallen war, so erlangten die Einwohner nach vielen Bitten, daß ihnen der Hafer erlassen wurde, von der Lieferung des Heues und Strohes wollte der Kommandant aber nicht abstehen, da im Ellerwald Heu und Stroh durch Ueberschwemmung zu Grunde gegangen und nirgend anders woher geschafft werden konnte, als aus dem großen Werder. Dies aber war nur das Vorspiel, denn schon im März mußten die Groß-Werderer und die Bewohner der Starosteien 20 fl. pro Hufe nach Elbing zahlen, im Mai zahlten die Werder wiederum 42 fl. pro Hufe, im September verlangte der Kron-Schatzmeister vom großen Werder 60,000 fl. und General Rybinski 40,000 fl., während das kleine Werder wegen Ueberschwemmung verschont blieb.

Bald darauf wurden wieder 40 fl. pro Hufe bezahlt. Marienburg zahlte 8366 Gulden, und im nächstfolgenden Jahre ging es ähnlich. Dabei blieben die Werder nie ohne Besatzung. Auch Marienburg wurde wieder mit 21,470 Gulden herangezogen. Die Noth steigerte sich im Jahre 1715, da die sächsischen Contributionen in Polen zu gefährlichen Aufständen führten. Streifende aufständische Polencorps fielen in die Werder ein, die Sachsen zu vertreiben, und nur den energischen Bemühungen des sächsischen Generals Bosse, der die Werderer schaarenweise aufbot, die Schanzen um Marienburg zu befestigen, gelang es, diese Stadt zu sichern. Im Anfange des Jahres 1716 mußten wieder Russen von Repnin's Corps im Werder, besonders in den Starosteien und in der Scharpau beherbergt, und außerdem aus den Starosteien pro Tarifhufe 40 Thaler nach Elbing an den Kommandanten gezahlt werden. Ebenso hatten die Starosteien Anfangs April große Einquartierungslast von Seiten der Russen und mußten Massen von Sucharen (Zwieback) zur Verpflegung liefern, bis die Truppen abzogen. Endlich in der Hälfte des Jahres war der Friede zwischen den Conföderirten und dem Könige August hergestellt, und die Sachsen und Rybinski's Völker evacuirten

Preußen. Die Ruhe kehrte wieder ein, wenn sie auch zuweilen noch durch polnische Marodeurs gestört wurde.

Der Friede mit Schweden im Jahre 1721 gab endlich dem Lande wieder Ruhe, aber schwer erholte es sich von den Kriegsleiden und besonders Marienburgs Wohlstand sank immer mehr; das Schloß verfiel, ebenso die Festungswerke. Der Stadttheil an der Nogat und die Neustadt lagen verödet. Aber noch im April 1717 forderte ein aus Mecklenburg heimkehrendes Russencorps von den durch Wasser schon geschädigten Werderern schwere Proviantlieferung, pro Hufe 60 Pfund feine Zwiebach und 7 Pfund Butter.

Kriegssteuern.

Es läßt sich leicht denken, wie unendlich Preußen und besonders die Umgegend von Marienburg während der Kriege litt. In den benachbarten Dörfern lagen die Hufen wüst und die Höfe, Krüge 2c. waren niedergebrannt. Im Jahre 1714 war Altmünsterberg völlig devastirt, und die wenigen Bewohner konnten den Rest der Contribution (919 fl.) nicht aufbringen. Eine Schulzenkommission ward zur Untersuchung hingeschickt und fand in der That daselbst unglaubliches Elend, so daß der Schuldrest niedergeschlagen werden mußte (Marienburger Gerichts-Acten von 1714).

Zu den Drangsalen des Krieges kamen nun noch die bedeutend höheren Steuern und die persönlichen Leistungen für den Krieg, denn nun waren die Grenzen des Landes von Feinden bedroht und die Preußen waren in dem Falle unweigerlich verpflichtet zu Kriegsdienst. So wurde auch 1655 bestimmt, es solle die Ritterschaft der Wojewodschaft Marienburg sich sammeln am 24. Mai beim rothen Hofe. Die Starosten und die Inhaber königlicher Güter sollten von 20 Hufen, die wüsten nicht mitgerechnet, einen Fußgänger in gehöriger Rüstung und in „einträchtiger Kleidung" (für Marienburg war blau mit rothem Unterfutter bestimmt) mit 5 Pfund Pulver, 60 Klaftern Lunte und 200 Kugeln versehen, unter der Fahne der Wojewodschaft auf den bestimmten Musterungsplatz abliefern, ihn 2 Monate lang unterhalten, worauf er dann aus dem Landesschatz weiter erhalten werden sollte, und zwar sollte jeder Mann 8 Gulden Monatssold erhalten. — Die Schulzen und die privilegirten Landkrüger sollten ebendaselbst mit einer Muskete erscheinen, oder einen Stellvertreter schicken und sollten so lange im Lager bleiben, als das adlige Aufgebot dauern würde.

Zu diesem Contingente stießen denn auch noch die sogenannten wybrańcy (Ausgehobene) und die geworbenen Truppen, die ebenfalls aus dem Landesschatz erhalten werden mußten. Die Zahl der letzteren variirte; im Jahre 1672 stellten die Preußen zum Türkenkriege 600 Mann Soldtruppen, bei anderen Gelegenheiten bald mehr, bald weniger. 1655 wurde bestimmt, daß 1790 Mann als Contingent für Preußen geworben werden sollten.

Es wurde ferner auf demselben Tage von 1655 zum Behuf der Anwerbung von Truppen eine neue Steuer beliebt, rogowe (Horngeld) genannt, die pro Stück Vieh von den Besitzern erhoben, für Bienen pro Stock berechnet wurde. Der Satz dieser Steuer ist nicht weiter angegeben, es wird nur berichtet, daß die Werberer und die Holländer doppelt so viel zahlen mußten, als die Bewohner der Höhe. Tagelöhner und Handwerker zahlten pro Person 24 Groschen. Das Geld sollte im Schlosse (gród) deponirt und nach dem Musterungsplatze an den Wojewoden abgeliefert werden.

Schon seit dem ersten schwedischen Kriege häuften sich die außerordentlichen Steuern, und fast Jahr für Jahr mußte die Malz- und Hufensteuer, die sonst nur selten gezahlt wurde, erlegt werden, oft sogar wurde die doppelte Quote angesetzt. Dazu kam seit 1662 die Kopfsteuer (census capitalis) und seit 1700 auf dem Lande das Tonnengeld.

Die Einquartierungslasten waren für die Werderbewohner so drückend geworden, daß diese sich mehrfach an den König wandten, um davon befreit zu werden. Endlich verlieh König Wladislaus IV. ihnen ein Privilegium (Urkunde № 36 a. der Großwerderlade), wonach sie fortan von aller Einquartierungslast befreit sein sollten, um desto mehr Fleiß auf Erhaltung und Besserung der Dämme und Gräben verwenden zu können. Freilich fragte in dem bald darauf folgenden zweiten schwedischen Kriege weder Freund noch Feind nach diesem Privilegium, denn gerade die beiden Werder wurden der Hauptschauplatz dieses Krieges, und Freunde und Feinde hausten schrecklich in den Dörfern. Als die Polen 1659 wieder das Uebergewicht im Werder hatten, da wandten sich die Bewohner desselben nochmals an den König, dieses Mal aber unterstützten sie ihr Gesuch mit klingender Münze. Wladislaus erklärte denn auch gnädigst, die Werderbewohner hätten längere Zeit einzelne seiner Truppenkorps unterhalten und ihm selbst eine namhafte Summe Geldes gegeben, obgleich sie durch die Einquartierungslast während des schwedischen Krieges nahezu ruinirt worden seien. Fortan solle kein Soldat, er sei unter der Fahne oder bereits aus dem Dienste entlassen, sich in die Werder wagen, sei es um dort bei den Besitzern zu übernachten oder unter welchem Vorwande auch immer Gelder und Lebensmittel zu erpressen (Urk. 36 b. der

Werderlade). In den Jahren 1690 und 1696 mußte aber König Johann Sobieski diese Privilegien erneuern und nochmals einschärfen.

Neues Elend brachte der dritte Schwedenkrieg über die Werder, so daß die Bewohner derselben nicht mehr im Stande waren, die jährlichen Steuern zu zahlen. Auf ihre inständigen Bitten erließ auch König August II. den Bewohnern der ganzen Marienburger Oeconomie die Hälfte des Hufenzinses und der Steuern, um die Oeconomie vor dem drohenden Untergange zu bewahren (ab ultimo interitu relevare capientes oeconomiam nostram Marieaburgensem. Urk. d h der Werderlade.) Und dies geschah im Jahre 1703, also in den ersten Jahren des Krieges! 1715, als der Krieg in dieser Gegend zu Ende war, aber immer noch Truppentheile, Polen, Sachsen, Russen, durchmarschirten, erließ der König nochmals ein Dekret, wonach die Werderbewohner, die durch Wasserüberfluthungen großen Schaden erlitten hatten, von Einlagerungen, Löhnungen, Fourragirung befreit sein sollten (Urk. № 83).

Welche schweren Opfer die Bewohner dieser Gegend bringen mußten, geht aus folgendem Steuersatz hervor.

Als 1718 nach Beendigung des letzten Schwedenkrieges die Kronarmee ausgezahlt werden sollte, bewilligten die preußischen Stände zu diesem Zwecke eine bedeutende Summe, und auf die Werder kamen 25313 fl. Diese vertheilten sich wie folgt:

Das große Werder sollte zahlen 15717 fl. 10 gr.,
das kleine Werder „ „ 5145 „ 24 „
die Kleinwerder-Niederung „ 447 „ 18 „
das Tiegenhöfer Gebiet „ 3034 „ — „
das Bärwaldsche Gebiet „ 767 „ 28 „
Heubuden und Gurken „ 61 „ 9 „
Marienburger Vorschloß „ 54 „ — „
Marienburger Propstei „ 14 „ — „
Kalthof Vorwerk „ 7 „ 13 „
die königlichen Mühlen „ 38 „ 19 „
die Müller an Kopfgeld „ 25 „ — „

Die Abgabe wurde als Pauschquantum den einzelnen Gebieten auferlegt und für die Werder von den Deichgeschworenen vertheilt. Wir finden in den Gerichtsakten von 1718 eine Klage des Marienburger Rathes gegen die Deichgeschworenen beider Werder, daß sie die städtischen Krüge zu hoch eingeschätzt hatten. Diese hätten bei einer früheren Contribution nur 4 fl. bezahlt und es käme demgemäß auf dieselben jetzt nur 1 fl. 15 gr., die Deichgeschworenen hatten sie aber mit 6 fl. angesetzt.

Eine dauernde Abgabe wurde die pół roczna placa, die seit Anfang des 18. Jahrhunderts aufkam, seit auf dem Pacificationsreichstage von 1717 der Beschluß gefaßt wurde, fortan 18000 Mann stehender Truppen zu unterhalten.

Ebenso war die Kwarta eine Abgabe für die Inhaber königlicher Tafelgüter, die nur zur Landesvertheidigung verwandt werden sollte. Es sollte von den Einkünften des betreffenden Gutes erst so viel abgezogen werden, als zur anständigen Erhaltung des Inhabers nöthig sei, das Uebrige sollte in 4 Theile getheilt, und ¹/₄ sollte zur Landeswehr verwandt, von dem Uebrigen noch ein Theil auf Erhaltung der Schlösser etc. abgezogen werden. Die Kwarta war speziell zur Vertheidigung der Grenzen bestimmt, oder zur Anschaffung von Kriegsmaterial; so wurde sie 1682 für die Artillerie verwandt. Die von den Quartengeldern erhaltenen Milizen hießen militos quartani. Die niederungischen Emphyteuten zahlten, wie aus mehreren Eingaben derselben an das Obergericht hervorgeht, ihre Beiträge nach den Rauchfängen und nicht nach der Hufenzahl.

Trotz der ungeheuren Lasten, welche die Landbewohner während der Kriegsjahre zu tragen hatten, war der Steuerzuschlag, der von den einzelnen Hufen aufzubringen war, so unmäßig hoch, daß viele Besitzer ihre Höfe verlassen mußten, da sie die durch den sogenannten Tarif vorgeschriebene Steuersumme nicht mehr aufbringen konnten. Die bei Hofe 1714 eingereichten gravamina scheinen aber keine Berücksichtigung gefunden zu haben. Auch die Parochen und Plebane der Dörfer traten mit neuen Forderungen auf. Viele Kirchen waren während der wilden Kriegsjahre ausgeplündert und verwüstet, einzelne ganz zerstört worden. Die Pfarrherren gingen nun daran, die Kirchen zu repariren oder neu zu bauen und verlangten dazu von den lutherischen Besitzern Geldbeiträge, Fuhren, Holz etc. Gegen diese Forderungen sträubten sich die ganz herabgekommenen Besitzer und reichten deshalb Beschwerden bei Hofe ein, die auch gefruchtet zu haben scheinen. Der König ließ durch den Culmer Bischof die Geistlichen ermahnen, für jetzt von derartigen Forderungen abzustehen. (Urk. № 115.)

Wassers- und Feuerschäden.

Zu den Unfällen, welche die drei schwedischen Kriege über Marienburgs Umgegend brachten, kamen noch andere hinzu, die das Elend des Volkes vollkommen machten. Die Wasserverhältnisse der Nogat änderten sich nicht, der erste schwedische Krieg hatte die beabsichtigten Arbeiten unterbrochen, erst 1638 nach wiederholten Gefahren kamen neue Vorschläge zum Vorschein, und 1641 ward endlich eine Kommission ernannt, den Graben von Neuem zu untersuchen. Nach langen Unterhandlungen zwischen Elbing und Danzig wegen des Kostenpunkts wurde festgesetzt, die Montauer Spitze mit einem Rostwerk zu versehen; nach der Weichsel zu sollte dasselbe 45 Ruthen lang sein, nach der Nogatseite 36 Ruthen. Die Elbinger sollten zu den Kosten dieser und noch anderer hier nothwendiger Bauten 3000 fl., die Danziger 6000 zahlen und der Bau sollte sogleich in Angriff genommen werden.

Neue bedeutende Durchbrüche der Nogat fanden 1661 bei Clementfähre und im folgenden Jahre bei Wernersdorf und Fischau statt, die vielen Schaden bis Elbing hin verursachten; 1661 erfolgte ein Durchbruch bei Lupushorst. Viele Bewohner scheinen damals ihre Besitzungen verlassen zu haben, und der Schaden war so groß, daß er der Gegenstand langer Berathungen auf dem Reichstage wurde. In Folge der „constitutio koromna de Anno 1661" wurde eine Kommission ernannt, welche die Dämme (grobla, sonst gewöhnlich tamy in den Urkunden genannt) besichtigen und die öden Hufen wieder verkaufen oder verpachten sollten. Selbst Fremde sollten sie nicht vom Kauf oder von der Pachtung zurückweisen.

1669 wurden beide Werder durch die Weichsel und Nogat überschwemmt. 1674 brach die Weichsel bei Schöneberg durch und verursachte so bedeutenden Schaden, daß die Einwohner von Neumünsterberg und Bärwalde Jahre lang nicht heimkehren und das Land bebauen konnten, und daß der Prediger seine Pfarre aus Mangel an Lebensmitteln und an Pfarrkindern verlassen mußte. Zugleich brach die Nogat bei Halbstadt und im nächsten Jahre nochmals ebendaselbst durch; die Weichsel aber 1676 wieder bei Schöneberg.

Die beiden großen Brüche von 74 und 75 hatten bloß 20000 Gulden Reparaturkosten verursacht; da die Einwohner aber arm und verschuldet waren, so wurden 1676 die polnischen Reichsstände um einen Beitrag zur Ergänzung der Dämme gebeten, der indeß von den Polen verweigert wurde. Es wurde aber nach wiederholten Vorstellungen eine Kommission hingesandt, die Gegend zu bereisen und die Kosten der Dammreparaturen zu veranschlagen. Die Reparaturen sollte der Pfandinhaber von Tiegenhof bewerkstelligen, der dafür entschädigt werden sollte; für die übrigen Dämme sollten die Landstände aus dem Landesschatz die nothwendigen Kosten hergeben.

Bei der Anlage aber sollten die zur königlichen Tafel gehörenden Güter billigst berücksichtigt werden. Auch wurde im Jahre 1680 den Werderern in Ansehung der großen Schäden, die sie durch Ueberschwemmungen gelitten, die halbe Contribution erlassen. 1689 brachte ein Durchbruch bei Sommerauort viel Trübsal in's Fischauer Werder. Im 18. Jahrhundert fanden 1713 zwei starke Durchbrüche in derselben Gegend statt, die viel Schaden anrichteten, und nochmals ebendort bei Sommerauort 1719; 1716 bei Tiegenort, 1717 bei Marienburg.

Im letzteren Jahre wurden auch die Arbeiten an der Spitze wieder aufgenommen, als aber das von Elbing und Danzig gegebene Geld verbraucht war, hörten die Arbeiten wieder auf.

Die polnischen Könige gaben manche Verordnungen, um den Bewohnern die Instandhaltung der Dämme zu erleichtern. So gestattete ihnen Johann III. 1691 das in der Weichsel und Nogat abgeflößte Holz zum Bau der Dämme aufzulaufen.

Alle Werderbewohner wurden ohne Unterschied zu Geldbeiträgen für die Reparatur der Dämme herangezogen. Handwerker und Dienstleute zahlten ein Kopfgeld, das von den Deichgeschworenen unter Vorsitz des Oeconomen festgestellt wurde. Die Quote betrug nach dem Dammbruch von 1717: für Handwerker à Person 4 bis 6 fl., Eigengärtner 6 fl., Krüger 6 fl., Miethskrüger 3 fl., Einwohner 3 fl., Hofmeister 6 fl., Knechte 4 fl., Mägde 1 fl. 15 gr., Mittelknechte 2 fl. 15 gr., Großjungen 1 fl. 15 gr., Kleinjungen 1 fl., ledige Personen 1 fl., Mädchen und Kinder über 12 Jahr 1 gr.

Um die Erhaltung der Dämme zu erleichtern, überließ König Stanislaus August 1768 den Kleinwerderanern den Lindenwald für die Kaufsumme von 1600 Dukaten und einen Jahreszins von 300 fl.

Faschinenmaterial scheint in den Werdern sehr knapp gewesen zu sein und das Buschwerk war der besonderen Fürsorge der Beamten empfohlen. In einer Urkunde Wladislaus' IV. heißt es, da sehr wenig Gesträuch und Gebüsch in den Werdern vorhanden sei (chrosty i zaroślie mało się znuidują) so solle der Oeconom solches unter keiner Bedingung, zu welcherlei Bedarf es auch sei, überlassen, ja es nicht einmal zum Bedarf der eigenen Herrschaft verwenden.

Die zahlreichen Wassergefahren veranlaßten die Deichgräfen und Deichgeschworenen, die alte Dammordnung von 1461 zu revidiren und eine neue aufzusetzen, was auch 1676 ausgeführt wurde. Diese neue Dammordnung enthält genaue Bestimmungen über die Pflichten der einzelnen Besitzer im Falle eines Dammbruches, und über die Vorkehrungen, die die einzelnen Deichbeamten treffen sollten.

Unter den neu aufgenommenen Punkten waren besonders folgende: Der Wirth, der ohne genügende Entschuldigung von der Eiswacht fortbleibt und keine Vertreter schickt, zahlt 1 fl. Wer von den allgemeinen, von den Geschworenen berufenen Versammlungen fortbleibt, zahlt 3 fl. Bei diesen Zusammenkünften soll Alles sein ordnungsmäßig in der Debatte hergehen „ohne Geplärr und Zänkerei", und auf der Aeltesten Ermahnung sollten Alle hören, bei 3 fl. Strafe. Tabackrauchen und übermäßiges Trinken bei der Eiswache sind jenes bei 3, dieses bei 4 fl. verboten. Zur Beaufsichtigung der Damm-Arbeiten sollen in jedem Dorfe jährlich 2 Rathleute erwählt werden.

Ein Dekret der königlichen Commission bestimmte ferner schon 1605, daß kein Besitzer von Werderhufen sich den Dammarbeiten entziehen dürfe; und damit auch keiner sich mit Geld loskaufe, und auch kein Unterschleif stattfinden könne, wurden Intendanten oder Dammkapitaine eingesetzt, die dem Oeconomen von Marienburg verantwortlich sein und Rechnung einliefern sollten. 1677 verklagten auch die Geschworenen des großen Werders die Bürger Marienburgs und Neuteichs, welche Werderhufen inne hatten, da sie trotz königlicher Rescripte weder Eiswache thun, noch bei den Dammreparaturen Hülfe leisten wollten.

Gegen Dorfschaften sind die Klagen wegen unterlassener Dammarbeiten, nicht erlegter Strafgelder ic. häufig, so klagten 1730 und 1737 die Deichgeschworenen gegen Orloff, Reimerswalde, Tiegerwalde, Pleckendorf wegen solcher Unterlassungssünden. Nur die Bewohner von Blumstein, Tragheim, Tralau sollten wegen der Dienste, die sie dem Schlosse zu leisten hatten, einige Erleichterungen von den Dammlasten haben, ebenso sollten die Wernersdorfer nach einem Privileg Kasimirs von 1458 von schwerer Dammlast befreit sein, außer wenn ein Durchbruch bei ihnen selbst stattfände. Die Marienburger dagegen sollten für Werderhufen in ihrem Besitz weder von Dammlast noch Eiswacht frei sein. Frei blieben nur die Hufen der Schulzen, der Deichgräfe und Geschworenen und des Landboten nach den Privilegien von 1564 und 1614. Auch Abgebrannte waren für 4 Jahre von allen Lasten frei. 1700 erneuerte sich der Streit über die Dammpflichtigkeit der Geistlichenhufen, wurde aber auf Grund des vielfach erneuerten Gesetzes von Conrad Zöllner (1387) zu Gunsten der Geistlichkeit entschieden und auch auf die Pleban-Hufen des kleinen Werders ausgedehnt.

Ueber die Pflichten der Deichgräfen und Deichgeschworenen wurde Folgendes bestimmt: Sie sollten auf die Dämme der Weichsel und Nogat bis an die Scharpau achten und sie, wenn es nöthig wäre, auf die Aufforderung der Dammkapitaine umreiten. Alljährlich kamen die Deichgeschworenen, deren nach der Urkunde von 1461 sechs, in späterer Zeit acht waren, mit dem Werdervogte zu Leske überein, wann die Deichschau stattfinden sollte. Der Tag wurde angesagt; und nicht bloß die Dämme selbst inspicirt, sondern auch das zur Dammbesserung nöthige Material, das in hinreichendem Maaße stets vorhanden sein sollte, revidirt. Vorräthig sollten zur Erhaltung und Besserung der Dämme Bretter, Strauchwerk, Pfähle ꝛc. sein. Harte Strafe war nach § 25 der Werderordnung auf Beschädigung der Dämme durch Ausreißen der Pfähle und des Strauchwerks gesetzt. Die Thäter sollten nach Befinden des Schulzen und der Schöppen gestraft werden und noch vor Sonnenuntergang das Dorf räumen. 1718 befahl ein königliches Rescript den Deichgeschworenen, die so häufig vorkommenden Beschädigungen der Weichseldämme zu verhindern. Sie sollten Schlagbäume darauf errichten lassen, um das Fahren auf den Dämmen unmöglich zu machen. Den Treibenden sollten die Schlagbäume gegen Zoll geöffnet und dieser zu Reparaturen verwandt werden. Die Geschworenen sollten ferner Sorge tragen für Wassermühlen, durch die das Wasser aus den Werdern abgemahlen werden könnte, ebenso für die Anlegung und Reinhaltung der Wassergräben, sowie Reinigung der königlichen Mühlenschleusen und Schloßgräben.

In Bezug auf die Reinigung der Wassergänge und Feldgräben war in der Werderordnung von 1676 bestimmt, sie sollten alle Jahre nach Bedürfniß zweimal gereinigt werden, und zwar 8 Tage vor Johannis und 8 Tage vor Michaelis, und wer sein Loos, oder sein ihm von dem Schulzen zugemessenes Stück nicht würde ausgekrautet und gereinigt haben, der sollte von jeder Ruthe 9 gr. und von jedem Loos das nicht bestehen kann, 5 gr. der Dorfschaft als Strafe erlegen, und trotzdem, bei 2 Mark Strafe im Falle der Säumigkeit, die Arbeit sofort ausführen lassen. Kein Nachbar, heißt es § 18, oder sein Gesinde sollte die Gräben oder Wassergänge verschütten oder Wege durch sie führen, bei 2 Thlr. Strafe an das Dorf, auch sollten sogleich die Fuhrten wieder geöffnet und die Gräben gereinigt werden, bei der doppelten Strafe.

Die Deichgräfen sollten ferner die Eiswachten anordnen und in Ordnung halten, darauf sehen, daß Wege und Wiesen auf den königlichen

Vorwerken gute Zäune hätten, in Kriegszeiten für Instandsetzung der verfallenen Wälle um Marienburg sorgen.

Brücken und Fähren.

Trotz des geringen Zolles, den die Werderer beim Ueberfahren über die Nogatbrücke zu erlegen hatten, suchten sie doch oft genug sich demselben zu entziehen, was um so weniger gerechtfertigt war, als gerade ihre frei passirenden Schaarwerks- und Mehlwagen die Brücke am meisten ruinirten. Sie stützten sich dabei auf ein angebliches Privilegium von Ludolph König d. 1383, das bestätigt sein sollte von Johann III. 1690 und das sie auch 1711 producirten. Darin heißt es in halb polnischer halb lateinischer Sprache: żuławy mają liberum transitum przez most malborski sine solutione cla mostu, a to vigore przywileju krola Z M C Z Tana III d. d. 1690 etc. ex eo respectu, że tamy przy gruntach mieyskich na żuławie będących propriis impensis podeymuyą y utrzymują. Zu deutsch: die Werderbewohner haben liberum transitum über die Marienburger Brücke sine solutione des Brückengeldes und zwar vigore eines Privilegiums Sr. Maj. des Königs Johann III. d. 1690, ex eo respectu, daß sie die im Werder an den städtischen Grenzen vorhandenen Dämme unterhalten.

Aber das Original aus der Kreuzherrnzeit ist niemals vorgefunden worden, auch regierte 1383 Konrad Zölner und nicht Ludolph König. Das Machwerk scheint aus Janikowskis Privilegienkram zu stammen. Auch war Marienburg schon 1661 von allen unbefugten Aufbürdungen von Dammlasten befreit worden.

Die Brücke bestand bis 1714 aus 11 Eiskästen und Stühlen, deren jeden eine Reihe mit Bohlen bekleideter Pfähle bildete; die Querbalken über die Stühle waren lose aufgelegt, um bei Eisstopfungen nachzugeben und Luft zu lassen, weshalb auch selten bei Eisgängen die ganze Brücke fortging. Dies geschah aber doch 1714 fast ganz, und nun erbot sich ein Zimmermann die Brücke anders zu construiren.

Statt der 11 Kasten legte er nur 6 an, zu deren jedem aber 3 Reihen Pfähle eingerammt wurden, damit die Kasten dem Eise besser widerstehen könnten. Die Höhe der Brückenstühle entsprach von der einen Seite der Brücke der Dammhöhe, von der andern der am Thurm des Brückenthors verzeichneten höchsten Höhe des Wasserstandes der Nogat von 1637. Die Brücke kostete 20,000 fl. und erregte ihrer Zeit die Bewunderung der Reisenden. Aber im Jahre 1717 stieg das Wasser noch $3\frac{1}{2}$ Fuß höher als 1673, die 18 Pfahlreihen sperrten das Eis noch mehr als früher die 11, und so wurde beim Eisgang am 26. März die Brücke ruinirt und die Kasten, bis auf einen, über den Damm auf die Kalthofer Aecker getrieben. Man behielt fortan die Construction mit 6 Eisstühlen bei, vermied aber beim Neubau die großen Kosten, denn jährlich kosteten so schon die Reparaturen 1—2000 fl. durchschnittlich, und von 1701—1724 betrugen die Kosten, die die Brücke verursachte, 81,341 fl., die den Stadtsäckel völlig erschöpften, ohne daß der Stadt irgend eine Erleichterung von Seiten des Fiscus wäre zu Theil geworden.

Von Fähren kam neu hinzu die Fähre über die Thiene bei Rückfort etwa um 1730. Sie wurde nicht nach altem Modus, sondern auf Zeit-Emphyteusis bewilligt, und 1770 wurde der Pachtcontract in einen Erbpachtvertrag umgeändert.

Feuerordnungen.

Wie die häufigen Wassergefahren zu einer Regulirung der Dammbeaufsichtigung getrieben hatten, so nöthigten die häufigen Brände, oft von frevelhafter Hand veranlaßt, zur Aufstellung einer geregelten Feuerordnung.

1637 hatte ein Junge in Lindenau, der gröblich mißhandelt worden war, 2 Höfe angesteckt; er wurde „geschmaucht" und der Anger, auf welchem dies geschehen, der Schmauchpfahl genannt. 1676 brannten in Neuteich 19 Häuser und in Neuteichsdorf 10 Höfe mit Zubehör ab. 1680 brannte in Tannsee das halbe Dorf und die Kirche, 1709 in Marienau die meisten Höfe, beide Pfarren und die Krüge ab.

Die erste Brandordnung für das kleine Werder wurde 1671 entworfen und bestätigt, da eine große Anzahl von Gehöften im schwedischen Kriege niedergebrannt war und viele Hufen wüst lagen. Sie wurde mit einigen Abänderungen 1703 erneuert. Es kamen in diesem Jahre die Deichgräfen, Aeltesten, Geschworenen des kleinen Werders im Kruge zu Sommerort zusammen und setzten eine Brandordnung, bindend für diejenigen, die sich daran betheiligen wollten, fest, der wir Folgendes entnehmen:

Wer sich verpflichtet hat zu theilen mit Anderen, die abgebrannt sind, der erhält, wenn ihn das Unglück trifft, daß er ganz abbrennt, pro Hufe 2 Schock Stück-Banholz, jedes 40 Fuß lang und am Ende ein Spann dick, für jede Hufe 85 Mauerlatten, 44 Fuß lang und zuletzt 1 Fuß dick, ferner pro Hufe 30 Mark Baugeld, 16 Mark zu Aal und Häring, 15 Scheffel Korn und 15 Scheffel Gerste, 5 Seiten Speck, 2 Scheffel Erbsen, 1000 Mauerziegeln, 1 Last Kalk. Geschieht der

Schaden zu einer Zeit, wo die Scheuern noch voll Getreide sind, so erhält er pro Hufe 6 Zugpferde, zum mindesten 25 Mark das Stück werth, 8 milchende Kühe à 18 Mark, außerdem Kleinvieh, nach Erkenntniß, sowie auch das nöthige Dachstroh; außerdem soll er für 4 Jahre abgabenfrei sein. Die Summe der eingetragenen Brandhufen des kleinen Werders betrug 587, soweit sich dies aus dem Brandhufenverzeichniß des öconomischen Gerichts ersehen läßt.

Man sieht hieraus, daß dies eigentlich nicht eine Feuerordnung, sondern vielmehr eine Feuer-Assecuranz war, die auf Gegenseitigkeit beruhte. Ausführlicher ist die Feuerordnung des großen Werders, die auch Vorkehrungen ergiebt zur Verhütung größeren Schadens; sie stammt aus 1671. Was die gegenseitigen Leistungen für die Verunglückten betrifft, so ist Folgendes darin festgestellt:

Wem außer dem Wohnhaus auch Scheunen und Schoppen abbrennen, der soll innerhalb 14 Tagen 650 Mark pro Hufe erhalten; für das bloße Wohnhaus pro eingeschriebene Hufe 350 Mark, für die Scheune 200, für Schoppen oder Speicher 100 Mark pro Hufe. Verbrennt ihm nach dem Monat August das Getreide noch mit, so erhält er pro Hufe 40 Scheffel Weizen, 20 Scheffel Roggen, 35 Scheffel Gerste, 35 Scheffel Hafer, 15 Scheffel Brodkorn und zu Malz und Grütze noch 15 Scheffel Gerste. — Sollte durch den Brand Mangel an Sommersaat eingetreten sein, so erhält der Abgebrannte 35 Scheffel Gerste, 35 Scheffel Hafer, 15 Scheffel zu Malz und zu Gerstenspeisen.

Ist Winter- und Sommersaat in die Erde gebracht, so erhält der Abgebrannte pro Hufe 15 Scheffel Brodkorn und 15 Scheffel Gerste. Ist Vieh verbrannt, so erhält er für ein Zugpferd 30 fl., für einen Jährling 13 fl., für ein Füllen 6, für eine milchende Kuh 25, für ein Kalb 4 und für ein Schaf 2 fl., ebenso für ein Schwein 2 fl. Ist das Futter verbrannt, das Vieh aber gerettet, so wird letzteres in dem Orte des Geschworenen ausgefüttert, und für das zu Hause nöthige Vieh erhält der Abgebrannte Futtergeld.

Jeder Abgebrannte war 4 Jahre abgabenfrei. Die an der Feuerkasse Betheiligten, welche im Kriege ihre Habe durch Brand verloren hatten, konnten nicht mit Geld unterstützt werden, noch mit Getreide, da die Menge der abgebrannten Höfe zu groß war, doch sollten sie Bauholz erhalten und für jedes devastirte Gebäude ein Jahr frei von Dammarbeit, Schaarwerk und anderen Lasten sein. Auch die Käufer wüster Hufen sollten ein Jahr lang von allen diesen Lasten befreit sein.

Zur Controlle der Einnahmen und Ausgaben sollten in jedes Geschworenen Dorfe Feuerherrn ernannt werden, um das für die Abgebrannten bestimmte Geld zu empfangen und abzuliefern. Das Geld einzufordern und an die Feuerherrn abzugeben sollte Sache des Schulzen sein. Wer das Geld ꝛc. nicht zur Zeit lieferte, sollte von den Schulzen oder Feuerherren ausgepfändet werden, und löste er das Pfand nicht in 8 Tagen aus, so fiel dieses dem Abgebrannten anheim. Die Dorfschaften sollten ferner dem Abgebrannten sein Bauholz aus Nogat und Weichsel bis auf die Baustelle zufahren. Wer mit Anfahren säumte, sollte bestraft werden. Wer Brandgelder empfangen hatte, sollte zum Neubau verpflichtet sein, oder mußte das Brandgeld wieder erstatten. Die Schornsteine des neu zu bauenden Hauses sollten gemauert werden.

Endlich enthält die Feuerordnung noch einzelne Bestimmungen über die nöthigen Löschapparate ꝛc. Jeder Nachbar muß mit den nöthigen Feuergeräthen versehen sein und zwar: für je 2 Hufen muß ein lederner Eimer, bei 4 Hufen eine Leiter, bei 2 Hufen ein Feuerhaken, bei 10 Hufen eine Handspritze und Schleife, bei 6 Hufen eine Wanne und Holzkette vorhanden sein.

Jedes große Dorf soll 2 Feuerhaken, jedes kleine einen; jeder Krüger 2 lederne Eimer, 1 Leiter von 18 Fuß Länge und einen Boßhaken; der Höker, Gärtner, Handwerker 1 Eimer, 1 Haken und eine 15 Fuß lange Leiter haben. Nach Jacobi (Montag) sollen die Geschworenen jedes Orts eine Schau der Geräthe abhalten und die Schornsteine untersuchen. Alle Unordnungen werden mit Geld gestraft. Entsteht Feuer, so sind alle Nachbarn bei Strafe zur Hülfe verpflichtet und zur Betheiligung an der Rettung. Ist der Brand gelöscht, so sollen die Geschworenen sammt dem Feuerherrn des Orts die Brandstelle besuchen, auch die Nachbaren müssen mit ihren Knechten bei Strafe erscheinen. Zunächst werden die Feuergeräthe untersucht und die entwendeten oder verdorbenen dem Eigenthümer ersetzt. Wer beim Feuer oder der Feuerschau verunglückt oder verletzt wird, dem werden die Heilungskosten aus der Kasse entrichtet. Die Brandstelle muß ohne Säumen bei Strafe geräumt werden.

Um Feuersgefahr zu vermeiden, darf im Werder weder Hanf noch Leinsaat gesäet oder bei Licht Flachs gehechelt werden. Wer dagegen thut, verliert alle Ansprüche auf Entschädigung und büßt $\frac{1}{2}$ Jahr im Gefängniß.

1707 kam noch das Verbot hinzu, Niemand solle Taback rauchen in Ställen, Scheunen, auf öffentlichen Straßen, wo Stoppel steht, bei willkürlicher Strafe von Seiten der Schloßobrigkeit.

Innere Zustände von 1625—1730.

Gerichtswesen.

Im Allgemeinen änderte sich in der Verwaltung und im Gerichtswesen der Werder während dieser Zeit wenig, nur wurden durch die Werder-Ordnung die allgemeinen Bestimmungen des kulmischen Rechts speciell für die Werder verarbeitet. Außer dem schon oben erwähnten Vogtei-Amt waren im Werder noch die Schulzengerichte, Schulzenversammlungen und die Versammlungen der Deichgeschworenen als Repräsentanten der Werdercommune. Im Marienburger großen Werder war ein Deichgraf und 5 Geschworene aus den 5 Winkeln, und im Bärwaldeschen Gebiet ein Deichgeschworner; im kleinen Werder waren ein Deichgraf und 2 Geschworne. Sie hatten außer der Aufsicht über die Dämme auch die evangelischen Prediger und Lehrer im Falle der Noth zu vertreten, sowie die Aufsicht über die Einnahmen und Ausgaben der Werdercommunen, wobei ihnen sogenannte „gute Männer" zur Seite standen. Waren wichtige Angelegenheiten, die das gesammte große Werder betrafen, zu berathen, so kamen sie in Groß-Lichtenau zusammen und beriefen dazu noch Deputirte aus den verschiedenen Winkeln.

Sie hatten auch eine Jurisdiction in dem Falle, wenn wegen kriegerischer Zustände das Oeconomiegericht verhindert war, Gericht zu halten. Sie hatten auch von Alters her ihr eigenes Siegel.

Eine wichtige Instanz waren aber die Schulzen, deren es in den großen Dörfern zwei gab, unterstützt von zwei geschworenen Schöppen, die jährlich gewählt und von der Oeconomie in Marienburg bestätigt wurden. Der Eingang von Entscheidungen oder Beschlüssen der Gemeinden lautet „Wir Schulzen, Rathleute und Gemeinde von N. N. 2c." Die beiden Schulzen fungirten aber nicht gleichzeitig, sondern abwechselnd Jahr für Jahr. Der Schulze leistete den Eid vor dem königlichen Oeconomen in Marienburg. Wenn etwas Wichtiges in der Gemeinde vorfiel, so schickte der Schulze einen reitenden Boten umher, der in polnischer Sprache vor jeder Thür laut rief: Zaras do Soltysa (Gleich zum Schulzen). Jeder Besitzer war nun nach seinem dem Schulzen geleisteten Eide verpflichtet, Folge zu leisten, oder sich vertreten zu lassen.

Wer vor den Schulzen geladen war und nicht erschien und auch keinen Stellvertreter schickte, verfiel in eine Buße von 6 gr., er wurde nochmals geladen, indem der Schulze ihm sein Amtszeichen, ein geschnitztes hölzernes S zuschickte, dann mußte er sogleich folgen. War in einem Dorfe ein schweres Vergehen verübt worden, so mußte der Thäter in das

Schloß abgeliefert werden, wo er bis nach gefälltem Urtheil blieb. Zwei Tage vor seiner Hinrichtung ward er in's Dorf zurückgebracht und hier auf Kosten der Gemeinde hingerichtet. So wurde 1707 der Schulz von Blumstein wegen einer Mordthat auf seinem eigenen Acker geköpft, sein Leib auf's Rad geflochten.

Für kleine Dörfer war bestimmt, daß die Schulzen mehrerer Dörfer zusammen Gericht halten sollten, und zwar an dem Orte, den die Angelegenheiten am meisten trafen. So vereinigten sich die Schulzen von Simonsdorf, Altenau und Trappenfelde; im kleinen Werder die von Schlablau, Nykalt, Klackendorf; ebenso die von Leckau, Schönwiese, Pruppendorf.

Die Schulzentage waren Montag und Freitag.

Auch Bürger der Städte, welche Grundbesitz im Werder hatten, mußten bei Streitfragen, die diese Grundstücke und die Grenzen ꝛc. betrafen, vor dem Dorfgericht erscheinen.

Vor diese Dorfgerichte gehörten seit den Bestimmungen von 1676 und 1689 alle Sachen, die vorher das öconomische Amt entschied, mit Ausnahme der fiscalischen, der öffentlichen Gewaltthaten und der frisch begangenen schweren Verbrechen, die vom Schulzen sogleich dem Oeconomiegericht angezeigt werden mußten.

Erbschafts- und Theilungssachen sollten vom Dorfgericht mit Beirath der benachbarten Schulzen entschieden werden, doch mußte die Approbation der Entscheidung vom königlichen Oberamte eingeholt werden. Ferner gehörten vor das Dorfgericht alle Käufe, Verkäufe und Auktionen. Bei Käufen war die wunderbare und harte Bedingung, daß der Käufer das Kaufgeld binnen 6 Jahren in 3 Raten zahlen mußte, davon die erste sofort. Ließ er den zweiten oder dritten Zahlungstermin ohne Zahlung verstreichen, so war die gezahlte Kaufsumme verfallen, und der Verkäufer trat wieder in freien Besitz der Güter ein. Im Dorfgerichte wurden auch die Hypotheken ingrossirt, und es konnte der Schulz den Consens zur Contrahirung einer neuen Schuld versagen, wenn er sah, daß die Hufen bereits zu bedeutend beschwert waren. Der Zinsfuß wurde auf 7 % (als Maximum) festgesetzt. Die Schulzen waren durch das Gesetz von 1600 angewiesen, richtige Bücher zu führen über Kauf und Verkauf ꝛc., die man Dorf- oder Schöppenbücher, polnisch ławnicze xiągi wieiskie nannte; ebenso ein Buch über die Gerichtsstrafen, von denen sie den dritten Theil erhielten. Durch ein Gesetz von 1614 wurde bestimmt, daß alle Kauf- und Pachtcontrakte außerdem auch noch in die Bücher des Schloßgerichts (zamkowe xiągi) eingetragen werden sollten.

Appellationen fanden vom Schulzen an das Oberamt statt, leichtfertige Appellationen wurden bestraft. Aber nicht nur Appellationen, sondern auch Kläger gegen das Schulzengericht liegen uns in den Gerichtsacten vor. So verklagten Schröters Erben das Schulzengericht in Mielenz wegen „verzogener Gerichtsbarkeit" bei einer Schuldsforderung, wodurch die Schuld schließlich verfallen war. (1676 Ger. Acten.)

Das Vogtei=Amt hatte in Criminalsachen dieselben Funktionen wie früher, und seine Entscheidungen wurden vom Oberamte bestätigt.

Die obengenannte Werderordnung war in den Grundzügen schon in der Ordenszeit vorhanden und war nur ein den örtlichen und zeitlichen Verhältnissen angepaßter Auszug aus dem kulmischen Rechte.

Als nun das neu revidirte kulmische Recht gedruckt herauskam, wurden jedenfalls die Artikel der alten Werderordnung ergänzt und modificirt und endlich summarisch von der Oberbehörde gut geheißen.

Da in des Schulzen Hand neben der richterlichen Gewalt auch die Polizeigewalt lag, so war er der rechte Vollstrecker und Wächter der Werderordnung, da jede Contravention vor sein Forum kam. Seinem Rufe waren daher auch alle Nachbaren zu folgen verpflichtet und durch Eid mußten sie sich verbindlich machen, ihn zu unterstützen. Alljährlich zu Fastnacht wurde vom Schulzen und den Schöppen die Jahresrechnung vor den Nachbarn abgelegt.

Die Bestimmungen über Hülfe der Nachbarn bei Diebstählen sind ähnlich den frühern aus dem kulmischen Rechte angeführten, ebenso die den Acker und das Wiesenland betreffenden, daß Niemand von des Nachbars Acker abpflügen, dessen Gras abhauen, dessen Wasser ableiten sollte. Das Kartenspielen, das übermäßige Rauchen, der Luxus bei Taufen und Hochzeiten sind verpönt. Schlechte Wirthe können aus ihren Höfen fortgebracht und der Hof kann verkauft werden. Ein solcher schlechter Wirth soll fortan arbeiten, seine Frau aber, wenn sie ordentlich ist, Leibgedinge bekommen. Niemand soll dem Andern sein Gesinde abwendig machen. Verschiedene Paragraphen schärfen die würdige Feier der Sonn= und Festtage ein.

Kirche und Schule.*)

Die Schwedenkriege brachten mannigfache Veränderungen in der Stellung der evangelischen Kirche mit sich, wenngleich die in dieser Zeit gewonnenen Freiheiten in den dazwischen liegenden Friedensperioden wieder verloren gingen.

---

*) Hauptquelle: „Hartwich, die drei Werder".

Daß die Protestanten an Gustav Adolf, dem Helden des ersten Schwedenkrieges, eine Stütze finden würden, ließ sich voraussetzen; aber was durch sein Verweilen in Preußen für die protestantische Kirche gewonnen wurde, ging für die Bekenner anderer Confessionen verloren, die während dieser Zeit in beständiger Angst lebten, und deren Geistliche oft sogar ihre Stellen verlassen mußten. Groß war besonders die Angst der Marienburger Katholiken, deren Pfarrer 1628 von den Schweden vertrieben wurde, während die Pfarrkirche schon 1626 dem protestantischen Gottesdienste eingeräumt wurde; aber auch die Reformirten Marienburgs hatten von den Schweden zu leiden, und ihr Geistlicher war vor den streng lutherischen Schweden entflohen. Die Jesuiten waren entwichen und hatten den Schlüssel der Kirche mitgenommen; der König ließ die Thüre erbrechen und arbeitete selbst mit einem Beile daran.

So ward in der Pfarrkirche zu Marienburg am 19. Juli 1626 zum ersten Male auf Gustav Adolfs Befehl evangelischer Gottesdienst abgehalten, und seit der Zeit diese Kirche den Evangelischen eingeräumt. Zunächst erhielten die Evangelischen das Recht, Kirchen zu bauen, wovon sie ausgedehnten Gebrauch machten. An vielen Orten erhielten sie auch das Recht die vorhandenen katholischen Pfarrkirchen zu benutzen, welches aber durch den Stuhmsdorfer Frieden von 1635 wieder aufgehoben wurde, durch den die katholischen Pfarrer wieder in ihre alten Rechte eintraten.

Ueberhaupt stellten sich die Verhältnisse der Evangelischen günstiger seit des bigotten Sigismund III. Tode (1631). Sein Nachfolger Wladislaus IV., den Protestanten geneigt, bestätigte 1633 den Städten und Werdern das ihnen von Sigismund August verliehene Privileg der freien Religionsübung, gewährte ihnen die freie Wahl von Predigern und tüchtigen Lehrern augsburgischer Confession, sowie die Erlaubniß in den gebauten oder noch zu bauenden Kirchen predigen und nach ihrem Ritus die Sacramente verabfolgen zu lassen.*)

Prediger und Lehrer sollten frei von Abgaben und Scharwerken sein.

Während des Waffenstillstandes von 1629—1635 verwaltete Kurfürst Georg Wilhelm von Brandenburg die Werder, bis der Stuhmsdorfer Friede die Verhältnisse definitiv regulirte. Die Evangelischen in Marienburg mußten die Pfarrkirchen wieder an die Katholiken zurückgeben. Die Neuteicher Protestanten mußten seit 1637 wieder auf dem Rathhause Gottesdienst halten.

---

*) Gebaut wurde 1637 eine neue Kirche in Lindenau, 1638 eine Kirche in Altfelde, wo vorher seit 1580 auf den Höfen gepredigt worden war. 1694 ward auch der Bau einer Schule daselbst durchgesetzt.

Unter König Wladislav hatten die Evangelischen durchaus nicht über Bedrückungen zu klagen, aber als er 1648 starb, fingen während des Interregnums neue Bedrückungen von Seiten der zu Wahlzwecken conföderirten Polen an, bis der neugewählte König, Johann Casimir, 1649 die alten Privilegien bestätigt.

1654 begann der zweite schwedische Krieg, und von Neuem gewann der Protestantismus das Uebergewicht in den Werdern, aus denen freilich der Schweden wegen sowohl die Pfarrer als die Pfarrkinder entflohen waren; in den Städten aber wurde desto eifriger gepredigt. Die Neuteicher konnten seit 1657 wieder die große Kirche benutzen, und in Elbing wurde sogar ein evangelisches Consistorium für das Palatinat Marienburg von dem Schwedenkönige eingesetzt.

Im Olivaer Frieden 1660 wurden die Religionsprivilegien der Werder bestätigt, die Geistlichen, die der Kriegsnoth halber entwichen waren, wurden zurückberufen, die vorhandenen neu bestätigt, fehlende durch Berufung ersetzt und in Danzig oder Elbing examinirt; aber der sichere Schutz fehlte den Gemeinden dennoch. Nur allzuhäufig mißbrauchten nämlich die Plebane und deren Vicarien ihre Stellung und forderten übertriebene Accidentien, Kalenden ꝛc., oder aber bei den Trauungen und Taufen verlangten sie noch Bier und Fleisch obenein; und Klagen gegen sie bei den geistlichen Behörden waren vergeblich. Andrerseits beanspruchte die katholische Geistlichkeit die Jurisdiction über die evangelische; bei geringfügigen Gelegenheiten, z. B. wenn sie auf dem Kirchhof eine Leichenrede gehalten hatten, wurden oft die Pfarrer vor das katholische Consistorium in Marienburg citirt, sich zu verantworten. In den meisten Fällen wurden solche Sachen mit Geld abgemacht, das die Gemeinde aufbrachte.

Unter König Michael Corybut, 1668—1674 fiel nichts Besonderes vor, während des Interregnums aber von 1674—1675 mehrten sich wieder die Bedrückungen*), bis Johann III. Sobieski, 1675 gewählt, die Dissidentenpacta von 1575 und zwei Jahr darauf die Religionsprivilegien der Werder bestätigte, nachdem kurz zuvor (11. Januar) auf die Beschwerden der Werderaner über die ungebührlichen Kirchenabgaben, eine Kommission unter Vorsitz des Culmer Bischofs Malachowski auch diese Angelegenheit geregelt und in dem sogenannten Malachowski'schen Vergleich bestimmte Normen aufgestellt hatte, denen wir Folgendes entnehmen:

---

*) So verklagte 1674 der Lichtenauer Parochus die protestantischen Bewohner, weil sie an katholischen Festtagen gearbeitet hatten; 1676 verbot Probst Saczynski von Alt-Münsterberg den Milenzern eine evangelische Schule zu bauen ꝛc.

Der Dezem sollte, da er in den Privilegien der Werderer fest normirt war, mithin nicht bestritten werden konnte, nach wie vor bis zwei Wochen nach Martini von den Pfarrkindern an den Schulzen in gutem Getreide nach Marienburger Maaß abgeliefert werden, der es dem Pfarrherrn zu senden hatte. Bei Trauungen sollten die Besitzer und deren Verwandte für den Erlaubnißschein des Pfarrherrn statt des früher üblichen Bieres und Fleisches fortan zwei Gulden polnisch, die Armen aber 15 Groschen zahlen; bei Taufen sollten die Reichen für den Schein 1 fl. 15 gr., die Armen 15 gr. zahlen. Der Zettel sollte unweigerlich von dem Geistlichen oder in deren Abwesenheit von den Kirchenvätern ausgestellt werden. Bei Bestattung evangelischer Leichen gebührte dem katholischen Pfarrer 1 Gulden poln., wurde dabei eine Leichenrede gehalten, so erhielt er 2 Gulden. Die Calende sollte nach wie vor zu Weihnachten abgeliefert werden. Der Pfarrherr sollte bei dieser Gelegenheit einen geräucherten Schweinskopf, eine Bratwurst, einen Schweinefuß, eine Schüssel Erbsen, einen halben Salz, ein Hausbackenbrot und 15 Lichte; der Schulmeister einen halben Kopf, Bratwurst, Erbsen, ein Quartier Salz und 8 Lichte erhalten. — Zu Ostern (zum Witteltag, d. i. zu St. Vitalis Tage) erhielt der Pfarrer 15 Eier und ein hausbackenes Brot, der Schulmeister 8 Eier und ein Brot. Ferner sollten bei der Ablieferung des Dezem auch zugleich dem Schulmeister von jedem Besitzerhause zum Unterhalt gegeben werden: ein Viertel Roggen und pro Quartal 2 Groschen; jeder Eigengärtner sollte 1½ Groschen, jeder Miethgärtner 1 Groschen für den Lehrer zahlen. Die Leistungen für Kirchenbauten, Schulbau und Reparaturen, für Instandhaltung der Kirchhofzäune sollten die alten bleiben.

Man sieht, daß der Modus der Abgaben nicht mehr der alte, in den Urkunden festgesetzte war. Außer dem Dezem und dem jährlichen Tribut an den Lehrer waren noch mannichfache allmälig in Gebrauch gekommene Extra-Leistungen, als bindend für jeden Werderbesitzer hinzugekommen*), was für die Protestanten um so drückender war, als sie auch noch für ihre eigenen Geistlichen und Lehrer zu sorgen, ihre eigenen Kirchen und Schulen zu erhalten hatten. Auffallend aber ist besonders, daß für die Extra-Ausgaben nur zwischen Besitzern (Nachbarn) und Gärtnern

---

*) Es waren dies die Calende und der Witteltag. Die Calende (Strenae colligendae) war ursprünglich ein freiwilliges Geschenk, das dem Geistlichen zu Neujahr gegeben wurde, wenn er seine jungen Pfarrkinder besuchte, um mit ihnen die Hauptstücke des christlichen Glaubens und die Gebote zu wiederholen. Der Witteltag ist der Tag St. Vitalis am 28. April, als letzte Grenze für's Osterfest. Die in dieser Zeit verabfolgte Gabe ist also ein Ostergeschenk (Eier und Wurst ꝛc.), das nur im großen Werder üblich war.

unterschieden wird, bei den Besitzern aber auf die Zahl der Hufen gar keine Rücksicht genommen ist.

Einige Jahre wirkte dieser Vertrag beruhigend, bald aber traten neue Zwistigkeiten ein, und die Plebane traten mit ungerechten Ansprüchen hervor, besonders wenn die Protestanten Kirchen bauen wollten. So konnten die Fischauer nur gegen große Summen Geld die Erlaubniß zur Ausbesserung ihrer Kirche erlangen (1688), und doch drohte der Offizial ihnen 1689, er werde das Dach ihnen von dem Gebäude herabreißen lassen, und ähnlich ging es 1689 den Katznasern; den Schabwaldern wurde sogar die Reparatur der Kirchenwand verboten, die Gr. Lichtenauer wurden wegen des Neubaues einer Kirche 1695 vor das Offizial-Amt gefordert, und der Plebau versiegelte schließlich die Kirchenthür, bis die Lichtenauer aus Marienburg Amtsdiener holten und die Siegel abnehmen ließen. Mißhandlungen evangelischer Prediger durch Plebane kamen häufig vor, selbst auf offener Straße waren sie vor Beleidigungen nicht sicher; ebenso wurden Gemeindemitglieder von der Geistlichkeit und ihren Leuten mißhandelt.

Viele ähnliche Bedrückungen veranlaßten endlich die Werderbewohner 1695 eine Gesandtschaft an den König (Sobiesli) zu schicken, und dieser befahl eine strenge Untersuchung der ganzen Angelegenheit und erlaubte den freien Bau und die Reparatur von Kirchen. Ausladungen der Protestanten vor fremde geistliche Gerichte sei unstatthaft, denn die Werdergeistlichen hätten im Marienburger öconomischen Obergerichte ihre Instanz. Alle Gewaltthaten der Pfarrer gegen evangelische Geistliche und Gemeinden sollten streng untersagt sein. Aber 1697 mußte Johann Sobieski von Neuem sehr ernst an den Bischof von Kulm schreiben, da von mehreren Plebanen evangelische Personen schwer mißhandelt worden waren.

König August II. bestätigte 1697 die Privilegien über Religionsfreiheit und Kirchenbau. Aber bereits 1699 erschien ein neues Rescript, und dieses annulirte die Concessionen von 1695, verbot den Evangelischen den Kirchenbau, verwies die Gemeinden und Prediger wieder an das Forum der katholischen Konsistorien. Es stellte sich aber heraus, daß dies Schriftstück nicht vom Hofe kam, sondern daß ebenso wie schon 1695 ein Falsum verübt worden war, um die Werderer einzuschüchtern. Der König cassirte das Rescript, aber schlagend genug ist in den beiden Thatsachen der Rechtszustand Preußens in diesem Jahrhundert characterisirt.

1700 wurde den Lindenauern, Tannseeern und Marienauern verboten, die Positive, die sie besaßen, in der Kirche zu benutzen. Potocki, Bischof von Kulm, bestätigte dies und drohte mit harten Strafen. Erst eine Supplik beim Könige half gegen diese und ähnliche Bedrückungen (1700).

Der Bischof von Kulm wurde nun von der Geistlichkeit aufgereizt, den Werderern neue Hindernisse in den Weg zu legen, und dieser ließ im März 1700 die Aeltesten der Werder berufen und ihnen eine harte Ordination in lateinischer Sprache (ihnen unverständlich) vorlegen, die sie unterschreiben und worin sie versprechen mußten, keine Positive zu halten, nicht polnisch predigen zu lassen, die Licenzzettel sorgfältig zu holen, 2c. Die Gemeinden legten sogleich Protest ein, da die betreffenden Deichgeschworenen zu solchen Concessionen nicht ermächtigt gewesen seien. Auf Klage der Werderer beim Könige kam es zur Revision des Prozesses, und Cardinal Pignatelli ließ am 28. Juli 1701 die bischöfliche Ordination selbst cassiren, da die Werderer erklärten, sie wollten lieber die Werder, die ihre Vorfahren mit Mühe und Schweiß urbar gemacht hätten, verlassen, als ihre freie Religionsübung verlieren.

Als Karl XII. von Schweden im dritten Schwedenkriege nach Preußen kam, hörten natürlich alle Bedrückungen von selbst auf, die Protestanten hatten sofort freien Cultus; die schwedischen Soldaten selbst waren ja eifrige Protestanten, und für ihre Seelsorge war in reichem Maaße durch Feldprediger gesorgt. Jede Beunruhigung der Protestanten durch bischöfliche Visitationen wurde streng vom Könige verboten. Sie sollten Freiheit haben, Kirchen, Schulen und Hospitäler zu bauen und in den Kirchen sowohl deutsch als polnisch zu predigen. Die katholischen Plebane aber fühlten sich anfangs nicht recht sicher bei der neuen Gestaltung der Dinge und entzogen sich meistens etwaigen Thätigkeiten durch die Flucht. Als an Stelle des Königs August der Pole Stanislaus 1705 auf Carls Veranlassung gewählt worden war, gab dieser volle Religionsfreiheit für die Dissidenten und bestätigte auch die Religionsprivilegien der Werder von 1695. Vor allen Dingen wurden die Protestanten von der bischöflichen Jurisdiktion eximirt, es wurde ihnen ferner gestattet, Orgeln und Positive zu haben, neue Kirchen zu bauen 2c.

Diese Zeit wurde denn auch von den Evangelischen zu neuen Kirchenbauten benutzt. 1704 wurde in Stalle, 1705 in Altfelde, 1707 in Ladekopp, 1708 in Marienau die Kirche gebaut, alle ohne Thurm. Als in letzterem Jahre die Lesewitzer bauen wollten, widersprach der Bischof von Kulm, Potocki; trotzdem bauten die Lesewitzer und wurden mit Kirche und Widem 1711 fertig. Die Marienburger wurden mit dem Neubau ihrer Kirche 1712 fertig. Trotz der Kriegsdrangsale hatten sie den Bau unternommen und wurden besonders von den Danzigern dabei mit Geld unterstützt, während aus ganz Ostpreußen nur 100 fl an Collectengeldern beigesteuert wurden.

Seit bei Pultawa des Schwedenkönigs Stern untergegangen war, und des Polenkönigs August Macht sich wieder zu befestigen anfing, wurde gegen die Protestanten wieder von Seiten einzelner Plebane gewühlt. Es wurde sogar von Letzteren 1713 auf dem Landtage in Marienburg ein Actenstück eingereicht, das 19 Klagepunkte enthielt. Vor allen Dingen wurden die lutherischen Prediger bezüchtigt Proselytenmacherei zu treiben und polnisch zu predigen, die Bewohner aber beschuldigte man, die gebotenen Festtage nicht einzuhalten und das Gesinde zu zwingen, ihre Feste zu brechen. Die Prädicanten, hieß es weiter, trauen ohne Consens der Plebane, die Lutherischen verhöhnen den katholischen Glauben, sie haben die katholischen Pfarrhufen verkleinert, begraben ihre Leichen auf katholischen Kirchhöfen, vermehren ihre Kirchen, zahlen ihr Deputat nicht an Geistliche und Lehrer u. a. m.

Die Plebane klagten beim Obergericht, und trotz dem Protest der Werder kam schließlich 1715 von August II. ein Rescript, welches alle Concessionen von 1699 vollständig aufhob, und 1717, nachdem der König sich mit den Conföderirten in Warschau versöhnt hatte, erschien im Versöhnungstractate ein Artikel, der den Evangelischen das Kirchenbauen wieder verbot und nur Privatgottesdienst erlaubte.

Unter so trüben Aussichten feierten die Lutheraner Preußens 1717 in ihren Kirchen den 200jährigen Gedenktag der Reformation. 1721 gab es neuen Hader. Pastor Langwald in Kunzendorf ließ sich durch Pastor Müller in Münsterberg trauen, ohne bei dem Kunzendorfer Parochus den Licenzschein gelöst zu haben, der sogleich die beiden Pfarrer vor das pomesanische Consistorium ausladen ließ. Die Werdergemeinde legte gegen diese Ausladung Protest ein, da Geistliche und Lehrer der Dissidenten nur vor das zustehende weltliche Forum citirt werden dürften. Aber das Consistorium fragte danach nicht, sondern verurtheilte die beiden Prediger in contumaciam (1722), that den Kunzendorfer Prediger in den Bann, erklärte seine Ehe für ungiltig, und verbot ihm fernere eheliche Beiwohnung bei 300 Thlr. Strafe; wegen Ungehorsam gegen die bischöflichen Bestimmungen verurtheilte es ihn zu 100 Dukaten Strafe, wegen Ungehorsams gegen die Citationen des Consistoriums zu noch 200 Thlr. und zur Erstattung der Kosten.

Am 4. Juli ward der Bann gegen beide Geistliche decernirt, und in allen katholischen Kirchen der Werder einige Sonntage nach einander mit allen dabei üblichen Förmlichkeiten publicirt und die beiden Geistlichen für unwürdig ihrer Aemter erklärt. Auf die Klagen der Werderer erfolgte 1723 von Hofe Bestätigung der alten Privilegien, und der König nahm die beiden Geistlichen in Schutz.

Verschärft wurden die Maßregeln gegen die Dissidenten aber wieder auf dem Reichstage von 1736. Die Veranlassung dazu gab ein Tumult, der 1724 in Thorn in Folge von Reibungen zwischen den Protestanten und Jesuitenschülern ausgebrochen und vom Könige mit rücksichtsloser Härte geahndet worden war.

Ein großer Uebelstand für die Stellung der 28 protestantischen Geistlichen der Werder war der Umstand, daß sie kein Collegium bildeten, keinen Repräsentanten in einem Senior oder Superintendenten hatten, keine Versammlungen hielten u. dergl. m. Dadurch waren sie desto schutzloser nach Außen, und in einzelnen Gemeinden kamen große Verschiedenheiten in Bezug auf Ritual und auf einzelne Glaubenspunkte vor.

Die alte Kirchenordnung der Marienburger Gemeinde von 1592 wurde 1674 revidirt und nochmals 1714 in verbesserter Form als „Kirchen-Statut" vom Magistrate publicirt. Aus der Kirchenordnung der beiden Werder ist Folgendes hervorzuheben. Die Berufung der Prediger geschah durch die Gemeinden im Beisein der Deichgräfen und Geschworenen. Im Allgemeinen wurde die Stelle schon 6 Wochen nach des Predigers Tode wieder besetzt, seit dem dritten schwedischen Kriege aber diese Frist verlängert. In Groß-Lichtenau und Groß-Lesewitz blieb die Leiche des verstorbenen Predigers so lange unbeerdigt, bis der Neugewählte in die Widdem einzog. Der Candidat mußte vorher eine Probepredigt halten, das Examen aber in Danzig, Saalfeld oder Königsberg vor dem Consistorio machen, woselbst auch die Ordination erfolgte. In der Vocation wurden die Geistlichen zum Festhalten an der Augsburgischen Confession verpflichtet. Die Protestanten waren verpflichtet, auch an den katholischen Feiertagen keine Arbeiten im Hause, Felde und auf dem Hofe verrichten zu lassen. Solcher Feiertage waren 26.

Die Einkünfte der Prediger waren je nach der Größe der Gemeinde verschieden. Lindenau zahlte, um ein Beispiel anzuführen, jährlich 200 Mark Gehalt, von 54 Hufen an Dezem pro Hufe $1/2$ Scheffel Gerste, $1/2$ Scheffel Roggen. Zum Bierbrauen erhielt der Prediger von jedem Besitzer 6 Scheffel Gerste, und von jedem 1 Scheffel Weizen und 1 Scheffel Hafer. Er erhielt einen Morgen zur Widdem gehöriges Land, freie Weide für 4 Pferde und 4 Kühe, auch für kleines Vieh, soviel er halten wollte.

Jeder Nachbar gab ferner 1 Fuder Heu und 30 Bund Brennstroh. Die Dorfschaft lieferte ihm 2 Viertel Brennholz.

Für Aufbietung und Trauung zahlten die Besitzer 6 fl., Krüger, Hölker, Schmiede, Eigengärtner 3 fl., gewöhnliche Leute 1½ fl. Für eine Leichenpredigt erhielt der Prediger 6 fl., für eine Leiche mit Sermon 2 fl., für eine Leiche ohne Sermon 1½ fl., für Fürbitte oder Danksagung 18 gr.

An anderen Orten war dies anders; einzelne gaben nur Gerste und Korn als Dezem, für die Leichenrede nur 3 fl.; andere Ortschaften gaben dem Prediger ebensoviel als dem Plebau nach dem Malachowskischen Vergleich zukam, andere mehr. Wo Brauhäuser für das ganze Dorf waren, gab jeder Besitzer, wenn das Brauen an ihn kam, dem Geistlichen ein Viertel Bier ab; an anderen Orten bekam er jährlich zwei Tonnen Bier.

Auch die Lehrer waren, nach Hartwichs Zeugniß, meistens so gestellt, daß sie bei bescheidenen Ansprüchen ausreichend zu leben hatten, und fast in allen Dörfern gab es recht tüchtige Lehrer.

Noch immer kamen Prediger aus weiter Ferne und fanden hier einen Wirkungskreis. In Prangenau war ein Geistlicher aus Ober-Ungarn angestellt, in Ladekopp war um 1620 ein Pommer, der bereits früher in Norwegen gewirkt hatte; der Prediger Wächter aus Thiensdorf war aus der Zips in Ungarn.

Unter den Geistlichen war mancher wackere gelehrte Mann. Der obengenannte Schmechel war poeta laureatus, der Prediger Rothmahler in Schönhorst hatte ebenfalls Gedichte herausgegeben, und in Tannsee wirkte der ehrwürdige Hartwich, der sich durch seine Geschichte der drei Werder ein bleibendes Verdienst erworben hat. Er gehörte zu jenen stillen Gelehrten, die mit eisernem Fleiße aus einem Wuste von vergilbten Papieren reiche Notizen zusammensammeln und ordnen, die dem späteren Geschichtsschreiber von unendlichem Nutzen sind. So komisch auch manche naturhistorische Notizen in seinem Buche klingen, so spaßhaft die abergläubischen Geschichten von Teufelsbeschwörungen ꝛc. sind, die er darin erzählt, so wichtig ist doch sein Werk für die Geschichte der protestantischen Kirche in den Werdern, sowie für die Geschichte der einzelnen Kirchspiele derselben. Es wäre wohl zu wünschen, daß ein ähnliches Werk für die Geschichte der katholischen Kirchen in dieser Gegend existirte; aber kein kundiger Mann hat sich leider damit befaßt, wie Hartwich, aus alten Kirchenbüchern die Namen der einzelnen Geistlichen des Kirchspiels, speciell aber Namen von literarisch in irgend einer Weise hervorragenden

Männern herauszusuchen. Daher ist naturgemäß eine Einseitigkeit in der Geschichte der kirchlichen Entwickelung der Werder unvermeidlich. Namen geistvoller Männer, Namen von protestantischen Predigern, deren Andenken lange Zeit in den Gemeinden gesegnet blieb, lassen sich anführen, aber keiner von katholischer Seite, da wir nur die Namen einiger wenigen Werderplebane aus protestantischen Berichten kennen, und zwar gerade meist Namen von solchen, die sich durch ihre Gehässigkeit gegen die evangelische Geistlichkeit hervorthaten, was oft zu ekelhaften Excessen führte, unter denen wohl der gegen Wächter in Thiensdorf vom Plebane verübte, unvergleichlich dasteht. Wächter wurde Nachts aus seinem Hause gerufen, auf einen Schlitten geworfen, vor den Suffragan nach Thiergardt gebracht, dort gefragt, warum er die Jurisdiction der katholischen Geistlichkeit nicht anerkennen wolle, und als er sich entschuldigen wollte, wurde er niedergeworfen und durchgeprügelt. Der Lichtfelder Prediger Zillich wurde auf offener Straße von Plebanen angefallen und jämmerlich zerschlagen. Beide Fälle ereigneten sich am 3. und 4. Februar 1695.

Die Stellung der katholischen Geistlichkeit war ungleich besser, als die der evangelischen, nicht bloß der doppelten Accidentien, sondern auch der Hufen wegen, die mit den Pfarreien verbunden waren. Ja einzelne hatten, wie schon im vorigen Abschnitte angeführt worden ist, nebenbei noch Krüge in ihren Dörfern, die mit zum Pfarrlande gehörten. Daß hierbei manche Ungesetzlichkeiten vorgekommen sein mögen, ist leicht erklärlich. Allen Ausschreitungen aber zu begegnen, wurde 1671 vom Landtage bestimmt, kein Geistlicher dürfe Bier feil haben, oder vorführen, wenn er nicht die Schaulgerechtigkeit habe, ebenso sollten sie keine Halenbuden anlegen bei Strafe der Confiskation. Desgleichen war den Pfarrern verboten, Schafe zu halten.

Von Synodalbeschlüssen ist aus jener Zeit Nichts von allgemeinem Interesse oder für die Werder von Wichtigkeit. Sie betreffen meist die Visitationen und den geistlichen Lebenswandel. Erst aus der nächsten Periode ist ein Beschluß der Kulmer Synoda von 1745 von Wichtigkeit, welcher es verbietet, fernerhin Hexenprozesse anzustrengen und zu führen.

Die Mennoniten*).

Die Mennoniten waren im 16. Jahrhundert aus den Niederlanden nach Preußen gekommen, um den Verfolgungen der Inquisition zu entgehen, denen sie in ihrem Vaterlande ausgesetzt waren. Aber auch in

---

*) Quellen: außer Lengnich und Hartwich besonders Mannhardt „die Wehrpflichtigkeit der Mennoniten".

Preußen wurden sie vielfach verketzert, sowohl von Lutheranern als den Katholiken, da man sie mit den Wiedertäufern und anderen Secten verwechselte. Erst als man erkannt hatte, daß sie friedliche, thätige und äußerst geschickte Leute seien, da wurden auch für sie Stimmen auf den Landtagen laut, und so mehr, da sie stets gegen die Verwechselung mit den Wiedertäufern protestirten.

Die ersten mennonitischen Ansiedler ließen sich im heutigen Preußisch-Holländer Kreise nieder (1536), und schon zehn Jahre später besuchte Menno Simons, der Stifter der Secte, seine Glaubensgenossen in Preußen, die anfangs nicht den Namen Mennoniten trugen, sondern sich stille Taufgesinnte nannten.

Im Jahre 1550 ließen sich die ersten Mennoniten im Stadtgebiete von Elbing nieder, mußten diese Stadt aber bald wieder verlassen, da die Bürger über Beeinträchtigung der Gewerbe und des Kleinhandels durch die Mennoniten klagten. Bald aber gewann eine bessere Ueberzeugung Raum; die Elbinger erkannten die Thätigkeit der neuen Ansiedler, ihr Geschick, wüste Stellen urbar zu machen, sumpfige Strecken zu entwässern; und sie benutzten sie daher als Pächter im Ellerwalde, um diese noch sehr wüste Gegend entwässern und urbar machen zu lassen.

Dies veranlaßte denn auch die beiden Gebrüder Hans und Simon von Loysen, welche Tenutäre des Tiegenhoffschen Gebietes waren, Mennoniten herbeizuziehen, um die Gegend von Tiegenhof, die damals ein rohrbewachsener Sumpf war, zu entwässern und zu bebauen. Die Gebrüder wandten sich daher nach den Niederlanden, um taugliche Leute für diesen Zweck zu gewinnen, und im Jahre 1568 kamen in der That eine Anzahl von Mennoniten aus Holland her, denen jedenfalls religiöse Duldung zugesichert wurde. Sie machten das Land urbar, schütteten Dämme am Haff, am Drausensee, an der Weichsel und Nogat, zogen Abzugsgräben, bauten Abwässerungsmühlen und verwandelten so Sumpfstrecken in fruchtbares Ackerland. Das auf diese Weise gewonnene Land, das sie Anfangs gewiß zinsfrei inne hatten, wurde 1578 von Hans von Loysen dem Jüngeren an die Anbauer auf 30 Jahre verpachtet für den Zins von 52 Gulden und 13 Hühnern pro Hufe.

Aber schon im Jahre 1581 wechselte das Gebiet den Besitzer. Ernst von Weiher, Castellan von Elbing, nahm es Herrn Hans von Loysen wegen einer Schuldforderung ab, cassirte die mit den Mennoniten abgeschlossenen Contracte und gab ihnen neue, die auf 20 Jahre gelten sollten. Nach Ablauf dieser Frist (1601), gab seine Wittwe, Anna von Mortangen, ihnen wiederum neue Contracte, die bis 1641 giltig sein sollten.

Die Erneuerung des Contracts, Einmiethe genannt, brachte der Herrschaft viel Geld, sie wurde mit 600, ja sogar mit 1000 Gulden pro Hufe bezahlt. Auch die Bestätigung der Contracte von Seiten des polnischen Königs kostete Geld. Nach den Contracten waren die Mennoniten frei von allen Angarien, Schaarwerken, ebenso von Dämmen, mit Ausnahme der Dämme innerhalb ihrer Grenzen, besonders des Tiegedammes, sie waren frei von Podwoden (Vorspann) und Einquartierung und sollten in Religionssachen unbelästigt bleiben. Wladislaw IV. bestätigte ihre Freiheiten 1642 durch ein besonderes Privileg.

Von dem Tiegenhöfer Gebiet aus verbreiteten sich die Mennoniten wahrscheinlich in die beiden Werder und die ursprünglichen Ansiedelungen sind die sogenannten „holländischen Hufen"; die noch jetzt meistentheils von Mennoniten bewohnt werden. Die Zahl dieser holländischen Hufen, jetzt 528½, betrug bis in die zweite Hälfte des 17. Jahrhunderts 430 Hufen. Daß mit den obengenannten Freiheiten auch zugleich die Befreiung vom Kriegsdienst verbunden war, ist gewiß, denn sonst wären die damaligen Mennoniten, die streng an ihrem Glauben hielten, nicht auf die ihnen vorgelegten Contracte eingegangen. Der Regierung war aber die Kriegsdienstleistung der Mennoniten auch von geringem Belang, da ja ganz Polnisch-Preußen nur im Falle eines feindlichen Angriffes auf die Provinz selbst Zuzug leistete.

Die Dorfschaften, welche holländische Hufen haben, sind folgende:

1. Im Tiegenhöfer Gebiet: Platenhof, Tiegenhagen, Tiegerweide, Reimerswalde, Orlofferfeld, Pletzendorf, Orloff, Pietzkendorf, Petershagenfeld.

2. Im großen Werder: Heubuden, Gurken, Herrenhagen.

3. Im kleinen Werder: Kampenau, Schwansdorf, Hohenwalde, Thiensdorf, Baalau, Marcushof, Wengeln, Eschenhorst, Altrosengart, Rosenort, Reichshorst, Sorgenhorst, Kuckuck, Kronsnest, Sparau, Schönwiese.

Im Jahre 1585 nahmen die preußischen Stände die Warschauer Conföderation an, derzufolge sie sich gegenseitige Duldung versprachen und jede Verfolgung des Glaubens wegen ausgeschlossen wissen wollten. Aber die Ruhe war nur von kurzer Dauer, denn schon 1608 klagte der Bischof von Kulm, der sämmtliche evangelische Geistliche aus dem Werder vertreiben wollte, auf dem Landtage zu Marienburg, daß Wiedertäufer und Samosatenser ihr Wesen in den Werdern trieben und wünschte, daß diesem Treiben ein Ende gemacht würde. Die Danziger aber nahmen die Mennoniten in Schutz und machten dem geistlichen Herrn bemerklich, daß es gerathen sei, die Nichtkatholiken in ihrem Glauben ungekränkt zu lassen, selbst die nicht zur Augsburger Confession gehörigen. Der Landtag war hiermit einverstanden.

So blieb es bis 1642. Da gelang es einem Kammerherrn von Harberg, sich ein Patent bei Wladislaw IV. zu erschleichen, wonach die Secte der Wiedertäufer, die den Handel und die Gewerbe der Unterthanen beeinträchtige, mit aller Strenge behandelt werden sollte. Ihre Güter sollten confiscirt, ihre Bethäuser dem Fiscus der Stadt oder des betreffenden Gebiets zugeeignet werden. Harberg erhielt nun die mennonitischen Güter vom Könige als Geschenk und drohte die Inhaber zu vertreiben, wenn sie nicht durch Geldzahlungen die Erlaubniß zum ferneren Verweilen erkauften. Auf diese Weise erpreßte er von den Mennoniten pro Hufe 150 fl. in Summa 80,000 fl., versprach auch ihnen beim Könige ein neues Privilegium zu verschaffen, wofür sie 1000 fl. zahlen mußten, er hielt aber sein Versprechen nicht. Die Stände verklagten schließlich 1642 den Harberg beim Könige wegen der verübten Erpressungen, und die Mennoniten wandten sich ebenfalls bittend an den König, der denn auch, natürlich gegen Geldzahlung, ihr Privilegium erneuerte, worin er die Verdienste der von Loysen berufenen Mennoniten gebührend hervorhob. Alle ihre alten Privilegien wurden bestätigt, und ausdrücklich wurde erklärt, Niemand solle fortan berechtigt sein, außerordentliche und ungebührliche Abgaben von ihnen zu erheben. Harburg fuhr indeß fort, die Leute zu bedrücken, 1649 mußten sie eine erhebliche Summe Geld für ihn aufbringen, und als sie sich gegen seine erneuerte Forderung von zwei ungarischen Gulden pro Hufe sträubten, wurden sie vor das königliche Assessorialgericht ausgeladen. Auf ihre Klagen bei Hof sprach sie Kasimir 1650 von jeder Zahlung frei, verbot fernere Erpressungen und Bedrückungen und bestätigte ihre Privilegien.

Dennoch hatten sie keine Ruhe von Seiten der Geistlichkeit, und 1648 erwirkte der Bischof von Ermland ein Decret, wonach die königlichen Toleranzprivilegien nur auf die Augsburger Glaubensverwandten angewandt, nicht aber auf Wiedertäufer und Mennoniten ausgedehnt werden sollten. Ja, einige Beamten gingen sogar so weit, das Ketzeredict Wladislaus Jagiello's, das unlängst in Warschau erneuert und dem die Wiedertäufer und Arrianer unterworfen worden waren, auch auf die Mennoniten anzuwenden, die dann binnen drei Jahren das Land hätten räumen müssen. König Kasimir sah aber wohl ein, welchen bedeutenden Schaden dadurch die Einkünfte seiner Oeconomieen Tiegenhof und Bärwalde erleiden würden, verbot ernstlich, das Land auf solche Weise zu entvölkern,

und erklärte, die Gesetze gegen die Arrianer von 1658 und 1659 sollten durchaus nicht auf die Mennoniten angewandt werden. Kein Decret der königlichen Kanzlei sollte gegen die Mennoniten gültig sein.

Ihre freie Religionsübung war ihnen nun gesichert, und wenngleich zuweilen noch ein bigotter Landbote oder Rath gegen sie auf den Landtagen auftrat, so wurde er gebührend abgefertigt, wie dies bei dem Wojewoden von Pommerellen 1676 erging, als er gegen die Mennoniten auftrat. Der Landbote Los trat für letztere ein, machte auf die Vortheile aufmerksam, die sie dem Lande gebracht hätten und stellte diese arbeitsamen, stillen und nüchternen Leute, den „faulen versoffenen Bauern" entgegen; und ebenso vertheidigte sie der Lauenburger Schatzmeister Präbenbau auf dem Reichstage, als eben wieder jener Wojewode von Pommerellen auf harte Maßregeln gegen sie drang. Die Regierung hatte einmal den Nutzen erkannt, den sie dem Lande brachten und sah, daß ihre Vertreibung den königlichen Einkünften sehr nachtheilig sein würde.

König Johann caffirte daher auch gleich alle Befehle, die gegen die Mennoniten bereits ausgefertigt lagen und nahm letztere durch Rescript von 1678 in seinen besonderen Schutz, bestätigte auch 1694 von Neuem alle ihre Freiheiten.

Vergeblich waren den Landständen gegenüber die 1696, 1699 und 1700 wiederholten Versuche des Bischofs von Ermland, harte Maßregeln gegen die Mennoniten durchzusetzen. 1700 namentlich wurde der König durch eine Gesandtschaft ersucht, sie aus den Tafelgütern zu vertreiben. Der Gottesdienst sollte ihnen in diesen Gebieten und auf dem Marienburger Vorschloß, wie überhaupt in der Marienburger Oeconomie untersagt werden. So lange ihnen aber der Aufenthalt in den benannten Gebieten gestattet wäre, sollten sie dreimal soviel Kopfgeld zahlen als die übrigen; ebenso sollten die Juden und Zigeuner behandelt werden. — So groß war der Haß besonders der Geistlichen und der Polen gegen die unschuldigen Leute.

Unter den Augusten wurden ihre Privilegien von Neuem bestätigt in den Jahren 1732, 1736, 1764. Religionsfreiheit und alle übrigen Freiheiten, die sie früher besessen, sind ihnen darin gewährleistet, nur sollten sie in ihren Erwerbszweigen auf Landbau und Hakenbüdnerei beschränkt sein.

Speciell verboten wurde den Mennoniten das Bierbrauen auf dem Lande, nachdem mehrfach Klagen darüber erhoben worden waren (Landtag 1647).

Ueber die sittliche Haltung, die Sparsamkeit und den Fleiß der Mennoniten ist bei den damaligen unparteiischen Zeitgenossen nur eine Stimme. Auch Hartwich rühmt sie deshalb. Eines nur führt er tadelnd von ihnen an, sie seien sehr betrüglich gegenüber den evangelischen Kirchenbeamten. Sie hätten im Werder viele lutherische Höfe gekauft und seien dem Contract nach verpflichtet, den Dezem, die Calende und den Witteltag an die lutherischen Kirchenbeamten zu entrichten, dieser Verpflichtung aber suchten sie sich zu entziehen, und im Tiegenhöf'schen Amte führten sie deshalb kostspielige Prozesse, ohne jedoch bei der Obrigkeit etwas zu erreichen. 1708 suchte der Prediger Steinbömer in Marienau, da er trotz aller amtlichen Executionsmandate von den Mennoniten nichts erlangen konnte, um Executionstruppen bei dem schwedischen Kommandanten in Elbing nach, und durch diese erlangte er, daß die ihm schuldigen Mennoniten die Gebühren wenigstens für einige Jahre nachzahlten. Im Bärwald'schen Gebiete mußten die Mennoniten trotz allem Sträuben die Gebühren an die evangelischen Geistlichen zahlen, nur die Accidentien für Trauung und Begräbniß wurden 1698 ihnen erlassen.

Wie sie einerseits an den evangelischen Geistlichen Gebühren zu entrichten hatten, so mußten sie natürlich, gleich den übrigen Evangelischen auch die betreffenden Gebühren an den katholischen Geistlichen zahlen und besonders theuer wurde ihnen bei Begräbnissen die Erde auf dem Kirchhof angerechnet.

Quäker. Um 1704 trat eine besondere Secte, den Quäkern verwandt, im Tiegenhöf'schen Gebiete auf, die sich Ecclesiasten nannten, Stifter der Secte war ein Schneider und Maurer.

Neben der Opposition gegen den lutherischen Ritus und gegen die Geistlichkeit, lebte in derselben der Glaube an unmittelbare Inspiration von Gott, daher einzelne phantastische Individuen sich für Propheten ausgaben. Sie gehörten meistens den unteren Ständen an und wurden von der protestantischen Geistlichkeit nicht in den Gemeinden geduldet.

Beispiele solcher Phantasten führt Hartwich an, so den Arbeiter Woyke und den herabgekommenen Buchbindergesellen Stephan, der sich für den Propheten Elias ausgab. Als er aus der Gemeinde, wo er sich umhertrieb, vom Prediger Hartwich verwiesen wurde, begab er sich zu den Mennoniten, wo er Anfangs Aufsehen erregte, bis auch sie ihn als Betrüger erkannten, bestraften und vertrieben.

Die Juden, seit Sigismund August in Preußen häufig, sollten zwar im Lande nicht gelitten werden, und nach 1699 wurden die Reichstags-Deputirten instruirt, ihre Vertreibung zu erwirken, konnten dies aber nicht, daß die Juden in Polen wohl gelitten waren. Doch war ihnen schon durch Landtagsbeschluß von 1647 aller Handel, außer an Jahrmärkten, bei Verlust der Waare verboten, ebenso die Pachtung von Landgütern, bei Strafe der Confiscation derselben.

Die bäuerlichen Verhältnisse.

Den alten Werder'schen Hufen blieben ihre alten Gerechtsame, wenngleich auch hier neue, den Zeiten und Verhältnissen angemessene Lasten zu den alten hinzukommen mußten. Betrachten wir z. B. Grunau, dessen erneuerte Urkunde aus dem Jahre 1667 stammt. Die Grunauer 32 Zinshufen zahlten: alten Zins 32 Mark und 64 Gänse à 6 gr. macht 19 fl. 4 gr. und 16 Scheffel Roggen und Weizen.

Dazu kommen nun: Von 16 Pflügen Wehrgeld à 2½ fl. macht 2 Mark, Holzzins à Hufe 7 fl. macht 11 Mark 4 fl., neuer Zins 80 Mark. Dies machte in Summa 152 Mark und 16 Scheffel Roggen und Weizen.

Die zwischen Grunau und Eschenhorst streitigen 8½ Hufen mußten nach Beendigung des Prozesses, in Folge dessen die Eschenhorster sie für 800 Mark von den Grunauern erhielten, bedeutend höheren Zinssatz zahlen. Der alte Hufenzins betrug 9 Mark, dazu mußten sie nun dem Fiscus 900 Mark neuen Zins zahlen.

Aber bei den neufundirten Dorfschaften waren keine besonderen Rücksichten zu nehmen, die Einsassen mußten die von der Regierung gestellten Bedingungen annehmen.

Von den Kulmischen Besitzungen konnten nur einzelne Hufen, die devastirt und von ihren Besitzern verlassen, mithin herrenlos waren, oder aber die eigentlichen königlichen Tafel-Güter nach anderem Rechte verliehen werden. Beispiele solcher Umwandlung in emphyteutischen Grund bieten die Hufen von Orlofferfelde und von Pietzkendorf, von denen es in einer Urkunde Stanislaus August's (1766) heißt, sie seien zur Ordenszeit zu kulmischem Rechte ausgegeben gewesen, aber nach den vorhandenen letzten Privilegien „ohne zu wissen durch was für einen Zufall, vermuthlich aber bei vorgewesenen allgemeinen Landesplagen, Krieg, Verheerung oder langwieriger Ueberschwemmung in emphyteutische Gründe verwandelt worden." Natürlich wurde der Zins einerseits bedeutend höher angesetzt, als bei den alten, andererseits vergab die Regierung die Ländereien nur auf eine beschränkte Zeit von 40 Jahren jure emphyteutico, um bei der nächsten Verleihung die Zinssätze steigern zu können.*)

---

*) Unter emphyteutischem Besitz versteht man den Nießbrauch eines Gutes ꝛc., mit der Bedingung, den Zustand desselben wenigstens nicht zu verschlechtern. Für

1631 wurde durch ein Statut bestimmt, daß die in Preußen durch den schwedischen Krieg devastirten königlichen Güter fortan jure emphyteutico sollten verliehen werden. Besonders aber wurden früher unbebaute Strecken in dieser Weise verliehen.

Wollte der Besitzer nach Ablauf der 40 Jahre sein Gut behalten, so mußte er sich von Neuem einkaufen und oft auch einen größeren Canon zahlen, wenn nicht aus Rücksicht auf die Baufälligkeit der Gebäude ꝛc. Ermäßigungen eintraten. Auf diese Weise ist eine große Anzahl von Ländereien zwischen der Nogat und dem Drausensee vergeben worden, die zum Theil ehemals wüste Sumpfstrecken, mit Rohr- und Dorngestrüpp bewachsen waren. In diese Klasse gehören die meist von Mennoniten besessenen Holländer Hufen. Es wäre dieses Interesse der Regierung für das Emporblühen Preußens und für die Wiederbesetzung der verwüsteten Hufen, so wie für die Neubesetzung öder Landstrecken höchst anerkennenswerth, wenn die wahren Motive nicht überall hervorblickten: Vermehrung der Proventen der Oeconomie Marienburg, wie es in vielen Urkunden offen ausgesprochen ist.

Seit dem vorigen Jahrhunderte geschehen alle Vergebungen nur auf Emphyteusis; zunächst auf bestimmte Zeit. Es ist schwer zu bestimmen, wann die ersten Vergebungen der Art hier stattfanden, aber schon im siebenzehnten Jahrhundert klagten die Stände über den Mißbrauch, den man damit bei den Tafelgütern und den Vorwerken trieb.

1654 beantragten die Stände, das jus emphyt. solle dort nicht mehr verlängert werden, wogegen aber die Danziger opponirten.

Ueber die Erhöhung des Zinses post exspirium annorum, d. h. nach Ablauf der Verleihungszeit, war eine besondere Vorschrift (1745) erlassen worden, von der aber aus Rücksichten oft Abstand genommen ward.

Die Neueinkaufs-Summe war verschieden. Die Besitzer von Herrenhagen zahlten pro Hufe 100 Ducaten species, also in Summa

die Ausnutzung wird dem Verleiher eine Abgabe gezahlt, die man Canon nennt. Der Inhaber hat das Recht seine Besitzung zu veräußern, natürlich hat der Nachfolger mit den Rechten auch die Pflichten des Vorgängers zu übernehmen. Das ist der Verleihungsmodus nach römischem Rechte. — In Polnisch-Preußen wurde indeß die deutsche Verleihungsart beliebt, nach welcher der Emphyteute allerdings seine Besitzung verkaufen konnte, aber dazu den Consens des Verleihers haben mußte, der Inhaber, Anerbe genannt, mußte eine Prästation in Geld geben, das sogenannte Erbzinsgut, dagegen war der Erbzinser zu Meliorationen nicht verpflichtet. Hatte er neue Gebäude errichtet, so mußte, falls nach Ablauf der Besitzzeit das Gut an einen Anderen übertragen wurde, der Erbzinsherr ihm die Auslagen wiedererstatten.

1200 Dukaten als Einlauf oder Laudemium; dafür sollten sie frei von
bürgerlichen und militairischen Lasten, so wie von Schaarwerken und Diensten bei Schloß und Dämmen sein. Ihre für 40 Jahre geltenden Rechte
sollten sie nach Belieben cediren und transferiren, aber mit Bewilligung
des Obergerichtes. Dafür wurde aber auch, wegen der verschiedenen von
den Besitzern aufgeführten Gebäude der Zinssatz nicht erhöht.

Einzelne Ortschaften erhielten dabei auch aus Rücksicht auf die spe-
ciellen Verhältnisse Befreiung von Lasten, so wie die Bewohner von Kampenau bei der Verlängerung ihres Vertrages 1759 die Freiheit, im Fließ
Bolen zu fischen und Freiheit von Dammlasten, um desto besser das
Wasser von ihren Aeckern abzuhalten. Bei Verlängerung des emphyteutischen Vertrages von Reichhorst und Wengeln wurden die Hufen frei von
allen Diensten erklärt und die Hufe in Wengeln sollte 60 fl. Zins, die
von Reichhorst 50 fl. bezahlen, weil der Boden schlechter und das Land
mehr gefährdet sei (Contr. von 1760). Die königlichen emphyteutischen
Güter zahlten auch nur an Quartegeldern halb so viel als die kölmischen Besitzer.

Im vorigen Jahrhunderte, besonders in der letzten Hälfte desselben,
äußerte die polnische Regierung ihr Verfahren diesen emphyteutischen
Besitzungen gegenüber. Zum Theil mochten wieder finanzielle Gesichts-
punkte sie veranlassen, zum Theil aber Erfahrungen unangenehmer Art,
die man mit Zeit-Emphyteuten gemacht hatte, kurz eine ganze Anzahl
zeit-emphyteutischer Besitzungen wurde allmälich nach Ablauf der Frist zu
ewiger Emphyteusis verliehen.

Die wesentlichsten Urkunden über emphyteutische Verleihung stammen
aus vorigem Jahrhundert. Es sind die nach diesem Recht verliehenen
Ländereien zunächst solche, die zu den königlichen Vorwerken, bereits den
Ordenshöfen, gehörten, so Leske und das in polnischer Zeit 1725 entstan-
dene Kaminke (deutsch Steinhof), das auf derselben Stelle erbaut wurde,
wo zur Ordenszeit das Gärtnerdorf Tamme stand.*)

Als Grund für die Umwandlung in die emphyteusis perpetua
giebt der Starost von Rexin an, die Regierung wolle die Kosten vermeiden, die der Neubau, oder die Reparatur der Gebäude verursachen würde,
außerdem sei es der Regierung wünschenswerth, einen fixiren und sicheren Census zu haben. Die Umwandlung des Besitztitels kostete in sol-
chem Falle ebenfalls Geld, wurde aber beiden genannten Dorfschaften,
sowie auch den Besitzern von Kl. Montau, mit Rücksicht darauf, daß neue

---

*) Noch etwas früher fällt die Verleihung der Weichselkampe gegenüber Ta-
merau an diese Ortschaft als Erb- und Eigenthum gegen 4 Gulden Zins.

Dr. Eckerdt, Kreis Marienburg.

Gebäude zu errichten waren, erlassen. Es fiel also das Laudemium weg. Den Bewohnern von Kaminke und Leske wurden alle Werderdienste (szarwarki żuławskie) erlassen, ebenso alle kirchliche Lasten, Messenzehnten und außerordentliche Lasten, Einquartierungen, Quarte ꝛc. Die Besitzer durften aber weder auf Gebäude, noch auf Grund und Boden Schulden contrahiren.

Als Zins zahlten die Besitzer von Kaminke 125 fl. statt der früheren 28, die von Leske zahlten 150 fl. In Kl. Montau hatte der Hauptbesitzer im Namen der anderen den Vertrag abgeschlossen, er wird der Prinzipal-Contrahent genannt, die anderen sind seine Mit-Emphyteuten. Er soll als Schulz die an die Regierungskasse zu zahlenden Gelder einziehen und abliefern und die Streitigkeiten schlichten. Nach seinem Tode solle ein neuer Schulze gewählt werden.

Die Bedingung, einen Schulzen zu wählen, war auch den Besitzern der vorhergenannten Dörfer gestellt worden, und es geht hieraus einfach hervor, daß diese Ortschaften, die vorher nur königliche Vorwerke gewesen waren, jetzt erst zu Dörfern erhoben wurden. 1752 wurde auch die Kl. Montau gegenüber liegende Kobbel-Kampe in emphyteusin perpetuam ausgegeben. In ähnlicher Weise wurden fortan andere Hufen einzeln verliehen, z. B. verschiedene Hufen von Biesterfelde, und 1740 verlieh August III. die Tresslerhuben von Biesterfelde (jetzt Schönwiese, zwischen Biesterfelde und Gnojau), die ehemals Konrad von Erlichhausen an die Kunzendorfer ausgegeben hatte, an einen gewissen Förster in perp. emph.

Nach der Emphyteuten-Verordnung von 1745, wonach jeder Emphyteut, der die emph. perp. erhält, höheren Zins zahlen mußte, sollte nun der Canon, der 60 Gulden pro Hufe betrug, erhöht werden; dafür aber wurden dem Inhaber einzelne andere Concessionen gemacht. Die Freiheit von Dammlasten und Schaarwerken wurde ihm bestätigt und wenn er auch die Hufe mit 100 fl. verzinsen mußte, so wurde ihm doch die bisher gezahlte Quarte erlassen. 1760 kam Liebenthal an die Familie Rexin als Erbpachtgut.

Gewerbe.

Schon in der vorhergehenden Periode waren, wie wir gesehen haben, die Bestimmungen über die Berechtigung zur Ausübung bürgerlicher Gewerbe vielfach verletzt worden und unter diesen Verletzungen hatte besonders die Stadt Marienburg zu leiden gehabt, deren Bewohner wesentlich von Gewerben leben mußten. Während des zweiten schwedischen Krieges waren wieder Gewerbtreibende aller Art auf den Schloßgründen aufgenommen worden; schließlich hatte der Oeconom Balinski sogar, um die

Revenüen der Schloßbrauerei und seine eigenen zu erhöhen, das Schloß=
bier, welches nur für die Beamten und die Diener des Schlosses gebraut
werden sollte, von den auf dem Schloßgrunde angesiedelten Schänkern ver=
kaufen lassen, hatte zu diesem Zwecke noch die Krüge daselbst vermehrt
und sogar verschiedenen Wachtbuden auf den Dämmen Schankgerechtigkeit
verliehen, um dem Schloßbiere noch weiteren Absatz zu verschaffen. Der
Oeconom hatte dies aber nur aus Unkenntniß der preußischen Rechte
gethan, denn als die Landstände sich der Stadt annahmen, war er sogleich
zu einem Vertrage bereit, wonach die nicht zünftigen Handwerker entfernt,
die zunftfähigen den Gewerken der Stadt einverleibt werden sollten. Die
Wachtbuden und Schänken der Werder sollten fortan nur städtisches Gebräu
feilbieten. König Michael confirmirte diesen Vertrag 1670. Aber der
Nachfolger des Balinski concessionirte von Neuem auf den Schloßgründen
Schänken und Handwerker, so daß bereits 1672 die Marienburger von
Neuem ein Monitorium König Michaels an die Beamten extrahiren muß=
ten, und da die Beamten sich nicht daran kehrten, luden sie sie zu Hofe
aus. Die Beamten hintertrieben aber den Rechtsgang, so daß der Pro=
zeß 18 Jahre lang liegen blieb, trotz königlicher Monitorien und Inhibi=
torien. Eine polnische Untersuchungs=Kommission ließ sich von den
Beamten so ganz täuschen, daß sie deren Verfahren völlig billigte und nun
nahm der Uebermuth derselben noch mehr zu. Nicht blos auf dem Vor=
schloß wurden noch mehr Gewerbtreibende angesiedelt, sondern auch die
Schloßgründe bis nach Sandhof hinaus wurden mit fremden, besonders
mennonitischen Schänkern, Häkern, Handwerkern bevölkert, den Holzhänd=
lern des Vorschlosses gar jenseit der Nogat städtische Territorien zu Lager=
plätzen verpachtet, während den städtischen Holzhändlern die Niederlage
daselbst verboten wurde.

    Endlich von den Reichstags=Abgeordneten, denen die Sache mit
nach Warschau gegeben worden war, veranlaßt, schickte der König 1691
eine Untersuchungs=Kommission nach Marienburg, die den ganzen frevel=
haften Betrug der Beamten aufdeckte und das unzweifelhafte Recht der
Stadt anerkannte; nur über die von Balinski neu angelegten Krüge sollte
eine weitere Untersuchung stattfinden. Dies 1695 vom Könige bestätigte
Urtheil wurde denn auch allmälich durchgeführt; die zunftunfähigen Hand=
werker mußten fortziehen, die Zunftfähigen sich in die Gewerke aufnehmen
lassen. Die Häkereien und Krambuden der Mennoniten hörten auf, und
in den concessionirten Krügen wurde städtisches Gebräu wieder eingeführt.

    Der Oeconom aber und die mennonitischen Krämer wollten sich bei
diesem ihnen nachtheiligen Urtheile nicht beruhigen, sie suchten die Pro=

tection der Werderbewohner nach, die stolz auf das ihnen dargebotene Protectorat beim Könige wirklich die Umstoßung des Kommissions-Urtheils durchsetzen, bis 1698 endlich August II. das Urtheil wieder in Kraft treten ließ.

Unglücklicher Weise brach aber bald der dritte schwedische Krieg aus, und die alten Mißbräuche wurden in höherem Maaße wieder geübt; und noch schlimmer wurde die Lage der Gewerbetreibenden Marienburgs, als trotz aller Remonstrationen die Marienburger Oeconomie, die im siebenzehnten Jahrhundert einen Reinertrag von 20—30,000 Thlr. abgeworfen hatte, nicht mehr im Namen des Königs für die königliche Tafel verwaltet, sondern verpachtet wurde.

Der erste Pächter, Müller mit Namen, ein gewissenloser Mensch, fragte nichts nach alten und neuen Privilegien, er steigerte die Bedrückungen noch, um seinen Gewinn zu steigern, er verbot die städtischen Getränke auf den Schloßgründen feilzubieten, legte neue Krüge und Schänken an, verbot den Bewohnern der Schloßgründe, aus der Stadt Getränke zu holen, ja selbst in städtische Wirthshäuser zu gehen.

Krüge ꝛc.

In den schwedischen Kriegen waren eine ganze Anzahl von Krugwirthschaften zerstört worden, andere waren von den Besitzern aus natürlichen Ursachen ganz verlassen worden, und nachdem die Ruhe wieder hergestellt war, baten zum Theil die Bewohner der Dörfer selbst um Wiederaufbau der Krüge, so die Trappenfelder 1652; oder die Regierung that es aus finanziellen Rücksichten zur Vermehrung der Proventen der Oeconomie Marienburg. Zuweilen kauften Ortschaften eine Krug- oder Wachtbude mit Schankgerechtigkeit an, so die Quojauer die Wachtbude am Weichseldamm, die ihnen mit allen Privilegien 1724 überlassen wurde. Die Bedingungen waren meistens die alten, im vorigen Jahrhunderte wurden sie meist auf Erbpacht verliehen.

Bier und Branntwein mußte nach wie vor aus den königlichen Brau- und Brandhäusern der Oeconomie entnommen werden. Gegen Kontravention wurde denuncirt. In den Marienburger Gerichtsacten steht ein frischer F.U aus dem Jahre 1738. Der actor ex officio (eine Art Staats-Anwalt) klagte gegen den Krüger in Lesle, er habe seit drei Monaten kein Achtel Branntwein vom Proviantamt geholt und verdächtige ihn, als schänke er fremden Branntwein. Der Krüger aber reinigte sich durch Eid von dem Verdacht.

Einzelne Krüger hatten noch besondere Verpflichtungen zu erfüllen. Den Einen wurde verboten, Häkerei zu treiben, um den am Ort wohnenden Hakenbüdner nicht zu schädigen, Anderen dagegen verheißen, es solle ihretwegen kein Hakenbüdner im Dorfe gelitten werden. Dem Krüger in Schönwiese ward (1763) verboten, Branntwein über die Straße zu verkaufen, was bei anderen nicht erwähnt wird. Der Käufer des Kruges in Bröske wurde verpflichtet, jährlich zu Fastnacht bei Ablegung der Schulzenrechnung den Nachbarn eine Tonne gutes Marienburger Schwarzbier unentgeltlich zu schicken.

Der Käufer des sogenannten Isebrandhäuschens mit drei Morgen Garten und Land, sowie Bier- und Branntweinschank und Häkerei, erhielt diese frei von Dämmung, Schaarwerk und Contributionen; er übernahm aber dafür, das Getreide auf Vorwerk Sandhof dreschen zu lassen, gegen den gebührenden Scheffelsatz und die üblichen Gelder, Grund- und Krugzins, półroczne (Halbjahrabgabe), Landschoß, quartalne (Vierteljahrgeld) zu bezahlen.

Wohlstand, Sitte.

Trotz der langen vielfachen Kriege, der Ueberschwemmungen und der schlechten Regierung war die Gegend immer wohlhabend, und wenn die Aermeren in den Werdern ruinirt wurden, so wurden die Reicheren, die es mit ansehen konnten, desto reicher, und es gab ihrer Viele, die zwölf bis siebenzehn Hufen zusammengekauft hatten. Um den Aufkauf vieler Hufen durch einzelne reiche Besitzer zu verhindern, wurde bestimmt, wer über sechs Hufen besitze, solle zu den übrigen Hufen binnen zwei Jahren bei Strafe von 50 Mark einen neuen Hof bauen. 1684 erließ König Johann III. ein Gesetz, wonach kein Mann ritterlichen Standes (ordinis equestris) und kein Geistlicher sortes oder latifundia im Werder ankaufen durfte (Urk. Nro. 33).

Wohlstand erzeugt häufig Ueppigkeit und Uebermuth, und beides mag hier oft genug sehr auffallend hervorgetreten sein, wie schon einst zur Ordenszeit, denn die Werderer galten im vorigen Jahrhundert für stolz und grob. Der Kleiderluxus ging so weit, daß selbst die Geschworenen beim Oberamt in Marienburg um eine Kleiderordnung einkamen (1651), und die Regierung gebot den Predigern, von den Kanzeln gegen des Unwesen zu predigen, was denn auch zuweilen sehr unglimpflich geschah. Die Regierung schritt selbst ein, da der Luxus bedeutend um sich griff auch unter den Aermeren, so daß Viele in Schulden geriethen und die Steuern nicht mehr zahlen konnten.

In der Kleiderordnung von 1684 wurde besonders den Werderschen Frauen und Mädchen verboten, fortan großstädtische Moden nachzuahmen, Seiden- und Atlaßkleider, goldgestickte Mützen, Gold- und Silberspitzen und Besätze zu tragen bei 20 Thlr. Strafe und Verlust der betreffenden Kleidungsstücke. Diese Verordnung, die von allen Kanzeln publicirt wurde, hatte nur für kurze Zeit einige Wirkung, bald aber nahm der Luxus namentlich bei den jungen Leuten beiderlei Geschlechts Ueberhand, so daß nochmals die Aeltesten der Werder um eine strenge Verordnung baten, die auch unter August II. 1701 erschien.

Der Schwedenkrieg verbannte dann wohl für lange Jahre den Putz an versteckte Orte, oder gab ihn als willkommene Beute den fremden Kriegern in die Hände. Ernster und weniger übermüthig war jedenfalls nach den Kriegsleiden die Einwohnerschaft der Werder, wie der brave Hartwich berichtet, aber bei festlichen Gelegenheiten, bei Hochzeiten und Taufen ging es in den Höfen der Wohlhabenden immer noch hoch her.

Für die Erziehung wurde nach Möglichkeit gesorgt; verschiedene Besitzerssöhne widmeten sich auch den Studien und kamen zu Aemtern und Würden, wie bei Hartwich zu lesen, und viele widmeten sich dem Kaufmannstande und dem Handwerk. Die wohlhabenden Besitzerstöchter (burzauki Bäuerinnen) waren schon damals von Kaufleuten und Handwerkern der Städte, und auch von den Predigern gesucht. Die Eigengärtner (hortulani liberi) und Miethsgärtner werden als thätige Leute geschildert, ihre Frauen als fleißige Spinnerinnen.

Die Arbeitskräfte reichten nicht überall aus, und schon damals kamen um die Erntezeit Schaaren von Männern und Frauen aus Polen und Masuren in die Werder, Korn zu schneiden*). Das Erntefest nahm dadurch in den Werdern einen vollständig polnischen Character an, und das alte polnische Erntelied, das noch heute in polnischen Dörfern gesungen wird, tönte damals in den Werderdörfern, die deutscher Fleiß geschaffen hatte.

Die Löhne für das Erntevolk wurden vom Oberamt in Marienburg festgesetzt und die Verordnungen darüber von den Kanzeln verlesen, um Gleichmäßigkeit in diesem Punkte zu erzielen. Hartwich theilt die Verordnungen von 1708 mit. Nach dieser erhielten die Schnitter:

für 1 Morgen Lager-Weizen 45 gr.,
„ „ „ stehenden 40 „
„ „ „ Lager Roggen 40 „
„ „ „ stehenden 35 „

Die Hauer für 1 Morgen Lager-Gerste (ober Hafer) 18—21 gr.,
„ „ „ stehend 15—18 „

*) Korn und Weizen wurden damals, wie zum Theil noch jetzt, gesichelt. Der Stoppel wurde für die Instleute als Feuerungsmaterial verwandt.

Der Erntearbeiter (Augst-Kerl) für die Ernte 10—12 fl.; der Tagelöhner, der Tag und Nacht in's Feld geht, 12—13 gr.

Um das Gesinde, über dessen Frechheit und Ansprüche vielfache Klagen laut wurden, in Ordnung zu erhalten, kamen die Werderer bei der Regierung um neue Verordnungen ein. Es wurden in Folge dessen die alten Verordnungen aus den letzten Jahren der Hochmeisterzeit, sowie die Bestimmungen des kulmischen Rechts und der Werderverordnung revidirt und 1683 die neue Gesindeordnung publicirt.

Jede ledige Person, Knecht, Magd oder Weib sollte sich auf ein ganzes Jahr vermiethen und nicht bei Gärtnern oder Krügern einliegen, auf eigene Hand auch nicht um Wochenlohn arbeiten, was nur den Müßiggang und die Unzucht fördere.

Mägde und Knechte sollten fortan nicht zugleich abgehen zu Martini, die Mägde erst Sonntag nach Weihnachten. Kein Knecht noch Magd sollte länger als 4 Tage dienstlos sein, kein Krüger oder Gärtner einen solchen beherbergen. Kein Landmann sollte bei Strafe seinem Knechte fortan über seinen gesetzten Lohn, es sei unter welchem Namen es wolle, etwas geben, ebensowenig sollte er ihm Land zu eignem Nutzen zu besäen geben.

Niemand sollte dem Anderen sein Gesinde abspänstig machen oder Gesinde außer der Miethszeit ohne genügenden Ausweis in Dienst nehmen. Ebenso sollte ein aus dem Dienst getretener Dienstbote nirgend gehegt werden. Ungehorsam und Vergehen der Dienstboten konnte der Brodherr bestrafen; wenn die Strafe nicht wirkte, so sollten der Schulze und die Schöppen den Renitenten einsperren lassen.

Der Großknecht erhielt Lohn 80—90 Mark,
ein Mittelknecht „ „ 60—70 „
ein großer Junge „ „ 40—45 „
ein kleiner Junge „ „ 20—24 „

dazu bekam jeder nach alter Sitte ein Augstkleid, ein Hemde und ein Paar Schuhe.

Die Großmagd oder ein Weib erhielt 20—24 Mark,
die kleine Magd „ 15—20 „

dazu 2 Hemden, 2 Schürzen, 2 Paar Schuhe. Der Tagelöhner erhielt
in der Saatzeit à Tag 6—8 gr.,
in der Mistelzeit „ 6—7 „
in der ledigen „ 5—6 „
und ein Weib „ 3—4 „

Für die Augstleute und Drescher sollten die Deichgeschworenen ꝛc. beider Werder gemeinschaftlich die Taxe feststellen.

Zum Schluß mögen noch einzelne Notizen über Preise, speciell aus dem vorigen Jahrhundert folgen, wie ich sie aus den Acten des Marienburger Gerichtes ausgezogen habe.

1712 bei Kriegsexecutionen wird berechnet:

1 Tonne Montauer Bier mit	9 fl.
⅛ Branntwein	6 „
1 Pfund Licht	9 gr.
1 Scheffel Hafer	1 fl. (!)
1 Fuder Heu	6 „
1716: 1 fetter Ochs	60 „
1 fettes Schwein	12 „
1 Schöps	8 „
1 fette Gans	1⅓ fl.
1 Kalb	9 fl.
15 Brauthemden	60 „
12 Schnupftücher	18 „
1717: 1 Paar Stiefeln	6 „
1 Paar Schuh	3 „ 28 gr.
1 Paar Strümpfe	2 „
1 Paar schwarze Strümpfe	2 „ 15 gr.
1 Paar Stiefel vorschuhen	3 „ 6 „
1 Tonne Bier	11 „
1 Tonne Grobsalz	5½ fl.
1 Tonne feines Salz	6 fl.

1771 kostet ein Rinderbraten von 13 Pfd. in Marienburg 3 fl. und ein Stück Kochfleisch à Pfd. 7 gr., ein Haase 1 fl., ein Paar Kapaunen 1 fl. 6 gr.

Die Waldungen hatten theils durch die Sorglosigkeit der Beamten, theils durch die verheerenden Kriege immer mehr abgenommen, selbst das zur Erhaltung der Dämme nöthige Holz und Strauchwerk war oft schwer zu beschaffen. Einen schönen Wald gab es noch in den ersten Jahrzehnten des vorigen Jahrhunderts um Montau. Der Wald bei Tiege gehörte der Herrschaft in Tiegenhof. In andern Gegenden aber war der Mangel bereits damals so groß, daß die armen Leute Stoppeln und getrockneten Dünger brannten.

Die Jagd hatte sich die Herrschaft, wie einst der Orden, vorbehalten, und bei Strafe war seit August II. die Hasenjagd verboten, besonbers die Jagd mit Windhunden, deren die Landleute viele hielten. Als eine besondere Gnade gewährte 1476 Casimir den Renteichnern den Fang großer und kleiner Vögel. Rehe und Hirsche verliefen sich nur selten in die Werder und ein großer 1715 geschossener Hirsch wurde sogar im Schloß Tiegenhof abgebildet und vom Herrn Amtschreiber besungen. Ebenso wurden nur zufällig ein Bär und ein Elenn gefangen, der Bär 1692 im Katznaser Felde, 1706 das Elenn, auch im Kleinen Werder; 1709 noch ein Elenn in der Scharpau. Zwei wilde Schweine wurden 1701 getödtet. Im Montauer Walde ließ König August Fasanen ziehen. Füchse und Wölfe hielten sich besonders in den Kämpen auf und richteten oft großen Schaden an. Deshalb wurden jährlich zwei Wolfsjagden im großen Werder angestellt unter Leitung des Schloßjägers.

Die letzten Jahrzehnte der Polenherrschaft.

Die letzten Jahrzehnte der Republik Polen bieten ein trauriges Bild dar. Die Anarchie nahm zu, der einst so leidenschaftliche Patriotismus der Polen wich mehr und mehr, der höhere Adel war äußerlich von fremder Bildung beleckt, im Innern corrumpirt und bereit, für Parteizwecke sich dem Fremden zu verkaufen, das Volk geknechtet.

Nach Beendigung des Schwedenkrieges regierte August II. noch bis 1733 ziemlich ruhig und nur die religiösen Bedrückungen der Dissidenten, unter denen auch Polnisch-Preußen zu leiden hatte, sind der Erwähnung werth. Nach seinem Tode begannen die gewöhnlichen Wahlintriguen. Sein Sohn August, Kurfürst von Sachsen, meldete sich, von einer bedeutenden Partei im polnischen Reiche unterstützt, zur Krone, während die Majorität der Polen nur einen Piasten wählen wollte. Rußland und Oesterreich waren auf Seiten der letzteren Partei, nur sollte nicht Stanislaus Leczynski gewählt werden.

Dies führte zu neuer Spaltung innerhalb der Partei, denn Frankreich unterstützte den Schwiegervater Ludw'g XV., Stanislaus, der auch schließlich am 13. September 1733 erwählt wurde. Die Russen unter Lascy kamen aber den Gegnern zu Hülfe, Stanislaus mußte fliehen und begab sich nach Danzig, auf französische Hülfe rechnend. Die Gegenpartei wählte nun den Kurfürsten August, während Stanislaus in Danzig von den Russen belagert wurde.

Bei Gelegenheit der Belagerung von Danzig erhielt auch Marienburg russische Besatzung am 17. März 1734; die durchziehenden Russen mußten erhalten, auch noch monatlich 30,150 Gulden Kriegskosten gezahlt werden. Auch die letzten 5 Metallkanonen und die letzten Pulvervorräthe, die sie im Marienburger Schlosse vorfanden, nahmen die Russen mit vor Danzig. Die wenigen französischen Truppen, welche landeten, wurden gefangen genommen, Danzig konnte sich gegen Münnich nicht halten und ergab sich, Stanislaus aber floh unter großen Gefahren, als Bauer verkleidet, aus Danzig und rettete sich auf einem Kahne nach Marienwerder auf preußisches Gebiet. Fortan blieb August unbestritten König bis zu seinem Tode, welcher 1763 erfolgte.

Mehrfache Durchbrüche der Nogat thaten während seiner Regierung den Werdern großen Schaden, so 1737, 1742 bei Krebsfelde, 1745 bei der Einlage, 1749 bei Halbstadt, so daß Fürstenau, Groß= und Klein= Mausdorf, Lupushorst unter Wasser gesetzt wurden. Die Wasserbauten an der Montauer Spitze waren allmällch ganz verfallen. Endlich dachte die polnische Regierung wieder an den Bau und verlangte Beiträge von den Städten und zwar ebensoviel, als sie 1719 gezahlt hatten. Die Dirschauer erklärten, jener Beitrag habe sollen den Städten bei der Contribution angerechnet werden, was aber nicht geschehen sei, und sie meinten zum Beitrage nicht verbunden zu sein. Die Stargardter erklärten, sie hätten keinen Nutzen von dem Baue und wenigstens müßten Diejenigen, die davon Nutzen hätten, mehr zahlen. Mewe wünschte auch befreit zu sein und so noch viele andere Städte. Die kölnischen Werderbewohner waren durch ein Gesetz von 1719 von jeder Pflicht, Fuhren, Geld oder Materialien zum Spitzenbau zu liefern, freigesprochen worden, da sie dammpflichtig waren, die Emphyteuten aber hatten überhaupt mit den Dämmen nichts zu thun. Man sandte eine Deputation auf das Schloß zum Starosten Rexin und diese erreichte, daß mit Rücksicht auf den elenden Zustand der Städte Moderationen eintreten sollten.

Endlich zum Theil auf Veranlassung der preußischen Regierung, welche Elbings wegen an der Wasserregulirung Interesse hatte, wurde ein Neubau unter Leitung des preußischen Ober-Deichinspectors v. Suchodoletz vorgenommen, zu welchem die polnische Republik 100,000 fl. und die preußische Regierung 1000 Thlr. gab. Die preußischen Stände waren von der Wichtigkeit der Stromregulirung überzeugt und setzten es auch durch, daß in die pacta conventa, welche August III. und Stanislaus August beschwören mußten, die Clausel aufgenommen wurde, der König solle für die Erhaltung der Montauer Spitze sorgen.

Wie wenig Polen damals bereits von den Nachbarn respectirt wurde, geht aus folgendem Factum hervor, das den Gerichtsacten des Marienburger Oeconomie-Amtes entnommen ist.

In den Jahren 1736 und 37 wurden von preußischen Truppen die aus Elbing in das polnisch-preußische Gebiet gedrungen waren, drei Mennoniten über die Grenze nach Elbing und Pr. Holland entführt, zwei waren unterwegs aufgegriffen, der dritte, ein Schneider, in Balau aus dem Bette zur Nachtzeit geholt worden. Sie wurden gewaltsam als Soldaten eingekleidet und mußten trotz aller Remonstrationen der Verwandten dienen. Erst nach Jahren kamen sie auf Urlaub nach Hause, nachdem ihre Verwandten vorher eine bedeutende Summe als Garantie für sie deponirt hatten.

Seit dem letzten starken Eisgange 1735, der die Nogatbrücke bei Marienburg vernichtete, wurde letztere nicht wieder hergestellt. Es war eine neue Jochbrücke projectirt und veranschlagt, da aber die Stadt die Kostensumme von 34,529 fl. nicht erschwingen konnte, der Staat Nichts dazu geben wollte, so unterblieb der Bau, bis endlich nach langen Bitten die Stadt 1741 die Erlaubniß bekam, eine Schiffbrücke anzulegen.

Im Jahre 1743 kam endlich auch ein Vertrag zwischen der Stadt und dem großen Werder über die Benutzung der Nogatbrücke zu Stande. Nach diesem Uebereinkommen sollten alle Großwerderschen Einsassen, die Damm- und Schaarwerkhufen hatten, für sich und Gesinde sammt Wagen und Pferden kein Brückengeld bezahlen; wenn dagegen die Brücke abgenommen war und mit Fähren übergesetzt wurde, sollten sie Zoll bezahlen. Den Raßenteich sammt aller Nutzung übergab die Stadt dem großen Werder unter der Bedingung, daß die Stadt das Eigenthumsrecht behielt, aber den Marienburger Holzhändlern sollte nicht erlaubt sein, Holz darauf unterzubringen oder aufzufischen; ferner überließ die Stadt dem Werder die Fischerei im Vogelsangschen Bruch mit Vorbehalt des Eigenthumsrechts und der Jurisdiction. Dafür sollte das Werder den Damm vor dem Außenteich und vor den städtischen Ländereien aus eigenen Mitteln übernehmen. — Die letzte Dammordnung in polnischer Zeit stammt aus dem Jahre 1766.

Während des siebenjährigen Krieges wurde Westpreußen von den Russen besetzt; der König August war Gegner Friedrichs, wenngleich die Republik Nichts vom Kriege wissen wollte.

Die Russen rückten in Preußen ein, besetzten Elbing und Thorn und hätten auch Danzig genommen, wenn sich nicht England eingemischt hätte. Erst als Peter III. den Thron bestieg (1762), räumten die Russen Preußen.

Während des siebenjährigen Krieges nahmen die Russen regelmäßig ihr Winterquartier in Preußen. Marienburg erhielt 1758 die erste russische Besatzung unter General Butturlin, dann wurde es unter Soltikow Hauptquartier für den Winter, so lange der Krieg dauerte.

Die kleinen Städte.

Den deutlichsten Beweis von dem Verfall des Reichs, von der Gesetzlosigkeit und der Willkür der Starosten giebt der unglaublich schnelle Verfall der einst so blühenden kleinen Städte, deren Haupt- und Vorort seit alter Zeit Marienburg war. Schon im Aeußern trug diese früher glänzende Stadt das Gepräge der Vernachlässigung von Seiten der Regierung, während sie doch der Sitz der Landesbehörden war. Das Schloß, die Residenz der Oberbeamten, das Absteigequartier der Könige, wenn sie das Land bereisten, war verbaut, verunstaltet, an einzelnen Stellen verfallen. Die schönen Räume waren durch Balken getheilt, die Kapelle in einen Holzstall, der große Flur in unansehnliche Zimmer verwandelt, außen waren unpassende Gebäude angeklebt worden. Ein solches Gebäude sperrte auch den Erbumgang um das Hochschloß, daher mußte eine Verbindungsstraße von dem Schloßhof nach der Stadt durch die St. Annenkapelle gebrochen werden, und der Starost Rexin schnitt noch 1737 mit Bewilligung der Jesuiten einen Theil dieser Kapelle für sich zum Erbbegräbniß ab. Ueber das Gewölbe dieses Erbbegräbnisses führte dann unter der Schloßkirche der Durchgang hin, den man die Bullerbrücke nannte.

Die Festungswerke waren ganz verfallen und einem Feinde gegenüber nutzlos, daher verkaufte die Stadt auch 1740 ihr letztes Geschütz, um für den Erlös eine Feuerspritze anzuschaffen. Der städtische Pulverthurm vor dem äußeren Marienthor wurde in ein Gefängniß verwandelt, und die ebendaselbst an der Nogat befindliche Pulvermühle ging ein. Die beiden königlichen Pulvermühlen am Mühlengraben waren schon im 17. Jahrhundert in Lohmühle und Walkmühle umgewandelt worden. Die Lohmühle wurde von den Rothgerbern, die Walkmühle von den Tuchmachern und Weißgerbern benutzt, die dafür einen Zins an das Schloß zahlten.

In noch höherem Maaße zeigte sich die Willkür der polnischen Beamten in der rücksichtslosen Verletzung der städtischen Privilegien. Die brauberechtigten Bürger Marienburgs besaßen im 17. Jahrhundert 90 Krüge in den Werdern, die sie zum Theil durch die Schwedenkriege devastirt, von den Werderschen Krugbesitzern käuflich erworben hatten. Der Deconom zwang nun die Inhaber dieser Krüge, das Bier vom Schloßbrauhause zu nehmen, und ließ die städtischen Bier- und Branntweingefäße zerschlagen oder confisciren. So wurde der städtische Brauereibetrieb beeinträchtigt, der überdies schon durch den zunehmenden Genuß von Thee und Kaffee sehr geschädigt war. Kaum halb so viel Gerste wurde noch jährlich gebraucht, als zu Ende des 17. Jahrhunderts. Auch die Handwerker wurden durch Zulassung von Bönhasen, d. h. nicht zünftigen Handwerkern, auf Schloßgrund beeinträchtigt, und die zunftunfähigen Handwerker schließlich vom Oeconomen in Zünfte vereinigt; neue Kram- und Hakenbuden wurden errichtet, und schließlich etablirte der Oeconom einen eigenen Korn- und Holzhandel, hielt für das Schloß eine besondere öffentliche Waage, gestattete auf dem Vorschloß eigene Jahrmärkte, verlieh endlich auf Kaldowe Ländereien auf Stadtrecht und ließ auf denselben Handwerker, so wie mennonitische Krüger und Krämer sich etabliren.

Vergebens ließen ihn die Marienburger 1719 vor das Hofgericht ausladen. Der Oeconom Müller wußte die polnischen Gerichtsräthe zu gewinnen, und der Prozeß blieb liegen, trotz wiederholter Mahnung, und war 1734 noch nicht entschieden. Da sah sich denn die Stadt genöthigt, die Vorschlösser und die Schloßgründe, so wie die Schloß-Brau- und Brennhäuser in Erbpacht zu nehmen, um der absichtlichen Schädigung von Seiten des Oeconomen ein Ende zu machen. Dieser Ausweg, welcher 1691 von der Regierung der Stadt selbst angeboten worden war, wurde durch das Widerstreben der vom Oeconomen gewonnenen Werber sehr erschwert, so daß der Contract erst 1748 zu Stande kam. König August selbst drang darauf, den sein sächsischer Minister von den Vortheilen, welche das Geschäft der Königlichen Kasse bringen werde, so wie von der Nothwendigkeit, der finanziell ganz herabgekommenen Stadt Marienburg und dem dortigen Gewerbestande aufzuhelfen, überzeugt hatte*). Aber wie sehr waren alle Gewerbe durch die Concurrenz herab-

---

*) Der Contract über die Brauhäuser rc. ist 1754 vom Könige bestätigt und 1759 erweitert worden. Als Grund der Verpachtung giebt die Regierung selbst an, die einst so blühende Stadt Marienburg sei durch Krieg und vielfache Verwüstung so herabgekommen, daß sie dem Untergange entgegengehe. Daher überlasse ihr die Regierung zur Aufbesserung ihrer Verhältnisse die 3 königlichen Brauhäuser: 1) das Montauer Brauhaus oder, da dieses abgebrannt sei, die dazu gehörigen Krüge und Wachtbuden (polnisch budy strazne genannt); 2) das (ebenfalls devastirte) Brauhaus mit den zugehörigen Aeckern und Krügen; 3) das Schloßbrauhaus und das Brandhaus mit allen zugehörigen Geräthen. Ferner pachtet die Stadt das Vorschloß und die Vorstadt mit den zugehörigen Gründen und Kaldowe. Die Stadt solle die Gerichtsbarkeit über diese Gründe haben, so wie das Monopol des Bier- und Branntweinverkaufs für die Oeconomie Marienburg. Für die Erbpachtverleihung zahlt die Stadt jährlich 14795 Fl., nebst den auf den Grundstücken haftenden Lasten.

gekommen. Im Jahre 1738 hatte die Stadt nur noch 121, dagegen hatten die Schloßgründe 234 Handwerker aller Art; viele Häuser waren in Folge des Verfalls, der schlechten Gewerbe verödet, von 1735—1745 waren 25 Häuser und 4 Speicher eingestürzt, 34 Häuser wüst geworden, die 1748 auch zum großen Theil abgetragen werden mußten.

Die Pachtung der Brauhäuser brachte der Stadtkasse eher Schaden als Nutzen, und der Ausfall mußte durch eine Nahrungssteuer gedeckt werden, aber man konnte doch die städtischen Gewerbe nicht ganz eingehen lassen. Es wurden einzelne Häuser wieder reparirt, Baustellen bebaut, die Vorstädte 2c. der Stadt incorporirt. Die bisher nicht bürgerfähigen Mennoniten wurden zum Bürgerthum herangezogen, die zunftfähigen Handwerker wurden in die Gewerke aufgenommen, die nicht zunftfähigen mußten geduldet werden.

Aber der letzte Oeconom, der aus Privatgründen auf Marienburgs Stadtbehörde erbittert war, trug vereint mit den Werberern einige Jahre später auf eine Revision der Erbpacht an, und der Großkanzler Czartoryski sprach sich gegen Marienburg aus und entschied, es sollten die Zunftunfähigen in die Gewerke aufgenommen und geschützt werden, die Vorschlösser und Schloßgründe der städtischen Jurisdiction entzogen und dem Ressort des öconomischen Amtes wieder zugewiesen werden. Der Prozeß wäre jedenfalls sehr langwierig geworden, wenn nicht zum Glücke die preußische Occupation eingetreten wäre. Für die neu hinzugekommenen Theile des Stadtgebietes wurde ein besonderes Gericht eingesetzt, das „Richteramt der incorporirten Gründe."

Wie Marienburg in beständigem Kampfe gegen die Regierungs-Beamten lag, so hatten nicht minder viele andere Städte von ihren Starosten zu leiden und waren allmälich völlig herabgekommen. Sie sahen sich daher genöthigt, gemeinsame Schritte gegen ihre Unterdrücker zu thun und sandten Abgeordnete zu einer gemeinschaftlichen Berathung nach Marienburg (1738).

Schon in den letzten Jahrzehnten der Ordensherrschaft hatten Abgeordnete der kleinen preußischen Städte mit den Vertretern der großen Städte auf den Städtetagen zusammengesessen, und in polnischer Zeit hatten sie ebenfalls, trotz dem Widerspruche der Abligen ihre Vertreter auf den Landtagen gehabt, bis der Adel endlich die Entfernung derselben bewirkte.

Von den Landtagen verdrängt, hatten sie dennoch gemeinschaftliche Berathungen gepflogen, um ihre gemeinsamen Beschwerden vor die Stände zu bringen, bis der letzte Schwedenkrieg auch diesem gemeinsamen Auftreten ein Ende machte. Seit 1738 erneuerten sie ihre Versammlungen, unter der steten Besorgniß, die Starosten möchten ebenfalls eine Allianz schließen, um gegen die Maßregeln der Städte zu wirken.

In fast regelmäßig jährlich wiederkehrenden Zusammenkünften beriethen sie fortan die gemeinsam zu fassenden Maßregeln bis zum Jahre 1768, wo ihre letzte Zusammenkunft stattfand.

Vorort war gewöhnlich Marienburg, aber auch in Dirschau und Graudenz kamen die Deputirten zusammen; das Directorium des Bundes aber war bei dem Magistrat von Marienburg, dessen regierender Bürgermeister zugleich Präses des Directorii und der Sitzungen war.

1738 klagten die kleinen Städte, daß ihre Privilegien seit Wladislaw's IV. Zeiten nicht mehr bestätigt worden seien, es sollte daher eine Deputation nach Warschau gehen und den eingetretenen Uebelständen abzuhelfen suchen. Den Räthen des Königs, die mit den Freiheiten der kleinen Städte Preußens wenig bekannt wären, sollten die privilegia civitatum minorum vorgelegt werden, zugleich sollte ein Commentar über den Verfall derselben, sowie die Decrete über die Ergänzung und Wiederherstellung der Freiheiten gedruckt werden.

Bald sahen sich die Städte genöthigt, eine engere Verbindung zu schließen. Sie erneuerten daher 1740 die im Jahre 1702 gegründete Union und legten die damals entworfenen Statuten (instrumentum reunionis) zu Grunde, die vor allen Dingen die gegenseitige Hülfe im Auge hatten, welche bei Prozessen gegen Behörden rc. geleistet werden sollte.

Wie dieses auxilium auszuführen sei, war lange streitig. Man kam endlich überein, daß die gemeinschaftliche Unterstützung (unitis viribus et auxiliis) zu kostspielig sei, und es sollte die hauptsächlich betheiligte Partei (pars principaliter agens) die Sache selbst führen, die anderen Städte aber nach Kräften unterstützen.

Man wählte zunächst einen gemeinschaftlichen Agenten, der die Angelegenheiten des Städtebundes führen sollte. In dem Bundesstatut erklärten die Städtedeputirten, daß die kleinen Städte seit ältester Zeit ihre Rechte gemeinsam gewahrt hätten, jetzt aber durch den unleidlichen Druck der Verhältnisse gezwungen seien, die Vereinigung zu erneuern (ex rationibus animum moventibus, maxime vero habita consideratione præsentium quibus ad unum omnes affliguntur iniuriarum et praeiudiciorum).

Zu Grunde gelegt wurde endlich das laudum unionis von 1688 und man fußte auf dem Privilegium der kleinen Stände von 1593.

Im Gremium (Versammlung) zu Dirschau 1744 wurde noch endlich festgesetzt, daß jede geschädigte Stadt, die einen Prozeß führen wollte, sich zunächst an die bevollmächtigte Stadt der Wojewodschaft, diese wieder an das Directorium, nämlich an die Stadt Marienburg wenden sollte.

Hierauf sollte, auf Antrag des Directoriums gemeinsam über Mittel und Wege berathen und die nöthigen Kosten durch Feststellung von Simpeln (einfache Beisteuer), deren oft 12 bis 16 auferlegt wurden, beschafft werden, welche nöthigenfalls executorisch eingezogen werden sollten.

Auf demselben Gremium wurde auch beschlossen, die Bauern, besonders die des Werders, die zum Nachtheile der städtischen Getreideausfuhr Kähne hielten, communi civitatum nomine nach Warschau auszuladen.

Aber bald zeigten sich auch gewaltige Hindernisse in der Unregelmäßigkeit der Geldeinkünfte. Schon in derselben Zusammenkunft stellte es sich heraus, daß von den seit 1788 festgesetzten Simpeln noch 4747 fl. an Restanten waren, die Marienburg ausgelegt hätte. Mehrere Städte erlangten wegen unvorhergesehener Unglücksfälle Erlaß der Rückstände, andere wegen bedeutender Geldausgaben, so Tolkemit wegen eines großen Prozesses gegen den Starosten, Stundung der schuldigen Stimme.

Einzelne Städte suchten, um die erwachsenden Kosten zu vermeiden, sich der Union zu entziehen, so 1746 Stuhm und Neumark, die deshalb vom Directorium vor das königliche Hofgericht citirt werden sollten.

Es blieb, wie es scheint, trotz aller Berathungen und trotz der Agenten, beim Alten und die Beschwerden über Bedrückungen, die bei den Ständen zu verschiedenen Malen, zuletzt 1764, zur weiteren Beförderung eingereicht wurden, blieben meistens unerledigt.

Nach dem Tode August's III. (1763) war in Polen wieder Anarchie, und die Parteien standen erbitterter als je einander gegenüber. Von der russischen Kaiserin Katharina II. unterstützt, trat Stanislaus Poniatowski als Thronbewerber auf. Zugleich traten die Kabinete von Berlin und Petersburg für die Rechte der Dissidenten ein; sie forderten Cassation der gegen dieselben gerichteten Reichstagsschlüsse von 1717 und 1736 und Ausführung der den Dissidenten im Oliver Frieden zugesicherten Rechte.

Diese Forderungen wurden von der polnischen Regierung auch wirklich dem Reichstage vorgelegt (1764), erregten aber tumultarische Scenen unter den Landboten, die schließlich (10. Dezember 1764) die alten Constitutionen von 1717 und 1736 erneuerten.

Dies veranlaßte die Dissidenten, die Hülfe Rußlands und Preußens, als der Garanten ihrer verbrieften Rechte, anzurufen, und dieser Schritt war beiden Mächten im höchsten Grade erwünscht. Rußland ließ durch seinen Gesandten Repnin die polnische Regierung schrecken und den Reichstag von 1766 einschüchtern.

Aber die fanatische Partei der Abgeordneten unter Bischof Soltyk's Führung verachtete alle Drohungen; der römische Nuntius sprach öffentlich gegen die den Lutheranern im Olivaer Frieden zugesagte Duldung, und so wurde den Dissidenten jede Erleichterung verweigert. Die dissentirenden Adligen bildeten nun 1767 unter dem Schutze der beiden verbündeten Nachbarmächte Conföderationen zum Schutze ihrer Glaubensbekenntnisse, die litthauischen in Sluczk, die westpolnischen in Thorn und die Dissidentensache wurde die brennende Frage, die in allen Theilen Polens die Gemüther aufregte, als die Wahlen zum Reichstage des nächsten Jahres vor sich gingen. Die großen Städte schlossen sich der Adelconföderation an, und auch die kleinen Städte unterhandelten durch ihre Deputirten wegen des Beitritts, nachdem sie sich überzeugt hatten, daß die Conföderation nicht gegen den König, noch gegen die Republik, noch gegen die katholische Religion gerichtet sei. Marienburg erklärte sich zuerst für den Beitritt durch den Präses, Bürgermeister Krofisius, und es folgten dem Beispiele Stuhm, Neuteich, Christburg, Stargardt, Dirschau, Graudenz; andere traten bedingungsweise bei, verlangten aber ausdrücklich, daß die katholische Religion unverletzt bleiben sollte. So wurde denn beschlossen, sich wegen der Vermittelung des Beitritts an Thorn zu wenden. Natürlich waren die Stände in Preußen bei den Wahlen nicht lässig und wählten Männer für den Reichstag, die die Rechte des Landes und der Dissidenten verfechten sollten. Der Wahllandtag fand am 7. September 1767 zu Graudenz statt. Es wurden für die 4 Distrikte des Palatinats Marienburg 8 Landboten, sämmtlich polnische Würdenträger, gewählt: für den Distrikt Marienburg der Dobriner Schwertträger Orlowski und der Stargardter Capitän (Starost) Klczewski.

Die Landboten wurden angewiesen, zunächst in Warschau mit den preußischen Räthen über die Angelegenheiten Preußens zu conferiren, dann Se. Majestät zu bitten, die Provinzialrechte zu bestätigen, deren Aufrechterhaltung die Kaiserin von Rußland den Ständen versprochen habe. Die früheren Könige hätten stets diese Rechte confirmirt, unter der jetzigen Regierung habe Preußen bisher vergebens darum gebeten. Die Boten wurden daher angewiesen, ein Gesetz zu veranlassen, das jeden König für die Zukunft verpflichte, bei der Thronbesteigung die preußischen Landesrechte zu bestätigen und zu beschwören. Ferner enthielten ihre Instructionen auch einzelne die Dissidenten betreffende Punkte.

Die katholische Religion solle unverletzt erhalten bleiben, aber die Dissidenten sollten, wie Rußland, Preußen und andere Staaten versprochen, ihre alten Rechte und die im Olivaer Frieden zugesicherten Freiheiten wieder erhalten. Außerdem sollten die Boten noch zwei wichtige Angelegenheiten betreiben: die Aufhebung der widerrechtlichen Weichselzölle und die Beendigung der Reparaturen an der Montauer Spitze, zu denen aus dem königlichen Schatze eine gewisse Summe als Beihilfe gezahlt werden sollte.

Rußland unterstützte auf dem Reichstage die Forderungen der Dissidenten energisch, und als die Patrioten im Widerstande beharrten, ließ Repnin ihre Hauptführer verhaften und fortschaffen, und so ging dann auf dem eingeschüchterten Reichstage am 19. November 1767 die Toleranzacte durch, die von Europa mit Freuden begrüßt wurde.

Die beiden verbündeten Mächte, sowie Dänemark, Schweden und England garantirten den Nonconformisten Polens und der Provinzen Religionsfreiheit und schlossen zu diesem Behufe mit Polen am 24. Februar einen Tractat, dessen Inhalt wesentlich folgender ist:

Die katholische Religion soll die herrschende bleiben, König kann nur ein Katholik werden. Der Uebertritt aus der katholischen Kirche in eine dissidentische ist strafbar, Proselyten sollen das Land verlassen. Dagegen sollen alle früher gegen die Dissidenten erlassenen Statute ungiltig, alle Schimpfnamen gegen sie, besonders die Bezeichnung „Ketzer" verboten sein, nur Dissidenten, resp. Unirte, Griechen und Evangelische sollen sie heißen. Die Dissidenten haben fortan volle Religionsfreiheit und die Erlaubniß, überall Kirchen, Schulen, Kirchhöfe und Hospitäler anzulegen und auszubessern. Alle ihnen gegen die Bestimmungen des Olivaer Friedens entrissenen Grundstücke, die zu ihren Kirchen gehören, z. B. Schulen, Hospitäler, Kirchhöfe, sollen ihnen wiedergegeben werden. Sie dürfen fortan Consistorien und Synoden haben, vor welche ihre Ehescheidungen gehören. Sie sind fortan frei von Stolgebühren und Kalende an die katholische Geistlichkeit, bedürfen keiner Licenzzettel mehr. Sie dürfen religiöse Bücher überall drucken lassen, dürfen nicht zur Feier katholischer Feste herangezogen werden, wenn sie nur ihren katholischen Dienstleuten gestatten, dieselben zu feiern. Als geistliche Oberbehörde solle fortan in Warschau ein Collegium eingesetzt werden, aus 4 hohen römischen Geistlichen und 4 Dissidenten bestehend, das besonders die Streitigkeiten zwischen katholischen und dissidentischen Geistlichen zu schlichten habe. Die

Religion soll fortan kein Hinderniß sein, das Indigenat und den Adel, sowie Aemter, Bürgerrecht 2c. zu erlangen.

So vielverheißend der Vertrag war, so ist er, wegen der Einmischung der garantirenden Mächte, doch eigentlich als ein Vorbote der bald folgenden Theilung Polens anzusehen. Natürlich löste sich jetzt die Conföderation des Adels auf, und Baron von der Goltz theilte dies 1768 dem zu Graudenz versammelten Gremium der kleinen Städte mit. Da die großen Städte auch ausgetreten waren, so erklärten die kleinen ebenfalls den Rücktritt. Diese Zusammenkunft war auch die letzte, welche von den kleinen Städten beschickt wurde.

Die katholische Partei war mit dem Vertrage nicht zufrieden und schmiedete mannigfache Intriguen dagegen; die Patrioten waren erbittert über die Einmischung fremder Mächte, über die Anmaßung Rußlands und über das rohe Auftreten der russischen Gesandten, und schließlich bildeten sie in Bar eine Conföderation, die feindselig gegen die Russen operirte. Den russischen Heeren aber konnten sie nicht Widerstand leisten, sie wurden versprengt und retteten sich nach der Türkei, welche bald darauf an Rußland den Krieg erklärte. Polen war vollständig gesunken; die Regierung und der Reichstag, beim Volke verachtet und von den Russen terrorisirt, wurden von den letzteren schließlich gezwungen, den Krieg an die Türkei zu erklären, auf deren Seite die Conföderirten fochten. Während der König in Warschau Feste gab, hatten conföderirte Schaaren Czenstochau eingenommen, streiften bis um Warschau und erklärten den König für abgesetzt; ja sie wagten es, den König durch einen kühnen Handstreich aus der Hauptstadt zu entführen, ein Unternehmen, das nur durch Zufall mißlang.

Da endlich wurde am 5. August 1772 zu Petersburg der Theilungs-Vertrag von den verbündeten Mächten unterzeichnet, und der König Stanislaus sah sich genöthigt, den Vertrag ebenfalls zu unterzeichnen, der Senat, ihn zu billigen. Vergebens sträubte sich der Reichstag dagegen, vergebens setzte der Adel den Kampf fort; 1775 mußte der Reichstag seine Zustimmung geben. So wurde mit dem größten Theile Westpreußens auch Marienburg preußisch.

Gegen das Ende der eben beschriebenen Periode nahm das Polnische merklich ab.*) Die polnische Sprache hatte um sich gegriffen im sechszehnten und siebenzehnten Jahrhundert, und gegen Ende des letzteren, unter Johann III. hatte die Polonisirung ihren Höhepunkt erreicht.

---

*) Nach handschriftlichen Aufzeichnungen des Stadtkämmerers John.

Unter den Augusten dagegen nahm deutsche Sitte zu, deutsche Adelsfamilien traten wieder mehr in Aemtern und bei Hofe hervor, in Preußen z. B. die Rexin, die polonisirten Czapski's (Hutfeld). Der Wojewode von Pommerellen, Graf Flemming, sprach auf dem Landtage wieder deutsch, und auch in den Städten trat das Polnische immer mehr und mehr zurück.

Auch in Marienburg wurde auf den Vorstädten viel polnisch gesprochen, und es mußte daher auch für die polonisirten Protestanten der Vorstädte und für die polnischen Dienstboten ein polnischer Prediger angestellt werden, der an Sonn- und Festtagen früh den Gottesdienst in polnischer Sprache verrichtete, wobei ein Stück aus dem Katechismus vorgelesen wurde; von 12—1 Uhr hatte er zu catechisiren und an dem ersten Tage der drei Hauptfeste das Abendmahl zu reichen.

Die Polen der Vorstädte sprachen aber, wie Stadtkämmerer John erzählt, ein schrecklich klingendes Gemisch von Polnisch und Deutsch, so daß die Worte: „Idź do Heckergasse i halmi zu szoląga Lichty" (geh' in die Höckergasse und hole mir für ein Schilling Lichte) zum Schimpfnamen für die polnischen Vorstädter wurden.

Die Jesuitenschule, wo neben Latein nur Polnisch gesprochen wurde, war noch eine große Stütze der polnischen Sprache gewesen, so lange adlige Kinder von ihren Eltern hergegeben wurden; als aber unter den Adligen die polnische Sprache abnahm, da schmolz die Zahl der adligen Kinder auf der Anstalt bedeutend zusammen, und um die Kinder armer Städter kümmerten sich die Patres weniger.

Mit der Abnahme der polnischen Sprache unter dem Gesinde und den Vorstädtern wurde auch der polnische Gottesdienst überflüssig. Die Catechisirung in polnischer Sprache hörte schon früher auf. Als 1764 der Polnisch-Prediger Bobrick starb, da berieth der Magistrat, ob es ferner nöthig sein werde, einen solchen anzustellen, doch entschied man sich für eine Neuwahl, da man ein Recht nicht aus der Hand geben dürfe, das so lange den Katholiken gegenüber vertheidigt und erhalten worden war. Es wurde Prediger Pohl gewählt, der nur „Wasserpolnisch" verstand und sich seine Probepredigt von einem der polnischen Sprache mächtigen Geistlichen machen ließ.

Der Magistrat, der, wie John erzählt, kein Mitglied zählte, das von der Predigt Etwas verstand, wählte ihn, weil der Mann „jovial" war, und der neue Prediger war den polnischen Leuten doch verständlich genug mit seinem Wasserpolnisch.

Es war der letzte Polnisch-Prediger, denn als er 1792 starb, wurde keiner wieder erwählt. Die dritte Predigerstelle wurde fortan mit dem Rectorat verbunden.

Wie der polnische Gottesdienst wegen Mangel an Theilnahme einging, so ging aber auch in der St. Georgenkirche der Wochengottesdienst allmälich ein.

Ursprünglich war täglich gepredigt worden, später zweimal wöchentlich, schließlich einmal vor fünf bis sechs Zuhörern. Selbst an den Sonntagen war die Theilnahme am Gottesdienste geringer, wie Prediger Heinel aus den Klingenbeutel-Einnahmen nachgewiesen hat. Der erste Klingenbeutel wurde 1700 eingeführt und brachte in den ersten zwanzig Jahren durchschnittlich 130 Thlr. jährlich; in den folgenden dreißig Jahren nur noch 100, später gar nur 40—50 Thlr. 1701 wurde auch zuerst für die Gemeinde ein eigenes Gesangbuch eingeführt, 1713 vom Prediger Wächter ein neues herausgegeben, dem 1756 auf Verlangen des Magistrats Prediger Fromm ein neues substituirte, bis auch dies 1782 unter großem Widerstreben eines Theiles der Gemeinde abgeschafft wurde.

Die ehemals berühmte Gelehrtenschule Marienburgs, deren Gebäude 1735*) von Grund auf reparirt und 1758 nochmals in Stand gesetzt wurde, hatte zwar noch einige bedeutende Rectoren im vorigen Jahrhundert z. B. Treuge, Gerich, Fromm; sie sank aber gegen das Ende der Polenherrschaft unter dem Rector Littfaß zu voller Bedeutungslosigkeit, so daß sie schließlich nur noch dreizehn Schüler zählte. Unter preußischer Herrschaft hob sie sich durch Verbindung der dritten Predigerstelle mit dem Rectorat besonders unter Th. Wundsch wieder bedeutend.

Das Land.
Zins und Gerichtsbarkeit.

Es ist in der vorhergehenden Periode bereits vorgreifend erwähnt worden, daß eine große Anzahl zeitemphyteutischer Besitzungen im vorigen Jahrhundert in emphyteusin perpetuam ausgegeben wurde. Der Grund für diese Umwandlung war, nach der Darstellung der polnischen

---

*) Der Umbau der Schule war schon in der Mitte des siebenzehnten Jahrhunderts für nöthig erachtet, aber immer verschoben worden. Endlich ward 1731 Ernst damit gemacht, da die Untersuchung der Baulichkeiten ergab, daß das Gebäude in einem schadhaften, ja sogar gefährlichen Zustande sei. 1733 waren die nöthigen Materialien herbeigeschafft, und die Gewerke, das Gericht, die Kirchenväter steuerten zu dem Baue bei. Der Administrator der Kulmer Diözese erhob Widerspruch, dieser wurde aber durch eine Geldspende von 49 Dukaten beseitigt.

Beamten, die Fürsorge der Regierung, welche die Verhältnisse des mannigfach geschädigten Landbesitzes aufbessern wollte, in der That aber wurde sie durch die klägliche Finanzlage der Regierung, und besonders der Marienburger Oeconomie veranlaßt.

Waren in gewerblicher Beziehung die Landbewohner, wie wir oben sahen, zum Nachtheil der Städter von bestechlichen Oeconomiepächtern vielfach bevorzugt worden, so litten sie in anderen Beziehungen aber unter einem noch größeren Drucke, als der war, den die willkürlichen Beamten den Städtern auferlegten. Vor allen Dingen waren in der Handhabung der Justiz viele Mißbräuche eingetreten. Die alte Gerichtsverfassung, welche noch aus der Ordenszeit zum Theil herstammte und mit wenigen Modificationen in der Polenzeit beibehalten worden war, war vielfach verletzt worden, so daß schon 1650 Wladislaus IV. genöthigt war, den Wirkungskreis der verschiedenen Landesgerichte von Neuem genau zu umgrenzen. Als oberste Instanz in der Wojewodschaft sollte das öconomische Gericht gelten, das zugleich alleinige Instanz in allen Sachen sein sollte, die den Grundbesitz betrafen (fundum tangentes res); Kauf- und Pacht-Contracte, Testamente, Pupillensachen, Ausfertigungen von Taufscheinen gehörten vor dieses Forum. Wie streng Fälle von Ehebruch von diesem Gerichte aufgefaßt wurden, haben wir weiter oben gesehen. Ehescheidungen gehörten vor das geistliche Gericht (officium spirituale), ebendahin auch causae simplicium fornicationum, wenn dabei das promissum matrimonii gegeben worden war, doch wurden die Inculpanten auch noch vor das öconomische Gericht gezogen und je nach dem Stande mit Geldbußen bestraft, deren Ertrag zu Kirchenbauten und milden Zwecken verwendet werden sollte. (Urk. № 17 der Gr.-Werd. Lade.)

Häufig genug mochten den Recht suchenden Personen ungebührliche Kosten aufgebürdet worden sein, deshalb bestimmte die Gerichtsordnung von 1650 auch die Sporteltaxe. So sollten für Eintragung eines Kauf-Contractes von jeder der beiden contrahirenden Parteien 10 gr. pro Hufe gezahlt werden, für einen Extract eines solchen Contractes 1 Gulden, für ein Taufzeugniß 3 Gulden.

Neben dem Oeconomiegerichte auf dem Schlosse war für das große Werder das Vogteigericht die über den Schulzengerichten stehende höhere Instanz. Der Werdervogt (advocatus) sollte alle causas civiles aburtheilen, mit Ausnahme der oben erwähnten, welche dem Oeconomen reservirt waren. Bei Capital- und Criminalsachen hatte er in Gegenwart der Geschworenen (Juratores) oder Schöppen nur den Prozeß zu formuliren, die Entscheidung stand dem Oeconomen zu, während die

Execution wieder dem Vogte anheim fiel. Der Vogt, welcher stets ein litteratus sein mußte, durfte nie selbstständig über eine Sache entscheiden, sondern es mußten stets Jurati um ihn sein, die ihm das Urtheil fällen halfen. Um Collisionen zu vermeiden, war bestimmt, daß der Vogt nur Vormittags, der Oeconom nur Nachmittags Recht sprechen sollte (ibid. Usk: № 17). Die Wojewoden, Starosten und ihre Unterbeamten hatten aber oft genug weder nach dem Vogtei- noch nach dem öconomischen Gerichte gefragt, sie hatten vielmehr in Fällen, wo sie Forderungen an Werderbewohner hatten oder zu haben vorgaben, einfach zur Selbsthülfe gegriffen und durch Haydücken ihre Forderungen eintreiben lassen. Die erwähnte Gerichtsordnung suchte auch diese Gewaltthaten abzustellen, es sollte fortan gegen die Werderer (Insulani) nicht mehr de facto, sondern processu verfahren werden.

Eigennützige Justizbeamte gingen aber noch weiter. Da ein Drittheil der Gerichtsbußen von jeder Prozeßsache an die Beamten fiel, so suchten sie selbst die geringfügigsten Sachen, die eigentlich vor das Dorfgericht gehörten, vor ihr Forum zu ziehen, um den Bußen- und Sportelnantheil zu bekommen und verursachten dadurch den Betheiligten oft große unnütze Kosten. Sehr energisch verfuhr gegen dergleichen Mißbräuche der letzte Oeconom, Generallieutenant v. Rexin, der zugleich Starost von Dirschau und Bärwalde war. Bei seinem Amtsantritt (1760) erklärte er, es sei seine ernste Absicht, die Ordnung aufrecht zu erhalten und die eingeschlichenen Mißbräuche auszurotten. Es solle fortan das Ressort des Schulzengerichts in keiner Weise mehr beschränkt werden, und nur solche Sachen sollten vor dem Actor ex officio und dem Instigator eingeklagt werden, welche wirklich ex officio gerügt und urgirt werden müßten; dem Verklagten aber stehe frei, sich einen Anwalt zu nehmen. Nochmals wurde 1764 für die Oeconomie und die Vögte bestimmt, keine leichten Sachen vor ihr Forum zu ziehen, die vor das Schulzengericht gehörten.

Auch die Steuerverhältnisse mußten im vorigen Jahrhundert neu normirt werden, da sich auch hier große Ungleichheiten eingeschlichen hatten. 1746 wurde das Kopfgeld von Neuem repartirt und dasselbe pro Kopf für jede Hufe auf 3 Gulden festgesetzt, für ¼ Hufe und darunter auf 21 Groschen, für die halbe auf 1 Gulden 15 gr. und für ¾ Hufen auf 2 Gulden 12 gr.

Handwerker mit eigenem Haus und Landbesitz sollten zahlen: 1 Gulden 6 gr., ihre Frauen 18 gr.; zur Miethe wohnende Handwerker zahlten 1 Gulden, ihre Frauen 15 gr., für ihre Kinder zahlten sie à

8 gr., jeder Geselle zahlte 1 Gulden, ebensoviel die Schiffer, Brettschneider, Aufkäufer; die Paudelkrämer und Juden 2 Gulden (Werder-Urkunde № 74).

Die Landbesitzer der Bärwaldschen und der Tiegenhöfer Oeconomie hatten bis 1748 kein Kopfgeld bezahlt, und selbst bei den Contributionen hatten sie meist nach Rauchfängen, nicht nach Köpfen gezahlt; 1748 endlich wurde bestimmt, die Niederdörfer sollten Kopfzins zahlen gleich den Oberdörfern, und zwar sollten ihn ebensowohl die Erbbesitzer als auch die Emphyteuten geben.

Am schlimmsten sah es aber mit den Leistungen der Besitzer aus, die ihre Höfe nach kulmischem Rechte, oder wie es die Urkunden vorigen Jahrhunderts nennen „jure colonario" besaßen. Die in den Fundations-Urkunden fixirten Zinssätze waren gar nicht mehr anwendbar. Die Mark hatte allmälich einen ganz anderen Werth erhalten, als sie im 14. Jahrhundert hatte, ja sie war schließlich ganz außer Gebrauch gekommen; die Zinssätze waren schon von Anfang an nicht gleich bemessen gewesen, ebenso die Dienste, Schaarwerke 2c. In der Polenzeit waren bei einer ganzen Anzahl von Dörfern neue Steuern hinzugekommen, andere waren von Diensten und Schaarwerken eximirt worden, so daß schließlich von einer nur annähernd gerechten Vertheilung der Lasten nicht mehr die Rede sein konnte. Um endlich eine gerechtere Vertheilung herbeizuführen, wurde im Jahre 1765 eine General-Commission zur Regelung der Zinsangelegenheiten der Kölmer eingesetzt. Nach sorgfältiger Prüfung der Privilegien aller Ortschaften setzte sie die allgemeinen Grundsätze fest, nach welchen fortan der Zins erhoben werden sollte. Die hierüber abgefaßte Urkunde, ein noch jetzt höchst wichtiges Actenstück, ist die sogenannte ordinatio censuum. Die Commission bestimmte, es sollte fortan statt aller wie auch immer genannten Geld-, Natural- und Dienstleistungen für jede kölmische Hufe, mit Ausnahme der freien Schulzen- und Kirchenhufen jährlich die Summe von 36 Gulden preuß. in zwei Raten gezahlt werden, und zwar so, daß 9 Gulden gleich einem ungarischen Gulden oder holländischen Ducaten sein sollten. Ueber diesen Zins hinaus sollte der Colonist zu keiner weiteren Abgabe oder Auflage, zu keinen Diensten, Schaarwerken, Einquartierungen verpflichtet sein. Nur eine Last mußte natürlich bleiben, die gerade nur auf den kulmischen Hufen ruhte, — die Dammlast. Aber auch diese Last mußte regulirt und gerechter vertheilt werden, denn nicht nur einzelne Privathufen, sondern ganze Dorfschaften hatten im Laufe der Jahrhunderte Befreiung von der Dammlast erhalten, wodurch die Gesammtheit der Dammpflichtigen oder einzelne Ortschaften bedeutend geschädigt wurden. Der Mißbrauch, einzelnen Besitzern für ihre Hufen Dammfreiheit zu verleihen, hatte sich in den letzten Jahren der Ordensherrschaft eingeschlichen, besonders seit Ludwig von Erlichshausen 1453 in den großen Krieg mit Polen verwickelt worden war. Auch der Polenkönig hatte damals, um Parteigänger zu gewinnen und bei der Besitznahme Preußens dergleichen Privilegien ertheilt. Unter den folgenden Königen hatten noch mehr Exemptionen stattgefunden. Die Commission erklärte nun, es sollten alle dergleichen Schenkungsurkunden seit dem Jahre 1453 null und nichtig sein, alle bisher dammfreien Hufen sollten fortan dammpflichtig sein, mit alleiniger Ausnahme der Kirchenhufen. Freilich ist der Inhalt der Urkunde später nicht executirt worden, aber er bildet einen wichtigen Anhaltspunkt in Rechtssachen, die die Dammpflichten betreffen.

Der Hufenzins wurde in den Jahren 1767 und 1768 nach dem Thalerfuße auf 26 Thaler pro Hufe fixirt.

Gewerbe.

Die Gewerbetreibenden und die Kaufleute der Städte hatten bis in die letzten Jahre der Polenherrschaft mit den Hakenbüdnern und Krügern des Landes zu streiten.

Nach 1768 auf der Zusammenkunft der Deputirten der kleinen Städte theilte der Präsident des Directoriums, der Oberbürgermeister von Marienburg, Krotisius, den versammelten Deputirten mit, daß in dem Werder gar zu viele Hakenbuden wären, die alle möglichen Kaufmannswaaren führten, so daß der Handel der nächsten Städte, Neuteich, Marienburg, Elbing, darunter empfindlich leiden müßte. Es sei dies eine allgemeine Angelegenheit aller kleinen Städte, und da Elbing dabei betheiligt sei, auch der großen. Man müsse daher die Werderer vor den öconomischen Fiscal ausladen lassen. Dieses Conclusum, datirt Graudenz den 9. Mai 1768, ist das letzte, welches von dem Städte-Convent gefaßt worden ist.

Ob die Ausladung vor den Fiscal in's Werk gesetzt worden ist, und welchen Erfolg die etwaige Ausladung gehabt hat, ist nicht bekannt. Der bald darauf eintretende Wechsel der Herrschaft machte allen ungesetzlichen Verhältnissen im Lande ein Ende und machte auch fortan die mahnende und klagende Wirksamkeit der Städte-Convente überflüssig.

Mit den Krügen verfuhr die polnische Regierung fortan wie mit andern von ihr zu vergebenden Grundstücken, sie wurden nur zu emphyteutischem Besitz verliehen, Anfangs auf eine beschränkte Reihe von Jahren, später in emphyt. perpet. Geldverlegenheit zwang nämlich die Regierung, verschiedene ihr gehörende Krüge zum Verkauf anzubieten; um so mehr, als diese Krüge baufällig waren und ihre Reparatur viele Kosten verursacht hätte. So wurden besonders die zur Thörichthöfer Brauerei gehörigen Krüge 1758 ausgeboten, und der Fischauer Krug sammt 10⁴/₅ Morgen Zins und Schaarwerkland „für einen leidlichen Kaufpreis" nämlich für 300 fl. meistbietend veräußert. Mit Rücksicht auf die bedeutenden Baukosten wurden dem Käufer aber noch am Preis 100 fl. erlassen. Der neue Inhaber erhielt seinen Krug in emphyteusin perpetuam.

Der Canon für die Schank= und Hakengerechtigkeit betrug 120 fl., der für das Land noch 40 fl. Sein Bier sollte der Inhaber, so lange das bebastirte Brauhaus in Thörichthof noch nicht vollendet sein würde, von Elbing beziehen.

Seit vorigem Jahrhundert erweiterte sich der Kreis der gewerblichen Beschäftigungen, die dem Landmanne gestattet waren. Zunächst entstanden eine Anzahl von Destillationen und Essigbrauereien, die meistens von Mennoniten geleitet wurden. So erhielt Penner 1755 die Erlaubniß zur Anlegung einer Essigbrauerei, und 1766 zur Anlegung einer Destillation in Rothebude (Königsdorf), auch eine Brauerei ward ihm anzulegen gestattet. In Kaldowo legte Sudermann eine Essigbrauerei mit Roßwerk an (1767). In Preuß. Königsdorf (Rothhof) wurde eine Ziegelbrennerei auf beschränkte Zeit concessionirt.

Grützmühlen sind im Werder erst im vorigen Jahrhundert angelegt werden, die ältesten sind wohl die von Leske und Koszelitzke (1747). Der Starost von Rexin erlaubte den Bewohnern der beiden Dörfer eine Mühle anzulegen, worauf allerlei Arten von Grütze und Graupe gemahlen werden durften.

Der Inhaber konnte die Waare in Marienburg und anderwärts verkaufen und sollte für das Privileg jährlich 10 Gulden zahlen. Sollte aber durch die neue Mühle irgend ein anderer Grützmüller der Nachbarschaft geschädigt und unfähig werden, den Zins zu zahlen, so sollte der Inhaber den Zinsausfall decken und an das Schloß zahlen. Streng verboten aber war jedem Grützmüller, irgend eine Art Mehl zu Schaden der königlichen Mühlen zu mahlen. Alle anderen Grützmüller erhielten ähnliche Bedingungen in ihre Contracte (Lindenau 1755, Mielenz 1764).

Dem Kunzendorfer Grützmüller wurde die Zusicherung gemacht, es dürfe keine andere Grützmühle im Montauer Winkel errichtet werden.

Der alte Mühlenbann war geblieben, bis endlich den Bewohnern des kleinen Werders, speciell den Emphyteuten gestattet wurde, Windmühlen anzulegen. Es waren die drei Windmühlen von Altrosengart (bewilligt 1733), Marcushof (früher nur Grützmühle), Schwansdorf höfchen; aber die Emphyteuten zahlten auch für diese Mühlen einen Canon von 159 Thlr. Das Mahlgeld betrug im vorigen Jahrhundert 4½ Groschen vom Sack.

III. Abschnitt.

Die Zeit der preußischen Herrschaft.
Von 1772 bis 1815.

Es war am 13. September 1772, als die preußischen Truppen von Marienburg Besitz nehmen. Am 12. hatte das polnische Regiment Infanterie unter Generalmajor von der Goltz die Stadt verlassen, am 13. gegen Morgen rückten die preußischen Truppen, ein Bataillon des Regiments von Sydow und Dragoner des Regiments von Pomeiske, von Marienwerder her gegen die Stadt, die nur von wenigen Polen noch besetzt war.

Als die Preußen nahten, versuchte die überraschte polnische Schildwache den Schlagbaum herabzuziehen, da aber ein Dragoner sein Pistol auf den Polen anlegte, ließ dieser den Schlagbaum wieder in die Höhe, und unbehindert rückten die Truppen auf den Markt.

Der Kommandeur, Generalmajor von Tadden, berief den Rath der Stadt und den Bürgermeister Hoheisel in sein Quartier, verkündete ihm im Namen seines Königs die Besitznahme der Stadt durch die Preußen und trug ihm auf, für Quartier zu sorgen.

Am 17. September kamen die königlichen Kammer- und Justiz-Commissarien von Königsberg und nachdem sie den Rath nochmals ermahnt, sich gehorsamst dem neuen Regiment zu unterwerfen, forderten sie die Herausgabe sämmtlicher Acten, öffentlicher Protokolle, Deposition, Rechnungen, Schenkungen ꝛc., suspendirten sämmtliche Magistratspersonen und inhibirten alle öffentlichen Handlungen mit Ausnahme der unabweislichen Polizeisachen und Testamentsaufnahmen.

Am 27. September fand im großen Rempter die Huldigung statt, welche die Landstände den Stellvertretern des neuen Landesherrn, dem Oberburggrafen von Rohde und dem Oberpräsidenten von Domhardt leisteten. In Meisters großem Saale fand das Mittagsmahl statt. Zur Erinnerung an die Feier wurden Denkmünzen geprägt, wovon eine in Gold der Stadt zum Andenken gegeben wurde, die sie noch aufbewahrt.

Am 28. September wurde das Notifications-Patent erlassen, in welchem es nach Darlegung der Gründe für die Besitznahme der Provinz heißt: „Wir halten es für unsere Oberherrlichen Pflichten, daß nunmehr Recht und Gerechtigkeit in diesem Lande ohne Ansehen der Person widerfahre und Jeder ebenderselben unpartheischen und kurzen Rechts-Pflege theilhaftig werde, deren sich alle unter Unserem Scepter und Schutz stehende Völker und Unterthanen zu erfreuen haben. Wir können daher erstens nicht ferner das Wohl dieser Unsern nunmehrigen in Unsern landesväterlichen Schutz genommenen Unterthanen der weltbekannten, und in öffentlich gedruckten Schriften Polnischer Geschicht-Schreiber selbst abgeschilderten tumultuarischen, und aller rechtschaffenen unpartheischen Rechts-Pflege widerstreitenden Procedur und Gewalt der bisherigen Gerichte, sie haben Namen, wie sie wollen, es sei Landgerichte, judicia terrestria, Grodgerichte, judicia castrensia, Palatinalia und Vice-Palatinalia, judicia quaerelarum, j. capitancalia, Schloßhauptmänniglichen, Bischöfliche, oder Dom-Capitulargerichte und anderen dergleichen Gerichten überlassen; sondern Wir heben hiemit und Kraft dieses, alle diese Gerichte und deren bishero exercirte Gerichtsbarkeit und Gewalt, ohne Unterschied der Sachen, sie betreffen allgemeine Landes-, Hoheits- oder Privat-Rechte in diesen obenbemeldeten Unserm Scepter nunmehr unterworfenen Provinz und Districten auf." In ähnlicher Weise wurde die Appellation nach Petrikau und an die Landtage verboten.

Ferner wurden, um nicht Ehre, Leben, Freiheit und Eigenthum durch die Unzulänglichkeit der früheren Gesetzgebung gefährden zu lassen, sämmtliche bisherigen Gesetze 2c. und Justizsachen aufgehoben. Hingegen wurde mit Rücksicht darauf, wie es weiter heißt, daß das neu erworbene Preußen einst mit dem Königreich Preußen vereint gewesen, die dortige Verfassung eingeführt, also das ostpreußische Landrecht von 1721, und im Jahre 1794 wurde das allgemeine Landrecht eingeführt. Das westpreußische Adelsrecht war ausdrücklich schon 1773 aufgehoben worden.

Es erfolgte nunmehr die neue Eintheilung Westpreußens.

Marienburg, die Wojewodenresidenz, Sitz eines Starosten und Oeconomen, hatte gehofft, Sitz der neuen Landescollegien zu werden, sah sich aber hierin getäuscht, es war bereits Marienwerder dazu ausersehen; Marienburg sollte als Ersatz ein ganzes Regiment in Garnison bekommen. Letzteres geschah auch. Es wurde ein neu gestiftetes Infanterie-Regiment von 12 Compagnieen hin verlegt, und ein Bataillon desselben blieb dort bis 1801. Es wurde, um die Soldaten gut unterzubringen, ein Theil des Schlosses zur Kaserne eingerichtet und gleich 1773 mit der Umwandlung des seit dem Brande von 1644 verödeten Hochschlosses vorgegangen. Die zerstörten Gewölbe der oberen Räume wurden durch Balken ersetzt, der Capitelsaal durch Balken in zwei Stockwerke getheilt; auf der Südwestseite eine Durchfahrt nach der Stadt zu angelegt mit der Inschrift: Friedricus Magnus p. f. e. militis in hospitium, Civium in levamen, ex ruinis restaurari jussit a. 1774. Die Südwest- und Südostseite erfuhr bedeutende Veränderungen. Im Hochschloß wurde Militär untergebracht; in dem Zimmer des Capitelsaals die Offiziere, im Mittelschloß die Stabsoffiziere, der große Rempter wurde zur Exercierhalle, die Küche zu Stallungen, das Kellergeschoß des Mittelschlosses zu Gefängnissen verwendet; die große Küche wurde zu einem Wagengelasse und Pferdestalle eingerichtet. Die Festungswerke, ganz verfallen, wurden noch weiter abgetragen, eine Fahrbrücke über den Festungsgraben zwischen Hochschloß und Stadt angelegt, später aber (1785) durch einen geschütteten Damm ersetzt und durch Zuschüttung des zweiten Schloßgrabens im Sandthore wurde der neue Weg geschaffen. 1785 wurde das Prachtschloß zu einer Baumwollenspinnerei hergerichtet, der bis dahin verschonte Hochmeister-Rempter zu diesem Zwecke unter des Deichinspectors Müller Aufsicht ganz verbaut und in zwei Stockwerke eingetheilt. Ferner wurde das Zeughaus zur Salzfactorei eingerichtet und in den Oberstock die Montirungskammer verlegt.

In den Jahren 1801 bis 1803 wurde ein großer Theil des Schlosses auf des Staatsministers von Schrötter Befehl in ein Kriegs-Magazin verwandelt, und der Umbau wurde unter Oberaufsicht des Kriegsraths Dühring aus Marienwerder ausgeführt. Bei dieser Gelegenheit verlor Marienburg seine Besatzung, die seit 1799 aus dem Grenadierbataillon v. Viereck bestand.

Alles, was bis dahin Kaserne gewesen war, also das Hochschloß und ein Theil des Mittelschlosses, wurde in Magazin umgewandelt und zu diesem Behufe sämmtliche Gewölbe, selbst die des Mittelschlosses eingeschlagen.

Es blieb nur die Schloßkirche, die Annenkapelle und der Schloßthurm, dessen aufgesetzte Spitze von dem Starosten Rexin aus dem Jahre 1754 stammt.

Im Mittelschlosse wurde der Südost= und Südwestflügel im Innern eingebrochen, die Kapelle selbst nicht verschont. Die einstigen Hochmeisterwohnungen wurden zum Proviantamt eingerichtet.

Marienburg wurde zur Kreisstadt herabgedrückt und wurde als solche Sitz des Werdervogteigerichts, dem die Werderschen Kölmer unterworfen waren, der Kreis=Justiz=Commission, des Domainen=Justizamts und der Intendantur. Diese Behörden wurden auf dem Niederschloß untergebracht. An Stelle des Werdervogteigerichts, für das 1773 die Instructionen erschienen, trat später das Stadt= und Landgericht, neben dem das Stadt= und Landgericht Neuteich mit dem Untergericht zu Tiegenhof standen. Das Reglement für diese Gerichte erschien 1802.

An der Spitze des Werdervogteigerichts stand ein Dirigent mit zwei Assessoren. Als der erste abging und die Werder=Insassen sich weigerten, ihm Pension zu geben, wurde diese zum Theil aus dem vom Staate bewilligten Directorien=Zuschuß, zum Theil aus dem Gehalte der zweiten Assessorenstelle zusammengebracht; sein Nachfolger erhielt den Titel Gerichtsrath. Der neue Dirigent hatte vielfach Klage zu führen über die Unregelmäßigkeit der Einkünfte, besonders in den Monaten März, April und im Winter, denn die Beamten=Einkünfte bestanden zum Theil in den Gerichtssporteln, und diese konnten bei den schlechten Wegen im Werder nicht rechtzeitig eingezahlt werden. Ferner klagte er über die übermäßig große Anzahl von Beamten bei seinem Gerichte.

Der Marienburger Kreis war damals bedeutend größer als heute. Es gehörten dazu viele Ortschaften, die jetzt zum Elbinger, Stuhmer, Christburger Kreise gehören, z. B. Baumgardt, Behrendtshagen, Blumort ꝛc.; der Gerichtskreis erstreckte sich sogar noch weiter, als der landräthliche. Der Intendantur Marienburg waren die Domainenämter Tiegenhof und Barenhof untergeordnet, deren Verwalter in Tiegenhof wohnte.

Der Kreis hatte zwei Städte, Marienburg und Neuteich, und einen Flecken Tiegenhof, der erst im 17. Jahrhundert gegründet worden ist. Marienburg (poln. Malborg) hatte ohne Vorstädte 262 Feuerstellen, mit den Vorstädten 4575 Seelen. Die Stadt hatte drei katholische und eine evangelische Kirche, einen lutherischen Prediger, der zugleich Inspector der lutherischen Kirchen im kleinen Werder und in den Städten Stuhm und

Christburg war. Das Jesuitencollegium wurde 1781 in ein Gymnasium umgewandelt.

Neuteich (Nitych) hatte 173 Häuser. Das Rathhaus, seit 1636 den Lutheranern als Kirche eingeräumt, war nach dem Brande von 1740 neu gebaut und der untere Theil zur Kirche eingerichtet. Der evangelische Prediger wurde Inspector für die Kirchen des großen Werders. Die Stadt hatte viel durch Brand und Pest gelitten. Das 1745 abgebrannte Hospital war von der Kämmerei für 8 Personen lutherischer Confession wieder aufgebaut worden.

Der Flecken Tiegenhof mit 192 Feuerstellen war Sitz eines Domänenbeamten, und hatte ein evangelisches Bethaus.

Der zur Intendantur Marienburg gehörige Theil des großen Werders umfaßte 9 königliche Vorwerke, von denen 7 vererbpachtet waren*), 74 Dörfer (darunter 42 kölmische) mit 2728 Feuerstellen. Die ganze Intendantur hatte 124 Dorfschaften, außer den 9 Vorwerken und den 4 Mühlen bei Marienburg, und zusammen 3993 Feuerstellen.

Im eigentlichen großen Werder waren 14 lutherische Kirchen, dazu kamen im Tiegenhöf'schen 3, im Bärenhöf'schen 2.

Im kleinen Werder (zur Intendantur Marienburg gehörig) waren 49 Dörfer mit 1250 Feuerstellen. Davon waren 24 Dörfer kölmisch, 5 emphyteutisch (Liebenthal, Sandhof, Schroop, Sparau, Thörichthof). Dazu kamen 21 emphyteutische Dörfer in der Niederung des kleinen Werders.

Das Amt Tiegenhof hatte 24, Baarenhof 7 Ortschaften.

Zollämter waren: an der Montauerspitze das königliche Declarations-Zollamt; bei Rothebude an der Ueberfahrt nach dem Danziger Gebiet ein Grenz-Zollamt, und ein anderes bei der Schöneberger Fähre.

Gleich nach der Besitznahme Polnisch-Preußens entwickelte die preußische Regierung eine beispiellose Thätigkeit auf allen Gebieten der Gesetzgebung, um die Zustände des unter polnischer Herrschaft verkommenen Landes zu heben, besonders aber um die Verhältnisse des Grundbesitzes zu regeln. Die bisherigen Gesetze wurden aufgehoben und dafür das ostpreußische (auch auf dem kulmischen basirende) Landrecht von 1721 eingeführt, bis 1794 durch Patent vom 5. Februar das allgemeine Landrecht eingeführt wurde. Aber auch das Steuerwesen mußte geregelt werden, das in polnischer Zeit sehr willkürlich bemessen gewesen war. So erschien

---

*) Die 9 Vorwerke waren: Rehhof, Brodsack, Diebau, Grzymala, Jesultenhof im Rehhöfer Winkel, Kozielkie, Pelplinner Außendeich, Kloftershuben, Koithof.

denn gleich 1772 eine Instruction für die westpreußische Contributions-Entrichtungs-Commission, in der Folgendes bestimmt wurde:

Alle liegenden Gründe, bei den Städten sowohl als auf dem Lande, sowie auch die davon stammenden Nutzungen sind contributionspflichtig und zwar nach den für das Königreich Preußen 1714 festgesetzten Principien. Die Felder sind nach der Bonität in 3 Klassen zu theilen, wobei die Lage des Dorfes in Bezug auf Straßenverbindung zu berücksichtigen ist; und zwar soll die Hufe bester Bodenqualität 8—10 Thlr., die Mittelhufe 8 Thlr. 14 Grsch. 4⅘ Pfg., die schlechteste 2 Thlr. contribuiren.

Die Krüge sollen pro Tonne Bier 8 gute Groschen, für das Achtel Branntwein 12 Groschen zahlen. Müller, Fischer 2c. sollen wie in Preußen contribuiren, Gärtner und Instleute, die bei Schatzen und Freikölmern wohnen, sollten nicht besonders contribuiren, sondern „ein feldliches Schutzgeld" zahlen. Bei Kirchenhufen sollen die ursprünglich mit fundirten von den übrigen gesondert werden. Vier Hufen sollten zur Pfarrstelle gehören, die übrigen zum Domänengut gezogen werden, es sollte davon aber die Hälfte des Reinertrages den Geistlichen als Competenz gegeben werden.

Alle Diejenigen, die ab immemoriali tempore von Contribution frei wären, sollten dieses Vorrecht nachweisen. Die Commission sollte ferner nachforschen, wie viel Ritterdienst auf den adlichen, freikölmischen und anderen Gütern haftete.

Von Handwerkern auf dem platten Lande sollten nur geduldet werden: Hufschmiede, Stellmacher, Rademacher, Zimmerleute, Schuhflicker, Leinweber, Schneider, letztere aber nur, wenn sie zugleich Küster oder Häsler wären.

Im October 1772 erschien ein Nachtrag zu jener Instruction, nach welchem Handwerker auf dem Lande je nach der Nahrung 1—2 Thlr. zahlen sollten, und wenn sie Vieh besäßen, auch noch Horn- und Klauengeld. Eigenkäthner der Dorfmark sollten Kopfgeld und Hornschoß, Inst- und Miethleute, die bei Bauern, aber mit eigenem Feuer wohnen, sollten das gewöhnliche Schutzgeld. Tagelöhner sollten 60 gr. bis 1 Thlr. zahlen, dagegen Inst- und Miethleute, die bei Bauern essen, frei sein.

Auch der Ritterdienst war berücksichtigt. Der Kölmer sollte für den ganzen Ritterdienst vom Gute 6 Thlr. 60 gr., für den halben 3 Thlr. 30 gr. zahlen; der Kölmer ohne Ritterdienst aber sollte 33⅓ Procent des Reinertrages überhaupt zahlen. Die Jahre 1773 bis 1800 brachten viele neue wichtige Erlasse, die den Grundbesitz betrafen.

Das Groß-Werdervogteigericht erhielt 1773 seine Instruction. Dieser zufolge behielt es nur die Gerichtsbarkeit in Bagatellsachen bis zum Betrage von 10 Thlr. und die Sühneversuche. Es übte somit die Patrimonialgerichtsbarkeit der Groß-Werder-Commune. Als 1821 die Gerichtsbarkeit der Werder-Commune an das neugeschaffene Landesgericht in Marienburg überging, geschah dies unter Vorbehalt der Rechte und Verpflichtungen des Deichgräfen-Collegiums.

Andere Erlasse betrafen den kölmischen Grundbesitz. Die freikölmischen Güter wurden darin erklärt als freies volles Eigenthum mit Vorrechten, die durch Verleihung oder Vererbung erworben sind. Den kölmischen Besitzern wurde das Recht zugesprochen, von den Unterlassen Kopf-, Horn- und Klauenschoß zu erheben. Die auf ihrem Grunde wohnenden Leute sollten nicht verpflichtet sein, Schutzgeld an das Domainenamt zu zahlen. Den Kölmern beider Werder wurde das Patronatsrecht bei den evangelischen Schulen, denen des großen Werders die hohe und niedrige Gerichtsbarkeit zugestanden.

Ein späteres Rescript (1785) geht nochmals auf das Wesen der kölmischen Güter ein und unterscheidet sie auf das Bestimmteste von den Lehngütern. Man habe sie, heißt es darin, mit Lehnen verwechselt, weil mißbräuchlich der Name feuda juris culmensis für sie angewandt worden sei; sie seien trotz der Kriegspflicht keine Lehne, denn mit diesen sei Heimfallsrecht verbunden, was bei jenen nicht der Fall sei; Lehne haben aber in Preußen überhaupt aufgehört, seit 1476 Kasimir alle preußischen Lehne zu freiem Eigenthume umgewandelt und auf das Heimfallsrecht verzichtet habe.

Die Rechte der Zeitemphytenten wurden ebenfalls näher bestimmt, vor Allem festgesetzt, daß nach Ablauf der im Contracte festgesetzten Nutzungszeit bei weiterer Veräußerung kein Laudemium hinfort gefordert werden dürfe. Laudemialgelder, auch Consens- oder Approbationsgelder genannt, sollten bei Erbpacht ferner nur gefordert werden, wenn sie in der Erbverschreibung vorgesehen wären, und sollten nicht 10 Procent des Kaufgeldes übersteigen.

Im October 1780 endlich erschien die neue Dorfordnung für Westpreußen.

Voran geht eine Ermahnung, die Kinder zum Schulbesuche anzuhalten, sie gottesfürchtig zu erziehen und der Obrigkeit gehorchen zu lehren. Oeconomiebeamte sollen jährlich die Dörfer bereisen und die Wirthschaft examiniren, auch den schwachen Wirthen mit Rath beistehen, die schlechten aber anzeigen und bessere vorschlagen, die Schulzen controliren ꝛc.

Die Visitationen sollen im Frühjahr nach der Sommersaat und bald nach der Winterbestellung stattfinden, aber den Unterthanen keinerlei Last bringen. Die Schulzen sollen die Befehle der Regierung verkünden, an Schaarwerke erinnern, Pfändungen ꝛc. in der Gemeinde verrichten, für Besetzung wüster Hufen sorgen und schlechte Wirthe anzeigen.

Es folgen Anweisungen der eingehendsten Art über den Betrieb des Ackerbaues, die heut wohl zu weitgehend erscheinen dürften, bei dem damaligen Zustande der Wirthschaft in der Provinz aber nicht so überflüssig gewesen sind. Empfohlen wird ferner das Ansäen von Rübsen, Lein und Hanf; auch Rüben und Kartoffeln, ja Hopfen und Tabacke sollen gebaut werden. Der Viehzucht wegen soll Sorgfalt auf den Wiesenwuchs verwendet werden.

Besondere Aufmerksamkeit ist auch der Viehzucht geschenkt und den Schulzen fleißige Revision der Stallungen empfohlen. Es folgen Vorschriften über Anlage von Gebäuden, um Feuersbrünste zu vermeiden, die Anschaffung von Feuergeräthen und Unterhaltung eines Nachtwächters wird befohlen ꝛc.

Als Ergänzung zu letzteren Punkten kamen 1785 im Dezember die Bestimmungen über die Feuersocietät, wozu außer den Inhabern von Schaarwerks-, Zins-, Bauer- und Kolonistenhufen auch die emphyteutischen Dörfer verpflichtet wurden. Die Werder-Feuersocietät sollte bestehen bleiben, aber den Dörfern gestattet sein, auszuscheiden und in die königliche einzutreten. Neue Gesellschaften sollten nicht mehr errichtet werden.

Die Zahl der eingetragenen Brandhufen der kleinen Werdersocietät, früher 581 Hufen betragend, war 1790 auf 599 gestiegen, von denen 581 zu Holzfuhren verpflichtet, 18 davon frei waren, dafür aber auch keine Ansprüche auf Bauholz im Falle einer Schädigung durch Brand hätten.

Dieser Modus der Betheiligung durch bloße Geldbeiträge mit Ausschluß jeder Art von Fuhren wurde seitdem immer häufiger*).

---

*) Eine eigenthümliche Entscheidung trafen die Geschworenen und Brand-Deputirten des Werders 1794. Es war nämlich häufig, daß Leute sich an der Brandsocietät betheiligten, die weder Hufen in natura, noch Speicher und Scheunen, sondern nur ein Wohnhaus hatten, dennoch aber von den fingirten Hufen bei allen Brandschäden den vollen Beitrag zahlten. Es entstand nun die Frage, welchen Ersatz die betreffenden Mitglieder der Gesellschaft zu beanspruchen hätten, wenn sie selbst durch Feuer Schaden litten. Das obengenannte Collegium entschied, daß die Interessenten nach der Zahl der eingetragenen Hufen ganz so entschädigt

Die Verwaltung der ganzen Gesellschaft lag noch in Händen der Deichgräfen und des Geschworenen-Collegiums, und der Centralpunkt der Verwaltung war Sommerort.

Um den Auskauf kölmischer Erbzins-, Erbpacht- und bäuerlicher Güter zu verhindern, erschien ein Rescript 1792, welches den Adligen verbot, derartige Grundstücke zu erwerben. Nur solche Adlige, die kein eigen Gut hatten, durften mit Erlaubniß des Domainen-Directoriums ein solches Gut erwerben, mußten es aber selbst bewohnen, oder wenn sie in königlichen Diensten waren, von Anderen bewirthschaften lassen. Erwarben diese adligen Besitzer aber mittlerweile ein anderes Gut, so mußten sie eines von beiden Gütern binnen 3 Jahren an einen bis dahin nicht Angesessenen verkaufen.

Schon 1773 war ein Gesetz über Verschaffung der Vorfluth und Grabenreinigung erschienen. 1796 erschien ein solches über Wegebau und Brücken-Bauten, worin auch auf die Niederung Rücksicht genommen wurde. Knüppeldämme sollten fortan nicht mehr gestattet sein.

Dies sind einzelne unter der großen Anzahl von Rescripten und Gesetzen, die das Beste der neuen Provinz bezweckten. Vergleicht man die rege Thätigkeit der neuen Landesherrschaft mit der Indolenz der polnischen Regierung, die sich erst von den Bewohnern zu vernünftigen Bestimmungen zwingen ließ; die strenge Rechtsübung der preußischen Herrschaft mit der polnischen Willkür, so darf man wohl nicht fragen, zu wessen Gunsten die Stimmung im Lande war. Mißstimmung konnte nur in den Kreisen herrschen, die aus der Willkürherrschaft der polnischen Starosten ihren Nutzen gezogen hätten.

Münze und Maaß war zunächst noch beibehalten worden. Bis zum Feldmesserreglement von 1793 galt das altkölmische Maaß, von da ab bis zur neuen Publication von 1813 das Magdeburger; die Anwendung des kulmischen Hufenmaßes wurde erst 1816 verboten, doch hat das Verbot wohl noch bis jetzt keinen durchgreifenden Erfolg gehabt. Die polnisch-preußische Münze (Gulden = 30 gr. oder 10 Sgr., 1 gr. = 18 Pfg. oder 4 jetzige pr. Pfg., 1 Pfg. = ⅔ jetziger Pfg.) kam außer Gebrauch 1780.

Aber bis 1821 gab es von geprägtem Gelde in Silber: Westpr. Gulden à 10 Sgr. heutigen Geldes, Tympfe oder Achtzehner à 5 Sgr.,

---

werden sollten, als hätten sie Wohnhaus, Scheune, Speicher unter einem Dache, da sie ja allen Verpflichtungen nachgekommen seien, die die eingetragenen Hufen bedingten. (Aus Gerichtsacten.)

Sechser à 2 Sgr., Dütchen à 1 Sgr., Zweigroschen à 8 Pfg., Groschen à 4 Pfg.

Von Kupfergeld waren im Gebrauche: Groschen à 4 Pfg., halbe Groschen à 2 Pfg., Schillinge à 1⅓ Pfg.

Seit der Verordnung von 1806 galten Gulden, Tympfe und Sechser als Courant, dagegen wurde die Scheidemünze vom Dütchen abwärts um ⅓ herabgesetzt. Es galt also das Dütchen nur 8 Pfg. Seit 1811 wurde diese Münze noch mehr entwerthet, so daß 52½ Dütchen auf den Thaler gingen.

Was die hiesigen ländlichen Besitzungen betrifft, so wurden auf sie die allgemeinen Gesetze, die wir oben angeführt, angewendet. Sie wurden der Contribution unterworfen und bei den Emphyteuten wurde nach Ablauf der Pachtzeit der Vertrag fast in derselben Weise verlängert, meist mit Wegfall des Laudemiums. Der Canon blieb, wie er in polnischer Zeit gewesen war, pro Morgen 45 bis 55 gr., für die kulmische Hufe 50 fl., für einen Morgen Anwachsland 15 gr. Viele emphyteutische Güter wurden bei Ablauf der Pachtzeit auf Erbpacht ausgegeben. So in Krousnest, Hohenwald, Rosenort, Rosengarth, Koziclsko rc.

Nach ähnlichen Principien wurden dann auch neu vergabte Länder rc. und B. eingezogene geistliche Hufen ausgegeben, wobei aber alle mißbräuchlichen Dienste rc. wegfielen. So erhielt z. B. Sielmann aus Irrgang die 10 geistlichen (ehemals den Jesuiten gehörigen) Hufen unter folgenden Bedingungen:

Wegfallen sollte fortan Horn- und Klauenschoß, Bienenzins, Beitrag zum Festungsbau, Vorspann und Schloßschaarwerk, an deren Stelle treten Kriegsfuhren, Fouragelieferungen für Cavallerie, nöthigenfalls Leutestellung beim Festungsbau*), die fälligen Prästanda für Mühlen, Kirche, Schule, und ein Erbcanon von 300 Thlr. Der Besitzer hat die Gerechtigkeit Bier zum Tischbedarf zu brauen, Bauholz zur Instandsetzung der Gebäude soll er nach gehöriger Vereinbarung mit den Marienburger Jesuiten erhalten, aber auch für die Reparatur der Gebäude und Brücken sorgen. Bei Unglücksfällen soll er keinen Ersatz und keine Remission des Canon beanspruchen dürfen. Das Letztere mußten auch Mühlenpächter unterschreiben, oder sie mußten der Feuersocietät beitreten. Der Erbzins für Mühlen war verschieden, der Grützmüller in Mieran (Contract von 1786) zahlte 1 Thlr. an die Intendantur-Kasse, der von Schönhorst

---

*) Die Emphyteuten von Haberhorst wurden (1797) verpflichtet, Leute zur Wolfsjagd zu stellen.

(1800) 6 Thlr. Canon und 2 Thlr. Contribution. Neu angelegte Krüge mußten aus Marienburg die Getränke beziehen. Die Abgaben der Krüger sind verschieden. Der Wachtbüdner hinter Blumstein zahlte (1800) jährlich 3 Thlr. Schankgeld und 60 Groschen Schutzgeld an die Territorialkasse.

Kirche und Schule*).

Selbstverständlich mußte unter einem toleranten Fürsten, wie Friedrich, die katholische Kirche sich des Schutzes aller ihrer Rechte erfreuen, soweit sie nicht mit der Staatsraison collidirten. Durch das Patent vom 13. September 1772 wurden die Katholiken in Bezug auf bürgerliche Rechte den Protestanten völlig gleichgestellt. Während überall die Jesuiten cassirt wurden, durften sie in Preußen überall fortexistiren, nur die Jesuitencollegia wurden 1781 in katholische Gymnasien umgewandelt, welche je nach ihren Leistungen verschiedene Berechtigung hatten; einzelne wurden zu akademischen, andere zu philologischen Gymnasien umgeschaffen, noch andere einfach für das Studium der grammatischen Wissenschaften bestimmt; und zu den letzteren gehörte die Marienburger Schule. Die Anstalten erhielten einen bestimmten Lehrplan. Bei aller Toleranz aber ließ die Regierung clericalen Gelüsten keinen Spielraum und verbot Alles dem Geiste der Zeit nicht Angemessene. Die Proselytenmacherei am Sterbebette wurde verboten, der große und kleine Kirchenbann bereits 1773 aufgehoben; die katholische Geistlichkeit ebenso wie die evangelische der beiden Werder wurde dem königl. Landgericht untergeordnet. Gesuche an die päpstliche Curie mußten dem Oberpräsidenten vorgelegt werden. Geistliche Gerichte sollten nur in geistlichen Sachen zu entscheiden haben, und selbst Strafen wegen Amtsvergehen nur mit Beirath des Syndicus verfügen dürfen.

Die Provinz war damals nach 6 Diöcesen getheilt, Marienburg sammt dem Werder gehörte zur Kulmer. Das Consistorium von Culmsee hatte zum Viceofficial den Dekan von Christburg, der die Marienburger Angelegenheiten bearbeitete, die dann die Bestätigung von Culmsee erhielten. Später wurde Marienburg der Diöcese Ermland überwiesen, welche die beiden Officiale Frauenburg und Marienburg hatte.

Die Consistorien hatten nur in geistlichen Angelegenheiten zu entscheiden, und streng wurde die westpreußische Regierung angewiesen, sich an die Bestimmungen des Warschauer Tractats zu halten. An Stelle

---

*) Quellen: Jacobson „die Quellen des preußischen Kirchenrechts" und Lehmann und Begesack's „Westpreußisches Provinzialrecht".

des canonischen Rechtes war das Landrecht getreten, und vergebens versuchte die westpreußische Geistlichkeit, einige Paragraphen desselben geändert in die Neubearbeitung des Westpreußischen Rechtes aufgenommen zu sehen, besonders in Bezug auf Ehescheidung. Sie wollten, daß geschiedene Katholiken nicht wieder heirathen dürften ohne Dispens der höheren Geistlichkeit. Dies wurde ihnen abgeschlagen.

Auf Anlaß der Regierung wurde von Papst Pius VI. die Zahl der Feiertage beschränkt (Bulle Pius VI. an den Bischof von Kulm 1788). Die Zahl der Marientage wurde auf 5 reducirt, das Fest der Lokalpatrone auf den jedesmaligen folgenden Sonntag verlegt, die Märtyrertage und die der Apostel mit dem Feste Petri und Pauli vereinigt, so daß mit den Hauptfesten 19 Festtage bleiben.

Wichtig für die Auffassung des Simultaneums von Seiten der Regierung ist der Cabinetsbefehl von 1798 betreffend den protestantischen Kirchenbau in Tannsee (v. Lehmann II p. 403).

Die evangelischen Bewohner von Tannsee hatten beim Könige um Unterstützung zum Bau einer Kirche nachgesucht. Friedrich Wilhelm III. schrieb (Charlottenb. 5. Sept. 1798) an den Oberpräsidenten v. Schrötter, der das Gesuch befürwortet hatte, er würde gern zu dem Kirchenbau Gelder angewiesen haben, aber er habe erfahren, daß in Tannsee eine besondere katholische Kirche sei, zu deren Instandhaltung die evangelische Gemeinde beitragen müßte. Er (der König) würde somit nur die Vortheile bestärken, wonach eine Religionspartei es für unthunlich hält, in den gottesdienstlichen Gebäuden der anderen Gott zu verehren, was durchaus fern von ihm sei.

Das katholische geistliche Obergericht reichte Gegengründe ein, die aber schlagend von der westpreußischen Regierung zurückgewiesen wurden.

Die Argumentation der Regierung fand den vollen Beifall des Königs am 18. März 1799.

In Bezug auf die materielle Stellung der katholischen Geistlichkeit wäre zu dem was früher schon über die Verkürzung der Pfarrländereien bemerkt wurde, noch Folgendes hinzuzufügen:

Der Naturalzehnt und das Meßkorn (Sackzehnt) sollte von jedem Besitzer zehntpflichtiger Grundstücke, ohne Unterschied der Confession, an den zehntberechtigten Pfarrer entrichtet werden.

Dagegen sollten Calende, Witteltag, Kirchendecem, Quartal ꝛc. von protestantischen Grundbesitzern nur dann an katholische Geistliche geliefert werden, wenn sie als Last durch landesherrliche Dotationen auferlegt wären. Zur Reparatur und zum Bau katholischer Kirchen sollen Protestanten nur dann verpflichtet sein, wenn ihnen der Mitgebrauch der Kirche gestattet ist. Pfarrer, Prediger, Lehrer, Küster, Organisten auf dem Lande sollten von der Entrichtung des Kopfgeldes, des Schutz- und Nahrungsgeldes, sowie des Horn- und Klauengeldes frei sein.

Wurden der katholischen Kirche alle ihre früheren Rechte gewährt, so hörte natürlich andererseits jede Möglichkeit eines Druckes auf die Protestanten auf; beiden Kirchen wurden feste Grenzen angewiesen. Die Protestanten wurden vom Könige vielfach bei Erbauung neuer Kirchen unterstützt, was in polnischer Zeit nie geschehen war. So erhielten die Marienbürger zum Neubau des Bethauses 1786 und 1787 Unterstützung. In diesem Gotteshause wurde fortan auch der Militairgottesdienst abgehalten. Dagegen hörte fortan die Intoleranz auf, die bisher von den Lutheranern gegenüber den Reformirten geübt worden war, und diesen wurde freie Religionsübung gestattet.

Die Gelehrtenschule Marienburgs, längere Zeit in Verfall, hob sich bedeutend, besonders durch den Eifer des Bürgermeisters John und des Rector Wundsch (seit 1794), dem der thätige Rector Jachmann folgte. Die Schule hatte 100 Zöglinge, zum Theil aus den entferntesten Ortschaften, die hier in Sprachen und Wissenschaften unterrichtet wurden. Auch unter Prediger Häbler hielt sie sich auf gleicher Höhe bis 1808.

Rühmend spricht sich Pfarrer Heinel in seinem Schriftchen über die St. Georgenkirche über den Wohlthätigkeitssinn der Marienburger aus, durch den manche schöne Stiftung in's Leben gerufen wurde. So wurde am Adventsonntag 1789 aus Beiträgen der Städter eine Armen-Kasse gestiftet. Auch Privatpersonen stifteten reiche Legate zu wohlthätigen Zwecken, unter denen der Superintendent Heinel besonders das des Herrn Kakelbey, welches 1000 fl. betrug, und das der Frau Anna Schulz, im Betrage von 2000 fl. hervorhebt.

Mennoniten.

Die Mennoniten in Ostpreußen waren viel strengeren Gesetzen unterworfen, als die mennonitischen Bewohner Westpreußens zur Zeit als Preußens König dieses Land übernahm. Die Regierung stieß sich sogleich an der Wehrfreiheit derselben und es wurde ihnen befohlen, da sie sich der Vertheidigung des Landes entzögen, eine Geldbeisteuer als Ersatz zu zahlen. Als Pauschquantum wurde den Gemeinden die Summe von 5000 Thlr. auferlegt, die zur Unterhaltung des Kulmer Kadettenhauses verwandt werden sollten. Damit aber bei der Vermehrung der Kopfzahl die Vergünstigung der Kantonfreiheit nicht allzuweit um sich greife, wurde den Mennoniten verboten, die Zahl der kantonfreien Grundstücke zu vermehren oder Güter von Nichtmennoniten käuflich an sich zu bringen. Neue Grundstücke von kantonpflichtigen sollten sie nur dann an sich bringen dürfen, wenn der kantonpflichtige Verkäufer wenigstens genügend Land behielt, sich und seine Familie davon zu erhalten und auf dem Reste des Grundstückes sitzen blieb, oder wenn er durch den Verkauf an Mennoniten sich von Schulden rettete und noch so viel behielt, um sich wieder ansässig machen zu können. Fremde Mennoniten und bereits ausgewandert gewesene sollten nicht in Ost- und Westpreußen mehr aufgenommen werden, sie sollten sich aber, wenn sie wenigstens 2000 Thlr. mitbrachten, in anderen Provinzen ansiedeln dürfen. Unter dem 24. November 1803 wurde den Mennoniten auf ihre Vorstellung noch gewährt, daß wenn die jetzt in Händen von Mennoniten befindlichen Grundstücke an fremde Mennoniten gelangten, dann auch diese neuen Besitzer und ihre ehelichen Söhne kantonfrei sein sollten.

In Bezug auf ihre anderweitigen Leistungen ward Folgendes bestimmt: Die Mennoniten, besonders die der Werder, sollten zum Unterhalt der protestantischen Geistlichen und Lehrer, zur Instandhaltung der Kirchen- und Pfarrgebäude und Schulen, gleich andern Protestanten, nach Maaßgabe ihrer Besitzungen beitragen. Ebenso sollten sie bei Taufen, Trauungen, Sterbefällen die Stolgebühren angemessen dem Stande und dem Besitz, nach der Taxe des Kirchspiels, wo sie wohnten, gleich anderen Protestanten bezahlen und ebenso die Eakende, wo dieselbe üblich wäre. Es hätten verschiedene Gemeinden sich dessen geweigert, auf Erkenntniß fußend, daß ja auch Protestanten frei seien von Abgaben an katholische Pfarrer und umgekehrt, dies sei aber durchaus falsch, wie die Cabinetsordres von 1775 und 1777 bewiesen. Wo Gemeinden solche Entscheidungen bekommen hätten, da sollten sie fortan gehalten sein, gleich anderen zu zahlen und wenn sie sich in katholischen Kirchspielen niedergelassen hätten, so müßten sie an den katholischen Pfarrer zahlen, ohne deshalb zur Theilnahme am Gottesdienst verpflichtet zu sein. Nur Mennoniten, die sich in noch nicht urbaren Gegenden, oder in solchen niedergelassen hätten, wo zur Zeit der Niederlassung noch kein Kirchspiel wär, sollten frei von diesen Abgaben sein.

Zur Ergänzung des Edictes von 1789 kam 1801 noch eine Declaration: es hatten sich viele Mennoniten zum Heere gemeldet und pflichtgetreu in demselben gedient, diese sollten die Befugniß haben, neue Ländereien zu erwerben und frei von der Zahlung für das Culmer Kadettenhaus sein. Dienstthuende Mennoniten sollten statt durch Eid, nur durch Handschlag beim Heere verpflichtet werden.

Zur näheren Erklärung der Kirchspielzahlungen der Mennoniten erschien 1801 am 8. October eine Cabinetsordre folgenden Inhalts: Da die Mennoniten des Amtes Tiegenhof und Bareshof dem katholischen Pfarrzwange unterworfen seien und außer der Erhaltung der eigenen Gebäude und der Vermahner und Lehrer auch noch die Lasten an die katholische Kirche zu tragen haben, so würden sie, wenn sie den Forderungen auch noch der protestantischen Geistlichen in Bezug auf Stolgebühren derselben Gegend genügen sollten, dreifache Lasten zu tragen haben. Da die protestantischen Geistlichen diese Prästationen früher nicht gehabt zu haben scheinen, so sollen die Mennoniten des besagten Gebietes mit Stolgebühren und Calende an die Protestanten verschont bleiben, bis das Gesetz über die Aufhebung des katholischen Pfarrzwanges gegen Protestanten, wozu in dieser Beziehung auch die Mennoniten gehören, fertig sein werde.

Noch erweitert wurden diese Bestimmungen durch ein Rescript von 1801, worin es heißt, daß da, wo Mennoniten innerhalb eines Sprengels an den katholischen Geistlichen zwar keine Abgaben, sondern nur Realdecem von Grundstücken entrichten, sie doch einstweilen von Entrichtung der Stolgebühren und der Calende an den lutherischen Geistlichen dispensirt seien. Nur müßten sie Geburten, Trauungen, Sterbefälle zur Eintragung in das Kirchenbuch dem lutherischen Pfarrer anzeigen und die Einschreibegebühren für Heirathen mit 60 Grsch. und für Geburt- und Sterbefälle mit 7 Grsch. 9 Pfg. entrichten.

Diejenigen Mennoniten, welche freiwillig dem Staate gedient hatten, waren von ihren Glaubensgenossen mit Ausstößen aus der Gemeinde bedroht worden. Dies hatte ein Rescript des Justizministers zu Folge (1803), welches dergleichen ungesetzliche Machtanmaßung der Gemeinden verbot und als strafbar bezeichnete. Es heißt in dem betreffenden Schreiben des Justizministers an die westpreußische Regierung: „Die Religion kann nie zur Entschuldigung eines Vergehens gegen die allgemeinen Anordnungen des Staates gereichen. Sobald das Gewissen einzelner Mitglieder der Religions-Gesellschaft die Befolgung der letzteren zuläßt, darf die Gesellschaft ihren Gehorsam nicht ahnden."

Im Jahre 1805 betrug die Seelenzahl der Mennoniten in Westpreußen 14256.

So vollzog sich die Neugestaltung der inneren Verhältnisse Westpreußens in den nächsten Jahrzehnten nach der Besitznahme, ungestört durch kriegerische Ereignisse, und selbst die zweite und dritte Theilung Polens konnte die ruhige Entwickelung nicht hemmen, vielmehr war die Erwerbung Danzigs von großer Wichtigkeit für das Gedeihen der Provinz. Nicht blos der Handel und die Weichselschifffahrt im Allgemeinen gewannen durch diese Erwerbung, sondern auch das Werder erhielt wieder die Absatzquelle, welche ihr seit 1772 durch Zölle versperrt gewesen war.

In dem Gebiete unseres Kreises ereignete sich bis 1806 nichts von allgemeinerer Bedeutung. Einige Durchbrüche fanden in den achtziger Jahren statt: bei Halbstadt (1780), bei Krebsfelde (1782); bei Fürstenwerder und Langenhorst (1783), bei Montau (1786). In Neuteich fanden 1802 und 1806 Feuersbrünste statt. Im April 1806 zogen die russischen Truppen, welche in Hannover gestanden hatten, in ihre Heimath zurück, und einzelne Truppentheile derselben kamen auch nach Marienburg, wo sie den 4. und 5. April über einquartiert wurden.

Der russische General ließ seinen Offizieren einen glänzenden Ball veranstalten. Bald aber sollten unangenehmere Gäste auf lange Zeit in der Stadt und Umgegend hausen.

Die Franzosenzeit.

Das Unglücksjahr 1806 vernichtete Preußens frühere Stellung unter den Mächten, die Niederlagen von Jena und Auerstädt und die unerwartet schnelle Uebergabe der Festungen zwangen den König mit seiner Familie in die östlichen Theile seines Reiches zu ziehen. Hier sollten die letzten Schlachten für die Existenz der Monarchie geschlagen werden, und man hoffte durch die thätige Mitwirkung Rußlands Siege zu erringen und den Eroberer zurückzuschlagen. Napoleon rückte mit seinen Schaaren gegen Osten und bald waren West- und Ostpreußens Städte und Dörfer mit Franzosen angefüllt, die nun zwei Jahre lang die Provinz aussogen.

Hatte der Feldzug von 1806, hatten die Vorbereitungen zu dem neuen Kampfe schon die Kriegslasten den Bewohnern fühlbar gemacht, so steigerte sich dies jetzt, als das Unwetter näher zog, als große Truppenmassen ostwärts zogen, und endlich die Franzosen nachkamen, die zum Theil Danzig belagern, zum Theil gegen die verbündeten Heere ziehen sollten. Marienburg lag bei dem ersten Marsche der Franzosen zu weit abseits und wurde von ihnen wenig berührt. Die Werder aber wurden besonders von dem Belagerungsheere vor Danzig stark mit Requisitionen heimgesucht. Bald sah man aber von französischer Seite die Wichtigkeit Marienburgs ein, nicht bloß wegen seiner günstigen Lage an den getreide- und weidereichen Werdern, sondern auch als Stützpunkt für den Fall eines Rückzuges, und es wurde mit Verschanzungen bei der Stadt begonnen.

Es war am 21. Januar 1807, als die ersten französischen Truppen in das offene und unbesetzte Marienburg zogen, 200 Mann unter Oberst Bauer, die hier bis zum 25. Januar blieben und verpflegt werden mußten, worauf sie weiter ostwärts nach Preuß. Holland zogen, nachdem vorher der Oberst der Stadt eine Contribution von 400 Thlr. auferlegt hatte.

Bald aber sollte die Stadt die ungebetenen Gäste in großen Massen beherbergen, denn im Osten schien eine Wendung der Geschicke zu Gunsten Preußens eingetreten zu sein. Am 8. Februar 1807 waren nämlich die Franzosen bei Preuß. Eylau geschlagen worden und zogen sich nach der Weichsel zurück.

Am 13. Februar rückten unerwartet 7000 Mann Franzosen unter Marschall Lefèvre ein und von diesem Tage an bis zum 23. November 1808 blieb Marienburg nur selten ohne französische Besatzung. Was die arme Stadt und Umgegend in den 21 Monaten litt, das hat in ansprechender Weise der Prediger Häbler in seinem auch durch den Druck veröffentlichten Tagebuche geschildert, dem wir, so weit es für unsere Zwecke paßte, in der Darstellung dieser Zeit gefolgt sind.

Also am 13. Februar Nachmittags rückte Cavallerie und Infanterie hier ein und mußte untergebracht werden. Die Menschen häuften auf eine unverantwortliche Weise in den Privathäusern, die so überfüllt mit Einquartierung waren, daß die Eigenthümer oder Miether auf ein kleines Stückchen Bodenraum beschränkt waren. In den einzelnen Häusern lagen 20—30 Mann. Offiziere wie Gemeine forderten Wein, und bald war in der Stadt kaum mehr eine Flasche Wein aufzutreiben.

Die Nacht vom 13. auf den 14. war besonders in den Vorstädten schrecklich, wo trunkene und plündernde Soldaten sich die größten Excesse erlaubten. Bis zum 16. dauerte die schreckliche Verwirrung, und am 15., einem Sonntage, mußte sogar der Gottesdienst ausfallen. Endlich am 16. rückte das Corps nach Christburg ab, nachdem die Stadt dem Marschall 3600 Thlr. Contribution gezahlt und eine Masse von Lieferungen aufgebracht hatte, so daß die Gesammtsumme der Contribution und der Lieferungen 7000 Thlr. betrug. Die Durchzüge von Munitionen und Kranken dauerten fort, während jenseit der Nogat preußische Scharfschützen im großen Werder streiften, auch am 17. sogar nach Marienburg kamen, einige kranke Franzosen zu Gefangenen machten und abzogen, ohne daß ein einziger Schuß fiel.

Am 23. fand bei Dirschau eine starke Kanonade statt. Am 24. erschienen bereits wieder 3000 Franzosen in Marienburg, zum Theil dieselben Truppen die vom 13. bis 16. daselbst gestanden hatten. Aber sie waren bedeutend bescheidener in ihren Forderungen als auf dem Hinmarsche. Der Magistrat wurde mit dem General auf 900 Thlr. Contribution einig und erfreute sich dafür der Ordnung und Ruhe; doch schossen die preußischen Schützen einige Male vom Nogatdamme auf französische Truppen in den Straßen.

Am 1. März zogen die Franzosen auf Bohlenlagen über das schwache Eis der Nogat in das große Werder. Aber schon am 3. lief die Schreckensnachricht ein, die Vorstädte sollten rings um die Stadt abgebrochen und an ihrer Stelle Schanzen aufgeworfen werden, und wirklich wurde am 4. mit dem Abbruch der Häuser begonnen; zunächst wurde am Marienthor das Hospital und die Thorschreiberei ausgeräumt.

In aller Eile wurde eine städtische Deputation an Napoleon geschickt, bestehend aus dem Superintendenten Heinel, dem Regierungs-Rath Hüllmann und dem Conducteur Fromm, welche den Kaiser ersuchen sollte, den für die Stadt verhängnißvollen Befehl zurückzunehmen.

Mittlerweile wurde mit dem Abbrechen der Häuser an den Thoren angefangen, und da die Stadt nicht genügend Arbeiter stellen konnte, wurden solche aus dem Werder herbeigeschafft.

Die 2000 Mann Franzosen waren indeß über Neuteich nach Schöneberg marschirt, hatten die Preußen über die Weichsel gedrängt, hatten dann im Tiegenhöfschen gehaust und besonders Tiegenhof selbst mit Requisitionen heimgesucht. Reich mit Beute beladen kehrten sie zurück. Trotz der vielen Pferde die sie mitbrachten, wurden Requisitionen von einigen Hundert Pferden ausgeschrieben, sowie Lieferung von Getreide an das Marienburger Magazin anbefohlen, auch circa 20 Ochsen wurden täglich in die Stadt geschafft. Die Franzosen hielten sich jetzt an's große Werder, da das kleine Werder bereits vorher ausgesogen worden war.

Alle Lebensmittel stiegen unverhältnißmäßig im Preise, das Pfund Butter kostete 48 Groschen (16 Sgr.). Die Gewerbe lagen darnieder, nur Getränk- und Eßwaarenhändler hatten guten Verdienst.

Immer mehr Häuser wurden indeß abgebrochen, zunächst an den Stellen, wo die Schanzen aufgeworfen werden sollten.

Die Arbeits- und Zimmerleute, welche die Stadt zu dem Zerstörungswerke stellen mußte, kosteten ihr täglich 75 Thlr., die Werderschen Arbeiter mußten vom Werder bezahlt werden. Mitte März waren 2000 Mann an den Schanzen beschäftigt. Zugleich mußte zur Aufstellung der Schiffbrücke, die nebenbei noch defekt war, aus jedem Hause ein Arbeiter gestellt werden. Das dazu nöthige Holz wurde genommen, wo man es fand, und die Holzhöfe wurden völlig ausgeplündert. Hierbei

und bei dem Abbruch der Häuser machte das Volk der Vorstädte gute
Geschäfte, und überall sah man Weiber mit Latten und Holzstücken, die
sie gestohlen hatten, ihren Schlupfwinkeln zueilen.

Die Brücke wurde trotz aller Vorstellungen, trotz der ungünstigen
Jahreszeit aufgestellt, ging aber, als sie fast fertig war, am 9. März
mit altem Eise, das von dem starken Strome dagegen geschleudert wurde,
ab, so daß nur 2 Prähme stehen blieben. Die Franzosen ließen die
abgeschwommenen Prähme wieder zurückholen, und wider Aller Erwarten
war die Brücke am 17. hergestellt und hielt auch trotz des hohen Wassers.

Die Commission, die zu Napoleon abgeschickt worden war und ihn
endlich in Osterode angetroffen hatte, war mit leeren Vertröstungen des
Kriegsministers Berthier wieder am 8. März zurückgekehrt. Berthier
behauptete aber, es wäre nicht eine Befestigung der Stadt, sondern nur
die Anlegung eines Brückenkopfes anbefohlen worden. Ferner versprach
er der Stadt und den Werdern Schonung in Bezug auf Contributionen.

Indeß wurde mit den Arbeiten fortgefahren und das Lazareth am
Marienthor wurde abgebrochen. Für das in der Stadt eingerichtete
Militärlazareth mußte die Stadt Massen von verschiedenen Gegenständen
liefern: Bettstellen, Betten, Töpfergeschirre 2c. Schließlich mußten die
Bürger alles entbehrliche irdene Geschirr, sowie Löffel, Gabeln 2c. einliefern, damit die Stadt sie nicht zu kaufen brauchte. Die Lieferungen
mehrten sich täglich, da das Lazareth bedeutend erweitert wurde und täglich Kranke ankamen. Der Stadtarzt Dr. Gerth mußte neben seinen
Patienten noch 80 Kranke im Lazareth behandeln. Oft wurden unmöglich zu beschaffende Dinge für das Lazareth requirirt, besonders Eier,
Butter und Wein in Masse, was natürlich nicht den Kranken, sondern
den Commissaires zu Gute kam.

Bei den Durchmärschen liefen auch viele junge Leute, Gesellen,
Burschen, Knechte, die ihren Herren entlaufen waren, herbei und traten
als Rekruten in die Reihen der Franzosen. Einzelnen Besitzern im
Werder waren alle Knechte entlaufen. Diese Herumtreiber bildeten später
im Heere ein schreckliches Raubgesindel; sie zogen selbst auf Beute in's
Werder oder zeigten den Franzosen die Orte an, wo die Werderbewohner
ihr Vieh und besonders ihre Pferde in Sicherheit gebracht hatten. Selbst
aus den entlegensten Campen wußten die Soldaten die Pferde hervor-
zuholen.

Schaarenweis meldeten sich polnische Knechte, die sogar versprachen,
sich selbst Pferde zu verschaffen. Aber von den polnischen Rekruten
wollten die französischen Offiziere nichts wissen, wie überhaupt die Fran-

josen damals die Polen nur ungern um sich litten und oft mit größter
Verachtung behandelten.

Die Arbeit an den Schanzen ging nur langsam vorwärts, denn die
Leute arbeiteten ungern daran und waren absichtlich träge, wenn sie nicht
von den beaufsichtigenden Franzosen angetrieben wurden; auch die Witterung war den Arbeiten oft ungünstig. Trotzdem wurde nicht nachgelassen
und selbst in den Osterfeiertagen daran gearbeitet. Die Arbeit wurde
immer theurer, die Arbeiter bekamen täglich 15 bis 20 Sgr. und die von
weit hergekommenen 1 Thlr. bis 1 Thlr. 10 Sgr.

Am Schlimmsten trieben es die Commissaires. Von den aus dem
Werder requirirten Ochsen wurden viele sogleich zum Fleischer getrieben,
unter der Hand verkauft und dennoch in Rechnung gesetzt.

Die Ankunft des General-Intendanten für Preußen, Stessart,
machte endlich auf höheren Befehl dem wüsten willkürlichen Plündern und
Requiriren der einzelnen Soldaten ein Ende und es wurde bei Strafe
verboten, von Soldaten Etwas zu kaufen. Derselbe Stessart nahm aber
auf seiner Rückreise von Marienwerder, da er dort wenig Geld in den
Kassen vorgefunden hatte, die Stadtkassen fort und ließ trotz aller Vorstellungen nicht einmal das nöthige Geld zur Zahlung der Beamtengehalte zurück.

Staunenswerth war es, wie viel Vorräthe aus dem Werder hergeschafft wurden, denn nicht bloß die in der Umgegend einquartierten
Truppentheile mußten ernährt, sondern auch große Massen von Proviant
der Hauptarmee nachgeschickt werden, da die Gegenden, in welchen diese
sich befand, bereits völlig ausgesogen waren.

Täglich war daher der Schloßhof mit Wagenzügen angefüllt, welche
Weizen, Roggen und Fourrage an die Intendantur ablieferten; und obgleich die Magazine überfüllt waren, wurde am 19. den Werdern wieder
anbefohlen 9000 Centner Heu und 10,000 Centner Stroh zu liefern.
Aber als das Werder von Neuem 800 Ochsen liefern sollte, da überzeugte sich der mit der Requisition beauftragte Offizier selbst davon, daß
so viel Vieh nicht mehr im großen Werder aufzutreiben war; er konnte
zunächst nur 150 Ochsen zusammenbringen. Dennoch wurde den Bewohnern anbefohlen, die fehlenden zu schaffen, sonst würden ihnen ihre
Kühe fortgenommen werden. Als der französische Commissaire 160 Ochsen
aus Tiegenhof allein verlangte, erklärte der dortige Amtsrath, er könne
nur 44 Stück, und zwar nur Jungvieh und schlechte Kühe antreiben,
wolle man Gewalt brauchen, so müsse man die milchenden Kühe nehmen.
Auch das kleine Werder, welches von Soldaten überfüllt war, hatte viel

zu leiden. — In einzelnen Dörfern wurde den Bewohnern das letzte Stück Vieh fortgeholt.

Das Lazareth in Marienburg wurde so überfüllt, daß bereits Kranke auf dem Schlosse untergebracht werden mußten, und zur Behandlung dieser vielen Kranken war kein französischer Arzt vorhanden, sondern nur der Stadtchirurgus Lederer und der Stadtarzt Dr. Gerth. Die zur Aushülfe geschickten französischen Chirurgen thaten Nichts, der Oberinspector des Lazareths ließ sich gar nicht sehen. Aber die beiden Männer reichten bei weitem nicht zur Behandlung der zahlreichen Kranken aus. Dabei sprach Lederer gar nicht französisch, was die Behandlung noch erschwerte. Erst nach Ostern kam ein französischer Arzt an, nebst einem Chirurgen. Gerth wurde seines mühevollen Amtes enthoben, trug aber den Keim des Todes bereits in sich und starb am 1. August in Folge der übermäßigen Anstrengungen.

Auch der Polizei-Magistrat, bestehend aus dem Director Fromm, dem Kämmerer Wagner, dem Bürgermeister Schmidt und dem Assessor Zabel, war der ihm auferlegten Last nicht gewachsen, denn Alles wurde von ihm verlangt, auch Sachen, die gar nicht in seinen Wirkungskreis gehörten. Es wurde daher der zur Zeit ganz geschäftslose Justiz-Magistrat, bestehend aus dem Justiz-Bürgermeister Hartwich, dem Assessor Cosack und mehreren anderen Beamten, noch hinzugezogen, und nun wurde jedem Einzelnen sein eigenes Amt zugewiesen. Besondere Dienste leistete hierbei der junge Fromm, der des Französischen mächtig war.

Die unangenehmste Einquartierung waren die Generale, die stets zahlreiche Dienerschaft mitbrachten und ganze Häuser als Quartier beanspruchten.

Im Mittelschlosse, das zum Lazareth eingerichtet werden sollte, wurden die Wände eingeschlagen, die Decken ruinirt und die Stadt mußte für diese Arbeit noch täglich 50 Thlr. zahlen. Das zu den Arbeiten nöthige Holz, wie auch das Brennholz, wurde aus dem Stuhmer Walde geholt und dieser rücksichtslos ruinirt.

Schließlich wurde dem Kammer-Departement in Marienwerder noch eine Lieferung von 40,000 Centnern Hafer, 100,000 Centnern Weizen und Korn und 50,000 Centnern Fleisch auferlegt, und da dies nicht zu beschaffen war, so sollte eine Deputation der Stände an den Kaiser abgehen und Vorstellungen machen; ihr schloß sich Regierungsrath Hüllmann im Interesse der Werder an. Sie traf den Kaiser in Finkenstein sehr gnädig gestimmt, er versprach auch alles Mögliche für die Provinz zu thun, aber erklärte, er könne doch seine Armee nicht verhungern lassen.

Dem Platz-Commandanten und dem Stadt-Commandanten mußte die Stadt Tafelgelder zahlen*) und nur zu häufig wurden noch Extrabeiträge verlangt, so daß die bessergestellten Bürger zuweilen 25 bis 160 Thlr. zu steuern hatten. Am Verhaßtesten war seiner Requisitionen wegen der Cürassier-General d'Espagne, welcher der Stadt täglich circa 100 Thlr. kostete.

Die Preise der Lebensmittel wurden unglaublich in die Höhe getrieben und einzelne Bedarfsartikel dem Aermeren geradezu unerschwinglich. Das Pfund Kaffee stieg auf 5 Gulden, die Tonne Bier auf 18 Gulden.

Am 15. sollte Marienburg die auf die Stadt fallende Quote zu der großen Lieferung bereit haben, da die Stadt aber Nichts auftreiben konnte, so fand sie sich bei dem Kriegs-Commissaire billig mit einer Entschädigungssumme von 900 Thlr. ab, die dieser natürlich für sich behielt.

Am 25. April um 6 Uhr Abends kam Napoleon selbst mit großem Gefolge nach Marienburg und besichtigte, bevor er in sein Quartier zog, sogleich die Wallarbeiten. Er ritt vom Sandthor auf dem Walle bis an das Marienthor, wieder zurück bis zur Langgasse, endlich bis zum Buttermilchthurm und wieder zurück zum Marienthor. Dann erst ritt er nach seiner Wohnung, welche in der Intendantur im Niederschloß eingerichtet worden war. Am anderen Morgen um 5 Uhr war Napoleon bereits wieder auf den Wällen, ritt dann nach Dirschau, um auch die dortigen Schanzen anzusehen und war bereits um 10 Uhr wieder zurück. Man erzählte sich, der Kaiser wäre mit der Fortifikation zwischen den Häusern äußerst unzufrieden gewesen, da sie völlig unnütz wäre. Bevor er die Parade der umliegenden Truppen abnahm, ritt er nochmals um die Verschanzungen, ritt dann auf der Straße nach Stuhm zu bis zur sogenannten Tränke, dann erst über das Fleischerfeld zu den Truppen, die auf dem Sandhöfer Felde aufgestellt waren. Auf der Tour von hier nach der Nogat wurden sogleich nach seiner Angabe Stangen aufgesteckt, und hier sollte die äußere Befestigungslinie angelegt werden.

Der Kaiser fuhr von der Revue nach Finkenstein zurück. Prinz Murat aber gab der Stadt auf, ihm einen Ball zu arrangiren, der auch am 28. April stattfand. Murat selbst konnte zwar nicht kommen, aber seine Generale belustigten sich recht gut und aßen und tranken vorzüglich.

---

*) Gouverneur Rigaud erhielt 4 Dukaten täglich, Commandant Junot 1 Friedrichsdor, der Kriegscommissair 5 Thlr. u. s. f.

Da Danzig, das sich noch hielt, nun energisch angegriffen werden sollte, so rückten große Truppenmassen vom Hauptheere durch die Stadt; alle Häuser lagen voll Soldaten und immer höher stiegen die Preise der Lebensmittel. Auch das Schulhaus war verschiedene Male mit Einquartierung bedacht und alle Klassen waren von Soldaten besetzt, so daß Pastor Häbler und sein Lehrerpersonal genöthigt waren, in Gegenwart von einigen 30 einquartierten Franzosen den Unterricht zu ertheilen. Nur mit Mühe erreichte er, daß die Militair-Schneiderei, die in den Schulzimmern eingerichtet werden sollte, endlich auf den Boden verlegt wurde.

An den Schanzen um die Stadt wurde nach wie vor fortgearbeitet und immer mehr Häuser wurden abgebrochen, immer höher stiegen die Wälle. Auf der sogenannten Geistlichkeit wurde das katholische Hospital abgebrochen und es folgte bald darauf die heilige Geistkirche.

Im Lazareth lagen Ende April 100 Kranke, und wenn auch viele, sobald sie wieder hergestellt waren, fortgebracht wurden, so kamen neue vom Danziger Belagerungsheere.

Das Magazin war mittlerweile ganz leer geworden und nur für die Pferde der Generäle wurden noch kleine Rationen geliefert. Die übrigen Pferde wurden aus Mangel an Fourrage auf die Kirchhöfe getrieben.

Die Infanterie der Stadt und Umgegend bezog seit dem 25. ein Lager bei Liebenthal, das sich bis zur Landmühle hinzog, aber der Stadt wurde keine Erleichterung. Um Holz zu den Bipouacfeuern zu haben, zogen die Soldaten schaarenweis nach der Stadt und besonders nach den Vorstädten, brachen die Zäune ab, raubten alles nur brauchbare Holz, Thüren, Tische, Bänke, rissen Ställe um und nahmen auch allerhand Geschirr mit, wo sie solches noch vorfanden.

Endlich erhielt man Gewißheit von der Uebergabe Danzigs; die Stadt hatte am 26. Mai capitulirt. Am 31. Mai reiste der Kaiser durch Marienburg nach Danzig. Am 3. Juni auf der Rückreise besichtigte er nochmals die Wälle und am 4. wurden die Einwohner durch die harte Nachricht überrascht, daß alle Häuser an der Nogat, von dem Buttermilchsthurme bis zum Marienthor, abgebrochen werden sollten. Der Eindruck, den diese Nachricht hervorbrachte, war furchtbar. Nur ein geringer Trost war die zweifelhafte Aussicht, die ein kaiserlich Decret vom 5. eröffnete, daß die abgebrochenen Häuser den Eigenthümern bezahlt werden sollten. Indeß versprach später der Inspector des Geniewesens möglichste Schonung der Häuser, und eine Deputation, welche zum Kaiser gesandt worden war, erhielt kurz nach der Schlacht bei Friedland die Zusicherung, es solle dem Demoliren der Häuser Einhalt gethan werden, da die Fortificationen nun überflüssig seien.

Das Lager wurde noch erweitert, da sächsische Truppen einrückten; die Sachsen lagerten bei Sandhof, aber es mangelte ihnen an Zelten, und sie mußten das Holz zu den Baracken aus den Vorstädten rauben. Das Lager faßte 30,000 Mann. Kein Brot war in der Stadt mehr zu bekommen, denn alle Bäcker mußten für die Soldaten des Lagers backen. Ein Cavallerie-Lager sollte bei Lesewitz und ein anderes für die Polen im Werder aufgeschlagen werden, und das Magazin im Schlosse wurde zu einem Lazareth für 1500 Mann eingerichtet.

Da kam plötzlich am 6. der Befehl zum Abbruch des Lagers, und die Truppen desselben, sowie die Cavallerie-Regimenter im Werder zogen ostwärts. Der Tag der Entscheidung nahte. Am 8. kam bereits der Prinz von Ponte Corvo verwundet an. Seine Gattin quartierte sich ebenfalls mit ihrem Dienstpersonal in Marienburg ein.

Schon am 16. kam die Nachricht an, daß die Franzosen bei Friedland gesiegt hätten. Nun wurden neue Züge Verwundeter eingebracht und Massen von Lazareth-Utensilien requirirt. Auch im großen Werder wurden Lazarethe angelegt.

Seit dem 22. Juni kamen auch Züge russischer und preußischer Gefangenen an und wurden zum Theil in den Stadtdörfern jenseit der Nogat einquartiert. Endlich am 7. Juli kam die Nachricht an, daß der Friede zu Tilsit am 4. abgeschlossen worden sei.

Der Stadt brachte der Friede zunächst nur neue Lasten, denn bei dem Rückmarsch der Truppen war sie wieder reichlich mit Einquartierung bedacht, und noch lange nach dem Abschluß des Friedens hatte sie französische Besatzung. Wichtig aber war, daß seit dem 14. Juli, wo der Kaiser durchgekommen war, die Schanzarbeiten aufhörten, und der Bau der projectirten und bereits begonnenen Pfahlbrücke unterblieb. Die Truppendurchzüge dauerten bis Ende Juli, und die siegestrunkenen Schaaren waren noch viel roher als auf dem Hinmarsche. Die Werder waren mit Truppen überfüllt, die daselbst bis Ende August stehen bleiben sollten; und die Krankentransporte nahmen kein Ende.

Als Rigaud seine Stelle als Gouverneur niederlegte, folgte St. Cyr, der gegen seinen humanen Vorgänger bedeutend abstach. Er verlangte, die Stadt solle für seine Tafel sorgen, mußte sich aber schließlich mit 4 Dukaten Tafelgeld täglich begnügen.

Ein Beispiel der schamlosen Art und Weise, in welcher sich die französischen Generäle selbst nach abgeschlossenem Frieden durch Erpressungen bereicherten, bietet der Brückenhandel. Es verlangte nämlich ein Artillerie-General von der Stadt, sie solle ihm die Nogatbrücke ablaufen, und da die Stadt sich weigerte, den mit ihrem eigenen Gelde aufgeführten Bau wieder zu kaufen, so drohte der General sie abzubrechen und in Danzig zu verkaufen. Auch die Pallisaden wurden ausgeboten, obgleich der Magistrat den Verkauf derselben hintertrieb. Der General unterhandelte mit der Stadt auf Befehl des Marschalls Soult, der in Elbing stand. Zu diesem ward eine Deputation geschickt, um ihm zu beweisen, die Brücke sei nicht königliches, sondern städtisches Eigenthum. Dies glaubte der Marschall gern, behauptete aber doch ein Recht zu haben, die Brücke zu verkaufen, da sie einer Commune und nicht einem Privatmanne gehöre. Kurz der Mann wollte Geld, und die Stadt wollte keines geben, um ihr Eigenthum zurückzukaufen. Schließlich sah sie sich doch zu einem gütlichen Uebereinkommen genöthigt, da Ernst gemacht wurde, die Brücke in Danzig zu verkaufen. Der Magistrat zahlte für die Brücke 1800 Thlr. und für die Pallisaden in den Wällen 2000 Thlr. Ebenso wurden von den Franzosen die Lazareth-Utensilien verauktionirt, die die Stadt gegeben hatte, und mancher Bürger kaufte seine eigenen Kessel, Pfannen 2c., die er leihweise hingegeben hatte, wieder zurück.

Am 15. August fand zur Feier des kaiserlichen Geburtstages ein Ball der Generalität in der Loge statt. Die Kosten dieses Balles sammt Essen, Wein 2c. mußte die Stadt und Umgegend tragen. Viele Stadtbewohner waren höflichst eingeladen, bekamen aber Nichts von den Erfrischungen, die mit städtischem Gelde gekauft waren, sondern für sie war eine besondere Restauration aufgeschlagen, wo sie Erfrischungen kaufen konnten.

Vom Abmarsch der Franzosen war noch keine Rede, obgleich der Friede seit 6 Wochen abgeschlossen war. Man vertröstete sich auf den October, und dieser kam, aber die Franzosen blieben und mit ihnen die Plackereien der Bewohner und die fast unerschwingbaren Requisitionen, Getreidelieferungen 2c., die man zuweilen durch eine an den Commandanten gezahlte Summe Geldes los wurde.

Indeß langweilten sich die Herren Offiziere der zurückgebliebenen französischen Garnison und beschlossen Ende October ein Theater zu errichten. Sogleich wurde auf Kosten der Stadt das ehemalige Bethaus, spätere Arrestlokal, in ein Theater verwandelt.

Im November 1807 marschirte die Garnison ab, und auch der Gouverneur St. Cyr ging mit, es folgte aber doch wieder eine kleine Truppenabtheilung unter General Martinière als Besatzung. Die geringe

Einquartierung wäre nicht drückend gewesen, wenn nicht das Lazareth, in dem die Kranken des ganzen Soultschen Corps untergebracht wurden, der Stadt so viele Lasten verursacht hätte. Endlich wurde bestimmt, Marienburg solle unter allen diesseit der Weichsel gelegenen Städten allein den Winter hindurch französische Besatzung behalten, desgleichen sollte die „Insel Nogat" (das Werder) besetzt bleiben, und daher blieben auch noch viele Truppen im Werder, und große Massen Schlachtvieh wurden aus demselben requirirt, und da im Februar 1808 die Lieferungen im Werder nicht mehr aufgetrieben werden konnten, so wurden mehreren Bürgern der Stadt die Kühe gewaltsam aus den Ställen genommen.

Unter dem neuen Gouverneur Legrand mußte die Stadt nach wie vor die Tafelgelder zahlen und sogar dem gemeinen Soldaten Wein liefern, so daß sie einige Fässer Wein in Elbing und in Danzig leihen mußte. Noch 8 Monate hatte die Stadt zu dulden, auf Legrand folgte ein Husaren-General Soult, diesem ein Husaren-Oberst als Commandant und beide trieben es, wie die Vorgänger. Da endlich am 22. November 1808 erfolgte die völlige Räumung der Stadt.

Als die letzten Franzosen über die Nogat gesetzt waren, ertönte vom Thurme „Nun danket alle Gott" und durch einen Ball feierte man den Tag der langersehnten Erlösung.

Aber die Stadt war verarmt durch die Kriegslasten und die Summe der aufgenommenen Gelder war bedeutend. Die Ausgaben, die die Franzosen der Stadt während der 22 Monate verursacht hatten, beliefen sich auf 181,104 Thlr.

Die Zeit des inneren Aufschwunges in Preußen und der Neugestaltung aller staatlichen und bürgerlichen Verhältnisse, wodurch die Erhebung und endliche Befreiung des Vaterlandes erzielt wurde, berührte natürlich auch diese Gegend.

Vor allen Dingen ist hier die Umwandlung zu erwähnen, welche durch die Einführung der neuen am 19. November 1808 vollzogenen Städteordnung bewirkt wurde. In Neuteich wurde die Städteordnung bereits am 12. Januar 1809 eingeführt, später in Marienburg. Als zum ersten Male die Stadtverordneten gewählt wurden, ging dem Wahlact eine kirchliche Feier voraus (am 15. Januar 1809), wobei Superintendent Heinel in seiner Kühr-Predigt den Wählern die Wichtigkeit dieses Actes warm an's Herz legte. Am 18. Juli endlich wurden die Stadtverordneten und der neue Bürgermeister Kramer nach vorhergegangener kirchlicher Feier eingeführt. Die bisherige Verbindung von Polizei und Justiz im Stadtrathe hörte fortan auf; an Stelle der bisherigen vier

Bürgermeister und des Stadtdirectors trat ein lebenslänglich gewählter Bürgermeister. Es wurde auch die Stadtgemeinde von der Kirchengemeinde getrennt, alle Hemmnisse, welche den Katholiken gehindert hatten, in den Rath einzutreten, fielen weg, und den Juden wurde gestattet, sich in Marienburg anzusiedeln.

Das Jahr 1812 brachte von Neuem französische Einquartierung nach Marienburg, als Napoleons Truppenmassen nach Rußland marschirten; Marienburg, Neuteich und die umliegenden Dörfer hatten Einquartierung, diesmal aber nur vorübergehend. Indeß wurden doch in Marienburg die alten vernachlässigten Schwedenwälle wiederhergestellt, und die in der Franzosenzeit von 1807—1808 angelegten Werke vergrößert. Die äußere Befestigungslinie außerhalb der Neustadt wurde in Angriff genommen, konnte aber des Winters wegen nicht beendet werden. Auch das Schloß wurde wiederum von den Franzosen beansprucht, und zwar wurde das Mittelschloß als Hospital benutzt, das Hochschloß alles Magazin für das Heer.

Doch der Zug des Eroberers schlug gegen seine Erwartung aus, und im Dezember 1812 kamen die jammervollen Trümmer des einst so stolzen Heeres auch durch Marienburg und Umgegend. Durch alle Thore drängten sich Massen Flüchtiger und brachten selber auch ansteckende Fieber mit.

Der Durchmarsch der rückziehenden Franzosen dauerte den Dezember hindurch und bis zum 11. Januar, an welchem Tage die letzten Flüchtlinge ankamen, mit ihnen auch König Murat und viele Generale. Am anderen Morgen eilten die Franzosen der Weichsel zu, denn in der Nähe der Stadt zeigten sich bereits Kosakenpikets. Um 10 Uhr Morgens hatte Murat die Stadt verlassen, um 3 Uhr Nachmittags erschienen die ersten Kosaken-Pulks, von den Bewohnern freudig begrüßt.

Die Kosaken und Husaren biwakirten in den Straßen der Vorstadt und zogen schon am nächsten Morgen weiter, um den nachrückenden Schaaren Platz zu machen.

Tagelang währten die Durchmärsche der Russen durch Marienburg, Neuteich und Umgegend und endlich erschienen auch preußische Truppen, die größtentheils zur Belagerung von Danzig bestimmt waren.

Auch Marienburg sollte die traurigen Folgen des französischen Rückzuges empfinden. Das von ihnen eingeschleppte ansteckende Fieber griff bald unter den Bewohnern um sich, am 21. Januar erlag demselben der Prediger Heinel, am 20. der Amtsrath Tägen. Die Seuche wüthete bis in den April hinein und raffte 175 Menschen hin.

Trotzdem herrschte eine wunderbare Begeisterung unter den Bewohnern, die sich schon bei der Nachricht von dem Rückzuge der Franzosen überall kund gethan hatte, und kaum war der Aufruf des Königs an das Volk ergangen, so eilten Männer und Jünglinge herbei, um unter ihres Königs Fahnen für die Freiheit des Vaterlandes zu streiten.

Diesem heiligen Zwecke wurden von den durch die Kriegsjahre erschöpften Bewohnern die größten Opfer gebracht, und auf dem Rathhause und bei dem Frauenvereine kamen reiche Spenden ein, die zur Ausrüstung von Truppen bestimmt waren. Die Begeisterung unter den Bewohnern der Stadt und Umgegend wurde nur durch einen Umstand etwas gedämpft, durch die Cantonfreiheit der Mennoniten, die gerade in dieser Zeit ein Stein des Anstoßes war, da die Aushebungszahl der cantonpflichtigen jungen Leute in dem Kreise, wo so viele Mennoniten wohnten, sich dadurch bedeutend höher stellte. Aus Marienburg und Stadtgebiet, das damals, die Mennoniten mitgerechnet, circa 5000 Einwohner haben mochte, wurden 111 Mann Landwehr zu Fuß und 10 Mann zu Pferde gestellt, gut gekleidet und ausgerüstet.

Am 8. Mai war das Bataillon des Kreises, das 19. Landwehr-Bataillon genannt, vollzählig und erhielt feierlich die kirchliche Weihe zu dem bevorstehenden Kampfe. In aller Eile wurde es eingeübt und am 29. schon konnte es zum Belagerungscorps vor Danzig abziehen. Der Commandeur, Oberst Graf Louis zu Dohna, hatte auch das Elbinger Bataillon herangezogen und sprach die versammelten Truppen vor dem Marienthore in begeisterter Rede an.

Die Bürger Marienburgs begleiteten die Abziehenden bis zum nächsten Nachtquartier.

Auch der Landsturm war mittlerweile gebildet worden und die combinirten Schaaren des Marienburger und Neuteicher Contingents wurden mehrfach alarmirt, hatten auch einmal Gelegenheit, in das Werder vorzugehen, um die fouragirenden Feinde, welche von Danzig aus einen Streifzug gemacht hatten, zurückzutreiben, was ihnen auch gelang, denn der Feind zog sich bei der Nachricht von ihrem Vorgehen von selbst zurück.

Marienburg hatte sich in seiner Opferfreudigkeit überboten. Die Stadt hatte aus der Zeit von 1807—8 etwa 160,000 Thlr. Schulden zu verzinsen; die Kriegsschäden des Jahres 1812 betrugen 138,844 Thlr., die Ausfälle der Kämmereikasse für dasselbe Jahr 5000 Thlr. und die Stadt war nicht im Stande, die Zinsen der großen Schuld aufzubringen. Die auswärtigen Gläubiger klagten daher, und die Stadt hatte die größte Mühe, sie zu beschwichtigen. Die Versuche, welche die Stadt von 1807—1812 gemacht hatte, die Schuldenlast los zu werden, waren alle gescheitert. Es war bestimmt worden, daß Jedermann, der Bürger in Marienburg werden wollte, eine Summe von 5 bis 30 Thlr., je nach den Vermögensumständen zum Tilgungsfond der Stadtschulden beitragen sollte. Aber in jener traurigen Zeit suchten nur wenige Leute um das Bürgerrecht nach, und die Stadt sah sich schließlich genöthigt, den Staatskanzler v. Hardenberg um Erlaß der Vermögens- und Einkommensteuer zu bitten. Erst 1830 wurde der letzte Rest der Staatsschuld bezahlt.

Trotzdem kamen für die Belagerer von Danzig reiche Liebesgaben ein, sowohl in Geld als auch in Lebensmitteln, denn gerade an letzteren war im Lager vor Danzig Mangel eingetreten, da das Belagerungscorps seit Anfang Juni nicht bloß durch die Marienburger und Elbinger Landwehr, sondern auch durch ostpreußische Landwehr verstärkt worden war. Ganz Westpreußen sorgte für den Unterhalt des Belagerungs-Heeres, namentlich seit die Regierung den Wunsch ausgesprochen hatte, daß die benachbarten Gegenden gerade für die Belagerer von Danzig sorgen sollten. Am 7. Juni war der Aufruf ergangen, und am 10. Juni gingen bereits fünf vierspännige Fuhren nach Renkau, dem derzeitigen Hauptquartier des Obercommandeurs, Grafen zu Dohna, ab, und bis zum September folgten große Massen von Proviant nach.

Abgesehen von den Summen, die von Stadt und Land durch Sammlungen eingekommen waren, sei es in Kirchen oder in Vereinen und bei festlichen Gelegenheiten, hatte die Stadt allein an baarem Gelde aufgebracht: zur Ausrüstung der freiwilligen Jäger 613 Thlr., zur Ausrüstung der Landwehr 1297 Thlr. Die übrigen Gaben an Geld und Lebensmitteln ꝛc. erreichten den Werth von 2000 Thlr. Und das folgende Jahr erforderte neue Opfer, als von Neuem der Krieg begann. Wieder wurden Freiwillige gestellt und ausgerüstet und Sammlungen für Verwundete veranstaltet.

Im Januar des folgenden Jahres starb allgemein betrauert der ehemalige Commandeur des Belagerungscorps, Graf zu Dohna, als Commandant zu Danzig. Der Magistrat von Marienburg widmete ihm einen an seinen Verwandten gerichteten ehrenden Nachruf.

Mittlerweile war der Völkerkampf westwärts entschieden worden, und Preußen von Feinden gesäubert.

Im August 1814 eröffnete die Marienburger Schützengilde von Neuem die seit 1806 unbenutzt gebliebene Schießbahn. Am 9. August wurde das Schützenfest nach den von König August II. 1710 gegebenen

Statuten eröffnet; der Schützenkönig des Jahres 1806 wurde abgeholt von Rathsmitgliedern, und der Stadtverordnete Jahn machte den besten Schuß für den König und wurde Schützenkönig.

Glänzend war die Erinnerungsfeier des 18. October im Jahre 1815. Am 18. Januar 1816 wurde in den westpreußischen Kirchen, und somit auch in Marienburg und Neuteich und den Dörfern das Friedensdankfest gefeiert, am 4. Juli desselben Jahres folgte die Trauerfeier für die im Kampf für's Vaterland Gefallenen. Marienburg allein hatte 48 Mann im Freiheitskriege verloren.

Die letzten 50 Jahre seit dem Abschlusse des zweiten Pariser Friedens.

Der Friede war wieder hergestellt, die Krieger zu ihren gewohnten Beschäftigungen heimgekehrt und eine lange Zeit des Friedens sollte die Wunden vernarben machen, die der Krieg geschlagen. Freilich fehlte es nicht an Unglücksfällen die den Kreis betrafen. So wüthete vom 15. zum 17. Januar 1816 ein furchtbarer Orkan, der gewaltigen Schaden im Kreise anrichtete; besonders wurden Marienburg und Neuteich heimgesucht. In Marienburg und den Stadtdörfern zerstörte er 4 Häuser ganz, 16 Häuser zur Hälfte und 49 Häuser beschädigte er nicht unbedeutend. Außerdem wurde eine Mühle und 13 Scheunen ganz, 6 Scheunen wurden halb zerstört. Die Beschädigten wurden nach genauer Ermittelung des Thatbestandes aus der Staats-Kasse entschädigt. Auch in Neuteich hatte das Unwetter großen Schaden angerichtet und eine große Anzahl von Ackerbürgern mußte unterstützt werden.

Im September des Jahres 1822 wurde endlich das 50jährige Erinnerungsfest an die Besitznahme des Landes durch Preußens König gefeiert. Das Fest fand im Remter statt und eine unendliche Menschenmenge hatte sich versammelt. Von Bürgern, die die Besitznahme von 1772 noch erlebt hatten, waren nur zwei gegenwärtig, der Steuerdirector Fromm und der Radenzachermeister Beckler, welche beide von dem Festredner, Bürgermeister Hüllmann, feierlichst beglückwünscht wurden. In der inhaltsvollen Festrede, die der Genannte hielt, war außer den Segnungen, deren die Gegend unter preußischer Herrschaft, im Gegensatz zur polnischen, theilhaftig geworden war, für Marienburg speciell der Nutzen hervorgehoben, welcher der Stadt durch die Wiederherstellung der alten Hochmeisterresidenz geworden war.

Die Restauration des Hochmeisterschlosses.

In der That war für Marienburg die Wiederherstellung des alten ehrwürdigen Schlosses das bedeutendste Ereigniß seit dem Frieden. Der erste Gedanke dazu ging von der Königin Louise aus, welche 1806 die wahrscheinliche ehemalige Gestalt des Schlosses aus den Frick'schen Kupferstichen kennen gelernt hatte und die Wiederherstellung wünschte, die aber durch den mittlerweile ausgebrochenen Krieg verhindert wurde.

Im Jahre 1815 aber lernte Herr v. Schön, der Ober-Präsident von Preußen, auf seiner Durchreise die freilich sehr entstellten Baulichkeiten des Schlosses kennen und faßte den Entschluß, die Restauration desselben beim Könige zu befürworten. Er fand damit um so geneigteres Gehör beim Könige, als dies Unternehmen ja gerade ein Wunsch der hochseligen Königin gewesen war.

Gewiß aber hat Niemand die Idee so lebhaft gefördert als der Kronprinz Friedrich Wilhelm. Es wurden auch baldigst Anstalten getroffen, die Idee zu verwirklichen. Schon 1816 kam auf v. Schön's Veranlassung der Baurath Costenoble nach Marienburg, um den Zustand des Gebäudes genau zu untersuchen.

Nachdem im folgenden Jahre Prinz Wilhelm von Preußen und Prinzessin Charlotte auf ihrer Reise nach Petersburg auch das Marienburger Schloß in Augenschein genommen hatten, wurde am 3. August, dem Geburtstage des Königs unter entsprechender Feierlichkeit mit der Wiederherstellung des Schlosses begonnen. Die größte Schwierigkeit machte die Feststellung der ehemaligen Formen in dem großartigen Baue, der im Innern und selbst nach Außen durch so viele Wechselfälle ganz verunstaltet worden war. Diese schwierige Aufgabe nahm die Thätigkeit der Techniker während des Jahres 1818 in Anspruch, an deren Spitze der Bau-Conducteur Obuch stand. Vor allen Dingen mußte die unglaublich große Masse Schutt fortgeschafft werden, welche die unteren Räume des Gebäudes füllte und eine Uebersicht der ursprünglichen Formen unmöglich machte. Auf Anregung des Landraths Hüllmann erklärten sich die Bewohner des großen Werders bereit, unentgeltlich Fuhren zur Fortschaffung des Schuttes zu stellen, und in den beiden ersten Jahren der Arbeit wurden nicht weniger als 48,000 Fuhren Schutt aus dem Schloß und den Gräben fortgeschafft.

Die Idee, das Werk durch Geldbeiträge der Umgegend zu fördern, wurde zuerst durch den Prediger Häbler, dem begeisterten Förderer der Schloß-Restauration, angeregt. Er und Superintendent Höpfner in Neuteich fingen zunächst bei den Predigern der beiden Werder zu sammeln an und erhielten die Summe von 101 Thlr. Nun wurden die Sammlungen weiter ausgedehnt und schließlich betheiligten sich die Stände-Preußens, Adel, Städte und Landschaft an denselben; aus den entferntesten Kreisen kamen Beiträge zu dem Baue, welcher ein Monument der Wiederauferstehung Preußens aus seinem tiefen Falle werden sollte.

Am 27. September 1822 konnte bereits im großen Remter das 50jährige Erinnerungs-Fest an die Huldigung der Stände bei der preußischen Besitznahme von 1772 gefeiert werden, und der Kronprinz hielt in demselben Jahre große Tafel im großen Meisters-remter, zu dessen Herstellung die königlichen Prinzen 10,000 Thlr. gegeben hatten.

Immer eifriger wurde an dem Schlosse gearbeitet, seit 1825 wurden bereits die kleineren Zimmer hergestellt. Bau-Inspector Gersdorf hatte sich speciell mit der alten Glasmalerei beschäftigt und trotz Häbler's Widerspruch entschloß man sich für gemalte Glasfenster, und 1827 kamen die Glasfenster für den Meister-Remter aus Berlin an. 1825 war auch bereits das große Marienbild restaurirt, dessen Pasten nach den Vorschriften des Bau-Inspectors Gersdorf in der Zechlin'schen Glasfabrik in Berlin angefertigt worden waren. Im folgenden Jahre wurde auf dem leeren Platz innerhalb der Vorburg der jetzt leider zerstörte Schloßhain angelegt, zu welchem Zwecke Bürgermeister Hüllmann eine Geld-Sammlung veranstaltet hatte.

Das Schloß erfreute sich der regsten Theilnahme der höchsten Persönlichkeiten, besonders aber der Mitglieder der königlichen Familie, die bei ihren Durchreisen nie versäumten, es mit ihrem Besuche zu beehren. So kam im Jahre 1829 der Kronprinz und die Kaiserin von Rußland; im folgenden Jahre besuchte es der Kronprinz von Neuem. Im Juni 1834 besuchte es der Kronprinz mit seiner Gemahlin und speiste in dem Schlosse; am 3. September besah die Fürstin von Liegnitz und am 4. September der König das Schloß.

Da Marienburg an der großen Heeresstraße nach Osten und in der Nähe einer großen Hafenstadt lag, so konnte es nicht fehlen, daß viele Fremde durch das Schloß angezogen wurden und Marienburg besuchten, oder bei ihrer Durchreise einige Zeit daselbst verweilten, um das weitgerühmte Bauwerk zu sehen. Natürlich war durch den Conflux der Fremden eine nicht geringe Einnahmequelle für die Bewohner der Stadt eröffnet, was der Bürgermeister Hüllmann mit Recht in seiner Festrede im Jahre 1822 hervorhob.

Eine große Menge Fremder lockte das große mehrtägige preuß. Musikfest nach Marienburg, welches im Jahre 1833 am 2. Juni unter Leitung des Musikers Urban aus Elbing im großen Remter eröffnet wurde und Alle begeisterte, die dieser herrlichen Aufführung beiwohnen konnten.

Auf dem Provinzial-Landtage von 1831 wurde der Antrag gestellt, die Räume des Schlosses zur Aufstellung von Denkmalen zu benützen. Es wurde derselbe aber mit vollem Rechte im Landtagsabschiede vom 3. Mai 1832 zurückgewiesen, denn das Schloß solle seinen Character als historisches Denkmal bewahren.

Die polnische Revolution des Jahres 1830 bis 1831 berührte die Provinz nicht; erst als die polnischen Heere geschlagen und versprengt waren, traten sie zum Theil auf preußisches Gebiet über und wurden hier vorübergehend einquartiert. Auch im Marienburger Kreise hielten polnische Truppen sich eine Zeit lang auf.

In der langen Zeit des Friedens entfaltete sich ununterbrochen der Wohlstand des Kreises, und die Städte erholten sich allmälich von den schweren Verlusten des Krieges. Wohl wurde der Kreis noch zuweilen von Wassersgefahr heimgesucht, aber auch diese Verluste wurden bald verwunden. Schwere Verluste brachte besonders der Durchbruch bei Schadwalde, der am 9. April 1829 stattfand. In demselben Jahre fand auch ein Durchbruch bei Schönau, und ein neuer ebendaselbst 1845, ein dritter 1846 bei Lakendorf und Altebabke statt. Der letzte und bedeutendste aber war der Durchbruch von 1855, der bei Montau erfolgte.

Die Mißerndte des Jahres 1847 erzeugte auch hier große Noth, da auch die Kartoffeln völlig mißrathen waren, und es fehlte hier und da nicht an Excessen der arbeitenden Klassen, die aber ohne größere Bedeutung waren.

Ein anderer böser Gast, der zu wiederholten Malen Stadt und Land heimsuchte, war die Cholera. Sie erschien zum ersten Male 1831 und ihr erlagen viele Menschen. Sie grassirte wiederum vorübergehend im Kreise 1848 und 1853, und trat besonders heftig in Neuteich auf.

Das Jahr 1848 ging auch nicht spurlos an dem Kreisgebiete vorüber und regte besonders die dienende Klasse der Werder auf. Zu Excessen kam es nur in Groß-Lichtenau, sie wurden aber durch das energische Auftreten der Neuteicher Schützengilde unterdrückt, leider nicht ohne Blutvergießen.

Nur unbedeutende Veränderungen gingen in der Verwaltung vor. Seitdem die Provinziallandtage vom Könige genehmigt worden waren, sandte auch der Marienburger Kreis Abgeordnete zu diesen Versammlungen nach Königsberg. Die Zahl der Abgeordneten wurde 1828 folgendermaßen festgestellt: Die Ritterschaft der Kreise Elbing, Stuhm,

Marienburg sendet einen Abgeordneten, die Landgemeinde derselben Kreise zusammen zwei Abgeordnete und zwar in der Weise, daß zuerst Marienwerder und Marienburg je einen Abgeordneten, dann für den folgenden Landtag Marienburg und Kulm, endlich Marienwerder und Kulm je einen Abgeordneten wählen.

Im Jahre 1826 waren aus den Bevollmächtigten der Provinzialstände Landarmen-Commissionen gebildet worden, unter dem Präsidium eines königl. Commissars, denen durch den Landtagsabschied von 1830 auch die Controlle über die Verwaltung der Taubstummenanstalten in Marienburg und Angerburg übertragen wurde. Für den Landarmen-Fond wurden die Beiträge der Gemeinden in der Art festgestellt, daß die Klassensteuerpflichtigen nach Maaßgabe der Klassensteuer, die Communen mit Mahl- und Schlachtsteuer nach Verhältniß der betreffenden Leistungen veranschlagt werden sollten. Auf Marienburg fiel für die Durchschnittsperiode von 1835—1841 die Summe von 270 Thlr. jährlich. Seit der Steuerregulirung von 1821 hörten diejenigen directen Steuern auf, die bisher zur Personal- und Gewerbesteuer gehört hatten, also das Personal-Schutzgeld, das unfixirte Handwerker-Schutzgeld, die unfixirte Tranksteuer und das Schutzgeld von Pächtern. Die definitive Regelung der Kreisgrenzen fand durch die Kreisordnung vom 17. März 1828 statt.

Das Gericht von Neuteich wurde im Jahre 1824 nach Tiegenhof verlegt. Im Jahre 1835 wurde die revidirte Städteordnung publicirt.

Für Gewerbe und Landwirthschaft wurde manches Neue geschaffen. 1830 wurde vorübergehend eine Spinn- und Haspelanstalt in Neuteich eingerichtet, im Jahre 1835 im Kreise zuerst der Rapsbau eingeführt. Im Jahre 1821 erhielt Neuteich eine neue Feuerordnung, 1833 fand daselbst die Gemeinheitsaufhebung statt, 1839 wurde ein Sicherheits-Verein gebildet, 1853 wurde dort die erste Sterbekasse eingerichtet, 1854 die Hundesteuer eingeführt.

Von Spezial-Verordnungen für den Kreis sind noch zu erwähnen die Bestimmungen über die Passagebrücke der Schwente bei Marienau und das Rescript über die Fähr-Anstalten, die jedoch kein allgemeines Interesse haben. Wichtig dagegen war der Bau des Kanals bei Pietel, die Ausführung der großen Eisenbahnbrücke über die Nogat, sowie die Erweiterung der Festungswerke um Marienburg.

In Folge der vielfachen Brüche erließ 1830 die Regierung eine Verordnung, welche über die Beschaffenheit und Stärke der Dämme genaue Bestimmungen enthielt. Die Kronbreite des Dammes sollte mindestens 15 Fuß betragen, die Höhe des Dammes so geschüttet sein, daß sie den höchsten bekannten Wasserstand noch um 2 Fuß überragte.

Als im Jahre 1845 die Vorarbeiten zur Ostbahn begannen, und die Anlegung einer festen Brücke über die Weichsel und Nogat in's Auge gefaßt wurde, da trat von Neuem das Bedürfniß einer Regulirung des Weichsel- und Nogatstromes hervor, um die projektirten Brücken gegen die Gewalt der Ströme zur Zeit des Eisganges zu sichern. In dem Jahre 1846 ging man damit vor, den seit Jahrhunderten versuchten Plan durchzuführen, nach welchem die Weichsel zwei Drittel und die Nogat ein Drittel des an der Montauer Spitze sich theilenden Weichselwassers erhalten sollte. Das Jahr 1848 unterbrach die begonnenen Arbeiten, die aber, sobald das Land beruhigt und die Aussichten auf Frieden nach Außen befestigt waren, wieder aufgenommen wurden. Um die Stromregulirung in's Werk zu setzen, wurde die Nogat bei Weißenberg coupirt, und eine halbe Meile unterhalb der Montauer Spitze ein Kanal von der Länge einer viertel Meile aus der Weichsel in die Nogat geführt.

Auch der Bau der Brücken über die Weichsel und Nogat hat nicht unbedeutenden Einfluß auf Marienburg geübt. Zunächst hörte der Conflux von Reisenden auf, welche regelmäßig zu Anfang des Winters und zur Zeit des Eisganges im Frühling genöthigt waren, tagelang in Marienburg zu weilen und abzuwarten, bis der Fluß passirbar war; zweitens aber wurde die Marienburger Schiffbrücke abgebrochen, seitdem die Eisenbahnbrücke fertig war, daher verlor die Stadt die Einnahmen, welche das Passagegeld der Brücke ergab. Diese Einnahmen waren nicht ganz unbedeutend gewesen, denn die Regierung hatte seit Jahren für die freie Passage von Militär, von Staatsbeamten, welche in Staatsdiensten reisten, sowie für die freie Ueberfahrt der Post die Summe von 2000 Thlr. jährlich bezahlt, welche fortan wegfiel. Die Stadt kam endlich bei der Regierung ein, die Schiffbrücke wieder aufstellen zu dürfen, und es stellte sich hierbei heraus, daß die Regierung principiell niemals den Abbruch der Schiffbrücke verlangt hatte. So wurde denn vor drei Jahren die Schiffbrücke wieder aufgestellt. Aber die Werderbewohner hatten seit Jahrhunderten das Vorrecht freier Ueberfahrt gehabt, und sie beanspruchten Entschädigung für die Jahre, während deren die Schiffbrücke abgerissen gewesen war und sie hatten Brückenzoll zahlen müssen. Die Unterhandlungen sind bis heute noch nicht zum Abschluß gekommen.

Mit dem Bau der Bahn und der Brücken war eine Erweiterung der Festungswerke Marienburgs nothwendig verbunden.

Die auf Napoleons Befehl ausgeführten Befestigungen blieben nach dem Kriege in demselben Zustande in welchem sie von den Franzosen verlassen worden waren. Die 1812 vor den Wällen aufgeführten Pallisaden, so weit sie nicht bereits ausgerissen waren, wurden 1816 nach Graudenz zur Aufbewahrung gebracht. Für das Terrain, welches die Bürgerschaft zu den Befestigungen seit 1807 hatte hergeben müssen, war von den Franzosen den Eigenthümern keine Entschädigung gegeben worden, mithin war die Stadt eigentlich im Besitze des betreffenden Grund und Bodens. Indeß hatte das Kriegsministerium von vorn herein nicht die Absicht, die vorhandenen Befestigungen aufzugeben und unterhandelte daher seit 1819 mit der Stadt über die Summe, welche den durch die gezwungene Abtretung beeinträchtigten Grundstücksbesitzern gezahlt werden sollte. Nach genauen Vermessungen wurde die Summe von 30,612 Thlr. für das gesammte abgetretene Areal (45 Morgen 103$^1/_2$ Quadratruthen) bewilligt, und der Militärfiscus wurde somit Besitzer desselben.

In Folge von Grenzüberschreitungen wurde 1844 nochmals eine Commission niedergesetzt, welche die Grenzen des dem Militärfiscus gehörenden Terrains definitiv festsetzte.

Schon 1816 wurde ein Rayonbezirk von 400 Schritt abgesteckt, innerhalb dessen für die Folge kein Neubau aufgeführt werden sollte. Auf die Vorstellung des Marienburger Magistrats wurde diese Bestimmung 1837 dahin modificirt, daß mit Rücksicht auf die Bauart der Vorstädte Marienburgs für den abgesteckten Rayonbezirk dieselben Vorschriften angewandt werden sollten, die für den zweiten Rayonbezirk sämmtlicher Festungen erlassen sind. Die Frage, ob die Stadt vollständig befestigt werden solle, könne noch nicht entschieden werden.

Da durch die Wälle die Communication bedeutend gestört wurde, so kam der Magistrat wiederholt bei dem Minister ein und erlangte auch verschiedene Erleichterungen der ursprünglichen Bestimmungen. 1839 wurde dem Magistrat die Erlaubniß ertheilt, am Töpferthore die Brücke abzubrechen und den Graben durch einen Damm zuschütten zu lassen, und 1843 wurde die Marienthor-Passage, welche bis dahin durch die rechte Face des Thores führte, gerade durch die Spitze desselben geführt.

Als aber 1845 die Vorarbeiten zu der Ostbahn begannen, die eine feste Brücke über die Nogat bei Marienburg in Aussicht stellten, mußte nothwendig der Plan der bisherigen Befestigungswerke geändert werden. Neue Aufnahmen des Terrains um Marienburg fanden statt, und endlich wurde auch der Uebergangspunkt der Eisenbahn über die Nogat nach technischen Motiven ohne Rücksicht auf die Fortificationszwecke bestimmt. Die Befestigungswerke sollten nun noch bedeutend erweitert, die Brücke und der Bahnhof in die Befestigungslinie gezogen werden, was Veranlassung gab zu verschiedenen Befestigungsprojecten (1846 und 1847), die aber nicht zur Ausführung kamen, da der Bau der Eisenbahn 1847 vorläufig sistirt wurde. Die Ereignisse von 1848 und die Besorgniß eines Krieges bewirkten, daß die Pläne wieder theilweis aufgenommen wurden, wenigstens sollte Marienburg und ebenso Dirschau provisorisch befestigt werden.

Als im Jahre 1851 die Verlegung des Bahnhofs nach der Elbinger Chaussee bewilligt worden war, mußten neue Veränderungen mit dem Bauplane vorgenommen werden. Endlich wurde 1853 bestimmt, der Brückenübergang solle durch einen Brückenkopf geschützt werden. Den Centralpunkt der Befestigung sollte das Schloß und die ehemalige Vorburg bilden. Die in dem Projecte vorgeschriebene retirirte Enceinte des Brückenkopfes wurde im Jahre 1855 begonnen und 1857 auch der Buttermilchthurm sowie der Schnitzthurm ausgebaut und die Bauten gediehen bis 1860 so weit etwa, wie sie noch jetzt sind. Die Baukosten betrugen circa 108,000 Thlr., wozu noch die Kosten für die erworbenen Grundstücke mit 37,000 Thlr. kamen. Die exceptionellen Bestimmungen für den Rayonbezirk innerhalb 400 Schritt von den Wällen blieben, dagegen wurden 1856 zwei neue Rayonlinien, 800 und 1300 Schritt von den Wällen entfernt, abgesteckt, und die für den neu abgesteckten Bezirk eingetretenen Baubeschränkungen publicirt.

Diese Beschränkungen waren der Erweiterung der Stadt wenig förderlich, und die Befestigung fand daher unter den Bürgern keinen Anklang.

Die Ausführung der projektirten Befestigungserweiterungen ist jedoch wiederum sistirt, und sind sogar 1865 die Bestimmungen über Bauten im Rayonbezirk wesentlich erleichtert worden, aber der Wunsch der Bürger, die Wälle planiren und die Gräben ausfüllen zu dürfen, ist bis jetzt noch nicht erfüllt worden, und es ist sicher anzunehmen, daß die Idee einer Erweiterung der Festungswerke in den maßgebenden Kreisen nicht aufgegeben ist.

Kirchliche Verhältnisse.

Durch die Cabinetsordre vom Jahre 1808 wurde bestimmt, daß die katholischen Unterthanen in keiner Weise fortan, wie noch zuweilen den Bestimmungen Friedrich's II. von 1772 zuwider geschehen sei, beeinträchtigt werden, daß sie den Evangelischen vollständig gleichberechtigt sein sollten.

Die päpstliche Bulle de salute animarum (Rom 16. Juli 1821) bestimmte die Grenzen der beiden westpreußischen Diözesen und der Dekanate genauer. Durch dieselbe wurden die Dekanate Marienburg, Stuhm, Neuteich, Christburg, Fürstenwerder vom Kulmer Sprengel abgezweigt und zur Diözese Ermland gefügt.

Am 27. September 1817 ward die Cabinetsordre über die Union der evangelischen Confessionen publicirt. Die Festsetzung der Superintendenturen datirt aus dem Jahre 1816, neben der zu Marienburg wurde auch in Neuteich eine solche eingerichtet. Die Zahl der Kirchspiele und ihre Abgrenzung blieb im Wesentlichen dieselbe.

In Bezug auf die Mennoniten wurde 1824 bestimmt, daß die Zertheilung mennonitischen Grundeigenthums an mehrere Familien, sei es durch Vererbung, Testament oder Verkauf, gestattet sei; doch sollten die so entstandenen Parzellen nicht durch nichtmennonitischen Grundbesitz vermehrt werden dürfen.

Die wiederholten Rescripte, in denen immer von Neuem eingeschärft werden mußte, daß die Hufenzahl der Mennonitenbesitzungen nicht vermehrt werden dürfe, hatten ihren Grund in dem Umstande, daß einzelne Mennoniten die einschränkenden Gesetze zu umgehen und nichtmennonitisches Land an sich zu bringen suchten. Bald hatten sie derartige Hufen in Pfandbesitz übernommen und allmälich in eigenen Besitz verwandelt, bald nahmen sie cantonpflichtige Besitzungen in Pacht, zahlten das drei- bis vierfache Pachtgeld jährlich und erwarben es auf diese Weise nach und nach zu eigen. Schon 1798 erließ die königl. Regierung ein Rescript, worin auf das unlautere Treiben verschiedener Mennoniten hingewiesen wird, welche allerhand Kunstgriffe ersonnen hätten, um unter besonderen Namen und mit Hülfe simulirter Kontrakte den Besitz von Immobilien zu erlangen, zu deren Erwerb ihnen kein Recht zustehe. Dergleichen Schein-Verträge sollten fortan durchaus verboten sein. Jeder antichretische Pfandbesitz sollte von Seiten der Mennoniten fortan nur in der durch das Gesetz bestimmten Form zulässig sein. Zeitpachten zu übernehmen sollte ihnen zwar freistehen, es sollte aber das Geld, welches der Pächter unter dem Namen Caution zahlte, nie den Betrag der einjährigen Pacht übersteigen.

Ferner mußten von Seiten der Regierung strenge Rescripte gegen die Uebergriffe erlassen werden, die sich einzelne Prediger der Gemeinden (sogenannte Vermahner) erlaubt hatten. Diese hatten kirchliche Zeugnisse ausgestellt und kirchliche Siegel gebraucht, auch die innerhalb ihrer Gemeinden vorgekommenen Heirathen und Geburten dem protestantischen Geistlichen nicht angezeigt. Das Rescript von 1817 verbot ihnen dergleichen ungesetzliche Handlungen und schärfte ihnen ein, alle Geburts-, Todesfälle und Heirathen pflichtmäßig dem Ortsgeistlichen anzuzeigen. Doch mußte 1821 den 11. Mai ein neues Rescript ihnen anbefehlen, in ihren Bethäusern kein Aufgebot zu verlesen, ohne den Parochial-

Geistlichen, in deren Bezirken beide Verlobte wohnten, vorher davon Anzeige gemacht zu haben. Die Wehrfreiheit wurde den Mennoniten durch Cabinetsordre vom Jahre 1819 nochmals gesichert; in Bezug auf die mennonitischen Besitzungen aber wurde durch Cabinetsordre vom 15. Februar 1824 abermals bestimmt, daß der mennonitische Besitz nicht vergrößert werden sollte.

Seit dem Anfange dieses Jahrhunderts begann die Auswanderung der Mennoniten nach dem Innern von Rußland. Die meisten wurden durch die drohende Aussicht des nahe bevorstehenden Krieges in die Ferne getrieben, zum Theil auch durch die Befürchtung, daß sie in kriegerisch bewegter Zeit trotz ihrer Privilegien zur Landesvertheidigung herangezogen werden dürften. Die traurigen Jahre 1807 und 1808, in welchen die Werder durch die Franzosen=Invasion so schrecklich litten, bewogen wiederum manchen Mennoniten, den vorangegangenen Brüdern nach Rußland zu folgen. Zudem waren nach jenen Jahren die Steuern sehr bedeutend, und die Mennoniten mußten mehrmals statt des einfachen das achtfache, ja sogar das eilffache Schutzgeld zahlen. Selbst als der Friede völlig wiederhergestellt war, zogen noch wanderlustige Mennoniten zu ihren Glaubensgenossen in Südrußland hin, zum Theil angelockt durch die günstigen Berichte über das Emporblühen der dortigen Ansiedlungen und den Wohlstand der Colonisten. Die ersten Auswanderer begaben sich in die Gegend um die Melotschna, von hier aus gründeten sie eine Anzahl neuer Colonien in der Krimm und im Kreise Jekatarinoslaw. Die Namen der neuen Colonien erinnern an die heimischen Dörfer in den Werdern. So wurden in der Gegend von Melitopol im Jahre 1804 folgende Colonien angelegt: Halbstadt, Blumstein, Altenau, Münsterberg, Muntau, Schönau, 1805 Ladekopp, Orloff, Petershagen, Rosenort, Schönau, Tiegenhagen, Tiege, 1806 Fürstenau, 1811 Rückenau, 1819 Lichtfelde, Marienau, 1820 Pordenau, Rudnerweide, Scharpau, 1821 Fürstenwerder, 1822 Tiegerweide, 1824 Prangenau und Wernersdorf, 1828 Sparau. Die Gesammtzahl der Mennoniten=Colonien beträgt dort 44.

Im Gouvernement Jekatarinoslaw liegen um Taganrog die 1823 gegründeten Colonien: Grunau, Kampenau, Kronsdorf, Mirau, Rosengart, Schönwald, Tiegenort, Tiegenhof und die 1832 angelegten Colonien Groß= und Kleinwerder.

An der Ssamara war die erste von westpreußischen Mennoniten angelegte Colonie Köppenthal (1844).

Von Neuem wurde die Besorgniß der Mennoniten rege, als auf dem Landtage von 1862 der Antrag gestellt wurde, die Mennoniten sollten fortan zum Heeresdienst herangezogen werden. Die Strenggläubigsten verließen ihre Heimath und wanderten nach Rußland aus. Seit der letzte Reichstag definitiv die Aufhebung der Cantonfreiheit der Mennoniten beschlossen hat, ist die Bewegung besonders unter den älteren Leuten noch bedeutend gesteigert worden, die jüngere Generation wird sich wohl leichter mit den Forderungen des Staates befreunden.

Schule.

Die gelehrte Schule von Marienburg, die im 18. Jahrhundert so bedeutend geblüht hatte, war allmählich gesunken, besonders in den bösen Kriegsjahren von 1806 ab, wenngleich Prediger Häbler sich vielfache Verdienste um dieselbe erwarb.

Als nach den Freiheitskriegen die Neugestaltung der Gymnasien erfolgte, da entsprach die Anstalt den Anforderungen, die der Staat machte, nicht mehr, die Zahl der Klassen und der Lehrer war zu gering, und die städtischen Behörden sträubten sich gegen die vom Staate als Bedingung der Fortdauer geforderte Anstellung eines siebenten Lehrers. In Folge dessen wurde die Schule als gelehrte Schule aufgehoben und nach Marienwerder verlegt, die hiesige Anstalt dann 1816 als höhere Stadtschule constituirt.

Einen Ersatz für diesen Verlust bot der Stadt die Einrichtung des Seminars und der Taubstummen-Anstalt.

Das Seminar*).

Zu Anfange dieses Jahrhunderts war auf dem Gebiete des Unterrichts eine vollständige Umwälzung durch Einführung der Lautlehre Oliviers und der Anschauungsmethode Pestalozzis vorgegangen. Prediger Häbler, Rector der damaligen Gelehrten-Schule in Marienburg hatte sich die Methode angeeignet und sie bereits 1803 in der zu der Anstalt gehörenden Elementarklasse mit gutem Erfolge eingeführt. Als nach den Unglücksjahren 1806 und 1807 auf allen Gebieten der Verwaltung die bedeutendsten Reformen eintraten, da wurde man auch auf die neue Lehrmethode aufmerksam und ein Schüler Pestalozzis, Zeller, wurde aus Heilbronn berufen, um in Königsberg ein Normalinstitut zu gründen, wo nach Pestalozzischen Grundsätzen unterrichtet werden sollte.

Um der Unterrichtsmethode mehr Eingang und Verbreitung zu verschaffen, verordnete die Regierung 1810 die Eröffnung eines vierwöchent-

---

*) Quellen: Die Acten des Seminars.

lichen Lehrcursus für Prediger und einen zweiten für die Schullehrer Ost- und Westpreußens.

Der erste Lehrgang fand im Juni statt. Unter den 104 daran theilnehmenden Predigern war auch Häbler. Nach seiner Rückkehr wurde in Marienburg eine Conferenz von Predigern und Lehrern der Umgegend abgehalten, und in dieser stattete Häbler Bericht über seinen Aufenthalt in Königsberg ab, entwickelte das Wesen der neuen Methode und demonstrirte sie den Versammelten in besonderen Unterrichtsstunden.

Da diese neue Methode den lebhaftesten Beifall erhielt und der Wunsch unter den Lehrern allgemein ward, dem Unterrichte längere Zeit beiwohnen zu können, um die Methode dann in den eigenen Schulen einzuführen, so beschloß Häbler, im Einverständnisse mit dem Superintendenten Heinel einen Lehrgang von 2 bis 3 Wochen, eine sogenannte Schulmeisterschule, zu eröffnen und dies geschah auch im August 1810.

Häbler's aufopfernde Thätigkeit das Elementarschulwesen zu verbessern wurde von Seiten der Regierung rühmend anerkannt und ihm zugleich angezeigt, daß die Regierung gesonnen sei, ihn auch ferner zur Weiterbildung der Lehrer zu benutzen. Auch die Bürgerschaft Marienburgs erkannte seine Thätigkeit dankbar an, und die Begeisterung für die Neugestaltung auf dem pädagogischen Gebiete war so allgemein, daß Zeller, als er im Auftrage der Regierung die Schulen von Marienburg und die der Werder besuchte, mit großen Festlichkeiten empfangen und mit einem Fackelzuge geehrt wurde. Zeller hielt auch zu verschiedenen Malen vor den Honoratioren der Stadt Vorträge über die neue Unterrichtsmethode.

Da sich hier und in der Umgegend auf dem Lande die neue Lehrmethode staunenswerth schnell verbreitete und in einer ziemlichen Anzahl von Dorfschulen mit Erfolg betrieben wurde, so ersah die Regierung Marienburg als den Ort, wo die Uebungen der Lehrer Westpreußens stattfinden sollten und ließ auch durch den Consistorial-Rath Röckner Untersuchungen über passende Oertlichkeiten zur Errichtung einer Normalschule anstellen (Dezember 1810). Von Seiten des Magistrats wurde der Vorschlag gemacht, einzelne Zimmer des Mittelschlosses, die ehemals als Fabrikantenwohnung gedient hatten, für die Normalschule zu benutzen, und da die Regierung Anfangs nicht dagegen war, so wurde ein Anschlag gemacht, nach welchem der Ausbau der betreffenden Räumlichkeiten 607 Thlr. kosten sollte. Doch die Regierung in Marienwerder wies im April 1811 diesen Vorschlag ab und erklärte den städtischen Behörden, daß sie bereit sei, das von der Stadt vor dem Thore erbaute Schulhaus zu kaufen, die Stadt solle den Anschlag für die zweckmäßigste Einrichtung des noch im Ausbau begriffenen Hauses einreichen. Die Baukosten für die Neueinrichtung dieses Gebäudes wurden auf 577 Thlr. veranschlagt; es hätte somit das Gebäude mit Einrechnung der bereits darauf verwandten Gelder 2319 Thlr. gekostet. Die Stadt erbot sich, die Schule abzutreten gegen die geringe Entschädigung von nur 1500 Thlr., um von dem Erlös eine neue Schule und Küsterwohnung bauen zu können.

Hierauf wurde der Magistrat angewiesen, das Lehr- und Wohnzimmer in dem noch nicht ausgebauten Hause, schleunigst in Stand zu setzen, damit die Armen- und Industrieschule (Nähschule), welche bisher im alten Schlosse gewesen war, dorthin verlegt werden könne, denn diese Schule sollte zum Normalinstitut eingerichtet werden.

Zum Lehrer an der Normalschule wurde der zweite Lehrer an der Georgenschule, Fedexau, bestimmt, die Direction sollte Häbler, die Inspection der Superintendent Heinel haben. Am 6. Juni 1811 wurde denn auch die Schule mit 53 Kindern in dem dürftig hergerichteten Hause eröffnet. Zur Instandsetzung gab die Regierung die nöthigen Vorschüsse und übernahm auch den Weiterausbau des Hauses. Der Kauf-Contract wurde im Juli 1811 abgeschlossen.

Als aber im Juli 1812 das Stadtgericht das Hypothekenwesen des betreffenden Grundstückes regulirte, da fand es sich, daß das Grundstück gar nicht der Stadt, sondern der Kirchengemeinde gehört habe. Die Regierung ließ genau nachforschen, wie die Stadt dazu gekommen sei, auf Kirchengrund zu bauen und verlangte die Herbeischaffung des Besitztitels. Die Angelegenheit wurde vom Magistrate in die Länge gezogen, bis endlich die Regierung demselben einen Termin auf den 21. Mai 1818 setzte, wo der Vertrag zwischen dem Presbyterium der lutherischen Kirche und der Stadtcommune abgeschlossen werden sollte. Die Unterhandlungen, welche deshalb zwischen der Kirchengemeinde und der Stadt gepflogen wurden, verzögerten den Abschluß des Contractes noch um ein Jahr. Die Gebäude, welche vor dem Baue auf dem Grundstücke gestanden hatten, sollten abgeschätzt werden, aber die Sachverständigen konnten Dies nur aus der Erinnerung annähernd richtig thun und schätzen dieselben auf 563 Thlr. ab.

Endlich am 1. Mai 1819 kam der Vertrag zu Stande. Die Stadt trat einfach die aus Stadtmitteln auf dem St. Georgenkirchhofe erbaute Todtengräberwohnung an die Kirche ab und verpflichtete sich jährlich 9 Thlr. an die Kirchkasse zu zahlen. Diese jahrelang schwebende Angelegenheit verursachte der Stadt natürlich bedeutende Gerichtskosten und der Magistrat kam daher um Sportelfreiheit ein, da die Finanzen der Stadt durch die Kriegsjahre sehr erschöpft seien, er wurde aber in einem sehr scharf gefaßten Bescheide abschläglich beschieden.

Es könne, heißt es darin, die Sportelfreiheit nicht nachgegeben werwerden, denn die städtischen Justizofficianten seien auf Sporteln angewiesen, und jeder Arbeiter sei seines Lohnes werth. Der betreffende Justiz-Beamte habe zwar in früheren Jahren neben seinen Amtsgeschäften auch noch die städtischen Angelegenheiten bei Gericht unentgeltlich bearbeitet, habe aber nun von seinem Rechte Gebrauch gemacht, da man von Seiten der Stadt gar zu rücksichtslos gegen ihn gewesen sei. In den Jahren 1812 und 1813 sei er ganz ohne Einkommen gewesen, er habe müssen von Schuldenmachen leben. Trotzdem sei er mit Einquartierung überbürdet worden, während er mit den Seinigen darbte, und während Kaufleute die gerade durch den Krieg großen Vortheil gezogen hätten, von Einquartierung verschont gewesen seien. Seine Remonstrationen seien fruchtlos geblieben, man habe schließlich den spaßhaften Grundsatz aufgestellt, er hätte als Beamter noch mehr Einquartierung tragen können, obgleich es notorisch und den Stadtbehörden wohl bekannt gewesen, daß er ganz hülfs- und mittellos war!

Der innere Weiterbau des Schulgebäudes ging indessen langsam von Statten, da die von der Regierung gewährten Mittel sehr dürftig waren, doch dies hinderte das Gedeihen der neuen Anstalt nicht. Prediger Häbler hielt im Auftrage der Regierung wiederum im Jahre 1811 zwei Lehrgänge für Schullehrer, die den neuen Unterricht kennen lernen wollten, und selbst die kriegerischen Ereignisse von 1812 hielten den thätigen Mann nicht ab, im Verein mit dem Probste Dietrich aus Graubenz einen Cursus für evangelische und katholische Lehrer abzuhalten, der den ganzen September hindurch dauerte.

Der unläugbare Erfolg der Normalschule und der Einfluß, den die Lehrcurse auf die Verbesserung des Unterrichts besonders auf dem Lande hatten, veranlaßte schließlich die Regierung, Lehrcurse einzurichten, die auf mehre Jahre sich ausdehnen sollten. Im Anfange des Jahres 1812 tauchte zuerst die Idee auf, ein Schullehrer-Seminar mit der Normalschule zu verbinden. Die Direction desselben sollte Häbler übernehmen. Das Reglement für die Anstalt wurde im October von der Regierung hergesandt und der von Häbler und Heinel entworfene Lehrplan genehmigt. Freilich verzögerte sich die Eröffnung durch die Kriegsereignisse von 1813; bis zum April dieses Jahres hatten sich erst drei Zöglinge angemeldet, mit denen nach vorhergegangener Probezeit am

1. Mai 1813 das Seminar eröffnet wurde, das erste in ganz Preußen. Als Lehrer an dem Seminar wurde Sommer, ein Schüler Zeller's berufen.

Der Cursus für Schullehrer wurde 1813 wie gewöhnlich im September abgehalten, und ebenso im Jahre 1814. Die Versuche, die schlesische Garnspinnerei in der mit der Normal-Schule verbundenen Industrieschule lehren und üben zu lassen, wurden nicht lange fortgesetzt, da sich dieser Unterrichtszweig als nutzlos erwies. Das Seminar zählte 1814 im Januar 7 Zöglinge und im August 14.

Als der erste Pariser Frieden geschlossen war, erhöhte die Regierung den Etat des Seminars bedeutend und vermehrte die Zahl der Unterstützungsstellern auf 46, auch der Turnplatz wurde zweckmäßig eingerichtet. Bei dem Wiederausbruch des Krieges zogen 10 Seminaristen, welche die Stadt ausrüstete, als freiwillige Jäger mit zu Felde; zwei von ihnen kehrten nicht zurück. 1816 wurde eine zweite Klasse zu der Normalschule hinzugefügt und 1818 die Industrieschule, die sich als zwecklos erwiesen hatte, von der Regierung aufgehoben. Der Turnunterricht wurde 1819 durch Ministerialrescript beschränkt, 1820 an dem Seminar ganz aufgehoben.

Das Gedeihen der Anstalt veranlaßte allmälig eine Vermehrung des Lehrerpersonals und eine Erweiterung des Gebäudes durch Anbau, welche 1829 begann. Die Taubstummen-Anstalt, von der weiter unten die Rede sein wird, wurde 1833 mit der Anstalt verbunden, wenngleich Häbler Anfangs gegen eine solche Verbindung war. Seit 1835 wurden laut Ministerialverfügung nur evangelische Zöglinge in das Seminar aufgenommen.

Der um das Schulwesen so verdiente Prediger Häbler*) starb im Dezember 1841. Mit großer Umsicht hatte der wackere Schulmann die ehemalige Gelehrten- oder lateinische Schule geleitet, hatte selbst in den traurigen Kriegsjahren von 1807 und 1808 treu sein Amt verwaltet; seit 1812 wandte er seine Kraft der neuen pädagogischen Richtung zu, und ist auch als der Gründer der Normalschule anzusehen, an der und für die er bis zu seinem Tode unausgesetzt wirkte. Eine Anzahl von Lehrbüchern, die dem Lehrer die neue Methode des Unterrichts veranschaulichen, sowie die Methode selbst erläutern und vereinfachen sollten,

---

*) Unter den Männern geistlichen Standes unseres Kreises, die sich in diesem Jahrhundert litterarisch hervorgethan, ist hier noch des Predigers Heinel in Tannsee zu gedenken, dessen größere und kleinere Preuß. Geschichte vielfach, besonders in der Provinz verbreitet ist.

sind aus der Feder dieses thätigen und schreibseligen Mannes hervorgegangen; wenn auch heute veraltet, hatten diese Bücher doch zu ihrer Zeit für die Schulmänner große Bedeutung. Von dem Vorgesetzten wurde ihm allseitig die höchste Anerkennung zu Theil, und man übersah gern, wenn der originelle, störrige Alte in seinen Berichten polterte, Forderungen direct abschlug, derbe Wahrheiten sagte — denn er war eben ein gediegener Fachmann.

Aber außer dem Schulwesen nahm noch ein anderer Gegenstand seinen Fleiß und sein warmes Interesse in Anspruch: die Restauration des Schlosses. Mit unsäglichem Fleiße hat er aus uralten Büchern und Actenstücken die ehemalige Gestalt und Umgrenzung der einzelnen Theile des devastirten Schlosses sich zu veranschaulichen und zu construiren versucht. Mit wahrem Bienenfleiße hat er 6 große Folianten geschichtlichen Materials über Schloß und Stadt Marienburg zusammengetragen. Seiner eingehenden Kenntnisse wegen wurde er auch bei der Wiederherstellung häufig zu Rathe gezogen und gern gehört.

Auch diese Seite seiner Thätigkeit brachte ihn vielfach in Verbindung mit bedeutenden Persönlichkeiten. Besonders achteten ihn der Ober-Präsident v. Schön und der Historiker des Ordens und Marienburgs, Johannes Vogt, mit denen er in lebhaftem Briefwechsel stand. Wenn Mitglieder der königlichen Familie das Schloß besuchten, so spielte gewöhnlich Häbler den Cicerone und interessirte die hohen Herrschaften nicht bloß durch seine Detailkenntniß aller Theile des Schlosses, sondern auch durch seinen scharfen Witz und seine derbe offene Sprache.

Im Directorate des Seminars folgte auf Häbler der Oberlehrer Sommer bis 1849, und nach einem Provisorium von 11 Monaten folgte der noch jetzt die Stelle verwaltende Director.

Am 1. Mai 1863 feierte die Anstalt das Jubiläum ihres fünfzigjährigen Bestehens.

Das Taubstummen-Institut.

In den zwanziger Jahren dieses Jahrhunderts war die Methode des Taubstummen-Unterrichts bedeutend verbessert worden und das Ministerium der geistlichen und Schulangelegenheiten wünschte die neue Methode zu verbreiten und fähige Lehrer dafür ausbilden zu lassen. So erging im Juni 1827 auch an den Director des Seminars, Prediger Häbler, die Aufforderung, der Regierung anzuzeigen, ob an seiner Anstalt fähige angestellte Lehrer oder eben geprüfte Seminaristen seien, welche Lust hätten, die neue Methode des Taubstummen-Unterrichts zu erlernen;

dieselben sollten in den Instituten in Berlin, Breslau, Königsberg, Münster
ausgebildet werden. Der originelle Mann aber ließ trotz mehrfacher
Mahnung lange auf eine Antwort warten, nicht etwa, weil er von der
Sache selbst gering dachte, sondern weil er zweifelte, ob es der Regierung
Ernst mit der Sache sei, und ob sie auch für die nöthigen Mittel sorgen
werde. Erst nach mehrfacher Mahnung berichtete er, daß sich keiner der
ausgebildeten Seminaristen melden wolle, da die meistentheils mittellosen
jungen Leute es vorzögen, nach abgelegtem Examen gleich eine Lehrerstelle
anzunehmen. Der Minister schrieb zurück, daß denjenigen Lehrern oder
geprüften Seminaristen, die sich zu dem Cursus melden würden, eine
Jahresunterstützung von 200 Thlr. nebst Reisegeld bewilligt werden sollte.
Außerdem theilte der Minister dem Prediger Häbler mit, es sei im Plane
der Regierung, an jedem Seminar zugleich eine Schule für Taubstumme
mit wenigstens einem Lehrer zu errichten. Die taubstummen Kinder
sollten in der Anstalt untergebracht werden. Prediger Häbler war aber
gegen die Aufnahme in der Anstalt, die Kinder würden, erklärte er in
seinem Berichte, besser und billiger in Familien untergebracht sein.

Da wurde auf dem dritten Provinziallandtage 1829 der Vorschlag
gemacht und in einer besonderen Denkschrift weiter ausgeführt, zwei
Taubstummenschulen zu gründen und sie mit bestehenden Seminarien zu
verbinden: für Ostpreußen in Angerburg, für Westpreußen in Marienburg. An jeder sollte ein Lehrer mit 400 Thlr. Gehalt nebst freier
Wohnung angestellt, ferner sollten 6 Freistellen eingerichtet werden. Die
Regierung behielt sich in dem Landtagsabschiede von 1830 die Erwägung
vor, denn das Ministerium war für die Errichtung einer polnischen
Taubstummen-Anstalt zu Graudenz neben der deutschen in Königsberg,
wogegen die Provinzialstände die Auflösung der Königsberger Anstalt
wünschten. Doch wurde Prediger Häbler angewiesen, über passende
Lokalitäten im Seminar zu berichten, die dazu hergegeben werden sollten.
Er erklärte, es wäre nicht möglich in der Normalschule mehr als ein
Zimmer abzutreten, und man müßte baldigst auf Erweiterung der Anstalt
durch Anbau denken. Das Projekt, die Anstalt in Marienburg zu
errichten, fand einen warmen Förderer in dem Oberpräsidenten v. Schön,
auf dessen Veranlassung auch der Seminarlehrer Sommer nach Königsberg ging, um dort einige Monate dem Taubstummen-Unterricht beizuwohnen. Als eigentlicher Lehrer für die künftige Anstalt wurde aber der
Taubstummen-Lehrer Lettau ausersehen.

Da der Landtag bei seinen ursprünglichen Propositionen stehen
blieb, trotz aller Einwände der Regierung, so erfolgte schließlich in dem

Landtagsabschiede vom 3. Mai 1832 die königliche Bewilligung, und das Ministerium erklärte, daß mit dem Jahre 1833 die beiden Anstalten in's Leben treten sollten.

Auch wurde Häbler's Vorschlag, die taubstummen Kinder bei Handwerkern unterzubringen, gebilligt und er angewiesen, die zur Aufnahme von 15 Zöglingen nöthige Anzahl von Familien zu ermitteln. Es fanden sich auch bald 6 Familien, die zur Aufnahme der Taubstummen bereit waren, gegen eine jährliche Vergütigung von 29 Thlr. für den Einzelnen.

Zur Errichtung von 6 Freistellen bewilligte der Landtag den Fond von 1350 Thlr., welchen bis dahin das Königsberger Institut gehabt hatte.

So wurde denn die Schule 1833 in dem Gebäude der Normal-Schule eröffnet, nachdem der Cantor Lettau aus Mühlhausen die Stelle als Taubstummen-Lehrer angenommen hatte.

Schon im folgenden Jahre hatte die Kasse der Anstalt ein Ersparniß von 117 Thlr., die zum Ankauf eines Grundstücks verwandt wurden, da die Räumlichkeiten in der Normalschule doch nicht ausreichend waren. Aber der Bau verzögerte sich, da die vorhandenen Mittel (1074 Thlr. Baugelder) zu unbedeutend waren.

Auf Häbler's Rath begab sich eine städtische Deputation zu dem General-Landschaftsdirektor v. Schwanenfeld auf Sartowitz, denselben zu bitten, das für den Bau nothwendige Geld zu leihen. Der edle Mann interessirte sich lebhaft für die Anstalt und versprach die thätigste Hülfe. Auf seinen und der Landarmen-Commission Wunsch wurde 1836 aus den vorhandenen Baugeldern noch ein Grundstück neben dem Seminar für 350 Thlr. gekauft, der Bauplan vom Deichbauinspektor Gersdorff gefertigt und die Kosten auf 5070 Thlr. veranschlagt. Da erklärte Herr v. Schwanenfeld, zu einem so gemeinnützigen Unternehmen müsse ganz Westpreußen beisteuern, und sogleich erging ein Aufruf an Stadt und Land. Die erste Beisteuer kam im Betrage von 5 Thlr. aus der kleinen Stadt Rehden, ebensoviel zeichnete Christburg, der Landkreis Danzig gab 100 Thlr., auch von anderen Orten gingen Beiträge ein. Eine an den König gerichtete Bittschrift erwirkte ein Gnadengeschenk von 3000 Thlr. und so fehlten schließlich nur etwa 1000 Thlr., die der Landarmenfond geben sollte. Es wurde sogleich mit dem Bau begonnen, 1839 war er fertig und am 19. August wurde die Anstalt eingeweiht. Die Gesammt-Kosten betrugen 5900 Thlr.

Seitdem hat sie segensreich gewirkt und in richtiger Erkenntniß dieses Wirkens hat der Landtag und besonders die Landarmen-Commission für reichliche Unterstützung gesorgt.

Die Zahl der Freistellen stieg allmälich von 6 auf 21, diese wurde 1856 verdoppelt, bis 1860 waren 71 Freistellen und vom 1. October 1867 ab bestehen 84 Freistellen. Die Zahl der Klassen hat sich auf 4 vermehrt, vom October 1868 ab wird eine fünfte eröffnet.

Freilich war das alte Gebäude nicht mehr ausreichend, es wurde auf den Vorschlag des jetzigen Dirigenten 1867 erweitert und umgebaut, was 12,000 Thlr. kostete.

Der Lehrer Lettau wirkte an der Anstalt bis 1848; seit 1851 kam als Taubstummenlehrer der jetzige Dirigent der Anstalt her. Die Oberaufsicht über dieselbe und besonders das Kassenwesen hatte der Seminardirector. Den Bemühungen des jetzigen Dirigenten gelang es, die Anstalt selbstständig zu machen. Seine dahin zielenden Vorschläge gingen auf dem Provinzial-Landtage von 1856 sämmtlich durch; die Kasse der Anstalt wurde von der des Seminars getrennt und ihm selbst zur Verwaltung übertragen. Gegenwärtig besuchen 83 Zöglinge die Anstalt; entlassen wurden aus derselben seit ihrem Bestehen 272 ausgebildete Schüler.

Das Gymnasium.

Beide Anstalten, das Seminar und das Taubstummen-Institut haben aber nur ein indirectes Interesse für den Kreis, wichtiger für denselben ist das seit 1860 in Marienburg gegründete Gymnasium. Schon seit dem Anfange der dreißiger Jahre wurden von Seiten der Bürgerschaft Marienburgs Versuche gemacht, die Bürgerschule, den Torso der einst blühenden und weit bekannten lateinischen Schule, welche bedeutungslos hinvegetirte, zu heben. Seit dem Gesetze, welches die Rechte der einzelnen höheren Lehranstalten feststellte, war dies Streben um so eifriger und nothwendiger, als die Marienburger Anstalt das Recht verlor, Abiturienten zu entlassen.

Seit dem Jahre 1836 wurden allerdings viermal Prüfungen abgehalten und Abiturienten entlassen, aber Einzelne derselben hatten Mühe, bei der Militär-Prüfungs-Commission als für den einjährigen Dienst befähigt anerkannt zu werden. Dies trieb die Bürgerschaft um so mehr zu dem Wunsch, eine Anstalt zu haben, welche den Anforderungen des Staates nach dieser Seite hin entspräche. Aber die Wünsche und Stimmen innerhalb der Bürgerschaft waren getheilt, die Einen wünschten eine Realschule, die Anderen ein Gymnasium. Lange währte der Streit, bis man endlich übereinkam, die Anstalt in ein Gymnasium umzuwandeln, da die Regierung schwerlich zu der Umwandlung in eine Realschule erster Klasse ihre Bewilligung ertheilt hätte. Endlich erfolgte zu Ostern 1860 die langersehnte Erlaubniß und schon zu Pfingsten wurde mit der allmälichen Umwandlung vorgegangen.

Die Anstalt wurde am 10. October 1860 mit der Secunda eröffnet, und 1862 fand die erste Abiturientenprüfung statt. Da aber das alte Gebäude der ehemaligen lateinischen Schule den Zwecken der neuen Anstalt und der unerwartet bedeutenden Zahl der Schüler nicht entsprach, so mußte ein Platz für ein neu zu errichtendes Gymnasialgebäude gesucht werden. Dies war nicht leicht, da die Rayongesetze den Bau eines massiven Hauses außerhalb der ersten Rayonlinie verboten, und innerhalb der Stadt wenig Raum für ein solches Gebäude vorhanden war. Nach mehrfachen Experimenten entschied sich die Stadtbehörde für den Platz, auf welchem das Gebäude jetzt steht und mit großer Energie wurde der Bau in verhältnißmäßig kurzer Zeit ausgeführt. Im Jahre 1865 fand die Einweihung des neuen Gebäudes statt. Daß eine Anstalt, welche die Berechtigung zur Entlassung von Abiturienten, so wie zur Ausstellung von Zeugnissen für Einjährig-Freiwillige hatte, hier nothwendig war, an einem Orte, der den Centralpunkt für einen Kreis von 14 Quadratmeilen bildet, das zeigen die Zahlen der Schülerfrequenz, die trotz der benachbarten Gymnasien und Realschulen im Wachsen begriffen sind. Als im Herbst 1860 die Anstalt eröffnet wurde, waren 147 Schüler, zu denen 59 neu aufgenommen wurden. In den letzten Jahren hat die Anzahl der Schüler immer gegen 400 betragen, und zwar traf meist nur ein Drittel dieser Zahl einheimische Schüler, die übrigen waren auswärtige, was zugleich den bedeutenden Nutzen documentirt, den die Stadt indirect durch die Anstalt zieht.

Aber durch die Errichtung dieser Anstalt, besonders durch den Neubau des Gymnasialgebäudes hat die Stadt sich eine bedeutende Schuldenlast aufgebürdet, die um so fühlbarer wird, da die Regierung der Stadt die bisher bewilligten Competenzgelder entzogen hat. Diese Gelder, im Betrage von 1000 Thlr. hatte die Staatsbehörde der Stadt gewährt, als die alte lateinische Schule aufgehoben wurde. Sie sollten zur Verbesserung des städtischen Schulwesens, so wie zur Unterstützung von Marienburger Bürgersöhnen, die auf auswärtigen Gymnasien sich ausbildeten, verwandt werden.

In vier Jahren wird die Provinz Westpreußen das hundertjährige Jubiläum der Vereinigung mit dem Königreich Preußen feiern. Hoffentlich wird auch diese Feier, ebenso wie dies bei der fünfzigjährigen Jubelfeier der Fall war, im Remter des Marienburger Schlosses stattfinden, dieses bleibenden Denkmals von Preußens Wiedergeburt. Kaum hat irgend ein anderer Kreis der Provinz so viel Grund, mit innigster Begeisterung an diesem Feste sich zu betheiligen, als der Marienburger, da er mehr als alle anderen den Segen eines geregelten und humanen Regiments kennen lernte, nachdem er vorher mehr als alle anderen unter der Willkür von polnischen Starosten und Oeconomen zu dulden hatte.

Wir haben in dem letzten Abschnitte unserer Kreisgeschichte gesehen, wie rastlos die preußische Regierung seit der Uebernahme von Polnisch-Preußen für das Wohl der Provinz sowohl, als auch für das Beste des Kreises gewirkt hat. Nicht minder groß war die Sorgfalt der Regierung seit den Freiheitskriegen, und die Stadt Marienburg selbst hat dies damals in reichem Maaße erfahren.

In materieller Beziehung ist namentlich in den letzten zwanzig Jahren vieles geschehen, was direkt oder indirekt dem ganzen Kreise zu gut kam. Die einzige große Ader des Verkehrs zwischen der Metropole und dem äußersten Ostende der Monarchie berührt den Kreis und setzt die Kreisstadt in bequeme Verbindung mit jenen Punkten, speciell aber mit den großen Absatzorten des Kreisgebietes, mit Danzig, Elbing, Königsberg. Die Anlegung der festen Eisenbahnbrücke war für den Verkehr zwischen Marienburg und dem großen Werder von der größten Wichtigkeit, da fortan eine absolute Stockung der Verbindung, wie sie in früheren Jahren zur Herbst- und Frühjahrszeit regelmäßig eintrat, fortan nicht mehr stattfinden konnte. Die Stromregulirung, wenngleich sie der Nogat wohl kaum ihre alte Bedeutung als Verkehrsweg wiedergeben wird, hat doch den großen Nutzen, daß die Werder vor gefährlichen Ueberschwemmungen bedeutend mehr gesichert sind als früher. Durch die Anlage des Tiege-Weichselcanals (erbaut v. 1843—1848) sind die reichen Wasseradern des unteren Weichseldeltas für den Verkehr nutzbar gemacht worden, Elbing und Danzig sind auf Wasserwegen, die durch das Werder ziehen, verbunden, der Getreideausfuhr ist ein neuer Weg eröffnet worden, und Tiegenhof hat als Centralpunkt des Niederungsgebietes eine Bedeutung erhalten, die es vorher nicht hatte.

Noch fehlt es freilich diesem Orte an stets passirbaren Straßen, die ihn mit Marienburg, Elbing und Dirschau verbänden. Durch den Mangel an Chausseen ist ein gesegneter Landstrich von mehreren Quadratmeilen oft Monate lang von dem Verkehr mit den genannten Städten und mit der Bahnlinie abgeschnitten. Doch der Bau mehrerer Chausseen ist bereits vom Kreistage beschlossen, und wenn die Ausführung des

Baues derselben auch auf Schwierigkeiten gestoßen ist, so ist sie doch nur noch eine Frage der Zeit, und wird sicher in nächster Zeit stattfinden.

Auch für den geistigen Fortschritt ist gesorgt worden. Das neugegründete Gymnasium wird, wenn auch nur allmälich, einen bedeutenden Einfluß auf den Bildungszustand der besitzenden Klassen der Umgegend ausüben; wenn auch erst eine künftige Generation die Früchte ernten kann, die diese Anstalt säet. Die junge Generation wird in eine neue Bildungssphäre hineingezogen, und wenn sie auch die Anstalt nur in der Absicht besuchte, die Qualification zum einjährigen Freiwilligendienste zu erwerben. Dies Motiv aber treibt auch weniger bemittelte, oder weniger für Bildung schwärmende Eltern an, ihre Kinder nach einer höheren Bildungs-Anstalt zu schicken.

In erfreulicher Weise wendet sich auch das Interesse der gebildeten Besitzer der Verbesserung der Landwirthschaft zu, und sowohl im großen als im kleinen Werder haben sich landwirthschaftliche Vereine gebildet, die den Fortschritten auf dem Gebiete der Landwirthschaft folgen und durch populäre Vorträge aus diesem Gebiete belehrend und fördernd zu wirken suchen.

Auch die dienende und arbeitende Klasse, über deren Rohheit noch immer wie vor vier Jahrhunderten geklagt wird, und deren Excesse bisher nur wenig nachgelassen haben, wird hoffentlich bei einer einigermaßen guten Einrichtung des Schulwesens allmälich gebessert werden.

Das polnische Element verschwindet mehr und mehr, selbst auf der Höhe, und weicht dem Deutschen, oder wenigstens müssen sich die polnisch redenden kleinen Besitzer nolens volens fügen und deutsch lernen und deutsch reden. So muß hier leider in der Provinz das Deutschthum sein ehemaliges, ihm während der Polenherrschaft entrissenes Gebiet erst wieder erobern.

Uebertrieben ist die Befürchtung, daß durch die Auswanderung der Mennoniten dem Kreise ein unberechenbarer Schaden zugefügt werden wird. Die Zahl derjenigen, welche wirklich auswandern werden, dürfte, nach dem Urtheile von Leuten, die mit der Stimmung und den Anschauungen der Werder-Mennoniten bekannt sind, kaum $1/10$ der gesammten Kopfzahl der dortigen Mennoniten betragen. Wenn alte strenggläubige Männer mit ihren Familien auswandern, weil sie nicht wollen, daß ihre Söhne im Heere dienen sollen, so werden die jüngeren sich doch besinnen, Haus und Hof und die gesegneten Fluren des Werders zu verlassen, um in weiter Ferne eine immerhin unsichere Existenz zu suchen, in einer Gegend, die gerade kein gelobtes Land ist und Beschwerden in Massen auferlegt. Wie wenig aber das Glaubensbekenntniß, selbst wenn es der Staat anerkannt hat, wie wenig verbrieftes nationales Recht in Rußland schließlich geachtet wird, das zeigen die Maßregeln der letzten Jahre in Polen und in den Ostseeprovinzen.

Es ist auch in vielen mennonitischen Kreisen eine viel mildere Auffassung der gegenwärtigen Sachlage vorhanden, und in gebildeten Kreisen sträubt man sich nicht so gewaltig gegen den Gedanken, daß Mennoniten trotz ihres religiösen Gebotes im Heere dienen sollen, da sie ja seit Jahren auch städtische Ehrenämter angenommen haben, Wähler, Wahlmänner und Geschworene gewesen sind. Die mennonitische Jugend theilt wohl in der Majorität diese Anschauung. Freilich leben viele Mennoniten auf dem Lande ganz abgeschlossen von jedem Verkehr mit der Stadt, mit nichtmennonitischen Nachbaren, und nur verhältnißmäßig wenige Mennonitenkinder besuchen die benachbarten höheren Anstalten; aber der geistige Fortschritt läßt sich schließlich doch nicht zurückdrängen, und wenn die Aelteren sich auch demselben starr verschließen, der Jugend wird der Geist der neuen Zeit nicht entgehen, sie wird sich ihm nicht verschließen können.

So wollen wir das Beste für die Zukunft des Kreisgebietes hoffen; viele Wünsche sind noch unerfüllt, viele Mängel sind noch zu beseitigen, jedoch rüstig wird daran gearbeitet, die Verhältnisse zu bessern, neue Verkehrsmittel zu schaffen, veraltete Institutionen durch neue zu ersetzen. Aber das Werdende gehört noch nicht in den Bereich der Geschichte.

Zusätze und Verbesserungen.

S. 6 Z. 9 statt mutwa lies mgtwa.

S. 6 Z. 11 v. u.: Der Name Parschan, oder Parchau, abgeleitet vom slavischen parch, deutet auf eine unebene mit Gestrüpp bewachsene Lokalität hin. — Der Name Mirau hängt vielleicht mit dem slavischen mirzwa d. i. Dünger, fetter Boden, zusammen. Er würde alsdann ebenso wie die Namen Gnojau und Montau der Bodenbeschaffenheit entnommen sein. Diese Herleitung des Namens ist wohl entsprechender als die im Texte gegebene von mir (Friede, Welt). Mir indeß scheint diese letztere vorzuziehen. Mirau liegt unfern der Swente, d. h. des heiligen Flusses, über diesen also gelangt man zur Stätte des Friedens. Sollte hier nicht vielleicht eine alte Cultusstätte gewesen sein? Völkerschaften, die in der Nähe von Flußmündungen oder der Meeresküste wohnten, wählten nicht selten Inseln aus, um dort fern von dem Treiben der Welt die Götter zu verehren oder die Todten zu bestatten. Sicherlich gab es auch hier auf den Inseln des Weichsel Deltas solche Orte, die mit dem Glauben der umwohnenden Bevölkerung einen innigen Zusammenhang hatten. Außer den oben angeführten Beispielen verweise ich noch auf den Namen Pieteln, der so viel als Hölle bedeutet, und der wahrscheinlich nicht durch Zufall entstanden ist.

Noch viele andere jetzt nicht mehr vorhandene Orte des Werpers hatten slavische Namen, so z. B. Ossin, Jaha Starast, Janussen ꝛc. Nach dem Drausensee zu finden wir dagegen fremdartigere Namen; so schon bei Rozendorf die mehrfach in den Urkunden erwähnten Seen Bausde und Paparje und den Fluß Paute, Namen, die jedenfalls preußischen Ursprunges sind. Die Namen Wengern und Wengeln lassen sich aus dem altpreußischen wangus (Wald) erklären, wenn man es nicht vorzieht, sie aus dem Polnischen herzuleiten. Wengeln (von węgle) würde dann so viel wie Kohlenbrennerei, Wengern dagegen (von węgornia) Aalfang bezeichnen. Die Ableitung aus dem Polnischen ist hier die richtige, da die Orte erst in polnischer Zeit entstanden sind.

S. 7 Z. 11 statt zulawa lies żulawa.

S. 25 Z. 24 zu Montau ergänze: 1½ Mark Zins.

S. 57 Z. 11. Das St. Georgenhospital soll, wie alle Hospitäler, die den heiligen Georg zum Schutzpatron hatten, zur Aufnahme von Leprosen (Aussätzigen) bestimmt gewesen sein.

S. 99 Anm. 2 Z. 3 statt Deslner lies Oelsner.

S. 100 Z. 11 v. u. statt augestellt lies angestellt.

S. 105 Anm. Z. 4 u. 5 statt Dzialynski lies Działyński.

S. 115 Z. 18 statt wybrancy lies wybrańcy.

S. 128 Z. 4 v. u. statt Tomsen lies Tannsee.

S. 162 Z. 9 v. u. statt Corybut lies Korybut.

S. 173 Z. 8 statt Los lies Łoś.

S. 123 Anm.: An das Herumstreifen der Schotten im Werder erinnert auch der Schottenkrug an der Weichsel bei Fürstenwerder.

S. 124 Z. 8 v. u. Es wurde ferner bestimmt, daß die Holzhändler von Marienburg und Neuteich von jedem Schock Holz, das sie auf der Nogat oder Schwente flößen oder lagern ließen, 2 Stück abgeben mußten. Dieses Holz sollte zur Erhaltung der Nogat- und Schwentebrücke verwandt werden. Erst in preußischer Zeit hörte diese Abgabe auf.

S. 128 u.: Als Beispiele solcher polnischen Worte, die noch von den Deutschen hiesiger Gegend gebraucht werden, führe ich folgende an: parowe (Wasserschlucht), pastke (wüstes Stück, leere Baustelle), pustkowie (öde Besitzung, gewöhnlich am Walde), kokoszki (Getreidehaufen auf dem Felde).

S. 216 Z. 4. Diesen Bestimmungen liegt der Malachowski'sche Vergleich zu Grunde, durch welchen 1676 der Streit zwischen der katholischen Geistlichkeit und den lutherischen Besitzern der Werder beendigt wurde. Dieser Vergleich, nur für die beiden Werder giltig, ist in preußischer Zeit in Kraft geblieben, was durch Beschlüsse des Obertribunals vom 17. Jan. 1796 u. 30. Octbr. 1848 bestätigt wurde. Die alte Observanz ist somit aufrecht erhalten, und die Leistungen der Besitzer gelten als eine vom Glaubensbekenntniß unabhängige Reallast, begründet in der kirchlichen Verfassung der beiden Werder (Gesetz v. 30. Jan. 1846). Während der Dezem nach den Hufen bezahlt wird, muß die Calende, sammt dem nur in den Werdern gebräuchlichen Vitaltage, dem Klingerkorn, dem Hausquartal, welche beiden letztern nur dem Organisten zustehen, von jeder Wirthschaft, ohne Unterschied der Größe, geleistet werden. Dies hat viele Uebelstände zur Folge gehabt und manchen Prozeß herbeigeführt, besonders wenn die Wohngebäude abbrannten. Das Obertribunal hat entschieden, daß bei unbebauten Grundstücken jene Prästanden wegfallen müßten. Das Unpraktische jener Bestimmung des Malachowskischen Vergleichs tritt aber besonders hervor, wenn ein Grundstück parcellirt wird, und nun statt eines Wohngebäudes mehrere entstehen, oder umgekehrt, wenn mehrere Parcellen zusammengekauft werden und nun nur ein Wohngebäude erhalten wird. Bei solchen Gelegenheiten können Prozesse nicht ausbleiben.

Schnellpressendruck von A. Bretschneider, Marienburg.

www.ingramcontent.com/pod-product-compliance
Lightning Source LLC
Chambersburg PA
CBHW031348230426
43670CB00006B/476